묵 시 록 해 설

―묵시록 6장 1-8절 영해(靈解)―

예 수 인

묵시록 해설 [4]
―묵시록 6장 1-8절 영해(靈解)―

E. 스베덴보리 지음
이 영 근 옮김

예 수 인

THE APOCALYPSE EXPLAINED

by

EMANUEL SWEDENBORG

차   례

옮긴이의 머리말[1] · 13
옮긴이의 머리말[2] · 17

묵시록 6장··21
　제 6장 본문(6장 1-17절) · 21
　제 6장 상세한 영적인 해설(6장 1-8절) · 23

이 책에 인용된 저자의 책명들

책명/영문/약자	책명/한글	비 고
Arcana Celestia (A.C.)	천계비의(天界秘義)	• 1749-1756년에 출간된 창세기와 출애굽기서의 영해서 • 현재 창세기서와 출애굽기서 영해서, 총 20권(이영근 역)을 <예수인>에서 발간하였다
Heaven and Hell (H.H.)	천계와 지옥	• 1758년 출간 • ≪천국과 지옥≫의 명으로 강흥수·정인보·김은경 제씨의 번역이 있고 • ≪천계와 지옥≫의 명으로 <예수인>의 편집위원회 번역이 있다.
the White Horse (W.H.)	백마론	• 1758년 출간 • 윤숙현·오석제씨의 번역이 있다
the Last Judgment (L.J.)	최후심판	• ≪최후심판과 말세≫ 명의 번역(이영근 역)이 있다
the Earth in the Universe (E.U.)	우주 안의 지구들	• 1758년 출간 • 김요안의 번역이 있다
the New Jerusalem and Its Heavenly Doctrine (H.D.)	새 예루살렘의 교리	• 1758년 출간 • ≪새로운 교회·새로운 말씀≫의 번역(이영근·최준호 역)이 있다

옮긴이의 머리말[1]

작금의 기독교계에서 이해하기 가장 어려운 성경책이 있다면 아마도 ≪묵시록≫일 것입니다.
많은 교회들이나, 그 교회에 속한 사람들은 ≪묵시록≫이 성경의 편집 구조상 "마지막 책"이기 때문에, 앞서의 성경책의 내용의 결론처럼 생각하고 있습니다. 따라서 이른바 그들의 말세사상(末世思想)에 입각(立脚)해서 묵시록서를 이해하고, 해설하고 있습니다. 우리가 잘 알고 있듯이, 그들의 "말세사상" 또는 "말세론적인 가르침"은 한마디로 "이 세상이 끝이 나고, 새로운 세상이 도래(到來)한다"는 것입니다. 뿐만 아니라, 여기에다 말도 되지 않는 이른바 "세상창조 6,000년 설"을 꿰맞추어서 ≪묵시록≫의 말씀을 해석하기 때문에, 그들은 온갖 그릇된 교리(敎理)를 날조(捏造)하게 되었습니다.
이와 같이 날조된 허무맹랑(虛無孟浪)한 종지(宗旨)나 미망(迷妄)은 소위 사이비기독교(似而非基督敎) 또는 사이비교회(似而非敎會)를 양산(量産)하는데 일조(一助)하는 결과를 빚고 말았습니다. 이런 고약한 짓을 서슴치 않고 자행(恣行)하는 자들을 우리 주님께서는 "교회의 마지막 때"(=시대의 종말)에 창궐(猖獗)할 "거짓 그리스도들" "거짓 예언자들"이라고 말씀하셨습니다(마태 24 : 24).
저자 스베덴보리 선생님께서는 이 책 즉 ≪묵시록 해설≫에서 이런 것들이 야기(惹起)된 근본적인 원인들로 크게 "두 가지"를 지적하고 있는데, 그 첫째는 성경말씀(聖言)에 대한 그릇된 이해의 오류(誤謬)이고, 그 둘째는 교회에 대한 그릇된 신념(信念)이라고 하였습니다.
먼저 성경말씀에 대한 근본적인 이해의 오류에 관해서 말씀드리겠습니다. 저자는 그의 수많은 저서 곳곳에서 언급, 주장하고 있듯이, 성경말씀은, 그것의 겉 뜻인 문자적인 뜻(文字意)과 그 문자 속에 숨겨져 있는 영적인 뜻(靈意)으로 이루어졌다는 것입니다. 이 두 뜻의 관계는 마치 우리 사람의 경우에 비교한다면, 바로 전자는 우리의 육체이고 후자는 우리의 영혼이다는 관계와 같다는 것입니다. 성경말씀(聖言)이 그와 같이 이루어져야만 하는 것은, 태초 전부터 존재한 말씀(聖言)이 이 세상, 즉 시간(時間)과 공간(空間) 안에 존재하기 위해서는 반드시 시공(時空)적인 매체(媒體)를 사용할 수밖에 없었는데, 그 매체가 바로 문자

(文字)요, 문체(文體)이기 때문입니다. 이런 사실을 요한복음서는 "말씀이 육신이 되어 우리 가운데 사셨다"(요한 1 : 14)고 선포하고 있습니다. 그리고 저자는 이 책 여러 곳에서 주님께서는 "모든 것들 안에 존재하는 모든 것"이라고 하였고, 그리고 주님께서는 궁극적인 것 안에 존재하신다고 설파(說破)하였습니다.

이 책을 읽는 독자들께서는 저자가 이 책에 기술한 이른바 성언(聖言)의 문자적인 뜻과 영적인 뜻에 관해서 밝히 아시겠지만, 한마디로 성언의 영적인 뜻은 성경말씀의 문자들이나 문자적인 뜻 안에 숨겨져 있으며, 그리고 성언의 영적인 뜻은 시공(時空)을 초월(超越)한 이 세상 너머의 뜻으로, 영들(spirits)이나 천사들의 사회에서 통용되는 뜻이라고 하겠습니다.

또한 저자는 다른 책에서 이러한 뜻, 즉 영적인 뜻은 성경말씀에 속한 대응(對應)·표징(表徵)·표의(表意)의 지식이나, 그 어떤 낱말이 가지고 있는 고유의 뜻에 관한 지식에 의해서만 알 수 있다고 하였습니다(저자의 저서 《새로운 교회의 사대교리》 중 제 2편 "성경에 관한 새 예루살렘의 교리" 참조).

그럼에도 불구하고 작금의 기독교계는 성경말씀의 문자적인 뜻에만 매달려서, 그리고 그들의 잘못된 교리적인 신조(信條)에 얽매여서, 다시 말하면 그들의 그릇된 미망(迷妄)이나 종지(宗旨)에 사로잡힌 채 성경말씀을 이해하고, 해석하려고 하고 있습니다. 우리가 경험하였듯이, 그 결과는 무가치(無價値)한 것이고, 혹세무민(惑世誣民)적인 신기루(蜃氣樓)였습니다. 그 대표적인 예를 든다면 "붉은 용"(묵시록 12 : 3)이 소위 "공산당"이나 공산주의자들의 괴수인 "소련"이라는 것이고, 그리고 "666"(묵시록 13 : 18)을 마귀의 숫자로 규정하고, 그것을 이른바 '바·코드(bar code)화'해서, 그 칩을 사람의 머리에 삽입(挿入)시켜, 마귀들이 그 사람들을 자신들의 의도대로 이끌고 간다는 매체로서 해석한다는 것 등등이 되겠습니다.

밝히 말씀드리지만, 저자는 성경에 기록된 모든 것들은—그것이 낱말이든, 인물이든, 지명이나 나라이든, 심지어 금수(禽獸)에 이르기까지, 또는 그 어떤 역사적인 사건들까지도—높게는 주님에 관해서, 낮게는 주님의 나라나 교회에 관해서, 아주 낮게는 우리 사람에 관해서 서술하고 있다는 것입니다. 그러므로 묵시록서에 서술된 것들도, 그것이 어떤 것이든, 바로 위에 언급된 것들에 관한 것입니다.

그리고 저자가 지적하고 있는 두 번째 원인인 "교회에 관한 그릇된 신념"에 관해서 말씀드리겠습니다. 우리가 잘 알고 있듯이 "교회"는 어떤 사람들이 정의하고 있듯이, 이른바 가시적인 "하나의 공동체"를 뜻하는 것은 아닙니다. 여기서 가시적인 것들이라고 하는 것은 교회의 건물을 비롯하여, 그 건물에서 행해지는 예배의 예전이나, 그 예배에 속한 사람들과 그 예전에 사용되는 수많은 집기(什器)들의 공동체를 가리키는데, 사실 이런 의미의 공동체가 교회일 수는 없습니다. 굳이 공동체라는 말을 한다면, 예배 받는 주체인 우리 주님과 예배하는 객체인 우리 사람의 공동체입니다.

본질적으로 교회는, 주님께서 요한복음서에서 여러 차례 말씀하셨듯이, "주님께서 사람 안에, 사람이 주님 안에 존재할 때, 그 사람이 교회"인 것입니다. 이런 교회를 가리켜 우리 예수님은 자기 자신을 성전(聖殿)이라고 말씀하셨습니다(요한 2 : 19-22). 그리고 서간문은 여러 곳에서 우리 사람이 곧 하나님의 집, 또는 성전이라고 설파하였습니다(고린도 전서 3 : 9 ; 3 : 16 ; 6 : 19 ; 고린도 후서 6 : 16 ; 베드로 전서 2 : 5). 그리고 출애굽기서는 사람이 주님을 만나는 곳(會幕)이라고 하였습니다(출애굽기 33 : 7).

따라서 진정한 교회는, 단순한 예전적인 예배나, 그 예전이 집전되는 건물이 아니고, 우리 주님을 창조주요, 구원주로 고백하고, 예배하며, 그리고 그분의 말씀(=가르침 · 진리)에 순종하는 삶이 있을 때, 교회입니다. 이 두 초석—주님의 시인과 그의 말씀에 순종하는 삶—이 바로 묵시록서에서 언급된 "두 증인" 즉 "두 그루의 올리브 나무"요, "두 개의 촛대"가 뜻하는 것입니다.

그럼에도 불구하고 이 두 초석은 시간과 공간 속에서, 시간의 경과와 더불어 변절(變節)되었는데, 이것이 바로 저자가 말하는 "교회의 종말과 시작"입니다. 그리고 또한 교회의 종말과 시작의 연속적인 역사가 우리 주님의 인류구원의 대업(人類救援 大業)입니다.

저자가 기술하고 있는 내용은, 묵시록서에 기술된 모든 예언적인 사건들은—개별적인 것이든 전체적인 것이든—바로 우리 주님의 인류구원의 대업에 관한 것이다는 것입니다. 말세론적인 말로 표현된 것을 빌려서 말한다면 하나의 교회의 종말은 곧 새로운 교회의 시작으로 이어지고 있다는 것입니다. 왜냐하면 인류구원이 단절(斷絶)된다면, 주님나라는 존속될 수 없고, 그리고 주님나라가 계속해서 존재하지 않는다면, 주님께서는 주님 자신의 속성(屬性)이나 명분(名分)을 상실하는 것이기 때문입니다.

따라서 묵시록서는 크게 나누면 첫째는 교회의 본질적인 것에 관해서(1-3장), 둘째는 교회들의 심판에 관해서(4-7장), 셋째는 개혁교도, 또는 개혁교회에 대한 심판에 관해서(8-10 · 13 · 15 · 16장), 넷째는 로마 가톨릭 종파에 대한 심판에 관해서(17 · 18장), 그리고 마지막으로 그 심판들이 있은 뒤, 새롭게 세워질 새로운 교회에 관해서(3 · 11 · 12 · 14 · 19-22장) 기술하고 있습니다.

저자는 "묵시록 영해"에 관해서 두 책을 저술하였습니다. 그 하나는 ≪묵시록 계현≫(黙示錄 啓顯 · the Apocalypse Revealed)이고, 다른 하나는 ≪묵시록 해설≫(黙示錄 解說 · the Apocalypse Explained)입니다. 우리의 ≪묵시록 해설≫은 후자의 번역이 되겠습니다. 번역에 사용된 책은 미국 새교회 재단(Swedenborg Foundation)이 1968년도에 발간한 표준판(Standard Edition)입니다.

이 번역서가 나오기까지 격려와 조언을 아끼지 않은 예수교회 소속의 여러 목사님들과 남양주시에서 목회하시는 김기표 목사님, 여러 면에서 재정적인 도움을 주신 논산시의 안영기 집사 내외분과 자당 어른되시는 윤순선 전도사님, 무척 어려운 가운데서도 헌신적으로 word processing에 수고하신 조근휘 목사님, 그리고 경제적으로 작고, 크게 도움을 주신 여러분들에게 감사의 말씀을 드리고, 끝으로 번역에 참여해 주신 박예숙 권사님에게 이 자리를 빌어서 감사의 말씀을 드립니다.

끝으로 와병(臥病) 중에 계신 <예수+교회 동산 예배당>의 방성찬 복음사의 쾌유를 두 손 모아 우리 주님에게 간절히 기도드립니다.

독자 여러분의 편달(鞭撻)과 지도(指導)를 거듭 말씀드립니다. 감사합니다.

2007년 11월 1일
예수+교회 제일 예배당 서재에서
이 영 근

옮긴이의 머리말[2]

제 짧은 인생에서 우리나라 기독교계의 두 번의 비극적인 사건을 보았습니다. 하나는 1992년의 이른바 "휴거소동"이고, 또 하나는 2014년의 "양푼 비빔밥 성만찬" 사건입니다. 전자는 매스컴을 통해 떠들썩하게 잘 알려졌으므로 특별히 소개하지 않겠습니다. 그러나 후자 "양푼 비빔밥 성만찬" 사건은 크게 알려진 것은 아니지만, ≪한겨레 신문≫에 기재된 것은 이런 내용입니다. 교단은 알 수 없고, "동녘 교회"(김경환 목사 시무)에서 있었던 일입니다. 이 사건은 한마디로 말하면 성만찬의 "빵"(=떡) 대신에 교인들 가정에서 각자 준비한 우리나라 음식인 "비빔밥"을 준비하고, 그것들을 모두 큰 그릇에 넣어서 만든 비빔밥을 사용하였고, 그리고 어른들은 "포도주"로, 어린 아이들은 "포도 주스"로 성만찬 예배를 드렸다는 것입니다. 그 이유를 그 교회의 담임목사는 예수님 당시에는 일상적인 음식이 "빵이었고, 포도주"였기 때문에, 오늘날 우리에게는 일상적인 음식이 "밥"이기 때문에, 특히 "공동체"인 교회에서는 "비빔밥"이 성만찬에서는 제격이라는 설명입니다.

이쯤 되면 정말 꼴불견의 극치(極致)입니다. 왜냐하면 기독교회의 "성만찬"이나 성만찬 예배는 예배의 진수(眞髓)이기 때문입니다. 성만찬의 "빵과 포도주"는 일상의 먹거리나 마실거리로 먹는 것은 더더욱 아닙니다. 왜냐하면 우리가 잘 알고 있듯이 "성만찬의 빵(=떡)과 포도주"는 우리 주님의 살과 피를 표징하고, 그리고 그것은 곧 우리 주님의 신령선과 신령진리를 표징(表徵)하는 것이기 때문이지, 결코 조달(調達)하기 쉽기 때문에 그것들이 사용된 것은 아니기 때문입니다.

근자 기독교계통의 TV방송사들이 많은지라 여기서도 때로는 "꼴불견들"이 더러더러 소개되는 것을 볼 수 있습니다. 그중의 하나는 근자 교황님의 방문 시 "영성체"를 모실 때 그것의 빵에 대해서 설명하는 어느 가톨릭 신자는 그것을 가리켜 "양념이 하나도 들어가지 않은 것"이라고 방송에서 말하는 것을 들었습니다. 또 하나는 서울의 대형교회를 자처하는 성만찬 예배를 집전하는 목사의 말입니다. 술을 마시면 기분이 좋기 때문에 "성만찬에서 포도주가 사용되는 것"이라는 취지(趣旨)의 설명입니다.

이런 사건, 사실에 대하여 비극(悲劇)이라는 낱말을 사용한 것은 시쳇말로 지나치게 "뼁 튀긴 것입니까?" 우리의 것·우리의 문화·우리의 유산이 값진 것이기 때문에 육성(育成)하고, 보호, 장려한다는 데는 동의하지만, 위의 사건들은 우리 문화나 전통과는 아주 무관(無關)한 것이라고 생각됩니다. 제가 아주 역설하는 말입니다.

우리나라 개신교회가 지키는 11월의 이른바 "추수감사주일"이나 "추수감사예배"는 우리의 것이 아니고 미국의 명절을 우리가 지키는 것입니다. 특히 그 주일을 성경말씀이 정하고 있는 것도 아니라면, 우리의 것으로, 우리의 문화에 맞는 것이 더 좋은 것이 아니겠습니까! 따라서 11월 추수감사주일은 우리 민족의 전통 명절인 "한가위" 명절 때로 바뀌어야 제격이라고 생각합니다.

차치(且置)하고 "휴거소동"은 이른바 "종말론적 말세론"이나 성경말씀의 잘못된 해석인 이른바 "주님의 재림신앙"에서, 그리고 "이 세상 창조 6,000년설"에서 빚은 촌극(寸劇)이라고 한다면, 지나친 과언(過言)입니까? 그리고 "비빔밥 성찬" 사건은 성경말씀의 영적인 뜻을 모르고, 그저 단순한 "편의주의"(便宜主義)나 개혁(改革)이면 다 좋다는 "개혁 과신론자"나 "개혁 만능주의자"들의 씻을 수 없는 과오(過誤)라고 지적하고 싶습니다.

왜 이런 비극이 일어나는 것일까요? 한마디로 그 이유를 말한다면 "무지 무식"(無知 無識)의 결과라고 생각합니다. 다시 말하면 성경말씀을 "문자로만" 그리고 "문자적인 뜻으로만" 읽고, 그렇게 이해하고, 믿기 때문입니다.

그런 과오를 저지르면서도 그들 대부분은 때로는 성경말씀의 "영적인 뜻"이라고 말하기도 하지만, 사실 그들의 그 영적인 뜻까지도 어느 심리학자, 어느 시인, 어느 철학자나 어느 종교가가 말하는 뜻이나 해석을 빌리는 것이 대부분입니다. 왜냐하면 성경말씀이 뜻하는 영적인 뜻이 아니기 때문에, 그들의 "영적인 뜻"은 일관성(一貫性)이 없고, 따라서 체계적이지 못하기 때문입니다. 그러므로 그들의 "영적인 뜻"으로는 성경말씀의 전반적인 뜻이나 개별적인 뜻까지도 해석되지 않은 것은 물론, 이해되지도 않습니다. 저자 스베덴보리 선생님은 성경말씀의 영적인 뜻을 시공(時空)을 초월(超越)한 것이고, 따라서 주님나라에서 통용(通用)되는 것으로 정의(定義)하고 있습니다. 그리고 그것은 체계적이고, 일관성이 있는 것이고, 따라서 성경말씀 어디에나 적용될 수 있는 것입니다.

이런 초지(初志)의 일관된 변함없는 영적인 뜻으로 저자는 묵시록서를 해설하고 있습니다. 저자는 자신의 "영계처럼" 가운데 있었던 것이나, 천사들과의 대화(對話)에서, 때로는 성경말씀에 대한 해박(該博)한 지식으로, 또는 저자 자신의 심오(深奧)한 이성(理性)적인 판단(判斷)이나 직관(直觀)에 의하여 본서 ≪묵시록 해설≫을 저술하였습니다.

번역하는 사람이 불학무식(不學無識)하고, 기독교회의 가르침에 밝지 못하기 때문에 저자의 뜻을 바르게 번역하지 못한 과오도 많이 있으리라 생각하지만, 무식한 우격다짐으로 여러분에게 일독(一讀)을 강권(強勸)합니다. 왜냐하면 여기에 한국 기독교회의 소망이 있고, 사명이 있고, 진정한 기독교회의 가르침인 "구원"(救援)이 있기 때문입니다.

이 책의 출판을 위해 워드·프로세싱에 헌신적으로 수고하신 ≪사단법인 한국상담심리연구원≫의 안시영 실장님에게 이 난을 빌어 감사의 말씀을 드립니다.
지금까지 격려해 주시고, 편달(鞭撻)을 주신 독자 여러분, 그리고 교역자 목사님 여러분, 특히 김홍찬 목사님의 조언에 감사말씀을 드립니다. 감사합니다.

2014년 11월 23일
양천구 우거(寓居)에서
이 영 근 드림

제 6장 본   문(6장 1-17절)

1 나는 그 어린 양이 그 일곱 봉인 가운데 하나를 떼는 것을 보았다. 그리고 나는 네 생물 가운데 하나가 우레 같은 소리로 "오너라!" 하고 말하는 것을 들었습니다.
2 그리고 내가 보니, 흰 말 한 마리가 있는데, 그 위에 탄 사람은 활을 가지고 있었습니다. 그는 면류관을 쓰고 있는데, 그는 이기면서 나아가고, 이기려고 나아갔습니다.
3 그 어린 양이 둘째 봉인을 뗄 때에, 나는 둘째 생물이 "오너라!" 하고 말하는 것을 들었습니다.
4 그 때에 불빛과 같은 다른 말 한 마리가 뛰어나오는데, 그 위에 탄 사람은 땅에서 평화를 걷어 버리고, 사람들이 서로 죽이게 하는 권세를 받아 가졌고, 또 그는 큰 칼을 받아 가지고 있었습니다.
5 그 어린 양이 셋째 봉인을 뗄 때에, 나는 셋째 동물이 "오너라!" 하고 말하는 것을 들었습니다. 그리고 내가 보니, 검은 말 한 마리가 있는데, 그 위에 탄 사람은 손에 저울을 들고 있었습니다.
6 그리고 네 생물 가운데서 나오는 듯한 음성이 들려 왔는데 "밀 한 되도 하루 품삯이요, 보리 석 되도 하루 품삯이다. 올리브 기름과 포도주를 불순하게 만들지 말아라" 하고 말하였습니다.
7 그 어린 양이 넷째 봉인을 뗄 때에, 나는 이 넷째 생물이 "오너라!" 하고 말하는 것을 들었습니다.
8 그리고 내가 보니, 청황색 말 한 마리가 있는데, 그 위에 탄 사람의 이름은 '사망'이고, 지옥이 그를 뒤따르고 있었습니다. 그들은 칼과 기근과 죽음과 들짐승으로써 사분의 일에 이르는 땅의 주민들을 멸하는 권세를 받아 가지고 있었습니다.

9 그 어린 양이 다섯째 봉인을 뗄 때에, 나는 제단 아래에서, 하나님의 말씀 때문에, 또 그들이 말한 증언 때문에, 죽임을 당한 사람들의 영혼을 보았습니다.
10 그들은 큰소리로 "거룩하고 참되신 통치자님, 우리가 얼마나 더 오래 기다려야 땅 위에 사는 자들을 심판하시고, 또 우리가 흘린 피의 원수를 갚아 주시겠습니까?" 하고 부르짖었습니다.
11 그리고 그들은 흰 두루마기를 한 벌씩 받아 가지고 있었고, 그들은 그들과 같은 동료 종들과 그들의 형제자매들 가운데서 그들과 같이 죽임을 당하기로 되어 있는 사람의 수가 차기까지, 아직도 더 쉬어야 한다는 말씀을 들었습니다.
12 그 어린 양이 여섯째 봉인을 뗄 때에, 나는 큰 지진이 일어나는 것을 보았습니다. 그리고 해는 검은 머리털로 짠 천과 같이 검게 되고, 달은 온통 피와 같이 되고,
13 하늘의 별들은, 무화과나무가 거센 바람에 흔들려서 설익은 열매가 떨어지듯이, 떨어졌습니다.
14 하늘은 두루마리가 말리듯이 사라지고, 제 자리에 그대로 남아 있는 산이나 섬은 하나도 없었습니다.
15 그러자 땅의 왕들과 고관들과 장군들과 부자들과 세도가들과 노예와 자유인과, 모두가 동굴과 산의 바위들 틈에 숨어서,
16 산과 바위를 바라보고 말하였습니다. "우리 위에 무너져 내려서, 보좌에 앉으신 분의 얼굴과 어린 양의 진노에서 우리를 숨겨다오.
17 그들의 큰 진노의 날이 이르렀다. 누가 이것을 버티어 낼 수 있겠느냐?"

제 6장 상세한 영적인 해설(6장 1-8절)

350. **1, 2절** **나는 그 어린 양이 그 일곱 봉인 가운데 하나를 떼는 것을 보았다. 그리고 그는 네 생물 가운데 하나가 우레 같은 소리로 "오너라!" 하고 말하는 것을 들었습니다. 그리고 내가 보니, 흰 말 한 마리가 있는데, 그 위에 탄 사람은 활을 가지고 있었습니다. 그는 면류관을 쓰고 있는데, 그는 이기면서 나아가고, 이기려고 나아갔습니다.**

[1절] :
"나는 보았다. 그리고……"라는 말씀은 성언(聖言·the Word)이 존재해 있는 교회에 속한 자들의 상태들의 현현(顯現·明示·manifestation)을 뜻합니다(본서 351항 참조). "그 어린 양이 그 일곱 봉인 가운데 하나를 뗄 때……"라는 말씀은 주님에 속한 첫 번째 현현을 뜻합니다(본서 352항 참조). "그리고 나는 네 생물 가운데 하나가 우레 같은 소리로 말하는 것을 들었다"는 말씀은 주님으로 말미암아 극내적 천계(極內的 天界·the inmost heaven)의 안에서부터 밖으로 라는 것을 뜻합니다(본서 353항 참조). "와서 보아라"(come and see)는 말씀은 주의(注意·attention)와 지각(知覺·perception)을 뜻합니다(본서 354항 참조).

[2절] :
"그리고 내가 보니, 흰 말 한 마리가 있었다"라는 말씀은 성언(聖言)에서 비롯된 진리의 이해를 뜻합니다(본서 355항 참조). "그 위에 탄 사람은 활을 가지고 있었다"라는 말씀은 인애(仁愛·charity)와 믿음(faith)의 교리를 뜻하고, 그리고 거기에 그것에 의하여 온갖 악들과 거짓들에 거스르는 싸움(=다툼·combat)이 있다는 것과 그리고 그것에 의하여 그것들이 모두 흩어졌다(消散)는 것, 등등을 뜻합니다(본서 356·357항 참조). "그는 면류관을 쓰고 있었다"(=그에게 면류관이 주어졌다)는 말씀은 승리의 포상(褒賞

· the reward of victory)을 가리키는 영생(永生 · eternal life)을 뜻합니다(본서 358항 참조). "그는 이기면서 나아가고, 이기려고 나아갔다"라는 말씀은 생애의 마지막 때에 거기에서 비롯된 온갖 악들의 제거(除去)나 거짓들의 제거를 뜻하고, 그리고 그 뒤의 영원까지의 제거를 뜻합니다(본서 359항 참조).

351. 1절. **나는 보았다**(=그리고 나는 보았다).
이 말씀은 성언이 존재해 있는 교회에 속한 자들의 상태에 관한 현현(顯現 · 드러냄 · 明示 · manifestation)을 뜻합니다. 이러한 사실은, 성언이 존재해 있는 그 교회 안에 있는 자들의 상태에 속한 현현이나 명시들을 가리키는, 우리의 본문장이나 아래에 언급된 것에 기술된, 요한이 보았다는 것들에게서 아주 명백합니다. 왜냐하면 여기서는 주님의 손(the Lord's hand) 안에 있는, 그리고 그 때 보이게 된 "책의 봉인들의 열림"(the opening of the seals of the book)이 다루어졌기 때문입니다. 다시 말하면 "네 말들(four horses), 즉 흰 말(the white horse) · 불빛과 같은 말"(=붉은 말 · the red horse) · 검은 말(the black horse) · 청황색 말(the pale horse)이 보였고, 그 뒤에는 "하나님의 말씀 때문에, 죽임을 당한 사람들의 영혼"이 보였기 때문이고(6 : 9), 그리고 "큰 지진"이 일어나는 것을 보았고, 그리고 종국에는 "나팔을 하나씩 가지고 있는 일곱 천사들"을 보았기 때문입니다. 이런 모든 것들은, 속뜻으로 고찰(考察)될 개별적인 것들로부터 알게 될 것을 가리키는, 그 교회에 속한 자들의 상태에 속한 현현이나 명시, 또는 드러냄을 뜻합니다. 앞에서 성언이 있는 곳이 교회라고 언급하였는데, 그 이유는 주님의 교회가 온 세상에 있기 때문이지만, 그러나 특별한 뜻(a special sense)으로는 성언이 있는 곳이 교회이고, 그리고 주님이 계신 곳은 성언을 통하여 두루 알려지기 때문입니다. 이 교회에 속한 사람들의 상태가, 일반적으로는 묵시록이라는 이 예언서에서 다루어졌지만, 그러나 그 뒤에 개별적으로 이 예언서에 다루어졌습니다. 이 교회가 특별하게 다루어진 것은 주님과 그리고 따라서 천계의 천사들이 성언에 의하여 이 땅의 사람들과 함께 현존하기 때문입니다. 왜냐하면 성언은 순수한 대응들(對應 · pure correspondence)에 의하여 기술되었기 때문입니다. 여기에서 비롯되는 것은 주님이나 천계의 천사들은, 그 교회의 주변(around)이나 또는 그 교회 밖에(outside) 있는 자들과 함께 있다는 것인데, 이들이 바로 이방 사람들(Gentiles), 또는 이방 민족들(gentile nations)이라고 불리웠습니다. 이러한 사실은 나의 저서 ≪천계와 지옥≫(Heaven and Hell)의 "성언을 방편으로 한 천계와 사람의 결합"이라는 제목의 장에서 (H.H. 114 · 303-310항 참조), 그리고 "새 예루살렘의 교리"(the Doctrine of the New Jerusalem)에서 (244 · 246 · 255-266항 참조) 설명, 언급되었고, 입증되었습니다.

[2] 왜냐하면 한 사람(as One Man)으로서 주님이 오시기 전에도 온 세상에는 교회가 존재하였기 때문입니다. 그 이유는 그것이 천사적 천계와 더불어 교회를 이루기 때문입니다. 한 사람으로서 (as One Man) 주님께서 오시기 전에 교회가 있었다는 것은 ≪천계와 지옥≫ 59-102항에서 잘 볼 수 있습니다. 성언(聖言 · the Word)과 그리고 주님께서 계신 곳이 이 사람 안에 있는 교회이라는 것은 마치 심장(the heart)과 폐장(the lungs)에 의하여 잘 알려져 있습니다. 그리고 천적인 사랑(celestial love) 안에 있는 사람들에게서 그 교회는 마치 심장과 같고, 그리고 영적인 사랑(spiritual love) 안에 있는 자들에게서 그 교회는 마치 폐장과 같습니다. 결과적으로 인체의 모든 사지(四肢)들 · 내장(內臟)들 · 기관(器官)들은 심장과 폐장으로 말미암아 살아 있고, 그리고 그것들의 입류(入流 · influx)와 결과적으로는 그것들의 현존(現存 · presence)으로 말미암아 존재, 살아 있습니다. 그러므로 보편적으로 그 교회를 구성하는 이 세상의 삼라만상(森羅萬象)은 성언이

존재하는 그 교회로 말미암아 살아 있습니다. 왜냐하면 주님께서 거기에서부터 사랑과 빛으로 입류하시기 때문이고, 그리고 주님께서는 그것들이 존재하는 진리를 위해서는 영적인 정동 안에 있는 모두를 생기발랄(生氣潑剌)하게 하고, 빛을 비추기(照耀) 때문입니다. 천계에 속한 빛, 또는 천계에서 온 천계의 천사들이 그것 안에 있는 빛은 성언에 의하여 주님에게서 비롯되기 때문입니다. 마치 중심의 빛(a center light)이 모든 방향의 원주(圓周)에 방산(放散), 발산(發散)되는 것처럼 이것에서 비롯되기 때문이고, 따라서 앞에서 언급한 교회 밖에 있는 이방사람들을 가리키는 거기에 있는 자들에게 발산됩니다. 그러나 이 빛의 발산은 주님에 의하여 천계에서 성취되고 완수됩니다. 그리고 천계에서 행해진 것은 역시 사람들의 마음들 안에 입류합니다. 왜냐하면 사람들의 마음은 영들이나 천사들의 마음들과 하나(one)를 이루기 때문입니다. 이런 이유 때문에 이 예언서에는 성언이 존재해 있는 교회에 속한 자들을 특별히 다루어졌습니다. 비록 가장 주된 것은 아니라고 해도, 성언이 존재하지 않는 교회에 속한 자들도 역시 그 때에 다루어졌습니다. 왜냐하면 주변(=원둘레)에 있는 자들의 정리정돈(=배치)은 중심에 있는 자들이 내재해 있는 질서에 일치하여 뒤이어 이루어지기 때문입니다.

352. (그 때) **그 어린 양이 그 일곱 봉인 가운데 하나를 떼었습니다**(=그 어린 양이 그 봉인 가운데 하나를 여실 때 내가 보니⋯⋯).
이 말씀은 주님에게서 비롯된 제일 처음의 현현(顯現 · 明示 · 드러냄 · manifestation)을 뜻합니다. 이러한 사실은, 안에 기술된 숨겨진 것들(the things hidden)의 계시(啓示 · reveal)를 가리키는 "봉인을 연다"(=뗀다)는 말의 뜻에서 잘 알 수 있습니다. 왜냐하면 봉인이 열릴 때 봉인된 것들이 읽혀지기 때문입니다. 여기서 감추어진 것들(the hidden things)은 오직 주님 이외에는 어느 누구도 알 수 없다는 것들을 가리킵니다. 왜냐하면 그것들은, 일

6장 1-8절

반적이든 개별적인 것이든, 모든 것들의 상태들이기 때문입니다. 주님 이외에 어느 누구도 이런 상태들을 알 수 없다는 것은 이 예언서에 관해서 위에 언급된 것들이나, 그것의 봉인들을 연다(opening)는 것에 관해 설명된 것들에서(본서 199 · 222[A] · 299 · 327항 참조) 아주 명확합니다. 이상에서 볼 때 우리의 본문 "그 어린 양이 그 봉인 가운데 하나를 연 때"라는 말씀은 주님에게서 비롯된 제일 처음의 현현이나 명시를 뜻합니다.

353. 나는 네 생물 가운데 하나가 우레 같은 소리로, 말하는 것을 들었습니다.

이 말씀은 주님으로 말미암아 극내적 천계(極內的 天界 · the inmost heaven)에서 나왔다는 것을 뜻합니다. 이러한 사실은, 가장 높은 뜻으로 주님의 신령섭리(神靈攝理 · the Lord's Divine Providence)와 그리고 이것에 관해서는 본서 152 · 277항을 참조하면 되겠지만, 사랑에 속한 선(the good of love)을 통하는 것을 제외하면 그 어떤 것도 근접(近接)하지 못하는 방어(防禦)나 파수(把守)를 가리키는 "네 생물들"(the four animals), 즉 케루빔(智品天使 · cherubim)의 뜻에서, 그리고 위에서 언급한 것과 같이 (본서 313[A] · 322항 참조), 상대적인 뜻으로는 극내적 천계나 삼층천(三層天 · the third heaven)을 가리키는, "네 생물들"(=케루빔)의 뜻에서 잘 알 수 있습니다. 그리고 또한 그 다음의 현현(=명시)을 가리키는 "우레 같은 소리"의 뜻에서 잘 알 수 있습니다. 성경말씀에서 "번개"(lightnings), "우레"(雷聲 · thunders) · "소리"(音聲 · voices)가 예증(例證 · illustration) · 이해(理解 · understanding) · 지각(知覺 · perception)을 뜻한다는 것은 본서 273항을 참조하시고, 그리고 그것으로 역시 현현(=명시 · manifestation)을 뜻합니다. "우레들"(thunders)이 극내적 천계에서 비롯된 현현(=명시)을 뜻한다는 것은 대응(對應)에서 비롯된 것입니다. 왜냐하면 그 천계에서부터 사람의 청각(聽覺)에 다다른 소리들은, 만약에 그렇지 않은 것은 결코 들을 수 없기 때문입니다. 그 이유는 그것들이 전 대뇌를 가득 채웠고, 그리고 거기에서부터 청각에 자신들을 연장, 확장하였기 때문이고, 그리고 그것들은 거기에서 천둥소리만큼 크게 지각되었기 때문입니다. 중간천계(=이층천 · the middle heaven)에서 비롯된 소리들은 전혀 달랐습니다. 왜냐하면 이런 것들은 예증(例證)과 함께 유입하기 때문에 그것들은 언어의 낱말들(words of speech)처럼 낭랑하게 들렸기 때문입니다.

[2] 이런 이유는 극내적 천계, 즉 삼층천(三層天)에 내려와 사람의 의지에 들어온 것들이나, 그리고 그 의지는 소리들로 자신을 표현하지만, 그러나 중간천계, 즉 이층천(二層天)에서 내려와 사람의 지성(=이해 · 知性 · intellect)에 들어온 것들이나, 그리고 그 지성(=이해)은 그것 자체를 소리의 유절음(有節音 · articulations)으로 표현되기 때문입니다. 왜냐하면 소리(音聲 · sounds)들은 이해에서 형체(形體 · form)를 취하고, 그리고 소리는 그런 식으로 형성되기 때문인데, 우리는 그 소리를 소리의 유절음들이라고 부르고, 그것들은 자신을 개념들(ideas)을 통해서 생각(思想 · thought)을 드러내고, 그리고 낱말들을 통하여 청각(=들음)에 자신들을 드러냅니다. 그러므로 극내적 천계, 즉 삼층천에서 비롯된 것들은 뇌성(=우레)에 대응하고, 중간천계, 즉 이층천에서 비롯된 것들은 번개에 대응합니다. 결과적으로 성경말씀에서 "번개들"(lightnings)이나 "천둥"(=뇌성 · thunders)은 예증(例證) · 이해(理解) · 지각(知覺)을 뜻합니다. 이 세상에는 소리들의 경우와 비슷한 것들이 있습니다. 그것들은, 그것들이 높은 곳에서 내려올 때, 증대(增大)와 함께 변합니다. 이러한 일은 높은 산봉우리에서 아래의 계곡으로 내려 올 때 일어나고, 그리고 또한 구름들에게서 땅으로 내려올 때 일어나는데, 그것이 바로 천둥들입니다. 따라서 삼층천, 즉 가장 높은 천계에서 나온 소리들은, 그것들이

낮은 부위들을 향해 울려 퍼질 때나, 종국에 가장 낮은 곳에 내려올 때와 같이, 인간적인 들음(=청각)에서는, 마치 천둥들처럼 들리지만, 그러나 사람의 내면적인 것들은 이런 것들에 의하여 개방됩니다. 요한의 내면적인 것들 또한 바로 이 때였습니다.

354. "오너라!"(=와서 보아라 · come and see)

이 말씀은 주의(注意)와 지각(知覺 · 覺醒 · perception)을 뜻합니다. 이러한 내용은, 주의를 주는 것을 가리키는 어떤 것이 보여지기 위하여 나타날 때 "오너라"(coming)라는 말의 뜻에서 잘 알 수 있습니다. 왜냐하면 영적인 뜻으로 "오너라"(to come)라는 말은 시각적으로 볼 수 있게 가까이 가는 것을, 따라서 주의(注意)하는 것을 뜻합니다. 따라서 모든 주의는 대상물 가운데 있는 시각의 현존을 가리킵니다. 이러한 내용은 지각을 가리키는 "본다"(=안다 · to see)는 말은 이해하는 것(to understanding)을 뜻하기 때문입니다(본서 11 · 260항 참조). 여기서 이 낱말은 지각하는 것을 뜻하는데, 그 이유는 이 낱말이 극내적 천계에서 왔기 때문이고, 그리고 극내적인 천계에서 비롯된 것은 지각되지만, 그러나 중간천계에서 비롯된 것은 이해되기 때문입니다. 이런 이유 때문에 극내적 천계(=삼층천)은 사랑에 속한 선 안에 존재하지만, 중간천계(=이층천)은 그것에서 비롯된 진리들 안에 존재합니다. 그리고 모든 지각은 선에서 비롯되고, 모든 이해는 진리들에서 비롯됩니다(이러한 내용은 본서 307항 참조하십시오. 그리고 지각(知覺 · perception)이 무엇인지는 ≪새 예루살렘의 교리≫(the Doctrine of New Jerusalem) 140항을 참조하십시오).

355[A]. 2절. 그리고 내가 보니, 흰 말 한 마리가 있었다(=내가 보니, 보라, 흰 말 한 마리가 있었다).

이 말씀은 성언에서 비롯된 진리의 이해를 뜻합니다. 이러한 내용은 지성(=이해 · the intellect)을 가리키는 "말"(馬 · horse)의 뜻에서, 그리고 진리에 관해서 서술하는 "희다"(白色 · white)는 말의 뜻에서 잘 알 수 있습니다. "말"(horse)이 지성을 뜻한다는 것은 ≪백마론≫(白馬論 · the White Horse)이라는 작은 책자에 설명, 인용된 것에서 잘 알 수 있고, 그리고 "희다"(白色 · white)는 것이 진리에 관해서 서술한다는 것은 본서 196항을 참조하십시오. 어린 양(the Lamb)이 첫째 봉인을 뗄 때 "흰 말"(白馬 · a white horse)이 보였다고 언급하였고, 어린 양이 둘째 봉인을 뗄 때에는 "불빛과 같은 말"(a red horse)이 보였고, 그가 셋째 봉인을 뗄 때에는 "검은 말"(a black horse)이 보였고, 그리고 그가 넷째 봉인을 뗄 때에는 "청황색 말"(a pale horse)이 보였다고 언급되었습니다. 그리고 "말"(馬)이 지성(=이해)을 뜻하기 때문에 성경말씀의 개별적인 관계에서 말(馬)이 성언에서 비롯된 진리의 이해를, 그리고 그것으로 말미암아 그 교회에 속한 사람들의 성품(性稟 · quality)을 알 수 있다는 내용은 여기서는 "말들"에 의하여 기술되었습니다. 그리고 여러분이 진리의 이해(the understanding of truth)가 기술되었다고 말하든, 또는 그것 안에 있는 자들이 기술되었다고 말하든, 그것은 동일한 내용입니다. 왜냐하면 사람들 · 영들 · 천사들은 그것이 주재(駐在)하는 주제(主題)들이기 때문입니다. 이상에서 볼 때 우리의 본문장이나 그 뒤에 이어지는 다음 장들에서 속뜻 즉 영적인 뜻으로 기술된 내용이 무엇인지 밝히 알 수 있겠습니다. 다시 말하면 성언이 이해(理解)와 관계된다는 것을 잘 알 수 있겠습니다. 우리의 본문장 9절에는 그 어린 양이 봉인을 뗄 때 네 마리의 말들이 나타났고, 그리고 다섯째 봉인을 뗄 때에는 "나는 제단 아래에서, 하나님의 말씀 때문에, 또 그들이 말한 증언 때문에, 죽임을 당한 사람들의 영혼을 보았습니다"라고 언급되었고, 그리고 묵시록서 19장에는 이렇게 언급되었습니다.

흰 말을 타신 그분의 이름은 '하나님의 말씀'(the Word of God)이

6장 1-8절

라고 하였습니다(묵시록 19 : 13).

"말"(馬)이 지성이나 이해를 뜻하고, "흰 말"(白馬)이 성언에서 비롯된 진리의 이해를 뜻한다는 것은 나의 저서 ≪백마론≫(白馬論 · the White Horse)에서 인용된 것에서 잘 알 수 있습니다. 그러나 거기에는 성경말씀에서 인용된 여러 장절들이 있고, 그리고 "말"이 이해를 뜻한다는 증명에서 여러 장절들을 인용하였기 때문에, 나는 보다 충분한 확증(確證)을 위하여 더 많은 것들을 인용하고자 합니다. 그것들은 아래와 같습니다.
[2] 에스겔서의 말씀입니다.

> 너희는 모여 오너라. 내가, 너희들이 먹을 수 있도록 이스라엘의 산 위에서 희생제물을 잡아서, 큰 잔치를 준비할 터이니, 너희가 사방에서 몰려와서, 고기도 먹고, 피도 마셔라. …… 또 너희는 내가 마련한 잔칫상에서 군마와 기병과 용사와 모든 군인을 배부르게 뜯어 먹어라. …… 내가 이와 같이 여러 민족 가운데 내 영광을 드러낼 것이다(에스겔 39 : 17, 20, 21).

이 구절들은 주님의 왕국에 모든 것들의 소집(召集 · calling)을 다루고 있고, 그리고 특별하게는 이방 사람들에게 교회의 설시(設始 · the establishment of the church)를 다루고 있습니다. 왜냐하면 그것은 이방 사람들이 갇혀 있는 영적인 사로잡음(拘束 · the spiritual captivity)을 기술하고 있기 때문이고, 그리고 그 구속으로부터의 그들의 해방을 다루고 있기 때문입니다. "제물로 바쳐진 희생제물"은, 그것에 의하여 주님에게 드려지는, 모든 예배를 뜻하고, "내가 마련한 잔칫상에서 배부르게 먹는다"는 말씀은 모든 영적인 먹거리를 뜻합니다. 그리고 이 먹거리가 성언에서 비롯된, 그리고 성언에서 비롯된 교리에서의 진리의 이해를 뜻하기 때문에, "군마와 기병"(horse and chariot)이라고 언급되었고, 그리고 여기서 "군마"(=말 · horse)는 성언에서 비롯된 진리의 이해를 뜻하고, "기병"(騎兵 · chariot)은 그것에서 비롯된 교리(敎理 · doctrine)를 뜻합니다. "용사"(勇士 · the mighty man)와 "군인"(軍人 · 戰士 · man of war)이라고 언급되었는데, 여기서 "용사"는 악을 파괴하는 선에서 비롯된 진리를 뜻하고, "군인"(=전사)은 거짓을 파괴하는 선에서 비롯된 진리를 뜻합니다. 만약에 이런 내용을 뜻하지 않는다면 "어떻게 군마와 기병과 용사와 군인이 배부르게 뜯어 먹는다"라고 언급될 수 있겠습니까?

[3] 묵시록서의 말씀입니다.

> 나는 또 태양 안에 한 천사가 서 있는 것을 보았습니다. 그는 공중에 나는 모든 새들에게 큰소리로 외치기를 "하나님의 큰 잔치에 모여라. 왕들의 살과, 장군들의 살과, 힘센 자들의 살과, 말들과 그 위에 탄 자들의 살과, 모든 자유인이나 종이나 작은 자나 큰 자의 살을 먹어라" 하였습니다(묵시록 19 : 17, 18).

앞서의 것이나 이 장절은 성언을 다르고 있고, 그리고 성언의 영적인 뜻을 다루고 있습니다. 여기서는 진리들을 배우고, 그리고 선들을 지각하고, 파악하는 것에의 초대(招待 · invitation)를 가리킵니다. 그리고 "하나님의 큰 잔치"(=위대하신 하나님의 만찬 · the supper of the great God)는 진리들 안에서의 가르침(敎育 · instruction)을 뜻하고, 결과적으로는 주님에게서 비롯된 선의 지각(perception of good)을 뜻합니다. 그리고 "왕들의 살"과 "장군들의 살"과 "힘센 자들의 살"과 "말들과 그 위에 탄 자들의 살"은 선에서 비롯된 온갖 종류의 진리들을 뜻합니다. 그리고 "살"(flesh)은 선을 뜻하고, "왕들"은 일반적인 신령진리들을 뜻하고, "장군들"은 개별적인 신령진리들을 뜻하고, "힘 센 자들"(strong men)은 자연적인 진리들을 뜻하고, "말들"은 지성적인 진리들을 뜻하고, "말들 위에 탄 자들"은 영적인 진리들을 뜻합니다. 여기서 모두에게 명확한 사실은, 여기의 구절이 왕들의 살 · 장군들의 살 · 힘센 자들의 살 · 말들의 살 · 말들 위에 탄 자의 말을 뜻하지 않는다는 것입니다.
[4] 하박국서의 말씀입니다.

> 주님,
> 강을 보고 분히 여기시는 것입니까?
> 강을 보고 노를 발하시는 것입니까?
> 바다를 보고 진로하시는 것입니까?
> 어찌하여 구원의 병거를 타고
> 말을 몰아오시는 것입니까?……
> 주께서는 말을 타고 바다를 밟으시고
> 큰 물결을 휘저으십니다.
> (하박국 3 : 8, 15)

여기서 "말들"(horses)이 말들을 뜻하는 것이 아니라는 것을 누구가 모르겠습니까? 왜냐하면 이 말씀은 "여호와께서 그분의 말들을 타셨다"고 그분에 관해서 언급하고 있기 때문이고, 그리고 "여호와께서 그분의 말들로 바다를 밟으시고" 그리고 "그분의 병거들이 구원입니다"라고 언급하고 있기 때문입니다. 그러나 "주께서 말을 타셨다"고 언급하였기 때문에 여호와, 즉 주님께서는 성언의 영적인 뜻으로, 그분의 성언의 이해 안에 계신다는 것을 뜻합니다. 그리고 구원의 길(the way of salvation)을 가르치는 진리에 속한 교리(the doctrine of truth)는 성언에서 비롯되기 때문에 "주님의 병거들은 구원입니다"는 말씀이 부언(附言)되었습니다. 여기서 병거(兵車 · chariots)들은 교리를 뜻합니다. 그리고 "주께서는 말을 타고 바다를 밟으신다"는 것은 여호와, 다시 말하면 주님께서 성언의 속뜻으로 그분의 말씀의 이해 안에 계신다는 것을 뜻합니다. 왜냐하면 여기서 "바다"(sea)는 그 뜻을 뜻하고, 그리고 일반적으로는 자연적인 사람(the natural man)에 속한 모든 것들을 뜻하고, 그리고 자연적인 사람을 위한 모든 것들을 뜻하기 때문입니다. 그리고 신령진리들(神靈眞理 · Divine truths)이 그것들의 궁극적인 것 안에 존재하기 때문에 "큰 물결(=수렁 · 진창)을 휘저으십니다"는 말씀이 부언되었는데, 여기서 큰 물(=수렁 · 진창 · mire or clay)은 진리들에게서 비롯되었고, 그것에 진리들이 있는 궁극적인 것(the ultimate)을 뜻하고, 그리고 "바다"(waters)는 진리들을 뜻합니다.
[5] 스가랴서의 말씀입니다.

> 내가 에브라임에서 병거를 없애고,
> 예루살렘에서 군마를 없애며,
> 전쟁할 때 쓰는 활도 꺾으려 한다.
> 그 왕은 이방 민족들에게
> 평화를 선포할 것이며,
> 그의 다스림이 이 바다에서 저 바다에까지,
> 유프라테스 강에서 땅 끝까지 이를 것이다.
> (스가랴 9 : 10)

이 장절은 주님의 강림(the Lord's coming)을 다루고 있고, 그리고 이방 민족 가운데 있을 교회의 설시에 관해서 다루고 있습니다. 그 때 유대 민족에게는 교회에 속한 것이 아무것도 남아 있지 않다는 것이 기술되었는데, 이러한 내용이 곧 "내가 에브라임에서 병거를 없애고, 예루살렘에서 군마를 없애고, 전쟁할 때에 쓰는 활도 꺾으려 한다"는 말씀에 의하여 기술되었는데, 여기서 이 장절은 더 이상 교리 안에 어떤 진리도 존재하지 않을 것이고, 또한 진리에 속한 이해 역시 존재하지 않을 것을 뜻하고, 그리고 그것으로 인하여 거짓에 대항하는 다툼(combat)이나 저항(抵抗 · resistance) 역시 전혀 없다는 것을 뜻합니다. 여기서 "에브라임"(Ephraim)은 진리의 이해에 관한 교회를 뜻하고, "예루살렘"(Jerusalem)은 진리의 교리에 관한 교회를 뜻하고, "병거"(兵車 · chariot)는 교리 자체를 뜻하고, "말"(馬 · horse)은 이해 자체를 뜻하고, "전쟁할 때에 쓰는 활"은 거짓에 대항하는 싸움이나 저항을 뜻합니다.   이방 민족들에게 있을 교회의 설시(the establishment of the church)는 "그 왕은 이방 민족들에게 평화를 선포할 것이다"는 말씀이 뜻합니다.   여기서 "이방 민족들"은 주님사랑에 속한 선 안에 있는 자들 모두를 뜻하고(본서 331항 참조), "평화"(peace)는 그 선을 뜻하고, 그리고 그것에서 비롯된 그 교회에 속한 모든 것들을 뜻합니다.   "에브라임"이 진리의 이해에 관한 그 교회를 뜻한다는 것은 A.C. 3969 · 5354 · 6222 · 6234 · 6237 · 6267 · 6296항을 참조하시고, "예루살렘"이 교리에 관한 그 교회를 뜻한다는 것은 ≪새 예루살렘의 교리≫ 6항이나 본서 223항을 참조하십시오.

[6] 같은 책의 말씀입니다.

> 그 날에, 내가 모든 말을 쳐서 놀라게 하며, 말 탄 자를 쳐서 미치게 할 것이다. …… 내가 유다 백성(=집)은 지켜 돌보겠지만, 모든 민족이 부리는 말들은 쳐서 눈이 멀게 하겠다(스가랴 12 : 4).

이 구절은 옛 교회(=종전의 교회 · the former church)의 파멸(破滅)이나 황폐(荒廢)와 그리고 새로운 교회의 설시(the establishment of the new church)에 관해서 다루고 있습니다.   옛 교회의 파멸은 그 장절에서 "그 날에, 내가 모든 말을 쳐서 놀라게 하며, 말탄 자를 쳐서 미치게 한다. 그리고 모든 민족이 부리는 말들은 쳐서 눈이 멀게 하겠다"는 말씀이 뜻합니다.   여기서 "말"(馬)은 교회에 속한 사람들에게 있는 진리의 이해를 뜻하고, "말탄 자"(騎手 · horseman)는, 그것에서 이해가 비롯되는, 영적인 진리에 속한 정동(情動 · affection)을 뜻합니다. 그렇지 않다면, "내가 모든 말을 쳐서 놀라게 하며, 말탄 자를 쳐서 미치게 할 것이다"고 언급된 이유가 무엇이겠습니까? "놀라게 한다"(=놀람 · 경악 · 驚愕 · astonishment)는 것은, 그것이 선에 속한 지각이 없을 때의 이해에 관해서 서술하고, "눈을 멀게 한다"(=장님 · blindness)는 것은 그것이 진리의 지각을 전혀 가지고 있지 않다는 것을 뜻합니다. "유다의 집"(the house of Judah)은 주님 사랑에 속한 선 안에 있는 자들에게 있는 교회를 뜻하고, 그리고 그것으로 인하여 성언에서 비롯된 진리의 교리 안에 있는 자들에게 있는 교회를 뜻합니다(본서 119 · 211항 참조). 그러므로 "내가 유다 백성은 지켜 돌보겠다"는 말씀은 그들이 진리들을 알게 하기 위하여 그것들을 구체적으로 설명하겠다는 것을 뜻합니다.
[7] 또 같은 책의 말씀입니다.

> 그 날이 오면, 말방울에까지 '주께 거룩하게 바친 것'이라고 새겨져 있을 것이며, 주의 성전 안에 있는 모든 솥이, 제단 앞에 있는 그릇들과 같이 거룩하게 될 것이다(스가랴 14 : 20).

역시 이 장절은 주님의 강림과, 그리고 그 교회에의 모든 초대(招待 · invitation)를 뜻합니다. 여기서 "말방울들"(the bells of the horses)은 지식들이나, 인식들(認識 · cognitions · 과학지와 인식 · scientifica et cognitions)을 뜻하고, 그리고 진리의 이해에서 비롯된 설교나 선포를 뜻합니다. 그리고 진리에 속한 모든 이해가 주님에게서 비롯되기 때문에, 따라서 그것들의 지식들이나 선포들이나 설교들도 주님에게서 비롯되기 때문에 그러므로 "말방울에까지, '주께 거룩하게 바친 것'이라고 새겨져 있을 것이다"라고 언급되었습니다. 그 이유는 "방울들"(bells)이 이런 뜻을 가지고 있기 때문입니다. 다시 말하면―.

아론의 겉옷자락을 돌아가며, 금방울 하나 석류하나, 또 금방울 하나 석류 하나를 달아라(출애굽 28 : 34).

355[B]. [8] 모세의 글에는—.

> 단은 길가에 숨은 뱀 같고,
> 오솔길에서 기다리는 독사 같아서,
> 말발굽을 물어,
> 말에 탄 사람을 뒤로 떨어뜨릴 것이다.
> 주님,
> 제가 주님의 구원을 기다립니다.
> (창세기 49 : 17, 18)

이 말씀은, 교회에 속한 궁극적인 것들을 뜻하는, 따라서 이른바 감관적인 자들이라고 불리우는 진리와 선에 속한 궁극적인 것들 안에 있는 자들을 뜻하는, 단 지파(the tribe of Dan)에 관한 아버지 이스라엘의 예언(=유언)입니다. 왜냐하면 교회 안에는 영적인 사람이나 자연적인 사람이 있고, 그리고 자연적인 것에도 내면적·중간적·가장 외적인 것이 있기 때문입니다. 가장 외적인 것(the outmost)은 감관적인 사람을 가리키며, 이들은 그들의 생각들을 성언의 문자적인 뜻 위로 올리지를 못합니다. 이러한 내용이 "단"이 뜻하는 것이고, 그리고 이 예언의 말씀에 그들의 성품이 어떠한지 기술되었습니다. 다시 말하면, "단은 길가에 숨은 뱀 같고, 오솔길에서 기다리는 독사 같아서, 말발굽을 물어, 말에 탄 사람을 뒤로 떨어뜨릴 것이다"(=단은 길가의 뱀이 되고 작은 길의 독사가 되어 말의 뒷굽을 물어서 말 탄 자를 뒤로 떨어지게 한다)는 말로 그들의 성품이 기술되었습니다. 여기서 "길가에 숨은 뱀"이나, "오솔길에서 기다리는 독사"는 진리와 선에 관한 감관적인 것을 뜻합니다. 그리고 "말발굽"(=말의 뒷굽 · the horse's heels)은 진리와 선의 이해에 속한 궁극적인 것들을 뜻하고, "말에 탄 사람"(騎手 · the rider)은 이런 것들에게서 비롯된 추론(推論)을 뜻합니다. 그리고 감관적인 것은 본질적으로 진리들을 보지 못하기 때문에, 그리고 따라서 감관적인 것은 영적인 것들을 파악하지 못하기 때문에, 그러므로 주님께서 계속적으로 그것들에게서 억제하는 일을 하지 않는다면, 그들은 아주 쉽게 온갖 거짓들 속으로 빠져들기 때문에, 위의 장절에는 "말에 탄 사람을 뒤로 떨어뜨릴 것이다. 주님, 제가 주님의 구원을 기다립니다"라고 언급되었습니다. "단"(Dan)이 교회의 궁극적인 것들을 뜻한다는 것은 A.C. 1710 · 6396 · 10335항을 참조하시고, "뱀"(serpent)이 이해에 속한 궁극적인 것을 가리키는 감관적인 것을 뜻한다는 것은 A.C. 6398 · 6949 · 8624 · 10313항과 본서 70항을 참조하시고, "길"(way)이 진리들을 뜻한다는 것은 A.C. 627 · 2333 · 10422항과 본서 97항을 참조하시고, "말발굽"(=말의 뒷굽 · heel)이 궁극적인 자연적인 것이나 관능적인 자연적인 것(the corporeal natural)을 뜻한다는 것은 A.C. 259 · 4938항 이하의 내용을 참조하십시오. 감관적인 것이 무엇이고, 감관적인 사람들이 무엇인지는 ≪새 예루살렘의 교리≫(the Doctrine of the New Jerusalem) 50항을 참조하십시오.

[9] 스가랴서의 말씀입니다.

> 내가 또 고개를 들고 바라보니, 내 앞에 두 산 사이에서 병거 네 대가 나왔다. 두 산은 놋으로 된 산이다. 첫째 병거는 붉은 말들이 끌고 있고, 둘째 병거는 검은 말들이, 셋째 병거는 흰 말들이, 넷째 병거는 얼룩말들이 끌고 있었다. 말들은 모두 건장하였다. 내가 내게 말하는 천사에게, 그것이 무엇이냐고 물었다. 그 천사가 나에게 대답하였다. "그것들은 하늘의 네 영(=바람)이다. 온 세상을 다스리시는 주님을 뵙고서, 지금 떠나는 길이다. 검은 말들이 끄는 병거는

6장 1-8절

북쪽 땅으로 떠나고, 흰 말들이 끄는 병거는 서쪽으로 떠나고, 얼룩 말들이 끄는 병거는 남쪽 땅으로 떠난다." 그 건장한 말들이 나가서 땅을 두루 돌아다니고자 하니, 그 천사가 말하였다. "떠나거라. 땅을 두루 돌아다녀라." 병거들은 땅을 두루 돌아다녔다. 천사가 나를 보고, 소리를 치면서 말하였다. "북쪽 땅으로 나간 말들이 북쪽 땅에서 내 마음을 시원하게 하였다." …… 먼 곳에 사는 사람들이 와서, 주의 성전 짓는 일을 도울 것이다(스가랴 6 : 1-8, 15).

이 예언의 말씀은, 만약에 어느 누구가 "병거들"이나 "말들"이 뜻하는 것을 알지 못한다면, 아무도 이해하지 못할 것입니다. 그리고 또한 "붉은 색"·"검은 색"·"흰 색"·"얼룩 색"이 뜻하는 것이나, "소리를 친다"(shout)는 말이 뜻하는 것 역시 알지 못할 것입니다. 그리고 역시 "북쪽의 땅"이나 "남쪽의 땅"이 뜻하는 것도 알지 못할 것입니다. 이 구절은 그들이 성언(聖言)을 가지고 있지 않기 때문에 여전히 진리에 속한 빛 안에 있지 않는 자들 가운데 널리 전파, 보급될 교회에 관해서 다루고 있습니다. 여기서 "북쪽"(the north)은 그들이 가지고 있는 진리의 불영명(不英明)을 뜻하고, "남쪽"(the south)은 진리의 명료(明瞭)를 뜻하고, "말들"(horses)은 그들의 이해를 뜻합니다. "붉은 색"(red)·"검은 색"(black)·"흰 색"(white)·"얼룩 색"(grisled)은 처음 시작의 그것의 성품이나 그 뒤 나중의 그것의 성품을 뜻합니다. "붉은 색"(red)은 선에 관한 시작의 그들의 이해의 성품(=성질)을 뜻하고, "흰 색"(white)은 진리에 관한 나중의 그들의 이해의 성질을 뜻하고, "얼룩 색"(grisled)은 진리와 선에 관한 최후의 그것의 성품을 뜻합니다. 그리고 "소리를 친다"(stout)는 것은 악들이나 거짓들을 격퇴(擊退)하는 그것의 능력에 관한 그것의 성품을 뜻합니다. 이렇게 볼 때 지금 밝히 알 수 있는 것은 "검은 말들이 북쪽 땅으로 떠났다"는 말씀이, 그리고 "흰 말들이 서쪽 땅으로 떠났다"는 말씀이, 그리고 "북쪽 땅으로 나간 말들이 북쪽 땅에서 내 영(=내 마음)을 시원하게 하였다"(=쉬게 하였다)는 말씀, 다시 말하면 삶의 선으로 말미암아 존재하는 자들은 교회가 수용(受容)하고, 이해한 교회에 속한 진리들을 아는 정동(精動 · affection) 안에 있다는 것을, 그리고 그렇게 하지 않는 다른 자들에 관해서 입증(立證)되었습니다.   입증되고, 수용된 것들이 "북쪽 땅으로 나간 것들이 북쪽 땅에서 내 마음(=내 영)을 시원하게 하였다"(=내 영을 쉬게 하였다)는 말씀을 뜻하고, 그리고 "얼룩 색 말들은 남쪽 땅으로 떠났고, 그리고 그 말들이 땅을 두루 돌아다니라고 소리를 친다"는 말씀은 삶의 선으로 말미암아 존재하는 자들은 빛 가운데 들어온 교회에 속한 진리들을 아는 정동 안에 있다는 것을 뜻하고, 그리고 그들은 온갖 악들이나 거짓들을 격퇴하고, 그리고 교회를 세운다는 것을 뜻합니다.   그러므로 네 종류의 말들은 "그것들은 하늘의 네 영(=바람)이다.   온 세상을 다스리는 주님을 뵙고서, 지금 떠나는 길"(=이들은 하늘들의 네 영들인데, 온 땅의 주 앞에 서 있는 자리에서 나가는 것들이다)이라고 언급되었습니다.   여기서 "영들"(=바람들 · winds)은 모든 신령진리들을 뜻하고, 그리고 "온 땅의 주 앞에 서 있는 자리에서 나간다"(=온 세상을 다스리는 주님을 뵙고서 지금 떠나는 길이다)는 말씀은 주님에게서 발출(發出)한 모든 진리들을 뜻합니다.   "바람들"(winds · 영들)이 모든 신령진리들을 뜻한다는 것은 A.C. 9642항을 참조하시고, 나의 저서 ≪천계와 지옥≫ 141-153항을 참조하십시오.   "나간다"(to go forth)는 말은 발출하는 것(to proceed)을 뜻한다는 것은 A.C. 5337 · 7124 · 9303항을 참조하십시오.   "먼 곳에 있는 자들이 와서, 주의 성전 짓는 일을 도울 것이다"(=멀리 있는 자들이 와서 주의 성전을 건축할 것이다)는 말씀은 종전에는 교회에 속한 진리들이나 선들에게서 멀리 떨어져 있었지만, 그 교회에 가까이 있을 것이라는 것을 뜻합니다.   "먼 곳에 있는 자들"이 이런 부류의 사람들을 뜻한다는 것은 A.C.

4723 · 8918항을 참조하시고, "여호와의 성전"이 교회를 뜻한다는 것은 같은책 3720항을 참조하시고, 더 나아가서 "북쪽"(the north)은 진리의 불영명(不英明)을 뜻하고, "남쪽"(the south)은 진리의 명료(明瞭)를, 따라서 진리의 불영명이나, 진리의 명료 안에 있는 자들을 뜻한다는 것은 H.H. 148-151항을 참조하십시오. 이 양쪽의 뜻에서 "붉은 색"(red)과 "검은 색"(black)이 뜻하는 것이 무엇인지는 우리의 본문장 4절과 5절의 설명에서 알 수 있고, 그리고 "흰 색"(white)이 뜻하는 것이 무엇인지는 본서 196항을 참조하십시오. "놋쇠로 된 두 산 사이에서 네 병거들이 나왔다"는 말씀은 자연적인 사람 안에 있는 사랑에 속한 선을 뜻합니다. 이렇게 언급된 것은, 앞에서 이미 입증되었듯이, 그리고 여기서 다루고 있는 민족들이 영적인 선 안에 있지 않고, 다만 자연적인 선 안에 있기 때문입니다. "산"(山 · mountain)이 사랑에 속한 선(the good of love)을 뜻한다는 것은 A.C. 795 · 4210 · 6435 · 8327 · 8758 · 10438항을 참조하시고, "놋쇠"(黃銅 · copper)가 자연적인 선을 뜻한다는 것은 본서 70항을 참조하십시오.

[10] 욥기서의 말씀입니다.

> 이것은 나 하나님이
> 타조를 어리석은 짐승으로 만들고,
> 지혜를 주지 않았기 때문이다.
> 그러나 타조가
> 한 번 날개를 치면서 달리기만 하면,
> 말이나 말 탄 사람쯤은 우습게 여긴다(=이는 하나님이 그녀에게서 지혜를 박탈하며, 명철을 나눠주지 않음이라. 타조가 스스로 높이 솟아 달릴 때에는 말과 거기 탄 자를 조롱한다.)(욥 39 : 17, 18).

여기서 "새"(a bird)에 관해서 언급된 것들은 자아(自我 · 固有屬性

· self · proprium)에서 비롯된 총명을 뜻하는데, 본질적으로 이런 것들은 결코 총명은 아닙니다. 왜냐하면 자아(=고유속성)로부터는 사람은 거짓들 이외에는 아무것도 볼 수 없기 때문이고, 그리고 진리들을 볼 수 없기 때문입니다. 그리고 진정한 총명은 진리들에게서 비롯되고, 그리고 거짓들에게서 총명은 비롯되지 않기 때문입니다. 그러므로 그 새에 관해서 "하나님은 타조를 어리석은 짐승으로 만들었고, 지혜를 주지 않았다"고 언급되었고, 그리고 "타조가 한 번 날개를 치면서 달리기만 하면 말이나 말 탄 사람쯤은 우습게 여긴다"라고 언급되었습니다. 다시 말하면 진리에 속한 이해를 우습게 여기고, 총명한 사람을 우습게 여기는 것으로 언급되었습니다.

355[C]. [11] 시편서의 말씀입니다.

> 마음이 담대한 자들도
> 그들이 가졌던 것 다 빼앗기고
> 영원한 잠을 자고 있습니다.
> 용감한 군인들도
> 무덤에서 아무 힘도 못 씁니다.
> 야곱의 하나님,
> 주께서 한 번 호령하시면,
> 병거를 탄 병사나 기마병이
> 모두 기절합니다.
> (시편 76 : 5, 6)

여기서 "마음이 담대한 자들"은 선에게서 비롯된 진리들 안에 있는 자들을 뜻합니다. "그들이 가졌던 것 다 빼앗긴다"(=약탈을 당하였다)는 말이나, "영원한 잠을 잔다"(=잠을 잔다)는 말씀은 온갖 악들로 말미암아 온갖 거짓들 속에 떨어지는 그들의 추락(墜落)이나 멸망(滅亡)을 뜻합니다. 그리고 야곱의 하나님의 호령(=꾸짖음

· 힐책 · rebuke)은 자기 자신들에 의한 왜곡된 그들의 상태(=전도된 그들의 상태)를 뜻하고, "병거를 탄 병사나 기마병이 모두 기절한다"(=죽음의 잠에 빠진다)는 말씀은 그들의 총명스러운 것이 잠에 빠지게 된 것을 뜻하는데, 그 이유는 그것이 지극히 자연적인 것이 되었기 때문입니다. "깨어있다"는 것은 자신의 영적인 삶(=생명)을 위하여 배우고 몸에 익히는 것을 뜻하고, "잔다"는 것은 영적인 것이 결여(缺如)된 자연적인 삶(=생명)을 가지고 있다는 것을 뜻하는데, 이러한 내용은 본서 187항을 참조하십시오.
[12] 에스겔서의 말씀입니다.

> 야완과 두발과 메섹이 바로 너와 거래한 사람들이다. 그들이 노예와 놋그릇들을 가지고 와서, 네 상품들과 바꾸어 갔다. 도갈마 족속은 부리는 말과 군마와 노새를 끌고 와서, 네 물품들과 바꾸어갔다. (에스겔 27 : 13, 14)

이 장절은 두로(Tyre)에 관해서 다루고 있는데, 두로는 외적인 교회(the external church)나 내적인 교회(the internal church)에 속해 있는 진리와 선의 지식들을 뜻합니다. "야완 · 두발 · 메섹"은 외적인 예배(external worship) 안에 있는 자들을 뜻하고, "마갈마 족속"(they of Bethogarma)은 내적인 예배(internal worship) 안에 있는 자들을 뜻합니다. 그러므로 이들은 "두로의 전쟁들을 위하여 말들 · 군마와 노새를 끌고 와서, 네 물품들과 바꾸어 갔다(=교역하였다)"고 언급하였고, 그리고 "그들이 노예(=사람의 영혼)와 놋그릇들을 가지고와서 네 상품들과 바꾸어갔다"고 언급하였습니다. 여기서 "노예"(=사람의 영혼 · the soul of man)은 지식에 관한 믿음에 속한 진리를 뜻하고, "놋그릇들"은 자연적인 선에 속한 진리들을 뜻하고, "말들 · 기병(=군마)들 · 노새들"은 진리와 선에 속한 이해를 뜻하고, "말들"은 진리의 이해를, "기병들"(=말 탄 사람들)은 총명을 뜻하고, "노새"는 합리적인 것을 뜻합니다. "노새"(mule)가 합리적인 것을 뜻한다는 것은 A.C. 2781 · 5741 · 9212항을 참조하십시오. 우리의 본문장이나 다른 장에 열거된 것들인 "두로의 교역들"(=상거래들)이 놋그릇들 · 말들 · 노새들이나 그 밖의 것들과의 교역이나 거래를 뜻하지 않고, 오히려 진리와 선에 속한 지식들에 의하여 이루어진 영적인 교역들을 뜻한다는 것은 누구나 밝히 알 수 있겠습니다. 왜냐하면 성언(聖言 · the Word)은 신령하고, 그리고 그것은 신령한 것들을 다루고 있는 것이지, 결코 이 땅의 것들을 다루고 있지 않기 때문입니다. 그러므로 그것은, 그것들에 대응하는 자연적인 것들에 의하여 문자적인 뜻을 가리키는, 궁극적인 뜻(the ultimate sense)에 표현된 천계와 교회에 속한 영적인 것들을 담고 있습니다. "교역한다"(to trade)는 말이나 "상인이 된다"(to be a merchant)는 말은 진리와 선에 속한 지식들을 터득하는 것이나 교류하는 것을 뜻한다는 것은 A.C. 2967 · 4453항을 참조하시고, "산다"(to buy)는 말이나 "판다"(to sell)는 말 역시 앞서와 비슷한 내용을 뜻합니다(A.C. 2967 · 4397 · 4453 · 5371 · 5374 · 5406 · 5410 · 5426 · 5886 · 6143 · 7999 · 9039항 참조).
[13] 이사야서의 말씀입니다.

"말이 광야에서 달리듯이,
그들을 깊은 바다도 걸어가게 하신 그분이,
이제는 어디에 계시는가?
그의 영이 그들을,
마치 골짜기로 내려가는 가축 떼처럼,
편히 쉬게 하시지 않았던가?"
주께서 이렇게 주의 백성을 인도하셔서,
주의 이름을 영광스럽게 하셨습니다.
(이사야 63 : 13, 14)

이사야서의 이 장은 주님에 관해서 다루고 있고, 그리고 주님의 지옥과의 싸움과 주님의 지옥들의 정복에 관해서 다루고 있습니다. 그러나 여기서는 주님을 향한 사랑과 믿음 안에 있는 자들의 구원에 관해서 다루고 있습니다. 이런 것들이 "광야에서 달리는 말"이나, "골짜기로 내려가는 가축"에 비유되었는데, 그것은 "말"(horse)이 진리의 이해(the understanding of truth)를 뜻하고, "가축"(beast)이 선의 정동(the affection of good)을 뜻하기 때문입니다. 왜냐하면 성경말씀에서 모든 비유(=비교)는 온갖 대응들(對應 · correspondences)에게서 비롯되기 때문입니다.

[14] 묵시록서의 말씀입니다.

> 나는 또 하늘이 열려 있는 것을 보았습니다. 거기에 흰 말이 있었는데, '신실하신 분', '참되신 분'이라는 이름을 가지신 분이 그 위에 타고 계셨습니다. ……그분의 이름은 '하나님의 말씀'(the Word of God)이라고 하였습니다. 그리고 하늘의 군대가 희고 깨끗한 고운 모시옷을 입고, 흰 말을 타고, 그분을 따르고 있었습니다.
> (묵시록 19 : 11-16)

여기서 흰 말(白馬 · a white horse)은 성언의 이해(the understanding of the Word)를 뜻합니다. 그분을 뒤따르는 자들이 타고 있는 "흰 말들"도 같은 것을 뜻합니다. 왜냐하면 흰 말 위에 앉아 있는 분은 성언에 관계되는 주님이시기 때문입니다. 그 이유는 백마 위에 앉아 있는 분이 "하나님의 말씀"(the Word of God)이라고 불리웠기 때문이고, 그리고 19장 16절에서는 "그분의 옷과 넓적다리에는 '왕들의 왕', '군주들의 군구'라는 이름이 적혀 있었습니다"라고 언급되었기 때문입니다. 주님께서는 "성언"(聖言 · 말씀 · the Word)이라고 불리우는데, 그 이유는 성언(=말씀)이 그분에게서 발출(發出)하는 신령진리이시기 때문입니다. 그러나 묵시록서에 기술된 이런 것들은 나의 작은 저서 ≪백마론≫

(the White Horse) 1항에서 보다 충분하게 설명된 것을 볼 수 있 겠습니다. 그리고 또한 주님께서 "말씀"(聖言 · the Word)이라고 불리신 이유도 잘 볼 수 있을 것입니다(W.H. 14항 참조). "병거 들"(兵車 · chariots)이나 "말들"(馬 · horses)이 성언에서 비롯된 교리나 성언의 이해를 뜻하기 때문에 그리고 진리에 속한 모든 교리나 성언의 이해에서 비롯된 교리는 주님으로 말미암아 하늘 (天界 · heaven)에서 나오기 때문에, 그러므로 그분에 관해서 "그 분은 성언 위에 앉아 있다" 그리고 "구름 위에 앉아 있다" "하늘 위에 계신다" "구름 위에 계신다"고 언급되었고, 그리고 시편서 의 아래 장절에서는 이렇게 기술되었습니다.

    용사이신 임금님,
    칼을 허리에 차고,
    위엄과 영광을 보여주십시오.
    영광스러운 승리를 거두어 주십시오.
    진리와 겸손과 정의를 세우셔야 하니,
    전차(=병거)에 오르십시오.
    (시편 45 : 3, 4)

여기의 내용들은 주님에 관해서 언급된 것들입니다. 또 같은 책 의 말씀입니다

    하나님을 찬양하여라.
    그의 이름을 노래하여라.
    광야에서 수레를 타고 오시는 분에게(=구름을 타고 오시는 분에게)
    길을 열어 드려라.
    (시편 68 : 4)

이사야서의 말씀입니다.

주께서 빠른 구름을 타고
이집트에 가실 것이니,
이집트의 우상들이 그 앞에서 떨고,
이집트 사람들의 간담이 녹을 것이다
(이사야 19 : 1)

시편서의 말씀입니다.

세상의 왕국들아,
하나님을 찬양하여라.
주님께 노래하여라.
하늘, 태고의 하늘을
병거삼아 타고 다니시는 분을 찬송하여라.
(시편 68 : 32, 33)
주께서 그룹을 타고 날아오셨다.
바람 날개를 타고 오셨다.
(시편 18 : 10)

하박국서의 말씀입니다.

주님,
강을 보고 분히 여기시는 것입니까?
강을 보고 노를 발하시는 것입니까?
바다를 보고 진노하시는 것입니까?
어찌하여 구원의 병거를 타고
말을 몰아오시는 것입니까? ……
주께서는 말을 타고 바다를 밟으시고
큰 물결을 휘저으십니다.
(하박국 3 : 8, 15)

이사야서의 말씀입니다.

> 그 때에,
> 너는 주 안에서 즐거움을 얻을 것이다.
> 내가 너를 땅에서 영화롭게 하고,
> 너의 조상 야곱의 유산을 먹고
> 살도록 하겠다.
> (이사야 58 : 14)

신명기서의 글입니다.

> 주께서 홀로 그 백성을 인도하셨다.
> 다른 신은 옆에 있지도 않았다.
> 주께서 그 백성에게,
> 고원지대를 차지하게 하셨다.
> (신명기 32 : 12, 13)

호세아서의 말씀입니다.

> 이제 나는
> 그 아름다운 목에 멍에를 씌워
> 에브라임은 수레를 끌게 하겠다
> (호세아 10 : 11)

이 장절들에서 "탄다"(to ride)는 말씀은 총명이나 지혜를 주는 것을 뜻하는데, 그 이유는 "병거"(兵車 · 戰車 · chariot)는 진리의 교리를 뜻하고, "말들"(horses)은 진리의 이해를 뜻하기 때문입니다.

[15] 이사야서의 말씀입니다.

6장 1-8절

마치 이스라엘 자손이
주의 성전에 바칠 예물을
깨끗한 그릇에 담아서 가져 오는 것과 같이,
그들이 또한 모든 민족들로부터
너희의 모든 형제를
주께 바치는 선물로
말과 수레와 기마와 노새와 낙타에 태워서,
나의 거룩한 산 예루살렘으로
데려올 것이다
(이사야 66 : 20)

이 장절은 주님께서 세우시는 새로운 교회(a new church)의 설시를 다루고 있습니다. 그러므로 이 장절은 그들의 형제들을 말들·수레들(=병거들)·가마(covered wagons)·노새들·낙타들(swift beasts)에 태워서 예루살렘으로 데려오는 것을 뜻하지 않고, 오히려 이 장절은 선 안에 있는 사람은 모두 신령진리들로 가르침을 받는다는 것을 뜻합니다. 그리고 그것에 의하여 교회에 안내된 자들은 총명스럽게 되고, 지혜롭게 된다는 것을 뜻합니다. 왜냐하면 여기서 "형제들"(brethren)은 선 안에 있는 모두를 뜻하고, "말들"(horses)은 진리의 이해를 뜻하고, "수레"(=병거·chariot)는 진리에 속한 교리를 뜻하고, "가마"는 진리에 속한 지식들을 뜻하고, "노새들"(mules)은 영적인 것을 가리키는 내적인 합리적인 것(the internal rational)을 뜻하고, "낙타"(=빠른 짐승·swift beasts)은 자연적인 것인 외적인 합리적인 것(the external rational)을 뜻하고, 그리고 "예루살렘"은 교회를 뜻하는데, 그것 안에는 진리에 속한 사랑으로 말미암아 "거룩한 산"(the mountain of holiness)이라고 불리우는 신령진리에 속한 교리가 있습니다. "병거들"(=수레들)의 뜻에서, 그리고 "말들"의 뜻에서 아래 장절이 뜻하는 것을 잘 알 수 있겠습니다. 열왕기 하서의 말씀입니다.

> 그들이 이야기를 하면서 가고 있는데, 갑자기 불병거와 불말이 나타나서, 그들 두 사람을 갈라 놓더니, 엘리야만 회오리바람에 싣고 하늘로 올라갔다. 엘리사가 이 광경을 보면서 외쳤다. "나의 아버지! 나의 아버지! 이스라엘의 병거이시며 마병이시여!" 엘리사는 엘리야를 다시는 볼 수 없었다. ……"주님, 간구하오니, 저 시종의 눈을 열어 주셔서, 볼 수 있도록 해주십시오." 그러자 주께서 그 시종의 눈을 열어 주셨다. 그가 바라보니, 온 언덕에는 불 말과 불 수레가 가득하여, 엘리사를 두루 에워싸고 있었다. ……그리고 그 앞에서 눈물을 흘리며 말하였다. "나의 아버지, 나의 아버지, 이스라엘의 병거와 마병이시여!" (열왕기 하 2 : 11, 12 ; 6 : 17 ; 13 : 14).

다시 말하면 여기서 엘리야와 엘리사는 성언에 관해서 주님을 표징하고, 그리고 "병거들"(chariots)은 성언에서 비롯된 교리를 뜻하고, "마병들"(=기수들 · horsemen)은 총명을 뜻합니다. "엘리야와 엘리사"가 성언에 관한 주님을 표징한다는 것은 A.C. 7643 · 8029 · 9372항을 참조하십시오.

355[D] [16] "병거들"이나 "말들"이 성언에 속한 교리와 이해를 뜻한다는 것은, "병거들"이나 "말들"이 거짓에 속한 교리들이나, 왜곡된 총명에서 비롯된 그릇된 지식들(false knowledges)을 뜻하는, 그것들의 반대적인 뜻에서, 더 잘 알 수 있겠습니다. 왜냐하면 성경말씀 안에 있는 대부분의 것들은 반대적인 뜻을 가지고 있고, 그리고 그것으로 말미암아 진정한 뜻(the genuine sense)에서 뜻하는 것이 무엇인지 잘 알 수 있기 때문입니다. 진정한 뜻에서 "병거들"이나 "말들"은 이러한 뜻을 지니고 있다는 것은 아래의 장절에서 잘 알 수 있겠습니다. 에스겔서의 말씀입니다.

6장 1-8절

나 주 하나님이 말한다. 내가 왕들 가운데 으뜸가는 왕, 바빌로니아 왕 느부갓네살을 북쪽에서 데려다가 두로를 치겠다. 그가 말과 병거와 기병과 군대와 많은 백성을 이끌고 올 것이다.
'네 땅에 자리 잡고 있는
네 딸들을 그가 칼로 죽일 것이다.
그가 너를 치려고 높은 사다리를 세운다.
너를 공격하려고 흙 언덕을 쌓고,
방패를 갖춘다.
쇠망치로 네 성벽을 허물고,
갖가지 허무는 연장으로
네 망대들을 부술 것이다.
그의 군마들이 많아서,
너는 그들의 먼지에 묻힐 것이다.
그가 마치 무너진 성읍 안으로 들어오듯이,
네 모든 성문 안으로 들어오면,
그의 기병과 병거의 바퀴 소리에
네 모든 성벽이 진동할 것이다.
그가 말발굽으로
네 거리를 짓밟을 것이고,
칼로 네 백성을 죽일 것이며,
네 튼튼한 돌기둥들도
땅바닥에 쓰러뜨릴 것이다.'
(에스겔 26 : 7-11)

여기서 "두로"(Tyre)는 진리에 속한 지식들에 관한 교회를 뜻하고, 그리고 "바빌로니아 왕"은 온갖 거짓들과 모독(冒瀆)에 의한 진리의 파괴(the destruction of truth)를 뜻합니다. "그가 온 북쪽"은 거짓의 근원(根源)을, 그리고 개별적인 뜻으로는 그 거짓들이 발생한 지옥을 뜻합니다. "병거"·"말들"·"기병들"은 거짓에 속한 교리와 그리고 그것에서 비롯된 추론(推論)들을 뜻합니다. "그들이 칼로 죽일 딸들"은 거짓들이 파괴할 진리에 속한 정동들(the affections of truth)을 뜻합니다. 왜냐하면 "딸들"은 좋은 뜻으로는 진리에 속한 정동들을 뜻하고, "들"(=밭 · the field)은 그 정동들이 존재하는 교회를 뜻하고, "칼"은 진리에 거슬러 싸우는 거짓의 다툼을 뜻하고, 그리고 "죽인다"(殺害 · to slay)는 낱말은 소멸(掃滅)을 뜻하기 때문입니다. 이러한 내용은 "그의 군마들이 많아서, 너는 그들의 먼지에 묻힐 것이다"는 말씀의 뜻에서 명확합니다. 여기서 "먼지"(dust)는 거짓에 속한 악을 뜻합니다. "그의 기병과 병거의 바퀴 소리에 진동할 성벽들"은 방어하는 진리들(protecting truths)을 뜻하고, 일반적으로는 거기에 하나님이 계신다는 것과 그리고 그 성언은 신령하다는 것을, 그리고 거기에는 영원한 생명(永生 · eternal life)이 있다는 것 등등을 뜻합니다. 이런 "성벽들" 즉 이런 진리들은, 그것들이 교리들에 속한 거짓들을 통하여, 그리고 그것들에게서 비롯된 추론들을 통하여 의심(疑心)에 빠지게 되었을 때, "기병과 병거와 병거의 바퀴소리에 의한 진동"(=흔들림)한다는 것으로 언급되었습니다. "그가 네 거리들(=온 거리들)을 그것들로 짓밟을 말발굽들"은 이른바 감관적인 생각이나 느낌 따위라고 일컫는 자연적인 사람의 가장 외적인 것들을 뜻하는데, 그런 것들에게서 모든 거짓들은 비롯됩니다. "그들에 의하여 짓밟힐 거리들"(=네 거리들)은 교회에 속한 교리의 진리들을 뜻하지만, 그것들은 깡그리 파괴되고, 파멸될 것입니다. "칼에 죽임을 당할 백성"은 진리들 안에 있는 자들을 뜻하고, 추상적인 뜻으로는 모든 진리들을 뜻합니다.

[17] 예레미야서의 말씀입니다.

    칼이 점쟁이들을 치니,
    그들이 어리석은 자들이 된다.

6장 1-8절   53

칼이 그 땅의 용사들을 치니,
그들이 공포에 떤다.
칼이 그들의 말과 병거와
그들 가운데 있는 모든 외국 군대를 치니,
그들이 모두 무력해진다.
칼이 그 땅의 보물 창고를 치니,
보물이 모두 약탈을 당한다.
가뭄이 땅의 물을 치니,
물이 말라 버린다.
바빌로니아는
온갖 우상을 섬기는 나라이니,
그 땅에 사는 사람들이
그 끔찍스러운 우상들 때문에
미쳐 버릴 것이다.
(예레미야 50 : 36-38)

여기서 "칼"은 거짓에 대항하여 싸우는 진리의 다툼을 뜻하고, 그리고 진리에 대항하여 싸우는 거짓의 다툼을 뜻하고 그리고 결과적으로는 박탈(剝奪 · vastation)을 뜻합니다. 여기서 그것은 박탈을 뜻합니다. "점쟁이들"(=거짓말쟁이들)이나 "용사들"(mighty men)은 거짓들이나, 거기에서 나온 추론들을 뜻하고, "말들"이나 "병거들"도 동일한 것을 뜻합니다. "약탈을 당할 보물"은 교리에 속한 모든 것들을 뜻합니다. 물이 말라 버리는 "물을 치는 가뭄"은 진리의 빼앗김을 뜻하고, "가뭄"(drought)은 결핍(缺乏)을 뜻하고, "물"(waters)은 진리들을 뜻합니다. 모든 거짓들이 자기 총명(self-intelligence)에서 비롯되기 때문에, "바빌로니아는 온갖 우상을 섬기는 나라이기 때문이다"라고 언급되었습니다. 여기서 "땅"(land)은 이단사설(異端邪說 · heresy)을 뜻하고, 그리고 "우상"(=조각한 형상 · graven images)은 자기총명에서 비롯된 것을 뜻합니다. "우상들"(偶像 · graven images)이나 "주조 된 형상들"(molten images)이나 "우상"(=신상 · idols)의 뜻이 이런 것들이라는 것은 A.C. 8869 · 8941 · 10406 · 10503항을 참조하십시오.

[18] 같은 책의 말씀입니다.

> 적군이 먹구름이 몰려오듯 몰려오고,
> 그 병거들은 회오리바람처럼 밀려오며,
> 그 군마들은
> 독수리보다도 더 빨리 달려온다.
> 이제 우리는 화를 당하게 되었다.
> 우리는 망하였다.
> 예루살렘아, 네가 구원을 받으려면,
> 너의 마음에서 악을 씻어 버려라.
> 네가 언제까지 흉악한 생각을
> 너의 속에 품고 있을 작정이냐? ……
> "나 주가 말한다.
> 내가 온 땅을 황폐하게는 하여도
> 완전히 멸망시키지는 않겠다. ……
> 기병들과 활 쏘는 군인들의 함성에,
> 성읍마다 사람들이 도망하여 숲 속에 숨고,
> 바위 위로 기어올라간다.
> 이렇게 모두 성읍을 버리고 떠나니,
> 성읍에는 주민이 한 사람도 없다."
> (예레미야 4 : 13, 14, 27, 29)

이 장절은 악에 속한 거짓들에 의한 교회의 황폐(the vastation of the church)을 기술하였습니다. 여기서 "구름들"(clouds)은 거짓들을 뜻하고, "독수리보다 더 빠른 군마들"은 진리들에 거스르는 거짓들에게서 비롯된 추론에 속한 욕망(慾望 · 정욕 · lust)을 뜻하고, "회오리바람 같은 병거들"은 거짓의 교리적인 것들을 뜻합니다. 결과적으로는 교회에 속한 모든 것이나, 그 교회의 교리적인 것의 모두는 멸망할 것이라는 것은 "온 땅이 황폐하게 될 것이고, 기병들과 활 쏘는 군인들의 함성에 성읍마다 사람들이 도망하여 숲 속에 숨고, 모두 성읍을 버리고 떠난다"는 말씀이 뜻합니다. 여기서 "땅"(land)은 교회를 뜻하고, "성읍"(city)은 교회의 교리를 뜻하고, "기병들과 활 쏘는 군인들의 함성"은 거짓들에게서 비롯된 추론이나, 강력한 공격을 뜻하고, "도망한다"(to flee)는 것은 멸망하는 것을 뜻합니다. 그 때 철저한 거짓이나 거짓에 속한 믿음이 다스릴 것이라는 내용은 "사람들이 수풀 속으로 들어간다"(=그들이 짙은 구름 속으로 들어가고, 바위들 위로 기어올라간다는 말씀이 뜻하는데, 여기서 "구름들"(clouds)은 거짓들을 뜻하고, 그리고 "바위들"(rocks)은 온갖 거짓에 속한 믿음(=신앙)을 뜻합니다. 교회의 황폐(荒廢 · the devastation of the church)와 그 교회의 교리의 황폐가 여기서 명확하게 기술되었습니다. 왜냐하면 "우리는 화를 당하게 되었다. 그리고 언제까지 흉악한 생각을 너의 속에 품고 있을 작정이냐? 그리고 온 땅이 황폐하게 될 것이고, 온 성읍을 버리고 떠날 것이다"라고 언급되었기 때문입니다.
[19] 또 같은 책의 말씀입니다.

> 나 주가 이렇게 말한다.
> 한 백성이 북녘 땅에서 오고 있다.
> 큰 나라가 온다.
> 저 먼 땅에서 떨치고 일어났다.
> 그들은 활과 창으로 무장하였다.
> 난폭하고 잔인하다.
> 그들은 바다처럼 요란한 소리를 내며,
> 군마를 타고 달려온다.
> 딸 시온아,

> 그들은 전열을 갖춘 전사와 같이,
> 너를 치러 온다.
> (예레미야 6 : 22, 23 ; 50 : 41, 42)

여기서도 역시 악에 속한 거짓들에 의한 교회의 황폐나 멸망이 기술되었습니다. 여기서 "북녘 땅"이나, "저 먼 땅"(=땅의 사면)은 이런 것들의 근원을 가리킵니다. "북녘 땅"은 거짓들의 근원이고, "저 먼 땅"(=땅의 사면)은 악들의 근원입니다. 왜냐하면 "북녘"(the north)은 진리들에게서 멀리 떨어진 것을 뜻하고, "땅의 사면"(the sides of the earth)은 선들에게서 멀리 떨어진 것을 뜻합니다. 그러므로 "나라"(nation)는 후자(=선)에 관해서 서술하고, "백성"(people)은 전자(=진리)에 관해서 서술합니다. 그리고 "나라"는 악들 안에 있는 자들을 뜻하고, "백성"은 거짓들 안에 있는 자들을 뜻합니다(본서 331[B]항 참조). 그들의 추론들은 "바다의 요란한 소리"나 "그들이 군마를 타고 달려오는 소리"가 뜻합니다.

[20] 에스겔서의 말씀입니다.

> 그 때가 되면, 너는 네 나라 북쪽 끝에서 원정길에 나설 것이다. 그 때에 너는 대군을 이끌고 떠날 것이다. 놀라운 규모를 지닌 기마대와 많은 보병을 이끌고 정복길에 오를 것이다. 마치 구름이 땅을 덮는 것같이, 네가 내 백성 이스라엘을 칠 것이다(에스겔 38 : 15, 16).

억기의 내용들은 곡(Gog)에 관해서 언급하고 있는데, 그들은 내적인 것은 전혀 없는 외적인 예배를 뜻합니다. 그리고 "북쪽"(the sides of the north)은, 위에 언급한 것과 같이, 여기서도 선들이나 진리들에게서 멀리 떨어진 것을, 따라서 악에 속한 거짓들의 근원을 뜻합니다. 그리고 그들이 그것에서부터 추론하고, 그리고 교회에 속한 진리들을 공격하고, 그것들을 소멸시키기 때문에 그들에 관해서 "놀라운 규모를 지닌 기마대와 많은 보병"(=그들 모두가 말을 탄 큰 집단이며, 막강한 군대)라고 언급되었고, 그리고 "구름이 땅을 덮는 것같이, 네가 내 백성 이스라엘을 칠 것이다"라고 언급되었습니다. "말들 위에 탄다"는 것은 추론들을 뜻하고, "이스라엘 백성을 친다"(=이스라엘 백성을 대적한다)는 것이나, "땅을 덮는다"는 것은 교회에 속한 진리들을 공격하고, 그리고 그것들을 소멸시키는 것을 뜻합니다. 여기서 "구름"(clouds)은 악에 속한 거짓들을 가리킵니다.
[21] 다니엘서의 말씀입니다.

> 북쪽 왕의 마지막 때가 올 무렵에, 남쪽 왕이 그를 공격할 것이다. 그러면 북쪽 왕은, 병거와 기마병과 수많은 해군을 동원하여, 홍수처럼 그를 칠 것이며, 여러 지역으로 쳐들어가서, 휩쓸고 지나갈 것이다(다니엘 11 : 40).

이 본문장은 북쪽 왕과 남쪽 왕의 전쟁을 다루고 있습니다. 그리고 "북쪽 왕"(the king of the north)은 악에서 비롯된 거짓을 뜻하고, "남쪽 왕"(the king of the south)은 선에서 비롯된 진리를 뜻합니다. 그래서 이 본문장에 거명된 것들은 명확하게 장차 두 왕들 사이에 있을 전쟁에 관해서 언급된 것이 아니고, 악에서 비롯된 거짓이 선에서 비롯된 진리에 대항하는 싸움을 뜻합니다. "북쪽 왕이 남쪽 왕을 칠 병거와 기마병"은 악에 속한 거짓들에 의한 진리의 공격들(攻擊 · assaults)을 가리킵니다. 그리고 남쪽 왕을 공격할 "수많은 해군"(=많은 선박들)은 지식들이나, 거짓에 속한 교리적인 것들을 가리킵니다. 그리고 그것들에 의한 교회의 파괴는 "홍수처럼 그를 칠 것이며, 여러 지역으로 쳐들어가서, 휩쓸고 지나갈 것이다"(=그를 대적하리니, 그가 그 나라들에 들어가서 휩쓸고 지나갈 것이다)는 말씀이 뜻합니다. "배들"(ships)이, 좋은 뜻이나 나쁜 뜻에서, 지식들(=기억지들)이나 교리적인 것들을 뜻한다는 것은 A.C. 1977 · 6385항을 참조하시고, 그리고 "넘친다"(氾濫 · to overflow)는 것이 온갖 거짓들이나 악들 안에 빠지는 것(沈沒 · immersion)을 뜻한다는 것은 A.C. 660 · 705 · 739 · 756 · 790 · 5725 · 6853항을 참조하십시오.

355(E) [22] 예레미야서의 말씀입니다.

> 너는 나의 철퇴요, 나의 무기다.
> 나는 너를 시켜서
> 뭇 민족을 산산이 부수고,
> 뭇 나라를 멸망시켰다.
> 나는 너를 시켜서
> 말과 기병들을 산산이 부수고,
> 병거와 병거대를 산산이 부수었다.
> (예레미야 51 : 20, 21)

학개서의 말씀입니다.

> 왕국들의 왕좌를 뒤집어엎겠다.
> 각 민족이 세운 왕국들의 권세를
> 내가 깨뜨리겠다.
> 병거들과 거기에 탄 자들을
> 내가 뒤집어엎겠다.
> 말들과 말을 탄 자들은,
> 저희끼리 칼부림하다가 쓰러질 것이다.
> (학개 2 : 22)

이 장절들은 악이나 거짓의 파괴에 관해서 언급하고 있는 것이지, 어느 나라나 왕국의 멸망을 언급한 것은 아닙니다. 왜냐하면 "민족들"(nations)은 온갖 악들을 뜻하기 때문이고, "왕국들이나 백성들"은 온갖 거짓들을 뜻하기 때문입니다. 왜냐하면 이 말씀은 예언적인 것이지, 결코 역사적인 것이 아니기 때문입니다. 이러한 내용은 "말"·"말 탄 자"·"병거들과 거기에 탄 자들"이 뜻하는 것을 명확하게 합니다. 다시 말하면, "말이나 말 탄 자"(horse and rider)는 왜곡된 총명이나 거기에서 빚어진 추론을 뜻하고, 그리고 "병거들과 거기에 탄 자들"은 거짓에 속한 교리, 즉 이단사설(異端邪說 · heresy)을 뜻하고, 그리고 그것 안에 빠져 있는 자를 뜻합니다.

[23] 나훔서의 말씀입니다.

> 너는 말한다! 피의 도성!
> 거짓말과 강포가 가득하며
> 노략질을 그치지 않는 도성!
> 찢어지는 듯한 말채찍 소리,
> 요란하게 울리는 병거 바퀴 소리.
> 말이 달려온다.
> 병거가 굴러온다.
> 기병대가 습격하여 온다.
> 칼에 불이 난다.
> 창은 번개처럼 번쩍인다.
> 떼죽음, 높게 쌓인 시체 더미,
> 셀 수도 없는 시체.
> 사람이 시체 더미에 걸려 넘어진다.
> 이것은 네가,
> 창녀가 되어서 음행을 일삼고,
> 마술을 써서 사람을 홀린 탓이다.
> 음행으로 뭇 나라를 홀리고,
> 마술로 뭇 민족을 꾀었기 때문이다.
>
> (나훔 3 : 1-4)

이 장절은 신령진리에 시도(試圖)하고, 행한 폭력이나 폭행 따위에 관해서 다루고 있고, 그리고 악에 속한 온갖 거짓들에 의한 그것의 파괴를 다루고 있습니다. 왜냐하면 이러한 내용은, 뒤이어 언급된 것에 관해서 "피의 도성"(the city of bloods)이 뜻하고 있기 때문입니다(본서 329[F]항 참조). 그러므로 "그 도성이 거짓말과 강포로 가득하다"고 언급되었는데, 여기서 "거짓말"(lie)은 거짓을 뜻하고, "강포"(rapine)는 거짓에 의하여 시도되고 행해진 폭력이나 폭행을 뜻합니다. 그리고 "전쟁들"(wars)은, 거짓에 대항하는 진리의 전쟁이나, 진리에 대항하는 거짓의 전쟁을 가리키는, 영적인 전쟁(spiritual combats)을 뜻하기 때문에, 전쟁에 속한 모든 것들, 예를 들면, "채찍"(whip)・"말들"・"병거"・"칼"(sword)・"창"(槍・spear) 따위는 영적인 전투(spiritual warfare)에 속한 다종다양한 것들을 뜻합니다. 그러나 개별적인 뜻으로 그것들의 각각은 여기서 설명할 수 없겠지만, 그러나 여기서는 "말"・"기수"(=말 탄 사람・騎兵・horseman)・"병거"(兵車・戰車)가 뜻하는 것이 무엇인지 언급하겠습니다. "요란한 병거의 바퀴소리"(the voice of the rattling of the wheel)는 온갖 거짓들이나 악들에게서 비롯된 추론들을 뜻하고, "찢어지는 듯한 말채찍 소리(=말 울음 소리)와 병거의 바퀴소리"는 진리들을 파괴하는 욕망을 뜻하고, 여기서 "말"은 왜곡된 총명적인 것을 뜻하고, "병거"(=전차)는 파괴시키는 거짓의 교리를 뜻합니다. "말 울음 소리"(=말이 운다・to neigh)나 "말이 달린다"(to leap)는 것은 욕망이나 쾌락에 의하여 파괴하기 위하여 움직이는 것을 뜻합니다. "기병대(=말 탄 사람・기수・horseman)가 칼과 창을 들어올린다"는 말은 공격이나 기습을 뜻합니다. 그러므로 "떼죽음, 높게 쌓인 시체더미"가 언급되었습니다. 거짓들로 말미암아 멸망한 자들을 "시체"라고 불리웠고, 악들로 말미암아 멸망한 자들은 "송장들"이라고 불리웠습니다. 그러므로 "창녀의 많은 음행에 의하여 민족들을 팔고, 그녀의 마술(=마법)에 의하여 가족들을 판다"고 언급되었습니다. 여기서 "음행"(whoredoms)은 진리의 위화(僞化)를 뜻하고, "창녀"(harlot)는 이단사설을 뜻하고, "민족을 판다"는 것은 선들로부터 버성겨진 것(離間)을 뜻하고, "민족들"은 선들을 뜻하고, "가족들"은 선에게서 비롯된 진리들을 뜻합니다. 그리고 "마술"(魔術 · sorceries)들은 이간시키는 악에 속한 거짓들을 뜻합니다.
[24] 하박국서의 말씀입니다.

　　이제 내가 바빌로니아 사람을 일으키겠다.
　　그들은 사납고, 성급한 민족이어서,
　　천하를 주름 잡고, 돌아다니며,
　　남들이 사는 곳을
　　제 것처럼 차지할 것이다.……
　　그들이 부리는 말은 표범보다 날쌔고,
　　해거름에 나타나는
　　굶주린 늑대보다도 사납다.
　　그들의 기병은 쏜살같이 달린다.
　　먼 곳에서 그렇게 달려온다.
　　먹이를 덮치는 독수리처럼
　　냄새게 날아온다.
　　그들은 폭력을 휘두르러 오는데,
　　폭력을 앞세우고 와서,
　　포로를
　　모래알처럼 많이 사로잡아 갈 것이다.
　　그들은 왕들을 업신 여기고,
　　통치자들을 비웃을 것이다.
　　견고한 성도 모두 우습게 여기고,
　　흙 언덕을 쌓아서 그 성들을 점령할 것이다.
　　(하박국 1 : 6, 8-10)

여기서 갈대아 사람들(=바빌로니아 사람들)은 진리들을 모독하는 자들을 뜻하고, 따라서 교회를 황폐하게 하는 자들을 뜻합니다. 그러므로 그들은 "천하를 주름 잡고 돌아다니는"(=넓은 땅을 행군하는) 사납고 성급한 민족이라고 하였습니다. "천하"(=넓은 땅)는 교회에 속한 진리들을 뜻합니다. 이것에 관해서는 저서 ≪천계와 지옥≫(*Heaven and Hell*) 197항을 참조하십시오. 그들의 이런 것들에 대한 욕망이나 탐욕과 그리고 진리들로부터 전적으로 멀리 떨어진 온갖 거짓들에게서 야기된 추론들에 의하여 진리들을 왜곡시키는 기발한 솜씨나, 그것들의 파괴 따위가 "그들이 부리는 말은 표범보다 날쌔고, 해거름에 나타나는 굶주린 늑대보다도 사납다. 그들의 기병들은 쏜살같이 달린다. 먼 곳에서 그렇게 달려온다. 먹이를 덮치는 독수리처럼 날쌔게 날아온다"는 말씀이 뜻합니다. 그들의 욕망이나 탐욕은 "표범보다 날쌘 그들이 부리는 말"이 뜻하고, 그리고 그들의 기발한 솜씨는 "해거름에 나타나는 굶주린 늑대부다도 사나운 그들이 부리는 말"이 뜻하고, 그리고 또한 "날쌔게 날아와 먹이를 덮치는 독수리처럼 나는 말들"이 뜻합니다. 욕망이나 탐욕, 그리고 기발한 솜씨 따위는 진리들에 대한 파괴를 가리키기 때문에 그러므로 "그들은 폭력을 휘두르러 온다"(=그들은 다 폭력을 행사하러 올 것이다)고 언급되었고, 그리고 진리들이나 선들에 대한 비웃음(嘲弄)은 "그들이 왕들을 업신여기고, 통치자들을 비웃을 것이다"는 말씀이 뜻하는데, 여기서 "왕들"은 진리들을 뜻하고, "통치자들"(=고관들 · lords and rulers)은 선들을 뜻합니다.
[25] 시편서의 말씀입니다.

　　어떤 이는 병거를 자랑하고,
　　어떤 이는 기마를 자랑하지만,

6장 1-8절

우리는
주 우리 하나님의 이름만을 자랑합니다.
(시편 20 : 7)

그리고 같은 책의 말씀입니다.

군대가 많다고 해서
왕이 나라를 구하는 것은 아니며,
힘이 세다고 해서
용사가 제 목숨을 건지는 것은 아니다.
나라를 구하는 데
군마가 필요한 것은 아니며,
목숨을 건지는 데
많은 군대가 필요한 것은 아니다.
(시편 33 : 16, 17)

역시 같은 책의 말씀입니다.

주님은 힘센 준마를 좋아하지 않으시고,
빨리 달리는 다리 힘센 사람도
반기지 아니하신다.
(시편 147 : 10)

"병거나 말들을 자랑한다" 그리고 "주님(=여호와)은 힘센 준마를 좋아하지 않는다"는 말씀은 자기총명에서 비롯된 모든 것들을 뜻하는데, 그것에서 비롯된 것은 거짓들 이외에는 아무것도 아니기 때문입니다. 그리고 주님께서는 "다리 힘센 사람"(=사람의 다리)을 반기지 아니하신다는 말씀은 그 사람 자신의 의지(意志 · will)에서 비롯된 모든 것들을 뜻하는데, 그것에서 비롯된 것들은 악들 이외에 아무것도 아닙니다.

[26] 아모스서의 말씀입니다.

> 활을 가진 자도 버틸 수 없고,
> 발이 빠른 자도 피할 수 없고,
> 말을 탄 자도
> 제 목숨을 건질 수 없을 것이다.
> 용사 가운데서 가장 용감한 자도,
> 그 날에는 벌거벗고 도망갈 것이다.
> (아모스 2 : 15, 16)

이 말씀도 역시 거짓들로 말미암아 말하고, 추론하는 능력에서 비롯된 자기총명(self-intelligence)과 신뢰(信賴 · confidence)를 기술하고 있습니다. "활을 가진 자가 버틸 수 없다" 그리고 "발이 빠른 자도 피할 수 없다"는 것은 자연적인 사람의 거짓에 속한 교리에서, 기억지(=과학지)에서, 기억에서 아주 쉽게 추론하는 방법을 잘 알고 있는 자는 그것 때문에 구원받지 못할 것이라는 것을 뜻합니다. 그리고 "말을 탄 자도 제 목숨을 건질 수 없을 것이다"는 말씀도 동일한 내용을 뜻합니다. "용사 가운데서 가장 용감한 자도 그 날에는 벌거벗고, 도망갈 것이다"는 말씀은 자기 자신의 거짓들을 신뢰하는 자는 진리 밖에 있다는 것을 뜻하고, "가장 용감한 사람"(=용기 있는 자)은 자신의 거짓들을 신뢰하는 자를 뜻하고, "벌거벗은 사람"은 진리의 이해 밖에 있는 자를 뜻합니다(본서 240항 참조).

[27] 이사야서의 말씀입니다.

> 주, 이스라엘의 거룩하신 하나님께서
> 이렇게 말씀하신다.
> "너희는 회개하고 마음을 편안하게 하여야
> 구원을 받을 것이며,

6장 1-8절   65

　　　잠잠하고 신뢰하여야 힘을 얻을 것이다.
　　　그러나 너희는
　　　그렇게 하기를 바라지 않았다."
　　　오히려 너희는 이렇게 말하였다.
　　　'그렇게 하지 않겠습니다.
　　　우리는 차라리 말을 타고 도망 가겠습니다.'
　　　너희가 이렇게 말하였으니,
　　　정말로, 너희가 도망 갈 것이다.
　　　너희는 또 이렇게 말하였다.
　　　'우리는 차라리
　　　날랜 말을 타고 달아나겠습니다.'
　　　너희가 이렇게 말하였으니,
　　　너희를 뒤쫓는 자들이
　　　더 날랜 말을 타고 쫓아올 것이다.
　　　(이사야 30 : 15, 16)

　이 장절들은 주님을 믿는 신뢰와 자기 자신을 믿는 신뢰를 다루고 있습니다. 이런 말씀들, 즉 "주, 이스라엘의 거룩하신 하나님께서 이렇게 말씀하신다. 너희는 회개하고, 마음을 편안하게 하여야 구원을 받을 것이다"는 말씀은 주님을 믿는 신뢰를 뜻합니다. 이런 말씀들, 즉 "그렇게 하지 않겠습니다. 우리는 차라리 말을 타고 도망가겠습니다. 그리고 우리는 차라리 날쌘 말을 타고 달아나겠습니다"는 말씀은 자기 자신의 이해에 속한 것들을 몹시 탐내고, 선망(羨望)하는 것이나 애지중지(愛之重之)하는 것을 뜻하고, 그리고 거기에서 비롯된 생각(思想)이나 추론을 뜻합니다. 그 때 거짓들이 침입, 돌진(突進)할 것이고, 그것들이 점유(占有)하고, 소유물로 삼는다는 것은 "정말로 너희가 도망 갈 것이다"는 말씀이 뜻하고, 그리고 "정말로 너희를 뒤쫓는 자들이 더 날랜 말을 타고 쫓아올 것이다"는 말씀이 뜻합니다. 여기서 "날쌔다"(swiftness) 그리고 "신속하다"(haste)는 말은 탐욕이나 욕망(lust)에서 행해지는 것을 뜻하고, 좋은 뜻으로는 사랑에서 행해지는 것을 뜻합니다.
355[F]. [28] 스가랴서의 말씀입니다.

> 만군의 주께서
> 그의 양 무리인 유다 백성을 돌보시고,
> 전쟁터를 달리는
> 날랜 말같이 만드실 것이다.
> 유다에서 모퉁잇돌과 같은 사람이 나오고,
> 그에게서 장막 기둥과 같은 사람이 나온다.
> 그에게서 전투용 활 같은 사람이 나오고,
> 그에게서 온갖 통치자가 나온다.
> 그들은 모두 용사와 같이,
> 전쟁할 때에 진흙탕 길에서
> 원수를 밟으면서 나아가는 사람들이다.
> 주께서 그들과 함께 계시니
> 원수의 기마대를 부끄럽게 할 것이다.
> (스가랴 10 : 3-5)

"유다의 집"(=유다 백성 · the house of Judah)은 주님의 천적인 왕국(the Lord's celestial kingdom)을 뜻합니다. 다시 말하면 주님사랑 안에 있는 천계나 교회를 가리킵니다. 이러한 사실을 "전쟁터를 달리는 날랜 말 같다"고 언급하였는데, 그것은 온갖 악들이나 거짓들에 대항하여 싸우는 신령진리의 이해를 뜻합니다. 그리고 신령진리의 이해가 그것들을 물리칠 것을 뜻합니다. 여기서 "말"(馬 · horse)은 이해를 뜻하고, "용사"(majesty)는 신령진리를 뜻하고, "전쟁"(war)은 거짓들이나 악들에 대항하는 싸움(combat)을 뜻하고, 그것들의 파괴를 뜻합니다. "유다"에게서 나온 "모퉁잇돌" "못"(=장막 기둥 · nail) "전투용 활"(=전쟁의 활)은 진리들을 뜻하고, 그리고 여기서 "모퉁잇돌"은 방어하는 진리를 뜻하고, "못"(=장막 기둥)은 힘을 돋구는 진리(truth strengthening)을 뜻하고, "전투용 활"(=전쟁의 활)은 교리에서 비롯된 싸우는 진리(truth combating)을 뜻합니다. "그들은 모두 용사와 같이, 전쟁할 때에 진흙탕 길에서 원수를 밟으면서 나아가는 사람들이다"(=그들은 전쟁터에서 그들의 원수들을 거리의 진흙에다 밟는 용사들처럼 될 것이다)는 말씀은 온갖 거짓들을 해산, 쫓아내고, 파괴하는 능력을 뜻하고, "진흙탕의 길"(=거리의 진흙 · the mire of the streets)은 온갖 거짓들을 뜻합니다. "그들은 원수의 기마대를 부끄럽게 할 것이다"(=말 탄 자들이 수치를 당할 것이다)는 말씀은 사람 자신의 이해(理解)에서 비롯되는 추론들의 전멸(全滅), 온갖 논쟁(論爭)들의 전멸이나 확증들의 전멸을 뜻합니다. 이런 일이 그들에 의한 것이 아니고, 주님에 의하여 이루어질 것이라는 뜻이 "주께서 그들과 함께 계신다"(=그들이 싸우리니, 이는 주께서 그들과 함께 한다)는 말씀이 뜻합니다.
[29] 호세아서의 말씀입니다.

> 다시는 앗시리아에게
> 우리를 살려 달라고 호소하지 않겠습니다.
> 군마를 의지하지도 않겠습니다.
> 다시는 우리 손으로 만들어 놓은 우상을
> 우리의 신이라고 고백하지 않겠습니다.
> 고아를 가엾게 여기시는 분은
> 주님밖에 없습니다(=앗수르는 우리를 구원하지 아니하며, 우리는 말들을 타지도 아니하고, 우리의 손으로 만든 것에게 더 이상 '너희는 우리의 신들이라'고 말하지 아니 하리니, 이는 아비 없는 자가 주 안에서 자비를 얻기 때문이다)(호세아 14 : 3).

이 장절은 역시, 구원하지 못하는 자아(自我 · self · ex proprio)에게서 비롯된 총명에 관해서 다루고 있습니다. 여기서 "앗수

르"(=앗시리아)는, 지금은 자아에게서 비롯되는 합리적인 것(=합리적인 존재)을 뜻하고, "군마를 의지한다"(=말을 탄다)는 것은 자아(=자기 고유속성)에게서 비롯된 이해에 속한 추론을 뜻하고, "손으로 만들어 놓은 우상"(=손으로 만든 것 · work of the hands)은 자아(=고유속성 · proprium) 자체를 뜻합니다.
[30] 에스겔서의 말씀입니다.

> 오홀라는 나에게 속한 여인이었으면서도, 이웃에 있는 앗시리아의 연인들에게 흘려서 음행하였다. 그들은 모두 자주색 옷을 입은 총독들과 지휘관들이요, 모두 말을 잘 타는 매력있는 젊은이들과 기사들이었다(에스겔 23 : 5, 6, 12, 23).

여기서는 사마리아를 가리키는 "오홀라"(Oholah)는 위화된 진리들이 내재해 있는 교회를 뜻합니다. 이 장에서 언급된 "그녀의 음행"은 온갖 위조(僞造)들이나, 왜곡(歪曲)들을 뜻하고, "앗시리아 사람"(=연인들)은, 그것에 의하여 진리들이 위화된, 추론들을 뜻합니다. "말을 잘 탄다"는 말씀이 자기총명에서 비롯된 온갖 거짓들에게서 비롯된 추론하는 것(to reason)을 뜻하기 때문에, "이웃에 있는 앗시리아의 연인들에게 흘렸는데, (그들은) 모두 말을 잘 타는 젊은이들과 기사들이었다"(=그녀가 그녀의 사랑하는 자들, 즉 그녀의 이웃 앗시리아인들에게 홀딱 빠졌으니, 그들은 모두 다 매력있는 청년들이고, 말을 잘 타는 기병들이다)고 언급되었습니다. "그들이 입은 자주색 옷"(=푸른색 옷 · clothed in blue)은 진리처럼 보이는 거짓을 뜻하는데, 그것의 외현(=겉모습 · appearance)은 거짓에 속한 원칙들에게 적용하는 성언의 문자의 뜻(文字意)의 적용에서 주로 야기됩니다.
[31] 예레미야서의 말씀입니다.

> 적군의 말들이 내는 콧소리가

6장 1-8절

이미 단(Dan)에서부터 들려 오고,
그 힘센 말들이 부르짖는 소리에
온 땅이 진동한다.
적군이 들어와서,
이 땅과 그 안에 가득 찬 것을 휩쓸고,
성읍과 그 안에 사는 사람들을 다 삼킨다.
(=그의 말들의 씩씩거림이 단으로부터 들리고, 그의 준마들의 울음소리에 온 땅이 떠니, 이는 그들이 와서 그 땅과 그 안에 있는 모든 것과 그 성읍과 그 안에 거하는 사람들을 삼켰음이라)(예레미야 8 : 16).

여기서 "단"(Dan)이 뜻하는 것이 무엇인지는 앞서 이미 언급하였는데, 다시 말하면, 그것의 궁극적인 것 안에 있는 진리를 뜻합니다. 이것은 교회 안에 있는 진리로, 그것은 성언의 문자적인 뜻 안에 내포되어 있습니다. 오직 이런 뜻, 즉 문자적인 뜻 안에서만 살고, 그리고 예증(例證)하고, 안내해야만 하는, 순수한 진리에 속한 교리로 말미암아서 성경말씀을 읽지 않는 사람들은 온갖 종류의 오류들이나, 과오들에 빠질 수 있습니다. 과오들이나 거짓들에 빠질 수 있는 자들은 여기서 "단"(Dan)이 뜻하는 무리입니다. 결과적으로 온갖 거짓들의 확증은 "그의 말들이 내는 콧소리"(=그의 말들의 씩씩거림 · the snorting of his horses)가 뜻하고, 진리의 위화들은 "그 힘센 말들이 부르짖는 소리"(=준마들의 울음소리)가 뜻합니다. 이런 것들이 그들의 신뢰로 말미암아 "힘세다"(=힘센 말들의 부르짖음)이라고 하였습니다. 그 이유는 그것이 성언의 문자적인 뜻에서 비롯되었기 때문인데, 그것은 곧 거짓을 진리라고 하는 것입니다. 교회의 진리들이나 선들의 측면에, 그것에 의하여 황폐하게 되었다는 것은 "온 땅이 진동한다"는 말씀이 뜻하고, "적군이 들어와서, 이 땅과 그 안에 가득 한 것을 휩쓸고, 성읍과 그 안에 사는 사람들을 다 삼킨다"는 말씀에서 "땅"(the land)은 교회를 뜻하고, "그 안에 가득 찬 것"은 진리들을 뜻하고, "성읍 안에 사는 사람들"은 선들을 뜻합니다.
[32] 이사야서의 말씀입니다.

> 주께서 깃발을 올리셔서
> 먼 곳의 민족들을 부르시고,
> 휘파람으로 그들을
> 땅 끝에서부터 부르신다.
> 그들이 달려오고 있다.
> 그들 가운데 아무도
> 지쳐 있거나 비틀거리는 사람이 없고,
> 졸거나 잠자는 사람이 없으며,
> 허리띠가 풀리거나
> 신발끈이 끊어진 사람이 없다.
> 그들의 화살은 예리하게 날이 서 있고,
> 모든 활시위는 쏠 준비가 되어 있다.
> 달리는 말발굽은 부싯돌처럼 보이고,
> 병거 바퀴는 회오리바람과 같이 구른다(=그는 먼 곳에서 민족들에게 기를 높이시고, 땅 끝에서부터 그들에게 소리를 내시니, 보라, 그들이 빠른 속도로 오리라. 그들 가운데는 피곤하거나 넘어지는 자도 없을 것이고, 조는 자나 자는 자도 없을 것이니, 그들의 허리띠가 풀어지거나 그들의 신발끈이 끊어지지도 않을 것이요, 그들의 화살은 예리하고 그들의 모든 활은 당겨졌으며, 그들의 말굽은 부싯돌같이 여겨지고, 그들의 바퀴들은 회오리바람과 같을 것이다)(이사야 5 : 26-28).

이 장절들도 역시 진리의 이해의 측면에서, 그리고 선의 지각의 측면에서 궁극적인 것들 안에 있는 자들을 다루고 있습니다. 이런 궁극적인 것들은, 감관적인 느낌들(sensual impressions · *sensualia*)이라고 부르는 것들인데, 그것은 자연적인 사람의 궁극적인 것들을 가리킵니다. 이것들에 관해서는 ≪새 예루살렘의 교리≫ 50항을 참조하십시오. 영적인 사람에게서 분리되었을 때 교회 안에 있는, 그리고 그것의 교리 안에 있는 모든 악들이나 거짓들은 바로 이런 것들에게서 흘러나옵니다. 이런 근원에서 나온 악들은 "먼 곳에서 올 민족"들이 뜻하고, 그리고 이 근원에서 나온 거짓들은 "땅 끝에서부터 부른 그들"이 뜻합니다. 여기서 "먼 곳"(=멀다 · far)이라는 말이나 "땅 끝"은 교회에 속한 진리들이나 선들에게서 멀리 떨어져 있는 그런 것들을 뜻합니다. "예리하게 날이 선 화살"이나, "쏠 준비가 다 되어 있는 활시위"(=당겨져 있는 모든 활)는 온갖 진리들을 파괴하기 위하여 준비되어 있는 교리에 속한 거짓들을 뜻하고, 그리고, "부싯돌처럼 보이는 말발굽"이나 "회오리바람 같이 구르는 병거 바퀴"는 성언의 문자적인 뜻 안에 있는 것들과 같은 진리에 속한 궁극적인 것들을 뜻하고, 그리고 이런 것들에 의한 거짓에 속한 논쟁들이나 확증들을 뜻합니다. "말의 발굽"(=말발굽 · the hoofs of the horses)은 이해에 속한 궁극적인 것들을 뜻하고, 여기서는 도치(倒置)된 이해에서 비롯된 그런 것들을 뜻합니다. 그 이유는 영적인 사람의 이해에서 분리되었기 때문입니다. 그리고 이런 궁극적인 것들은 성언의 문자적인 뜻에서 비롯되었기 때문에, "부싯돌처럼 보인다"(=부싯돌같이 여긴다)고 언급되었습니다. 한편, "바퀴들"(wheels)은 이런 것들에 의한 온갖 논쟁들이나 확증들을 뜻합니다. 그리고 이런 것들이 강하게 보이기 때문에 그것들이 마치 "회오리바람 같다"고 언급되었습니다.
[33] 사사기서의 말씀입니다.

    나의 마음이
    이스라엘 지휘관들에게 쏠렸다.
    그들은 백성 가운데서
    자원하여 나선 용사들이다.……
    흰 나귀를 타고 다니는 사람들아,
    양탄자를 깔고 사는 사람들아,
    길을 걸어가는 행인들아,

사람들에게 전하여라.……
별들이 하늘에서 시스라와 싸웠고,
그 다니는 길에서 그와 싸웠다.……
그 때에 말발굽 소리가 요란하였다.
군마가 달리는 소리,
그 달리는 말발굽 소리가 요란하였다.
(사사기 5 : 9, 10, 20, 22)

이 말씀은 드보라(Deborah)와 바락(Barak)의 노래에 포함된 것인데, 그 가사는 거짓에 대항하여 싸우는 진리에 속한 싸움과 그 싸움의 승리를 다루고 있습니다. 가사 중, "이스라엘의 지휘관들"(=이스라엘의 치리자 · lawgiver)은 교회에 속한 진리들을 뜻하고, "흰 나귀를 타고 다닌다"는 말과 "양탄자 위에 앉는다"(=재판석에 앉는다)는 것은 선에 속한 지각과 진리에 속한 이해를 뜻하고, "흰 나귀들"은 선에 관한 합리적인 것을 뜻하고, "양탄자"(=재판석)는 진리에 관한 합리적인 것을 뜻하고, "길을 따라 걷는다"는 것은 진리의 삶을 뜻하고, "별들이 하늘에서 시스라(Sisera)와 싸웠고, 그 다니는 길에서 그와 싸웠다"(=그들이 하늘로부터 싸웠고, 그들의 길에서 별들이 시스라와 싸웠다)는 말씀은 진리에 속한 지식들을 뜻하고, 그리고 그것들에게서 비롯된 악에 속한 거짓들에 대항하는 싸움을 뜻하고, "달리는 말발굽"(=부러진 말발굽)과 "군마가 달리는 소리"(=출동하는 말들의 질주 · 疾走 · prancing)는 가장 외적인 자연적인 것, 즉 감관적인 것에서 비롯된 온갖 거짓들을 뜻하고, 그리고 파괴되어야 할 거기에서 비롯된 논쟁(論爭)들을 뜻합니다.

355[G]. [34] 아모스서의 말씀입니다.

말들이 바위 위에서 달릴 수 있느냐?
사람이 소를 부려 바다를 갈 수 있느냐?(=밭을 갈 수 있느냐?)

6장 1-8절

> 그런데도 너희는
> 공의를 뒤엎어 독약을 만들고,
> 정의에서 거둔 열매를
> 쓰디쓴 소태처럼 만들었다
> (아모스 6 : 12)

"말들이 바위 위에서 달릴 수 있느냐?"라는 말씀은 거기에는 진리에 속한 어떤 이해가 있느냐?라는 것을 뜻하고, "사람 누구가 소를 부려 밭(=바다)을 갈 수 있느냐?"라는 말씀은 거기에 "선에 속한 어떤 지각이 있느냐?"라는 것을 뜻합니다. 이런 뜻은 아주 명확한데, 그 이유는 뒤이어서 "너희는 공의를 뒤엎어 독약을 만들고, 정의에서 거둔 열매를 쓰디쓴 소태처럼 만들었다"는 말씀이 나오기 때문입니다. 여기서 "공의를 뒤엎어 독약을 만든다"(=공의를 쓸개로 만든다)는 것은 진리를 거짓으로 바꾸는 것을 뜻하고, "정의에서 거둔 열매를 쓰디쓴 소태처럼 만들었다"(=독초로 바꾸었다)는 말씀은 선을 악으로 바꾸는 것을 뜻합니다.

[35] 시편서의 말씀입니다.

> 우리를 그물에 걸리게 하시고,
> 우리의 등에 무거운 짐을 지우시고,
> 사람들을 시켜서
> 우리의 머리를 짓밟게 하시니,
> 우리가 불 속으로,
> 우리가 물 속으로 뛰어들었습니다.
> 그러나 주께서 우리를 마침내 건지셔서,
> 모든 것이 풍족한 곳으로
> 이끌어 주셨습니다(=주께서 우리를 그물로 이끄시어 우리의 허리에 고통을 두셨다. 주께서 사람들로 우리 머리 위로 타고 지나가게 하셨으며, 우리가 불을 통과하고, 물을 통과하여, 주께서 우리를 풍요로운 곳으로 인도하셨다)
> (시편 66 : 11, 12).

이 말씀은 영적인 사로잡힘(=속박 · spiritual captivity)과 그리고 그것으로부터의 구출(=구원)을 가리킵니다. 사람의 마음이 선을 깨닫지 않으려고 하고, 진리를 이해하지 않으려고 아주 굳게 닫아버릴 때 거기에 영적인 속박이나 사로잡힘이 있습니다. 그리고 그 마음이 열려졌을 때 그런 속박이나 구속으로부터의 구출이나 해방이 있습니다. "등에 무거운 짐"(=허리의 고통)은 곧 사랑에 속한 선에 관한 지각이 전혀 없다는 것을 뜻합니다. 왜냐하면 "허리"(loins)나 "넓적 다리"(thighs)는 사랑에 속한 선을 뜻하기 때문입니다. "사람을 시켜서 우리의 머리를 짓밟게 한다"(=사람들로 우리 머리 위로 타고 지나가게 한다)는 말은 거기에 진리의 이해가 전혀 없다는 것을 뜻합니다. 여기서 "사람"(man)은 자아에게서 비롯된 총명을 뜻하는데, 그것은 결코 총명이 될 수 없습니다. 그리고 "머리"(head)는 역시 동일한 것을 뜻합니다. 이 말씀이 이런 내용을 뜻하기 때문에, 그러므로 "우리가 불 속으로, 우리가 물 속으로 뛰어들었다"(=우리가 불을 통과하고, 물을 통과하였다)라고 언급되었습니다. 여기서 "불에 뛰어들었다"는 자기사랑(自我愛)에서 비롯된 온갖 악들에 빠지는 것을 뜻하고, 그리고 "물에 뛰어들었다"는 온갖 거짓들에 빠지는 것을 뜻합니다. 거기에서의 구출(=건짐)이 "우리를 마침내 건지셔서 모든 것이 풍족한 곳으로 이끌어 주셨다"는 말씀을 뜻합니다. "넓은 곳"(=풍족한 곳)은, 위에 언급한 것과 같이, 진리를 뜻합니다.
[36] 이사야서의 말씀입니다.

    도움을 청하러
    이집트로 내려가는 자들에게
    재앙이 닥칠 것이다.
    그들은 군마를 의지하고,
    많은 병거를 믿고

6장 1-8절

기마병의 막강한 힘을 믿으면서
이스라엘의 거룩하신 분은 바라보지도 않고,
주께 구하지도 않는다.……
이집트 사람은 사람일 뿐이요,
하나님이 아니며,
그들의 군마 또한 고깃덩이일 뿐이요,
영이 아니다
(이사야 31 : 1, 3)

성경말씀에서 "이집트"는 아는 기능이나 능력, 즉 자연적인 사람 안에 있는 과학지(科學知)를 뜻합니다. 그리고 역시 거기에서부터 자연적인 사람은 존재합니다. 그리고 그것 안에 내재한 앎의 능력이나 기능으로서의 자연적인 사람은 결코 이해를 가지고 있지 않고, 오히려 시각과 청각의 대상물들에게서 비롯된 일종의 상상력(想像力 · imagination)을 가리키는, 기억에서 비롯된 생각만을 가지고 있을 뿐입니다. 그리고 이것은 영적인 것 아래에 있고, 그리고 그럼에도 불구하고 그것 안에는 천계나 교회에 속한 모든 선들이나 진리들이 살아 있고, 자리잡고 있기 때문에 그러므로 "이집트"는 대부분의 성경 장절에서 위화(僞化)된 앎의 능력이나 기능을 뜻합니다. 왜냐하면 영적인 사람이 입류하지 않을 때, 자연적인 사람 안에 있는 과학지(科學知)들은 온갖 거짓들로 바뀌고, 그리고 그것의 생각들은 거짓의 확증들로 바뀌고, 온갖 진리들에 거스르는 그것들에게서 비롯된 온갖 추론들로 변하기 때문입니다. 이렇게 볼 때 "이집트의 말들이나 그것의 병거들"이 뜻하는 것이 무엇인지 밝히 알 수 있겠습니다. 다시 말하면 "말들"은 그릇된 과학지들을 뜻하고, 그리고 "병거들"은 진리에 거스르는 추론이 비롯된 교리적인 것들을 뜻합니다. 그러므로 이런 부류는 자기 자신 이외의 다른 어떤 근원에서 비롯된 진리들을 추구하지 않고, 얻으려고 하지 않습니다. 왜냐하면 각각의 자신의 고유속성은 자연적인 사람 안에서 자신의 자리를 굳게 가지고 있기 때문이고, 그리고 자신의 고유속성이 아닌 것은 영적인 사람 안에 자신의 자리를 확고하게 가지고 있기 때문입니다. 그러므로 이런 부류의 인물들은 진리들 대신에 악들을 선들이라고, 거짓들을 진리들이라고 하는, 거짓들을 사로잡고 있고, 그리고 선들 대신에 악들을 사로잡고 있습니다. 그리고 그들은 자기 자신을 전적으로 신뢰하고 있는데, 그 이유는 그들이 자기 자신의 고유속성의 그 어떤 것을 신뢰하기 때문입니다. 이런 일련의 것들을 우리의 본문은 "도움을 청하러 이집트로 내려가는 자들에게 화가 있다. 말들을 의지하고 병거들을 의뢰하니, 이는 그것들이 많이 있기 때문이고, 또 기병들을 의뢰하기 때문인데, 이것은 그들이 매우 강하기 때문이다"고 언급된 말씀이 뜻합니다. 여기서 "말들"은 단순한 그릇된 과학지들을 뜻하고, "병거들"은 그것에서 비롯된 교리적인 것들을 뜻합니다. 그리고 "기병들"(horsemen)은 진리들에 거스르는 것들에게서 비롯된 추론들을 뜻합니다. 그러므로 "이집트 사람은 사람일 뿐이요, 하나님이 아니며, 그들의 군마 또한 고깃덩이일 뿐이요 영이 아니다"고 언급되었는데, 그렇게 언급된 말씀은, 그것들 안에 있는 것은 무엇이나 단순한 자연적인 것이지 결코 영적인 것이 아니라는 것을 뜻합니다. 결과적으로는 그들 안에는 생명에 속한 것은 존재하지 않는다는 것입니다. 여기서 "사람"(man)은 자연적인 사람을 뜻하기 때문이고, 그리고 "고깃덩이"(flesh)는 그것의 고유속성을 뜻하기 때문입니다. 그리고 "하나님"(God)과 "영"(spirit)은 신령 영적인 사람(the Divine spiritual man)을 뜻하고, 그리고 그것에서 비롯된 생명을 뜻합니다. 그리고 그들은 주님을 신뢰하지 않고, 오히려 자기 자신들을 신뢰하기 때문에, 그 장절에서 "이스라엘의 거룩하신 분은 바라보지도 않고, 주께(=여호와께) 구하지도 않는다"는 말씀이 언급되었습니다.

6장 1-8절

[37] 이렇게 볼 때 지금 우리는 말(馬)들이 뜻하는 것이 무엇인지, 그리고 병거들이나 바로의 군대가 뜻하는 것이 무엇인지 잘 알 수 있겠습니다. 출애굽기서의 말씀입니다.

내가 이집트 사람의 마음을 고집스럽게 하겠다. 그들이 너희를 뒤쫓을 것이다. 그러나 나는 바로와 그의 모든 군대와 병거와 기병들을 전멸시켜서, 나의 영광을 드러내겠다. 내가 바로와 그의 기병들을 물리치고서, 나의 영광을 드러낼 때에, 이집트 사람은 비로소 내가 주님임을 알게 될 것이다. ……뒤이어 이집트 사람들이 쫓아왔다. 바로의 말과 병거와 기병이 모두 이스라엘 백성의 뒤를 쫓아 바다 한가운데로 들어왔다.…… 주께서 병거의 바퀴를 벗기셔서 전진하기 어렵게 만드시니, 이집트 사람들은 "이스라엘 사람들을 쫓지 말고, 되돌아가자. 그들의 주가 그들 편이 되어 우리 이집트 사람과 싸운다!" 하고 외쳤다. ……모세가 바다 위로 팔을 내미니, 새벽녘에 바닷물이 본래의 상태로 되돌아 왔다. 이집트 사람들이 되돌아오는 물결에서 벗어나려고 하였으나, 주께서 이집트 사람들을 바다 한가운데 빠뜨리셨다. 이렇게 물이 다시 돌아와서 병거와 기병을 뒤덮어 버렸다. 그래서 이스라엘 백성의 뒤를 따라 바다로 들어간 바로의 모든 군대는, 하나도 살아 남지 못하였다(출애굽 14 : 17, 18, 23, 25, 27, 28).

또 같은 책의 말씀입니다.

그 때에 모세와 이스라엘 자손이 이 노래를 불러서 주를 찬양하였다.
"내가 주를 찬송하련다.
그지없이 높으신 분,
말과 기병을 바다에 처넣으셨다. ……
바로의 병거와 그 군대를 바다에 던지시니,
빼어난 장교들이 홍해에 잠겼다."……
바로의 군마가 그의 병거와 기병과 함께 갈라진 바다로 들어갔을 때에, 주께서 바닷물을 돌이키셔서 그들을 덮으셨다. 그러나 이스라엘 자손은 바다 한가운데로 마른 땅을 밟고 건넜다. ……
미리암이 노래를 메겼다.
"주를 찬송하여라.
그지없이 높으신 분,
말과 기병을 바다에 던져 넣으셨다."
(출애굽 15 : 1, 4, 19, 21)

바로, 또는 이집트의 말들이나 병거들이 뜻하는 것이 무엇인지는 이미 위에서 기술, 입증하였습니다. 그의 군대(army)는, 일반적인 것이든 개별적인 것이든, 모든 거짓들을 뜻하고, "바다"(sea)는 천벌(天罰)이나 지옥을 뜻하는데, 그리고 그들의 고유속성(=자아) 안에 있는 것은 모두 거기에 있습니다. 그 이유는 그들이 영적인 사람에게서 분리된 자연적인 사람 안에 있기 때문이고, 그리고 그것으로 말미암아 온갖 종류의 악들이나 거짓들 안에 있기 때문입니다. 모세의 아래의 글에서 "이집트의 말들"은 동일한 내용을 뜻합니다. 신명기서의 말씀입니다.

주 너희의 하나님이 주시는 그 땅에 들어가서 그 땅을 차지하고 살 때에, 주위의 다른 민족같이 너희도 왕을 세우고 싶다는 생각이 들거든, 너희는 반드시 주 너희의 하나님이 택하신 사람을 너희 위에 왕으로 세워야 한다. 너희는 겨레 가운데서 한 사람을 왕으로 세우고, 같은 겨레가 아닌 외국 사람을 너희의 왕으로 세워서는 안 된다. 왕이라 해도 군마를 많이 가지려고 해서는 안 되며, 군마를 많이 얻으려고, 그 백성을 이집트로 보내서도 안 된다. 이는 주께서, 다시는 너희가 그 길로 되돌아가지 못한다고 말씀하셨기 때문이다(신명기 17 : 14-16).

이 장절들은 왕에 관해서 언급하고 있습니다. 그 이유는 왕들이 신령진리와의 관계에서 주님을 표징하기 때문입니다. 그리고 그것으로 말미암아 "왕들"은 주님에게서 비롯된 선에서 온 진리들을 뜻합니다(본서 31항 참조). 위에서 언급한 것과 같이, 선에서 비롯된 진리들은 영적인 사람 안에서 자신들의 자리를 잡고 있고, 그리고 자연적인 사람에 속한 과학지들은, 마치 종들이 그들의 주인을 섬기는 것처럼, 영적인 사람을 섬기기 때문에, "왕이라 해도 군마를 많이 가지려고 해서는 안 되며, 군마를 얻으려고 그 백성을 이집트로 보내서도 안 된다. 이는 주께서, 다시는 너희가 그 길로 되돌아가지 못한다고 말씀하셨기 때문이다"(=왕은 스스로 말들을 많이 번식시키지 말 것이며, 그가 말을 번식시킬 목적으로 그 백성을 이집트로 돌려보내지 말것이니, 이는 주께서 너희에게 말씀하신 바와 같이 "너희가 이제부터는 그 길로 다시 돌아가지 말라"고 하셨기 때문이다)고 언급되었는데, 이 구절의 말씀은, 어느 누구도 영적인 사람에게서 자연적인 사람이 되지 말아야 한다는 것 뿐만 아니라, 어느 누구도 자기 스스로 인도하지 말 것과, 주님 대신에 자기 자신의 고유속성(=자아)을 신뢰하지 말아야 할 것을 뜻합니다. 다시 말하면 영적인 사람에 속한 진리들은 자연적인 사람을 섬기지 말 것과, 그리고 자연적인 사람에 속한 과학지들은 영적인 사람을 섬겨야 한다는 것을 뜻합니다. 왜냐하면 후자는 질서에 일치하지만, 전자는 질서에 반대되기 때문입니다. "이집트의 말들"은 성경말씀의 다른 곳에서와 동일한 뜻을 가지고 있습니다. 예를 들면 예레미야 46 : 4, 9 ; 에스겔 17 : 15 ; 23 : 20의 말들이 되겠습니다.

356. 그 위에 탄 사람은 활을 가지고 있었습니다.
이 구절의 말씀은, 그 교리에 의하여 온갖 악들과 거짓들에 대하여 싸우고, 그리고 그들을 소멸시키는, 그 이해에서 비롯된 인애의 교리나 믿음의 교리를 뜻합니다. 이러한 뜻의 내용은, 그것에 관해서 위에서 언급한 것과 같이 성언을 뜻하는 "흰 말(白馬) 위에 탄 사람"의 뜻에서 명확합니다. 그리고 또한 이것에 의하여 온갖 악들과 거짓들에 대항하여 싸우고, 그리고 소멸시키는, 인애의 교리나 믿음의 교리를 뜻하는 "활"(bow)의 뜻에서 명확합니다. "활"이 이런 교리를 뜻한다는 것은 아래에 이어지는 내용에서 잘 알 수 있습니다. 먼저 교리에 관해서 언급된 내용은 이런 것들이 되겠습니다.
　(1) 교리가 없이는 사람은 어느 누구도 성언을 이해할 수 없다.
　(2) 성언에서 비롯된 교리가 없이는 어느 누구도 온갖 악들이나 거짓들에 대항해서 싸울 수 없고, 그리고 그것들을 소멸시킬 수 없다.
　(3) 성언에서 비롯된 교리 없이는 어느 누구도, 성언이 존재하는 교회 안에서 영적인 사람이 될 수 없다.
　(4) 교리는 성언에서 비롯된 것 이외의 다른 근원에서는 터득될 수 없다.
　(5) 교리에 속한 모든 것들은 반드시 성언의 문자적인 뜻에 의하여 확증되어야 한다.
제일 첫째 것, 즉 교리가 없이는 사람은 어느 누구도 성언을 이해할 수 없다는 명제에 관한 것입니다. 이 명제에서 명확한 사실은, 성언의 문자적인 뜻은, 그것들 안에 영적인 것들을 담고 있는, 순수한 대응들(pure correspodences)로 구성되었다는 것입니다. 따라서 그것은 그것이 이 세상에 있는 것들이나 이 세상의 자연 안에 있는 그런 것들을 담고 있는 것과 같습니다. 이렇게 볼 때 성경말씀의 문자적인 뜻은 영적인 것이 아니고, 자연적인 것이라는 것, 그러나 그들이 그들의 눈 앞에 보이는 것들 이상으로 자신들의 생각이나 개념을 올리지 못하는, 소박한 사람의 이해력에 적응된 것이라는 것은 아주 명확합니다. 더욱이 이렇게 볼 때 비록 전 성경말씀이 본질적으로 보다 더 영적인 것이라고 해도, 그것은 영적인 것에 드러나지 않는 그런 것들을 담고 있다는 것은 명확합니다. 그 이유는 그것이 신령하기 때문입니다. 이런 이유 때문에 문자적인 뜻 안에는 오늘날 교회를 위한 교리로서 섬길 수 없는 수많은 것들이 존재합니다. 그리고 다종

다양하고, 각종각색의 원칙들에 적용될 수 없는 수많은 것들이 그 뜻 안에 존재합니다. 그리고 이런 문자적인 뜻에서부터 이단 사설(異端邪說)들이 야기(惹起)됩니다. 그럼에도 불구하고 거기에는 그것에서부터 교리가 수집(蒐集), 합쳐지고, 형성될 수 있는, 뒤섞여 혼합된 수많은 것들이 있습니다. 특히 삶에 속한 교리도 뒤섞여 있는 수많은 것들로 말미암아 형성되어 있는데, 그 교리가 바로 그것에서 비롯된 인애의 교리이고, 믿음의 교리입니다. 그러나 교리에서부터 성경말씀을 읽는 사람은, 그렇지 않은 다른 사람의 눈에서는 가리워져서 볼 수 없는 수많은 것들과 같이, 명료하게 확증하는 거기에 있는 모든 것들을 봅니다. 그리고 또한 그는 자기 자신에게 동의하지 못하는 것처럼 보이고, 그리고 그가 이해하지 못하는 것처럼 보이는 성경말씀에 있는 수많은 것들에 의하여 이상하고, 낯선 교리들이 제거하는 것까지도 용납, 허용합니다. 왜냐하면 그가 거기에서 보는 교리에 속한 모든 것들은 그에게는 아주 명확, 명료하기 때문이고, 그리고 그렇지 않은 다른 것들은 그에게는 매우 불영명하기 때문입니다. 그러므로 본연의 진리들로 이루어진 교리는, 성경말씀을 읽는 사람에게는 마치 등불과 같은 것입니다. 그러나 다른 한편, 교리 없이 성경말씀을 읽는 사람들에게 교리는 어두운 곳에 있는, 빛이 없는 등대와 같습니다. 그런 것에 의하지 않고서는 구원에 도움이 되는 것까지도 전혀 알 수도 없고, 알지도 못하고, 터득되지도 않고, 또한 발견될 수도 없습니다. 더욱이 성경말씀을 그렇게 읽는 사람은, 그 어떤 사랑에 의하여 마음이 휘게 하는 그 어떤 오류들에게 인도되는 것이나, 그 어떤 원칙에 빠지는 것은 면할 수 있습니다. 이렇게 볼 때 여기서 얻는 것은 교리가 없이는 어느 누구도 성경말씀을 이해할 수 없다는 것입니다.

[2] 그 두 번째는 "성언에서 비롯된 교리가 없이는 어느 누구도 온갖 악들이나 거짓들에 대항해서 싸울 수 없고, 그리고 그것들

을 소멸시킬 수 없다"는 것인데, 이 명제에서 밝히 알 수 있는 것은 교리들로 말미암아 진리들은 그들 자신의 빛 가운데서, 그리고 그것들의 질서 가운데서 볼 수 있는 것이지만, 그러나 교리가 없다면 성언에서 비롯된 진리들은 볼 수 없다는 것입니다. 이러한 사실이나 내용은 바로 직전에 언급된 내용에서 아주 명백합니다. 그러나 만약에 진리들을 볼 수 없다면, 온갖 거짓들이나 악들 역시 볼 수 없습니다. 왜냐하면 후자는 전자에 정반대이기 때문입니다. 그럼에도 불구하고 온갖 악들이나 거짓들에 대항하여 싸우는 모든 싸움은 진리들에게서 비롯됩니다. 다시 말하면 주님에게서 비롯된 진리들에 의하여 모든 싸움은 일어납니다. 결과적으로 교리가 없이 성경말씀은 읽는 사람은, 성경말씀의 문자적인 뜻에 속한 그릇된 해석이나 적용에 의한 온갖 악들이나 거짓들의 확증에 의하여 진리에 거스르는 거짓을 위해 싸우는 일에 쉽게 미혹, 타락되고, 선에 거스르는 악을 위해 싸우는 일에 쉽게 미혹, 타락됩니다. 그 결과로 인하여 사람은 개혁(改革)될 수 없습니다. 왜냐하면 사람은, 삶에 적용된 진리들에 의하여, 온갖 악들이나 악에 속한 거짓들의 소멸에 의하여 개혁되기 때문입니다. 이러한 내용이 우리의 본문절에서 보여진 "흰 말"(白馬 · white horse)이 뜻하는 것이고, 그리고 "활을 가지고 그 백마 위에 탄 사람"이 뜻하는 것입니다. 왜냐하면 "흰 말"(白馬)은 성언에서 비롯된 진리의 이해를 뜻하기 때문이고, "활"(弓 · bow)은, 그것에 의하여 온갖 악들이나 거짓들에 대항하여 싸우고, 그것들을 소멸시키는 그것에서 비롯된 인애의 교리(doctrine of charity)나 믿음의 교리(doctrine of faith)를 뜻하기 때문입니다. [3] 그 세 번째는, "성언에서 비롯된 교리가 없이는 어느 누구도 성언이 존재하는 교회 안에서 영적인 사람이 될 수 없다"는 것인데, 그 명제는 지금 언급할 내용에서 잘 알 수 있겠습니다. 다시 말하면 교리가 없이는 성언은 이해되지 않는다는 것이고, 그리고 성언에서 비롯된 교리가 없으면 온갖 악들이나 거짓들과 싸울 수 없다는 것 등입니다. 왜냐하면 사람은, 위에서 언급한 것과 같이, 교리가 없으면 사람은 알지 못하는 신령진리에 일치하는 삶에 의하여 영적인 사람, 즉 영적인 존재가 되기 때문이고, 그리고 교리가 없으면 그 일이 행해질 수 없고, 따라서 온갖 악들이나 거짓들의 제거에 의하여 사람이 영적인 존재가 되는 것이 불가능하기 때문입니다. 이 두 가지 중요한 것이 없다면 사람은 개혁(=바로잡음)되지 못하고, 따라서 사람은 영적인 사람이 될 수 없고, 다만 자연적인 사람으로 남아 있고, 그것의 그릇된 해석이나 적용에 의하여, 자연적인 것을 가리키는 성언의 문자적인 뜻에 의하여 그의 자연적인 삶을 확증합니다. "성언이 있는 교회 안에서"라고 언급하였는데, 그것은 교회 밖에 있는 사람들은 성언을 가지고 있지 못하기 때문이고, 따라서 주님에 관해서 그들은 아무것도 알지 못하기 때문입니다. 그리고 사람은 어느 누구도 주님으로 말미암지 않고서는 영적인 사람이 될 수 없기 때문입니다. 그럼에도 불구하고 인간적인 형체(the human form) 하에서 하나님을 시인하고, 그분을 예배하는 사람이나, 그리고 성경말씀과 일치하는 종교적인 원칙에 일치하는 인애 가운데 사는 사람은 주님에 의하여 영적인 생명을 영접하기 위하여 준비된 사람들이고, 그리고 저 세상에서 그것을 영접, 수용할 사람들입니다. 이러한 내용에 관해서는 나의 저서 ≪천계와 지옥≫(Heaven and Hell) 313-328항이나 본서 107 · 195[A]항을 참조하십시오. 사람은 중생(=거듭남 · 重生 · regeneration)에 의하여 영적인 존재가 되고, 그리고 중생은 "물과 성령"(water and the spirit)에 의하여 이루어지는데, 다시 말하면 진리들과, 그것들에 일치하는 삶에 의하여 이루어집니다. 이러한 내용은 ≪새 예루살렘의 교리≫(the Doctrine of the New Jerusalem) 173-186항을 참조하십시오. 그리고 기독교계에서의 세례(洗禮 · baptism)는 중생을 위한 증표(證票 · sign)이고, 기념(記念 · memorial)입니다(H.D. 202-209항 참조).

[4] 그 넷째입니다. "그 교리는 성언에서 비롯된 것 이외의 다른 근원에서는 터득될 수 없다"는 것이고, 그리고 주님에게서 비롯된 예증(例證) 안에 있는 자를 제외하고서는 어느 누구에 의하여 그 교리는 터득될 수 없다는 것은 이러한 사실에서 밝히 알 수 있습니다. 그것은 성언은 신령진리 자체이라는 것이고, 그것은 주님께서 그것 안에 계신다는 그런 것이라는 것입니다. 왜냐하면 주님께서는, 주님 당신에게서 발출하는 주님의 신령진리 안에 계시기 때문입니다. 그러므로 성언 이외의 다른 근원에서 교리를 구성(構成)한 자들은 신령진리에서, 그리고 또한 주님으로 말미암아 교리를 구성하지 못합니다. 더욱이 성언의 개별적인 뜻 안에는 영적인 뜻이 있고, 그리고 천계의 천사들은 그 뜻 안에 있습니다. 결과적으로 거기에는 성언에 의한 천계와 교회의 결합이 있습니다. 그러므로 성경말씀 이외의 다른 근원에서 교리를 고안(考案), 만드는 사람은 천계와의 결합 가운데 교리를 만들지 못합니다. 뿐만 아니라, 그 교리로 말미암은 모든 예증(例證)도 없습니다. 성경말씀에 의한 사람과 천계의 결합에 관해서는 저서 ≪천계와 지옥≫(Heaven and Hell) 303-310항을 참조하십시오. 이렇게 볼 때 명확한 사실은 교리는 성경말씀 이외의 다른 근원에서 터득되지 않는다는 것이고, 그리고 주님에게서 비롯된 예증 안에 있는 자를 제외하고서는 그 누구에 의해서도 결코 터득되지 않는다는 것입니다. 진리들이 진리이기 때문에 애지중지(愛之重之)하는 사람들은 주님에게서 비롯된 예증 가운데 있습니다. 그리고 그런 부류의 사람들은 그 진리들을 행하기 때문에 그들은 주님 안에 있고, 주님은 그들 안에 있습니다.

[5] 그 다섯째입니다. "교리에 속한 모든 것들은 반드시 성언의 문자적인 뜻에 의하여 확증되어야 한다"는 명제는 이런 사실에서

명확합니다. 즉, 성경말씀의 문자적인 뜻 안에는 신령진리가 그것의 충만함 가운데 존재한다는 것입니다. 왜냐하면 그것은 궁극적인 뜻(the ultimate sense)이고, 그리고 영적인 뜻은 그것 안에 존재하기 때문입니다. 그러므로 교리가 그 뜻에 의하여 확증될 때, 교회에 속한 교리는 또한 천계에 속한 교리이고, 그리고 거기에는 대응(對應)에 의한 결합이 있습니다. 이러한 내용은 오직 이런 것에 의하여서만 예증 될 수 있습니다. 다시 말하면, 사람이 성경말씀의 문자적인 뜻에 의하여 어떤 진리를 생각하고, 그리고 그것을 확증할 때, 천계에서 그것은 지각, 이해되지만, 그러나 사람이 그렇게 하지 않는다면 그것은 확증되지 않는다는 것입니다. 왜냐하면 천사들의 개념들을 가리키는 영적인 개념들의 기초인 성경말씀의 문자적인 뜻은 생각의 뜻(the meaning of the thought)을 시작하고, 다른 사람에게 교류하는 동일한 수많은 낱말이 기초하는 것을 종결합니다. 이러한 사실은 영적인 세계에서 비롯된 수많은 경험에 의하여 확증할 수 있습니다. 그러나 지금은 그것을 드러내는 자리는 아닙니다.

357[A]. "활"(弓 · bow)이 투쟁하는 교리(doctrine combating), 즉 그것에 의하여 온갖 악들이나 거짓에 대항하여 싸우는 교리를 뜻한다는 것이나, "화살들"(arrows)이나, "던지는 창들"(javelins)이나, "창들"(darts)이 싸우는 교리에 속한 진리들을 뜻한다는 것은 아래의 여러 장절들에게서 잘 알 수 있습니다. 스가랴서의 말씀입니다.

"내가 에브라임에서 병거를 없애고,
예루살렘에서 군마를 없애며,
전쟁할 때에 쓰는 활도 꺾으려 한다.
그 왕은 이방 민족들에게
평화를 선포할 것이며,
그의 다스림이 이 바다에서 저 바다까지,

유프라테스 강에서 땅 끝까지 이를 것이다.……
사로잡혔어도 희망을 잃지 않은 사람들아,
이제 요새로 돌아오너라.
오늘도 말한다
내가 네게 두 배로 갚아 주겠다.
유다는 내가 당긴 활이다.
에브라임은 내가 먹인 화살이다.
시온아, 내가 네 자식을 불러 세워서,
그리스의 자식을 치게 하겠다.
내가 너희를 용사의 칼로 삼겠다."
주께서
그의 백성에게 나타나셔서
그의 화살을 번개처럼 쏘실 것이다.
주 하나님이 나팔을 부시며,
남쪽에서 회오리바람을 일으키며 진군하신다.
(스가랴 9 : 10, 12-14)

이 장절은 유대 교회의 황폐화와 이방 민족 가운데 있는 교회의 설시(the establishment of a church)를 다루고 있습니다. 유대 교회의 멸망이나 황폐화는, 거기에 더 이상 교리 가운데 어떤 진리도 존재하지 않고, 그리고 더 이상 진리의 이해 또한 존재하지 않을 것을 뜻하는데, "내가 에브라임에서 병거를 없애고, 예루살렘에서 군마를 없애며, 전쟁할 때 쓰는 활도 꺾으려 한다"는 말씀에 의하여 기술되었습니다. 여기서 "병거"(兵車・chariot)는 진리의 교리를 뜻하고, "군마"(軍馬)는 진리의 이해를 뜻하고, "전쟁할 때 쓰는 활"은 거짓에 대항하는 교리에서 비롯된 싸움을 뜻합니다. "전쟁할 때 쓰는 활"이 그런 뜻으로 언급된 것은 싸우는 교리(doctrine combating)를 뜻하기 때문입니다. 여기서 "에브라임"은 진리의 이해에 관한 교회를 뜻하고, "예루살렘"은 교리로서의 교회를 뜻합니다. 이방 민족들 가운데 세우는 교회의 설시는 이런 말씀에 의하며, 다시 말하면 "그 왕은 이방 민족에게 평화를 선포할 것이며, 사로잡혔어도 희망을 잃지 않는 사람들아, 이제 요새로 돌아오너라. …… 유다는 내가 당긴 활이다. 에브라임은 내가 먹인 화살이다. 시온아, 내가 네 자식을 불러 세워서, 그리스의 자식을 치게 하겠다"는 말씀에 의하여 기술하였습니다. 이 말씀은 주님사랑에 속한 선 안에, 그리고 그 선에서 비롯된 진리들 안에 있는 자들 가운데 세워질 교회를 뜻합니다. 그리고 여기서 "평화"(peace)는 그 선을 뜻하고, "유다"는 그 선 안에 있는 자들을 뜻하고, "에브라임"은 그 선에서 비롯된 진리의 이해 안에 있는 자들을 뜻합니다. 그러므로 에브라임에 관해서는 "에브라임은 내가 먹인 화살이다"(=내가 나를 위하여 유다를 굽혀서 에브라임으로 활을 채웠다)고 언급되었는데, 다시 말하면 진리의 교리로 채웠다고 언급되었습니다. 진리들로 언급된 그들의 예증이 이런 말씀, 즉 "그의 화살을 번개처럼 쏘실 것이다"는 말로 기술되었습니다. 그리고 "주 하나님(=주 여호와)이 나팔을 부시며, 남쪽에서 회오리바람을 일으키며 진군하신다"는 말로 기술되었습니다. 여기서 "번개처럼 쏘는 그의 화살"은 예증된 진리를 뜻하고, 따라서 사랑에 속한 선에게서 비롯된 진리를 뜻합니다. "주 하나님이 나팔을 부신다"는 말씀은 선에 속한 명확한 지각을 뜻하고, 그리고 "남쪽의 회오리바람"은 진리에 속한 명확한 지각을 뜻합니다. 그리고 "남쪽"(the south)은 진리에 속한 빛을 뜻합니다. 이러한 내용은 주님에 관해서 다루고 있습니다. 따라서 이러한 것들이 주님에게서 비롯된 것이라는 것을 다루고 있습니다.
[2] 모세의 글입니다.

요셉은 열매가 많은 덩굴,
샘 곁에 있는 열매가 많은 덩굴,

그 가지가 담을 넘는다.
사수들이 잔인하게 활을 쏘며 달려들어도,
사수들이 적개심을 품고서
그를 과녁으로 삼아도,
요셉의 활은 그보다 튼튼하고,
그의 팔에는 힘이 넘친다.
야곱이 섬기는 '전능하신 분'의 능력이
그와 함께 하시고,
목자이신 이스라엘의 반석께서
그와 함께 계신다
(창세기 49 : 22-24)

여기서 최고의 뜻으로 "요셉"은 영적인 왕국에 관하여 주님을 뜻합니다. 천계에는 두 왕국이 있는데, 그 하나는 천적인 왕국(the celestial kingdom)이고, 다른 하나는 영적인 왕국인데, 천적 왕국은 유다에 관한 예언의 말씀으로 기술되었고, 영적인 왕국은 요셉에 관한 여기의 예언의 말씀으로 기술되었습니다. 주님의 천적인 왕국에 있는 자들은 주님사랑에 속한 선 안에 있는데, 이것을 천적인 선이라고 부릅니다. 그리고 주님의 영적인 왕국에 있는 자들은 이웃사랑에 속한 선 안에 있는데, 그리고 그것에서 비롯된 진리들 안에 있습니다. 그 이유는, "요셉이 열매가 많은 덩굴, 샘 곁에 있는 열매가 많은 덩굴"이라고 불리운, 영적인 왕국을 통해서 모든 진리들이 주님에게서 발출하였기 때문입니다. 여기서 "열매가 많은 덩굴"(=열매가 많은 가지)은 영적인 선을 뜻하는데, 그것이 바로 인애에 속한 선입니다. 그리고 "아들"(son · 가지)은 그 선에서 비롯된 진리를 뜻하고, "샘"(a fountain)은 성언을 뜻하고, 악들이나 거짓들에 대항하여 싸우는 싸움은 "활 쏘는 자들이 그를 몹시 괴롭히고, 그에게 활을 쏘며 그를 미워한다"는 말씀에 의하여 기술되었는데, 여기서 "딸들"(=활 쏘는 자들

· the daughters)은, 악 안에 있는 자들이나, 거짓들에 의하여 선들을 파괴하기를 열망하는 자들을 뜻합니다. 그리고 온갖 악들에 의하여 공격하는 자들은 "그들이 그에게 활을 쏜다"는 말씀이 뜻하고, 악에 속한 거짓들에 의하여 공격하는 자들은 그를 미워한다는 "활 쏘는 자들"(=사수 · 射手 · the archers)이 뜻합니다. 그들의 공격에 대한 주님의 승리는 "요셉의 활은 그보다 튼튼하고, 그의 팔에는 힘이 넘친다, 야곱이 섬기는 '전능하신 분'의 능력이 그와 함께 계시고, 거기에서 목자, 곧 이스라엘의 돌이 나온다"(=목자이신 이스라엘의 반석께서 그와 함께 계신다-그에게서 나온다)는 말씀에 의하여 기술되었습니다. "요셉의 활은 그보다 튼튼하다"는 본연의 진리에 속한 교리 안에 있다는 것을 뜻하고, "그의 손의 팔이 야곱의 전능하신 하나님의 손을 통해서 강해졌다"는 말씀은 그들이 주님에게서 취한 능력을 뜻하고, "그의 손의 팔"(the arms of the hands)은 능력을 뜻하고, "야곱의 섬기는 전능하신 분"은 주님을 뜻하는데, 그래서 "거기에서 나온 목자, 곧 이스라엘의 돌(=반석)"은 인애에 속한 교리에서 비롯된 것을, 그리고 주님에게서 비롯된 믿음의 교리를 뜻합니다. 여기서 "요셉"은 최고의 뜻으로, 신령 영적인 것에 관한 주님을 뜻하고, 속뜻으로는 주님의 영적인 왕국을 뜻합니다. A.C. 3969 · 3971 · 4669 · 6417항을 참조하시고, 그가 뜻하는 것이 무엇인지는 역시 A.C. 4286 · 4592 · 4963 · 5086 · 5087 · 5106 · 5249 · 5307 · 5869 · 5877 · 6224 · 6526항을 참조하십시오.

357[B]. [3] 사무엘 하서의 말씀입니다.

다윗이 사울과 그의 아들 요나단의 죽음을 슬퍼하여, 조가를 지어서 부르고, 그것을 '활 노래'라 하여, 유다 사람들에게 가르치라고 명령하였다(사무엘 하 1 : 17, 18).

여기서 조가(=애도 · lamentation)은 악에서 비롯된 거짓에 대항하는 선에서 비롯된 진리의 싸움을 다루고 있습니다. 왜냐하면 "사울"은 여기서 선에서 비롯된 진리를 뜻하는 왕이기 때문입니다. 왜냐하면 성경말씀에서 "왕"은 이런 진리를 뜻하기 때문입니다(본서 31항 참조). 그리고 임금의 아들(王子)인 "요나단"은 교리에 속한 진리를 뜻하기 때문입니다. 그러므로 그가 조가를 지었고, 그리고 "그것을 '활 노래'라 하여 유다 사람들에게 가르치라고 명령하였다"는 것은, 곧 그것이 선에서 비롯된 진리의 교리를 그들에게 가르친다는 것을 뜻합니다. 온갖 거짓들과 악들에 대항하여 싸우는 그 진리의 싸움은 그 조가의 가사인 이런 말씀들이 뜻합니다. 같은 책의 말씀입니다.

> 원수들을 치고, 적들을 무찌를 때에,
> 요나단의 활이 빗나간 일이 없고,
> 사울의 칼이 허공을 친 적이 없다(=죽임당한 자들의 피로부터, 용사의 기름으로부터 요나단의 활이 뒤로 돌이키지 아니하였으며, 사울의 칼이 헛되이 돌아오지 아니하였다)(사무엘 하 1 : 22).

여기서 "죽임당한 자의 피"는 정복되고, 소멸된 거짓들을 뜻하고, "용사의 기름"은 정복되고, 소멸된 악들을 뜻합니다. 선에서 비롯된 진리의 교리에 의하여 이런 것들이 정복되고, 소멸되었다는 내용이 "요나단의 활이 뒤로 돌이키지 아니하엿고, 사울의 칼이 헛되이 돌아오지 아니하였다"는 말씀이 뜻합니다. 여기서 "요나단의 활"은 교리를 뜻하고, "사울의 칼"은 선에서 비롯된 진리를 뜻합니다.

[4] 시편서의 말씀입니다.

> 하나님께서 나에게 전투 훈련을 시키시니,
> 나의 팔이 놋쇠로 된 강한 활을 당긴다.

(시편 18 : 34)

여기서 "전쟁"(=전투)은 영적인 뜻으로의 전쟁을 뜻하는데, 그것은 온갖 악들이나 거짓들에 대항하는 전쟁을 가리킵니다. 이 전쟁이 하나님께서 가르치신 전쟁이고, 그리고 "놋쇠로 된 활"(the bow of brass)은 인애에 속한 교리를 뜻합니다. 하나님께서 이 팔에 이것(=놋쇠 활)을 두셨다는 것은 곧 그것이 극복, 정복하게 하셨다는 것을 뜻합니다.
[5] 이사야서의 말씀입니다.

> 누가 동방에서 한 정복자를 일으켰느냐?
> 누가 그를
> 가는 곳마다 그에게 승리하게 하였느냐?(=의로 불러서 그를 섬기게 하였느냐?)
> 누가 그를 왕들의 통치자로 만들었느냐?
> 그의 칼은 그들을 쳐서 티끌처럼 만들고,
> 그의 활은 그들을 흩어서
> 검불처럼 날리게 하였다.
> (이사야 41 : 2)

이 말씀은 주님에 관해서, 그리고 온갖 악들이나 거짓들을 정복한 주님의 통치권에 관해서 언급하고 있습니다. "그가 그의 앞에 준 민족들"은 악을 뜻하고, "그가 그를 왕들의 통치자로 만들었다"는 것은 거짓들을 뜻합니다. 마치 그들이 아무것도 아닌 것처럼, 그분의 신령진리에 의하여, 그리고 그것에서 비롯된 교리에 의하여 그분께서 온갖 악들이나 거짓들을 흩으시고, 소멸시켰다는 뜻이 "그의 칼은 그들을 쳐서 티끌처럼 만들고, 그의 활은 그들을 흩어서 검불처럼 날리게 하였다"는 말씀이 뜻합니다. 여기서 "그의 칼"은 신령진리를 뜻하고, "그의 활"은 교리를 뜻합니다. 마치 그것들이 무가치(無價値)한 것처럼 소멸된 악들이나 거짓들은 "티끌"(dust)이나 "검불"(stubble)이 뜻합니다. 온갖 악들이나 거짓들이 이와 같이 소멸되었다는 것이 언급되었는데, 그러나 그것은 악 안에 있는 자들이나, 그것에서 비롯된 거짓들 안에 있는 자들이 저 세상에서 그와 같이 소멸된다는 것을 뜻합니다.
[6] 스가랴서의 말씀입니다.

"나의 분노가
목자들에게 불처럼 타오른다.
내가 지도자들을 벌하겠다."
만군의 주께서
그의 양 무리인 유다 백성을 돌보시고,
전쟁터를 달리는
날랜 말 같이 만드실 것이다.
유다에서 모퉁잇돌과 같은 사람이 나오고,
그에게서 장막 기둥과 같은 사람이 나오고,
그에게서 전투용 활 같은 사람이 나오고,
그에게서 온갖 통치자가 나온다.
(스가랴 10 : 3, 4)

이 말씀은 "말"(horse)의 뜻에 관해서 다룬 앞 단원에서의 내용을 설명하고 있습니다. 여기서 "전투용 활"(the bow of war)은 교리에서 비롯된 싸우는 진리를 뜻합니다.
[7] 하박국서의 말씀입니다.

주님,
강을 보고 분히 여기시는 것입니까?
강을 보고 노를 발하시는 것입니까?
바다를 보고 진노하시는 것입니까?

6장 1-8절

> 어찌하여 구원의 병거를 타고
> 말을 몰아오시는 것입니까?
> 주께서
> 활을 꺼내시고, 살을 메우시며,
> 힘껏 잡아당기십니다.
> 주께서 강줄기로
> 땅을 조각조각 쪼개십니다.
> (하박국 3 : 8, 9)

이 말씀의 내용은 앞 단원에서 설명되었습니다. "주께서 활을 꺼내시고, 살을 메우시며, 힘껏 잡아 당기십니다"(=주의 말씀에 따라 주의 활이 아주 말끔해졌습니다)는 말씀은 역시 앞에서 설명되었습니다. "주께서 주의 활을 아주 말끔하게 하셨다"(=주께서 활을 꺼내시고, 살을 메우셨다)는 말씀은 진리의 교리가 공개적으로 배치하게 될 것이라는 것을 뜻합니다.

[8] 이사야서의 말씀입니다.

> 그들은
> 칼을 피하여 도망다니는 사람들이다.
> 칼이 그들을 치려 하고,
> 화살이 그들을 꿰뚫으려 하고,
> 전쟁이 그들의 목숨을 노리므로,
> 도망다니는 신세가 되었다. ……
> "게달의 자손 가운데서
> 활 쏘는 용사들이 얼마 남는다고 하여도,
> 그 수는 매우 적을 것이다."
> (이사야 21 : 15-17)

이 장절은 영적인 뜻으로 멸망하게 될, 그리고 그것의 수가 매우 적게 될, 선에 속한 지식들을 다루고 있습니다. 여기서 "게달"(Kedar), 또는 아라비아(Arabia)는 선에 속한 지식들 안에 있는 자들을 뜻하고, 추상적인 뜻으로는 그 지식들 자체를 뜻합니다. 진리에 속한 지식들이 거짓들이나, 거짓에 속한 교리에 의하여 멸망할 것이라는 것은 우리의 본문 "그들은 칼을 피하여 도망다니는 사람들이고, 칼이 그들을 치려하고, 화살이 그들을 꿰뚫으려 하고, 전쟁이 그들의 목숨을 노리므로, 도망다니는 신세가 되었다"는 말씀이 뜻합니다. 여기서 "칼"은 싸우고, 파괴하는 거짓을 뜻하고, 그리고 "활"은 거짓에 속한 교리를 뜻합니다. 선에 속한 지식들이 곧 멸망할 것이라는 것은, 이런 말씀 즉 "게달의 허세(=게달의 모든 영광)가 사라질 것이다"(21 : 16)는 말씀이 뜻합니다. "전쟁의 고통"은 공격이나 강습(强襲)을 뜻하고, "게달의 모든 영광이 사라진다"는 말씀은 황폐나 폐허를 뜻합니다. 그리고 지식들이 거의 남지 않을 것이라는 것은 "게달 자손 가운데서 활을 쏘는 용사들이 얼마 남지 않았다"는 말씀이 뜻합니다. 여기서 "활 쏘는 용사"는, 온갖 거짓들을 정복할 지식들에게서 비롯된 진리의 교리를 뜻합니다.

[9] 같은 책의 말씀입니다.

> (주께서) 내 입을 날카로운 칼처럼 만드셔서,
> 나를 주의 손 그늘에 숨기셨다.
> 나를 날카로운 화살로 만드셔서,
> 주의 화살통에 감추셨다.
> (이사야 49 : 2)

이 구절도 역시 주님에 관해서 다루고 있습니다. 여기서 "날카로운 칼"은 거짓을 소멸시키는 진리를 뜻하고, "날카로운 화살"(=번쩍이는 화살)은 악을 소멸시키는 진리를 뜻하고, "화살통"(箭筒 · quiver)은 성언, 즉 성경말씀을 뜻합니다. 이러한 내용은 우리의 본문, "주께서 내 입을 날카로운 칼처럼 만드시고, 나를 날카로운 화살로 만드시고, (나를) 주의 화살통에 감추셨다"는 말씀이 뜻하는 것을 명확하게 합니다. 다시 말하면, 주님 안에 있는 것이나, 주님에게서 비롯된 것에는 신령진리가 존재해 있는데, 그것에 의하여 온갖 거짓들이나 악들은 소멸될 것이고, 그리고 그분 안에, 그리고 그분에게서 비롯된 것은 성언을 가리키는데, 이런 진리들은 그것 안에, 그리고 그것에서 비롯된다는 것을 뜻합니다.

[10] 시편서의 말씀입니다.

> 자식은 주께서 주신 선물이요,
> 태 안에 들어있는 열매는,
> 주님이 주신 보상이다.
> 젊어서 낳은 자식은
> 용사의 손에 쥐어 있는 화살과도 같으니,
> 그런 화살이 화살통에 가득한 용사에게는
> 복이 있다.
> 그들은 성문에서 원수들과 담판할 때에,
> 부끄러움을 당하지 않을 것이다.
> (시편 127 : 3-5)

"주께서 주신 선물인 자식들"(=주의 유업인 자녀들)은 그것에 의하여 총명에 존재하는 진리들을 뜻하고, "주님이 주시는 보상인 태 안에 들어 있는 열매"는 그것에 의하여 행복이 존재하는 선들을 뜻합니다. "젊어서 낳은 자식(=젊은이의 자녀들)은 용사의 손에 쥐어 있는 화살과 같다"는 말씀은 이노센스의 선에 속한 진리들을 뜻합니다. 이런 진리들에 저항할 악이나 거짓은 아무것도 없기 때문에, 그들은 "용사의 손 안에 있는 화살들과 같다"고 언급되었습니다. 이노센스에 속한 선은 주님사랑에 속한 선을 가리킵니다. 이런 진리들이 이런 부류의 능력을 가지고 있기 때문에

"그런 화살이 화살통에 가득한 용사에게는 복이 있다"고 언급되었습니다. 여기서 "화살통"(=전통)은 "활"과 같은 뜻을 가지고 있습니다. 다시 말하면 성언에서 비롯된 교리를 뜻합니다. "그들이 부끄러워하지 아니하고, 성문에서 원수들과 말할 것이다"(=그들은 성문에서 원수들과 담판할 때에, 부끄러움을 당하지 아니 할 것이다)는 말씀은, 거기에는 지옥에서 비롯된 온갖 악들 때문에 결코 두려움이 없을 것이라는 것을 뜻합니다. 여기서 "원수들"은 악들을 뜻하고, "성문"은 지옥을 뜻합니다. 이런 내용은 나의 저서 ≪천계와 지옥≫ 428·429·583-585항을 참조하십시오.
[11] 또 같은 책의 말씀입니다.

> 에브라임의 자손은 무장을 하고,
> 활을 들고 있었지만,
> 정작 전쟁이 일어났을 때에
> 물러가고 말았다.
> 하나님과 맺은 언약을 지키지 않으며,
> 그 교훈 따르기를 거절하였다.
> (시편 78 : 9, 10)

여기서 "에브라임"은, 위에서 언급한 것과 같이, 진리의 이해를 뜻하고, "그의 자손들"은 진리들 자체를 뜻합니다. 그러므로 그들은 역시 "활을 들고 있었다"(=활의 사수들), 다시 말하면 온갖 악이나 거짓들에 대하여 싸우는 자들이라고 하였습니다. 그들이 주님에게 결합되지 않았기 때문에 이런 것들에 저항, 반발하지 못하였다는 것은 여기서는 "정작 전쟁이 일어났을 때에는 물러가고 말았다. 그들이 하나님과 맺은 언약을 지키지 않으며, 그 교훈 따르기를 거절하였다"는 말씀이 뜻합니다. 여기서 "언약"(covenant)은 결합을 뜻하고, 그리고 "언약을 지키지 않았다"는 말씀은 결합된 진리들이나 선들에 일치하여 살지 않는 것을 뜻합니다.
357(C). [12] 인용된 장절에서 볼 때 여기서 "활"이 온갖 거짓들이 악에 대하여 싸우고, 그것들을 소멸시키는 싸우는 진리의 교리를 뜻한다는 것은 아주 명확합니다. 이러한 내용이 "활"의 뜻이라는 것은 그것의 반대적인 뜻에서 더욱 명확한데, 반대적인 뜻으로 "활"은 진리들이나 선들에 거슬러 싸우는 거짓의 교리를, 그리고 그것들을 파괴시키는 거짓의 교리를 뜻합니다. 그리고 "창들"(darts)이나 "화살들"은 그것의 거짓들 자체를 뜻합니다. 이런 뜻에서 "활"은 아래의 장절에서 이렇게 언급되었습니다. 시편서의 말씀입니다.

> 악인이 활을 당기고,
> 시위에 화살을 메워서
> 마음이 바른 사람을
> 어두운 곳에서 쏘려 하지 않느냐?
> (시편 11 : 2)

"악인이 활을 당긴다"는 것은 그들이 교리를 고안, 만든다는 것을 뜻하고, "그들이 시위에 화살을 메운다"는 것은 그들이, 진리들처럼 보이는 거짓들에게 그것을 적용한다는 것을 뜻합니다. "어두운 곳에서 마음이 바른 사람에게 쏘려고 한다"는 것은 선에게서 비롯된 진리들 안에 있는 자들을 현혹시키고, 속이는 것을 뜻합니다. 여기서 "활"은 거짓에 속한 교리를 뜻하고, "화살"은 거짓 자체를 뜻하고, "활을 쏜다"는 것은 현혹시키고, 속이는 것을 뜻하고, "어두움"은 외현들(外現)을 뜻합니다. 왜냐하면 이 세상에서의 외현들이나, 거짓들에게서 비롯된 외현들에서 비롯된 그런 부류의 추론 때문이고, 그리고 또한 성경말씀의 문자적인 뜻의 적용에 의한 것이기 때문입니다.
[13] 역시 같은 책의 말씀입니다.

묵시록 해설

> 악인들은 칼을 뽑아 치켜들고,
> 또 활을 당겨서,
> 비천하고 가난한 사람들을 쓰러뜨리며,
> 자기 길을 똑바로 걷는 사람을
> 죽이려고 하지만,
> 그 칼에 오히려 자기 가슴만 뚫릴 것이니,
> 그 활도 꺾이고야 말 것이다.
> (시편 37 : 14, 15)

여기서 "칼"은 진리에 대항하여 싸우는 거짓을 뜻하고, "활"은 거짓에 속한 교리를 뜻합니다. "비천하고, 가난한 사람을 쓰러뜨린다"는 것은 진리의 이노센스나 선의 이노센스 안에 있는 자들을 변절시키고, 타락시키는 것을 뜻합니다. 그리고 "그들의 칼이 오히려 자기 가슴만 뚫는다"는 것은 자기 자신의 거짓에 의하여 자신들이 멸망할 것이라는 것을 뜻합니다. 그리고 "그들의 활도 꺾이고야 말 것이다"는 말은 거짓에 속한 그들의 교리가 소멸될 것이라는 것을 뜻하고, 그러한 일은 그들이 이 세상을 떠난 뒤에 일어납니다. 그리고 그 때 온갖 거짓들을 파괴할 것이고, 그리고 그들이 진리들을 거짓들에 적용하는 한, 그들의 교리는 모두 소멸할 것입니다.

[14] 역시 같은 책의 말씀입니다.

> 그들은 칼날처럼 날카롭게 혀를 벼려
> 화살처럼 독설을 뽑아 냅니다.
> 죄 없는 사람을 쏘려고 몰래 숨어 있다가,
> 느닷없이 쏘고서도,
> 거리낌조차 없습니다.
> (시편 64 : 3, 4)

"칼"이 진리에 대항하여 싸우는 거짓을 뜻하기 때문에, "칼날처럼 날카롭게 혀를 벼른다"고 언급되었습니다. 그리고 "화살"이 교리에 속한 거짓을 뜻하기 때문에, "그들은 독한 말들을 쏘기 위하여 그들의 활들을 당긴다"(=화살처럼 독설을 뿜아 낸다)고 언급하였습니다. "그들은 몰래 숨어서 죄 없는 사람(=온전한 자)을 쏘려고 한다"는 것은, 바로 앞에서와 같이 "마음이 바른 사람을 어두운 곳에서 쏘려고 한다"는 말이 뜻하는 내용과 같은 것을 뜻합니다. 다시 말하면 선에서 비롯된 진리들 안에 있는 사람을 현혹시키고 속이는 것을 뜻합니다.

[15] 예레미야서의 말씀입니다.

> 참으로 이 백성은 모두 간음하는 자들이요,
> 배신자의 무리다.
> "그들은 활을 당기듯,
> 혀를 놀려 거짓을 일삼는다.
> 진실은 없고,
> 그들만이 이 땅에서 판을 친다.
> 참으로 그들은
> 악에 악을 더하려고 돌아다닐 뿐,
> 내가 그들의 하나님인 줄은 알지 못한다.
> 나 주의 말이다."
> (예레미야 9 : 2, 3)

여기서 "간음하는 자들"이나 "배신자의 무리"는 진리의 지식들이나 선의 지식들을 위화하는 자들을 뜻합니다. "간음하는 자들"은 진리에 속한 지식들을 위화하는 자를 뜻하고, "배신자의 무리"는 선에 속한 지식들을 위화하는 자를 뜻합니다. 그리고 그들에 관해서 "그들은 활을 당기듯 혀를 놀려 거짓을 일삼는다"고 언급하였고, 그리고 "그들은 거짓을 일삼는다"(=그들의 활은 거짓말이다)고 언급하였습니다. 여기서 "활"은, 그것에서 비롯된 거짓의 원칙들인 교리나 그것에서 유래된 교리를 뜻합니다. 그리고 여기서 "거짓말"은 거짓을 뜻합니다. 그러므로 "그들은 진실은 없고, 그들만이 이 땅에서 판을 친다"(=그들은 땅 위에서 진리를 위해서는 용감하지 아니한다)고 언급하였습니다. 다시 말하면 순수한 진리들이 있는 교회 안에 있지 않았다고 언급하였습니다. 그리고 악에 속한 삶 안에 있고, 그리고 주님을 시인하지 않는 자들이 그런 부류이라는 것은 "참으로 그들은 악에 악을 더하려고 돌아다닐 뿐, 내가 그들의 하나님인 줄을 알지 못한다"는 말씀이 뜻합니다.

[16] 같은 책의 말씀입니다.

"보아라, 내가 북녘 땅에서
강대국들의 연합군을 일으켜서,
바빌로니아를 쳐들어가게 하겠다.
그들이 바빌로니아 쪽으로
진을 치고 있다가,
바빌로니아를 전복할 것이다.
그들의 화살은
절대로 빈손으로 돌아오지 않는
노련한 용사와 같을 것이다." ……
"활을 당기는 모든 사람들아,
너희는 바빌론 도성을 에워싸고 진을 쳐라.
그 도성에 활을 쏘아라.
화살을 아끼지 말고 쏘아라.
그 도성은 나에게 범죄하였다." ……
"너희는 활을 쏘는 사람들을 불러다가
바빌론을 쳐라.
그들이 이스라엘의 거룩한 하나님,
주 앞에서 오만하게 행동하였으니,

6장 1-8절

너희는 바빌론 도성을 포위하고 쳐라.
아무도 빠져 나가지 못하게 하여라.
너희는 그들의 소행대로 보복하여 주어라.
그들이 하였던 것과 꼭같이
너희도 그들에게 갚아 주어라." ……
"그들은 활과 창으로 무장하였다.
잔인하고 무자비하다.
그들은 바다처럼 요란한 소리를 내며,
군마를 타고 달려온다.
딸 바빌로니아야,
그들은 전열을 갖춘 전사와 같이
너를 치러 온다." ……
"바빌로니아의 군대가
활을 당기지 못하게 하고,
갑옷을 입지 못하게 하여라.
너희는 바빌로니아의 젊은이를
무자비하게 죽이고,
그 모든 군대를 진멸시켜라."
(예레미야 50 : 9, 14, 29, 42 ; 51 : 3)

이 구절은, 신령능력을 사칭(詐稱)하고, 사취(詐取)하는, 그리고 주님을 시인하지만, 그러나 사실은 주님에게서 구원하는 능력을 제거하고, 빼앗아가는, 따라서 신령진리들을 모독(冒瀆)하고 더럽히는, 바빌로니아가 뜻하는 자들에게 있는 진리의 전적인 유린(蹂躪)이나 황폐(荒廢)를 기술하고 있습니다. 주님께서 가능한한 순수한 진리들이 모독되지 않도록 예방하고 계시기 때문에, 이런 진리들은 그들에게서 전적으로 옮겨졌고, 그리고 그들은 거짓들 대신에 진리들만이 고취(鼓吹)되고, 주입(注入)되었습니다. 여기서 "북녘 땅에서 일으킨 강대국들의 연합군"은 지옥에서 야기된 아주 고약하고, 무서운 악들을 뜻하고, 그리고 "북녘 땅"은 거짓

이외는 아무것도 없는 지옥을 뜻하고, "노련한 용사와 같아서 절대로 빈손으로 돌아오지 않는 그들의 화살"은 그것으로부터 그들은 거기에서 비롯된 철저한 온갖 거짓들로 고취되고 주입될 것이라는 것을 뜻하고, "활을 당기는 모든 사람들아, 너희는 바빌론 도성을 에워싸고, 진을 쳐라. 그 도성에 활을 쏘아라. 화살을 아끼지 말고 쏘아라"는 말씀은 모든 교리적인 것들에 관한 황폐를 뜻하고, 그들에게 있는 전적인 진리의 황폐는 "너희는 활 쏘는 사람들을 불러다가 바빌론을 쳐라. 너희는 바빌론 도성을 포위하고 쳐라. 아무도 빠져 나가지 못하게 하여라"(=피하지 못하게 하여라)는 말씀이 뜻합니다.

[17] 이사야서의 말씀입니다.

"내가 메대 사람들을 불러다가
바빌론을 공격하게 하겠다.
메대 군인들은 은 따위에는 관심도 없고,
금 같은 것도 좋아하지 않는다.
그들은 활로 젊은이들을 쏘아
갈기갈기 찢어 죽이며,
갓난아기를 가엾게 여기지 않고,
아이들을 불쌍히 여기지 않는다."
나라들 가운데서 가장 찬란한 바빌론,
바빌로니아 사람의 영예요, 자랑거리인
바빌론은,
하나님께서 소멸시키실 때에,
마치 소돔과 고모라처럼 될 것이다.
(이사야 13 : 17-19)

이 장절은 바빌론과 그리고 위에서 언급한 것과 같이, 바빌론이 뜻하는 사람들에게 있는 교회에 속한 모든 것들의 황폐에 관해서 언급하고 있습니다. 여기서 "메대"는 천계나 교회에 속한 진리들이나 선들에 속한 것들을 전혀 이루지 못하는 자들을 뜻합니다. 그러므로 그들에 관해서 "그들은 은 따위에는 관심도 없고, 금 같은 것도 좋아하지 않는다"고 언급되었습니다. 여기서 "은"(銀)은 교회에 속한 진리를 뜻하고, "금"(金)은 교회에 속한 선을 뜻합니다. "그들은 활로 젊은이들을 쏘아 갈기갈기 찢어 죽이며, 갓난아기를 가엾게 여기지 않을 것이다"(=그들의 활들이 청년들을 내던져 산산조각 낼 것이며, 또 그들은 태의 열매도 불쌍히 여기지 않을 것이다)는 말씀은 모든 진리와 그것에서 비롯된 모든 선을 파괴하는 교리적인 것들을 뜻합니다. 여기서 "젊은이들"(=청년들)은 진리들을 뜻하고, "태의 열매"(=갓난아기)는 선들을 뜻합니다. 그리고 그들에게 있는 모든 악은 자기사랑(自我愛)에게서 비롯되기 때문에, 모든 거짓은 그 악에서 비롯되고, 그리고 그 악과 그 악에서 비롯된 거짓은 지옥에 가도록 저주를 받았기 때문에, 그러므로 "나라들 가운데서 가장 찬란한 바빌론, 바빌로니아 사람의 영예요, 자랑거리인 바빌론은 하나님께서 소멸시키실 때에, 마치 소돔과 고모라처럼 될 것이다"고 언급되었습니다. 여기서 "하나님께서 멸망시킨다"(=하나님의 파멸)는 것은 지옥에서 비롯된 저주나 천벌을 뜻하고, 그리고 "소돔과 고모라"는 자기사랑(自我愛)에서 비롯된 악들과 그것에서 비롯된 거짓들을 뜻합니다. 이러한 내용이 "소돔과 고모라"의 뜻이라는 것은 A.C. 2220・2246・2322항을 참조하십시오.
[18] 같은 책의 말씀입니다.

> 그 날에는, 은 천 냥 값이 되는 천 그루의 포도나무가 있던 곳마다, 찔레나무와 가시나무로 덮일 것이다. 온 땅이 가시나무와 찔레나무로 덮이므로, 사람들은 화살과 활을 가지고 그리로 사냥을 갈 것이다(이사야 7 : 23, 24).

모든 진리와 선에 관해서 황폐하게 된 교회가 그와 같이 기술되었습니다. 앞에서 교회가 무엇인지, 다시 말하면, 선에게서 비롯된 진리들인 본연의 진리들이 거기에 넉넉함 가운데 있을 것이라는 내용이 "은 천 냥 값이 되는 천 그루의 포도나무가 있던 곳"이라는 말씀으로 기술되었습니다. 여기서 "천 그루의 포도나무"는 넉넉함 가운데 있는 선에서 비롯된 진리들을 뜻하고, "은 천 냥"이라는 말씀은, 그것들이 순수하고 본연의 것이기 때문에 이것들이 가장 귀한 것으로 여겨진다는 것을 뜻합니다. 그리고 "천"(=일 천)은 많다는 것, 따라서 풍부함 가운데 있다는 것을 뜻합니다. 그러나 진리나 선의 측면에서 황폐하게 되었을 때의 교회가 무엇인지는 우리의 본문인, "온 땅이 찔레나무와 가시나무로 덮이므로, 사람들은 화살과 활을 가지고 그리로 사냥을 갈 것이다"는 말씀에 의하여 기술되었습니다. 여기서 "화살"은 진리를 파괴하는 거짓을 뜻하고, "활"은 거짓에 속한 교리를 뜻하고, "찔레나무로 덮인 곳"은 악에서 비롯된 거짓을 뜻하고, "가시나무로 덮인 곳"은 거짓에서 비롯된 악을 뜻하고, "곳"(=땅)은 교회를 뜻합니다.

[19] 예레미야서의 말씀입니다.

"나 주가 이렇게 말한다.
한 백성이 북녘 땅에서 오고 있다.
큰 나라가 온다.
저 먼 땅에서 떨치고 일어났다.
그들은 활과 창으로 무장하였다.
난폭하고 잔인하다.
그들은 바다처럼 요란한 소리를 내며,
군마를 타고 달려온다.
딸 시온아,
그들은 전열을 갖춘 전사와 같이
너를 치러 온다."

6장 1-8절

(예레미야 6 : 22, 23)

이 장절도 역시 악에 속한 거짓들에 의한 교회의 황폐를 기술하고 있습니다. "북녘 땅에서 온 백성"이 무엇을 뜻하는지, 그리고 "저 먼 땅에서 일어난 큰 나라"(=땅의 사면에서 일어난 큰 민족)가 뜻하는 것이나, "바다처럼 요란한 그들의 소리"(=바다 같은 그들의 목소리)가 뜻하는 것이나, "그들이 군마를 타고 달려 온다"(=그들이 말을 타고 온다)는 말씀이 뜻하는 것은, 앞서 설명된 것에서 이미 언급하였습니다. "그들은 활과 창으로 무장하였다"는 말씀은 그들이 거짓된 교리로 말미암아 싸운다는 것을 뜻하고, 여기서 "활"은 진리를 파괴하는 교리에 속한 거짓을 뜻하고, "창"은 선을 파괴하는 악에 속한 거짓을 뜻합니다. 그리고 "딸 시온"은 교회를 뜻합니다.

[20] 같은 책의 말씀입니다.

"내가 온 땅을 황폐하게 하여도
완전히 멸망시키지는 않겠다. ……
기병들과 활 쏘는 군인들의 함성에,
성읍마다 사람들이 도망하여 숲 속에 숨고,
바위 위로 기어올라간다.
이렇게 모두 성읍을 버리고 떠나니,
성읍에는 주민이 한 사람도 없다."
(예레미야 4 : 27, 29)

이 장절 역시 앞에서 설명되었습니다. "기병들과 활 쏘는 군인들의 함성"은 거짓들에게서 비롯된 온갖 추론들을 뜻하고, 그리고 진리를 공격하는 것을 뜻합니다. "활 쏘는 사람들"(=군인들)은, 다시 말하면 활로 무장한 사람들은 교리에 속한 온갖 거짓들로 말미암아 진리들을 공격하는 자들을 가리킵니다. 그러므로

"성읍마다 사람들이 도망한다" 그리고 "온 성읍이 버려졌다"(=모두 성읍을 버리고 떠났다)고 언급되었습니다. 여기서 "성읍"(city)은 교회에 속한 교리를 뜻합니다.
[21] 이사야서의 말씀입니다.

> 주께서 깃발을 올리셔서
> 먼 곳의 민족들을 부르시고,
> 휘파람으로 그들을
> 땅 끝에서부터 부르신다.
> 그들이 달려오고 있다. ……
> 그들의 화살은 예리하게 날이 서 있고,
> 모든 활시위는 쏠 준비가 되어 있다.
> 달리는 말발굽은 부싯돌처럼 보이고,
> 병거 바퀴는 회오리바람과 같이 구른다.
> (이사야 5 : 26, 28)

"그들의 화살이 예리하다" "활시위는 쏠 준비가 되어 있다"는 말씀은 진리들을 파괴하기 위하여 준비된 거짓의 교리를 뜻합니다. "먼 곳의 민족들"이나, "부싯돌처럼 보이는 말발굽"이나, "회오리바람과 같은 병거 바퀴"는 그들에 관해서 설명된 바로 앞 구절에서 잘 읽을 수 있습니다(본서 355[F]항 참조).
[22] 아모스서의 말씀입니다.

> 활을 가진 자도 버틸 수 없고,
> 발이 빠른 자도 피할 수 없고,
> 말을 탄 자도
> 제 목숨을 건질 수 없을 것이다.
> 용사 가운데서 가장 용감한 자도,
> 그 날에는 벌거벗고 도망갈 것이다.
> (아모스 2 : 15, 16)

6장 1-8절

이 장절은 자기총명(self-intelligence)에 관해서 기술하고 있고, 따라서 진리들에 거스르는 온갖 거짓들에게서 비롯된 추론하는 능력에서 비롯된 신뢰(信賴·confidence)에 관해서 기술하고 있습니다. "활을 가진 자도 버틸 수 없고, 발이 빠른 자도 피할 수 없다"는 말씀은 교리나, 자연적인 사람에게 속한 기억으로부터 이의 없이(readily), 그리고 능숙하게(skilfully) 추론하는 방법을 잘 알고 있는 사람은 자기 자신의 구원을 위해서 아무것도 준비할 수 없고, 심판의 날에 버틸 수 없다는 것을 뜻합니다. 동일한 내용이 "말을 탄 자도 제 목숨을 건질 수 없을 것이다"는 말씀이 뜻하고, 그리고 "용사 가운데서 가장 용감한 자도 그 날에는 벌거벗고 도망갈 것이다"는 말씀은 거짓들로 말미암아 추론할 수 있는 능력 때문에 자기 자신을 신뢰하는 사람은 그 때 모든 진리를 빼앗길 것이라는 것을 뜻합니다. 그리고 "가장 용감한 자"(the stout in heart)는 그런 이유 때문에 자기 자신을 신뢰하는 자를 뜻하고, "벌거 벗었다"(naked)는 것은 모든 진리의 박탈(剝奪)을 뜻합니다.

357[D]. 시편서의 말씀입니다.

> 하나님은 공정하신 재판장이시요,
> 언제라도 악인을 벌하시는 분이시다(=하나님께서는 악인에게 매일 분노하신다).
> 뉘우치고 돌아오지 않으면
> 칼을 갈고 활을 당기셔서,
> 심판을 준비하신다.
> 살상 무기(=죽이는 무기)를 준비하시고,
> 화살 끝에 불을 붙이신다.
> (시편 7 : 11-13)

여기서 이 장절은 하나님께서 악인에게 분노하시는 것을 하나님의 탓으로 돌린다는 것을 다루고 있고, 그리고 하나님께서 그분의 칼을 갈고, 그분의 활을 당기시고, 살상 무기(=죽이는 무기)를 준비하고, 화살 끝에 불을 붙인다는 것도 그분의 탓으로 돌린다는 것입니다. 그러나 영적인 뜻으로 그것은, 사람이 자기 자신에 대하여 이런 일을 행한다는 것을 뜻합니다. 문자적인 뜻으로 이러한 것들은 하나님의 탓으로 돌립니다. 그 이유는 문자적인 뜻이 자연적이기 때문이고, 그리고 문자적인 뜻은, 하나님을 두려워한다는 그런 이유들 때문에 그것을 믿는 자연적인 사람을 위한 것이기 때문입니다. 그리고 그런 사람은, 그가 영적인 존재가 되었을 때 나중의 일들을 사랑하는 것과 같이, 그런 일들을 두려워 합니다. 이러한 내용은 우리의 본문 말씀들이 뜻하는 것이 무엇인지를 아주 명확하게 합니다. 다시 말하면 그것은 하나님으로 분노하는 악한 사람을 가리키고, 그는 자기 자신에게 칼을 가는 자이고, 활을 당기고, 살상 무기를 준비하는 자이고, 화살 끝에 불을 붙이는 자입니다. "그가 칼을 간다"는 말씀은 자기 자신을 위하여 거짓을 취하고, 몸에 익히는 것을 뜻하고, 그리고 그것으로 진리들과 싸우는 자를 뜻합니다. "그가 활을 당기고, 쏠 준비를 한다"는 말씀은 거짓들로부터 자기 자신을 위하여 모든 진리들에 정반대되는 교리를 고안, 날조(捏造)한다는 것을 뜻합니다. 그리고 "그가 살상 무기(=죽이는 무기)를 준비하고, 화살 끝에 불을 붙인다"는 말씀은 그가 지옥적인 사랑(=욕망이나 탐욕)으로 말미암아 거짓에 속한 원칙들을 자신을 위하여 날조하는 것을 뜻하는데, 그 때 그는 그것에 의하여 선이나 선에 속한 진리를 파괴하고 멸망시킵니다.

[24] 애가서의 말씀입니다.

우리가 원수나 되는 것처럼

6장 1-8절

활을 당기시고,
대적이나 되는 것처럼
오른손을 들고 나서시더니,
보기에 건장한 사람을 다 죽이시고,
도성 시온의 장막에
불같은 노여움을 쏟으셨다(=주께서 원수같이 활을 당기시고, 대적같이 오른손을 들고 서서 시온의 딸의 장막 안에서 눈에 보기 좋은 모든 것을 죽이시고, 불같이 진노를 쏟으셨다)(애가 2 : 4).

여기서도 역시 주님의 탓으로 돌리는 것들을 가리킵니다. 왜냐하면 그것은 위에서와 동일한 이유 때문입니다. "주께서 원수같이 활을 당기시고, 대적같이 오른손을 들고 나서신다"는 말씀은, 악한 사람이 자기 자신에 대해서 이런 짓을 한다는 것, 다시 말하면, 자기 자신을 위하여 자기총명에서 고안, 날조한 교리로부터, 그리고 성경말씀의 문자적인 뜻에 의하여 확증된 교리로부터 선에 대항하는 악을 방어하고, 진리들에 거르스는 거짓을 방어하는 것을 뜻합니다. 왜냐하면 애가서(哀歌書 · lamentations)에서는 유대 민족에게 있는 모든 선과 진리의 황폐를, 그리고 그들 자신의 탐욕들이나 욕망들(=그들의 사랑들)에 지지하여 성경말씀의 문자적인 뜻을 적용하는 그들의 씀씀이(活用)가 다루어지고 있기 때문입니다. 여기서 "활"은 그것에서 비롯된 거짓의 교리를 뜻하고, "적군"(=원수)은 악을 뜻하고, "대적"은 거짓을 뜻합니다. 결과적으로 진리나 선에 속한 모든 이해가 멸망할 것이라는 것은 "눈에 보기에 좋은 모든 것(=사람)을 죽이셨다"는 말씀이 뜻하는데, "눈에 보기에 좋은 모든 것들"은 총명이나 지혜에 속한 모든 것들을 뜻합니다.
[25] 신명기서의 말씀입니다.

나의 분노에서 나오는 불꽃이

> 저 아래 스올까지 타들어 가며,
> 땅 위에 있는 모든 것들을 삼켜 버리고,
> 멧부리까지 살라 버릴 것이다.
> 내가 온갖 재앙을 그들에게 퍼붓고,
> 나의 화살을 모조리 그들에게 쏘겠다.
> (신명기 32 : 22, 23)

이 장절은 모세의 노래(=가사)에 나오는 것으로, 그 노래는 이스라엘 민족이나 유다 민족에 관해서 다루고 있고, 그리고 그들의 마음에 간직하고 있는 것이 무엇인지를 기술하고 있습니다. 다시 말하면 그들에게는 악에서 비롯된 철저한 거짓만 있기 때문에, 그들에게는 교회에 속한 것은 아무것도 없다는 것을 다루고 있고, 기술하고 있습니다. "모두 삼켜버릴 땅과 그것의 소산"은 교회를 뜻하고, 그리고 그것에서 비롯된 모든 진리와 선을 뜻합니다. 여기서 "땅"은 교회를 뜻하고, "소산"은 그것에 속한 모든 진리와 선을 뜻합니다. "살라 버릴 멧부리"(=산들의 기초 · the foundations of the mountains)는 사랑에 속한 선들이 그것 위에 세워진, 진리들을 뜻합니다. 특히 성경말씀의 문자적인 뜻에 속한 진리들을 가리킵니다. 그 이유는 이런 것들이 기초들이기 때문입니다. "그들 위에 쌓을 악들"(=내가 그들에게 퍼부을 온갖 재앙)이나 "그들에게 쏘아 버릴 화살들"은 그들이 모든 악들이나 거짓들로 물들게 될 것이라는 것을 뜻합니다. 그 민족이 시작부터 어떠하였는지, 그리고 역시 오늘도 어떠한지는 ≪새 예루살렘의 교리≫ 248항에서 잘 볼 수 있겠습니다.

[26] 사무엘 상서의 말씀입니다.

> 용사들의 활은 꺾이나,
> 약한 사람들은 강해진다(=용사들의 활은 부러졌으나 넘어진 자는 힘으로 띠를 두르도다)(사무엘 상 2 : 4).

이 구절은 사무엘의 어머니, 한나(Hannah)의 예언인데, 이것은 그들이 진리에 속한 영적인 정동 안에 있지 않기 때문에, 교회에 속한 자들에게서 진리의 제거를 다루고 있습니다. 그리고 또한 그들이 진리에 속한 영적인 정동 안에 있기 때문에 교회 밖에 있는 자들의 수용과 예증을 뜻합니다. 교회에 속한 자들에 의하여 사로잡혀 있는 거짓들에 속한 교리들이 결코 아무것도 아니다는 것(無價値)은 "용사의 꺾어진 활"이 뜻하고, 그리고 교회 밖에 있는 자들의 수용과 예증은 "넘어진 자는 힘으로 띠를 두른다"는 말씀이 뜻합니다. 무지에 속한 거짓들(the falsities of ignorance)에 의하여 압박을 받는 자들은 "넘어진 자"에 관해서 언급하고 있습니다. 그리고 "힘"(=용기 · 용맹 · valor)은 선에서 비롯된 진리의 능력이나 진리의 풍부함에 관해서 서술합니다.

[27] 예레미야서의 말씀입니다.

내가 엘람의 주력 무기인 활을 꺾어 버리겠다(예레미야 49 : 35).

"엘람"(Elam)은 자연적인 사람에게 속한 과학지(科學知)를 뜻하고, 결과적으로는 신뢰를 뜻합니다. "그의 활"은 그가 교리로 말미암아 싸우는 그것에서 비롯된 과학지를 뜻하고, 그리고 "그의 힘의 주력 무기"(=그의 힘의 시작 · 힘의 우두머리)는 신뢰(信賴 · confidence)를 뜻합니다. 왜냐하면 과학지는, 그것이 만약에 합리적인 사람이나 영적인 사람을 섬기지 않는다면 아무런 소용이 없기 때문입니다. "엘람"이 자연적인 사람에게 속한 지식을 뜻한다는 것은, 엘람이 언급된 성경말씀의 여러 장절들에게서 잘 알 수 있습니다. 그 장절들은 창세기 10 : 22 ; 이사야 21 : 1 ; 예레미야 25 : 24-26 ; 49 : 34-39 ; 에스겔 32 : 24, 25이 되겠습니다.

[28] 시편서의 말씀입니다.

> (여호와께서)
> 땅 끝까지 전쟁을 그치게 하시고
> 창을 꺾고 활을 부러뜨리고
> 방패(=병거)를 불사르신다.
> (시편 46 : 9)

"전쟁들"이 영적인 싸움을 뜻하기 때문에, 그것은 여기서 교회의 진리에 대항하는, 그리고 선에 대항하는 거짓에 속한 것들을 가리키는데, 이러한 것은 우리의 본문, "여호와께서 땅 끝까지 전쟁을 그치게 하셨다"는 말씀이 뜻하는 것이 무엇인지 명확하게 합니다. 다시 말하면 처음 것들로부터 교회에 속한 진리의 궁극적인 것들에 이르기까지 모든 다툼과 논쟁이나 불화 따위가 그치게 될 것이라는 것을 뜻합니다. 여기서 "땅 끝까지"는 교회에 속한 궁극적인 것들을 뜻합니다. 거기에 교리와 교리 사이에 결코 다툼이나 싸움이 없을 것이라는 것은 "여호와께서 활을 부러뜨리신다"는 말씀이 뜻하고, 그리고 거기에 악에 속한 그 어떤 거짓으로부터 결코 다툼이 없을 것이라는 것은 "주께서 창을 꺾으신다"는 말씀이 뜻합니다. 그리고 거짓에 속한 교리의 모든 것이 파괴될 것이라는 것은 "주께서 병거(=방패)를 불사르신다"는 말씀이 뜻합니다.

[29] 같은 책의 말씀입니다.

> (그 명성은) 그의 장막 살렘에 있고,
> 그의 처소 시온에 있다.
> 여기에서 하나님이 불화살을 꺾으시고,
> 방패와 칼과 전쟁 무기를 꺾으셨다.
> (시편 76 : 2, 3)

이 구절은 마찬가지로 주님나라의 모든 다툼이나 논쟁이나 불화 따위의 정전(停戰)을 다루고 있습니다. 여기서 여호와의 장막 "살렘"이나 그의 처소 "시온"은 그분의 영적인 왕국과 그분의 천적인 왕국을 뜻합니다. "살렘"은 순수한 진리가 존재하는 영적인 왕국을 가리키고, "시온"은 순수한 선이 있는 천적인 왕국을 가리킵니다. 그리고 "그분께서 활을 꺾고, 방패와 칼과 전쟁 무기를 꺾으신다"(=불사르신다)는 말씀은 선과 진리에 거스르는 교리의 거짓들에 속한 모든 전쟁이나 다툼의 소멸이나 소산(消散)을 뜻합니다. 그리고 여기서 "활 시위"(=활 줄 · the strings of a bow)는 교리에 속한 주요한 것들을 뜻합니다.
[30] 호세아서의 말씀입니다.

> 그 날에는
> 내가(=주께서) 이스라엘 백성을 생각하고,
> 들짐승과 공중의 새와
> 땅의 벌레와 언약을 맺고,
> 활과 칼을 꺾어버리며
> 땅에서 전쟁을 없애어
> 이스라엘 백성이
> 마음 놓고 살 수 있게 하겠다.
> (호세아 2 : 18)

이 장절은 선에게서 비롯된 진리들 안에 있는 모든 자들에게 있는 그 때의 주님의 강림(降臨)과 그분과의 결합(結合)을 다루고 있습니다. "들판의 들짐승(=야생 짐승)과 공중의 새와 땅의 벌레와 맺는 언약"은 선에 속한 그들의 정동과의 결합을 뜻하고, 그리고 진리에 속한 정동과, 그리고 그것들이 가지고 있는 교회에 속한 진리의 지식이나 선의 지식의 정동과의 결합을 뜻합니다.

왜냐하면 "들판의 들짐승"(=야생 짐승)은 선에 속한 정동을 뜻하고, "공중의 새"는 진리에 속한 정동을 뜻하고, "땅의 벌레"(=땅을 기는 벌레)는 진리와 선의 지식에 속한 정동을 뜻하기 때문입니다. 어느 누구가, "들짐승과 새와 벌레"가 여기서 그런 것들을 뜻하지 않는다는 것을 모르겠습니까? 왜냐하면 어떻게 그런 것들과의 언약이 있을 수 있겠습니까? "나는 땅에서 활과 칼을 꺾어버리고, 땅에서 전쟁을 없애 버릴 것이다"는 말씀은 주님과의 결합(結合) 때문에 진리에 대항하는 거짓의 싸움이 결코 없을 것이라는 것을 뜻합니다. 여기서 "활"은 교리를 뜻하고 "칼"은 거짓을, "전쟁"은 다툼을 뜻합니다.

[31] 에스겔서의 말씀입니다.

> 그대로 되어 가고, 그대로 이루어질 것이다. 그 날이 바로 내가 예고한 날이다. 나 주 하나님의 말이다. 그 때에는 이스라엘에서 성읍마다 주님이 바깥으로 나가서, 버려진 무기들을 땔감으로 주울 것이다. 큰 방패와 작은 방패, 활과 화살, 몽둥이와 창을 모아 땔감으로 쓰면, 입곱 해 동안은 넉넉히 쓸 것이다(에스겔 39 : 8, 9).

이 구절은 "곡"(Gog)에 관해서 다루고 있는데, "곡"은 내적인 예배(internal worship) 안에 있지 않고, 오직 외적인 예배 안에 있는 자들을 뜻합니다. 이런 부류의 사람들은 진리에 속한 영적인 정동에 정반대에 있기 때문입니다. 진리에 속한 영적인 정동은 그것들이 진리들이기 때문에 진리들을 사랑하는 것을 가리킵니다. 그러나 영적인 정동에 반대되는 것에 있는 자들은 교리의 측면에서 거짓들 안에 있고, 삶의 측면에서 온갖 악들 안에 있습니다. 왜냐하면 사람은 누구나 진리에 의한 것을 제외하면 결코 개혁(=바로잡은 · 改革)될 수 없고, 다시 말하면 온갖 거짓들이나 악들에게서 물러날 수 없기 때문입니다. 이런 이유 때문에 "이스라엘에서 성읍마다 주민이 바깥으로 나아간다"고 언급되었고,

"버려진 무기들을 땔감으로 주울 것이고, 큰 방패와 작은 방패, 활과 화살, 몽둥이와 창을 모아 땔감으로 쓴다"고 언급되었습니다. 여기서 "이스라엘 성읍의 주민"은 선에서 비롯된 진리의 정동 안에 있는 자들, 다시 말하면 진리에 속한 영적인 정동 안에, 그리고 그것에서 비롯된 순수한 진리의 교리 안에 있는 자들을 뜻합니다. "무기들을 땔감으로 쓴다"(=땔감으로 태운다)는 말씀은 온갖 종류의 거짓들을 전멸(全滅)시키고, 박멸(撲滅)시키는 것을 뜻합니다. 그리고 "큰 방패"(shield)는 선을 파괴시키는 거짓을 뜻하고, "작은 방패"(buckler)는 진리를 파괴시키는 거짓을 뜻합니다. "활과 화살"은 그것의 거짓들로서의 교리를 뜻하고 "몽둥이"와 "창"은, 교회에 속한 모든 것을 차지하고 있는 자들에게 속한 사람 자신의 능력이나 신뢰를 뜻합니다. 그리고 외적인 예배에 있는 그것에서 비롯된 구원에 속한 모든 것을 차지하고 있는 자들의 능력이나 신뢰를 뜻합니다. 그리고 "그들은 일곱 해 동안은 땔감으로 넉넉하게 쓸 것이다"는 말씀은, 이런 거짓들이나 악들이 철저하게 파괴될 것이라는 것을 뜻합니다. 여기서 "일곱 해"(=칠 년)는 모든 것들, 충분함을, 완벽한 것을 뜻합니다 (본서 257 · 300항 참조).

358. 그는 면류관을 쓰고 있었다(=그에게 한 면류관이 주어졌다).
이 말씀은 승리의 상급(the reward of victory)을 가리키는 영원한 생명(永生 · eternal life)을 뜻합니다. 이러한 내용은 여기서는 영적인 전쟁이 다루어질 때, 승리의 상급을 가리키는 영생(永生)을 가리키는 "면류관"(the crown)의 뜻에서 잘 알 수 있습니다. 여기서 다루어지고 있는 영적인 다툼이나 싸움은 앞선 내용이나 뒤이어지는 내용에서 아주 명료합니다. 앞서의 것에서는 "흰 말을 탄 분이 활을 가지고 있다"고 언급되었는데, 여기서 "활"은 어느 누구가 악들이나 거짓들에 대항하여 그것으로써 싸울 수 있고, 그것들을 소멸시킬 수 있는, 인애의 교리나 믿음의 교리를 뜻합니다. 그리고 아래에 이어지는 것, 즉 "그는 이기면서 나아가고, 이기려고 나아갔다"라고 언급되었는데, 그것은 온갖 악들이나 거짓들을 정복한 승리를 뜻합니다. 그러므로 여기서 "면류관"(crown)은, 승리의 상급을 가리키는, 영원한 생명(永生 · eternal life)을 뜻합니다.

[2] "면류관"은 시험들이 다루어지는 곳에서는 동일한 뜻을 가지고 있는데, 그 이유는 시험들이, 묵시록서 2장에 언급된 것과 같이, 영적인 다툼들이나 전쟁들을 뜻하기 때문입니다. 묵시록서의 말씀입니다.

> 보아라, 악마가 너희를 시험하여 넘어뜨리려고, 너희 가운데서 몇 사람을 감옥에다 집어 넣으려고 한다. 너희는 열흘 동안 환난을 당할 것이다. 죽도록 충성하여라. 그러면 내가 생명의 면류관을 너에게 주겠다(묵시록 2 : 10).

여기서 "면류관"(crown)은, 위에서 언급한 것과 같이(본서 126항 참조), 지혜를 뜻하고, 영원한 행복을 뜻합니다. 함께 취해진 지혜와 영원한 행복이 영생(永生)입니다. 왜냐하면 천계의 진정한 생명(the very life of heaven)은 지혜 가운데 있고, 영원한 행복 안에 있기 때문입니다. 순교자의 "면류관"(the crown of the martyrs)도 동일한 뜻을 갖고 있는데, 그 이유는 그들이 고통과 고뇌 가운데 있기 때문입니다. 그리고 "죽도록 충성하여라"(=죽기까지 신실하라)고 언급되었고, 그리고 시험을 당할 것이고, 승리할 것이라고 언급되었습니다. 더욱이 죽은 뒤에는 그들에게 생명의 면류관이 주어지겠다고 언급되었습니다. 그러나 그것 때문에 자기 자신에게 영예를 돌리고, 그리고 따라서 오만(傲慢)이나 불손(不遜)을 취한다면 그들은 자신들의 머리에서 면류관이 벗겨질 것이라고 언급되었습니다.

[3] 그 이유는 성경말씀에서 "전쟁들"은 영적인 뜻으로 온갖 악

6장 1-8절

들이나 거짓들에 대항하는 싸움이나 다툼들을 가리키기 때문이고, 그리고 "왕들"은 온갖 악들이나 거짓들에 거슬러서 싸우는 선에게서 비롯된 진리들을 뜻하기 때문에, 고대(古代)에서 사람들이 대응의 지식이나 표징의 지식을 가지고 있을 때, 그들의 전쟁터에서 왕들은 머리에 면류관을 쓰고 있었고, 그리고 팔에는 갑옷의 팔찌(a bracelet)을 착용하고 있었습니다. 이러한 사실은 사무엘 하서에서 읽을 수 있습니다. 그 책의 말씀입니다.

> 다윗에게 소식을 전하는 젊은이가 설명하였다. "제가 우연히 길보아 산에 올라갔다가, 사울 임금님이 창으로 몸을 버티고 서 계신 것을 보았습니다. 그 때에 적의 병거와 기병대가 그에게 바짝 다가오고 있었습니다. …… 저더러 누구냐고 물으셨습니다. 아말렉 사람이라는 말씀드렸더니 사울 임금님이 저더러 '어서 나를 죽여 다오. 아직 목숨이 붙어 있기는 하나, 괴로워서 견딜 수가 없다' 하고 말씀하셨습니다. 제가 보기에도 일어나서 사실 것 같지 않아서, 다가가서 명령하신 대로 하였습니다. 그런 다음에, 저는 머리에 쓰고 계신 왕관을 벗기고, 팔에 끼고 계신 팔찌를 빼서 이렇게 가져 왔습니다." (사무엘 하 1 : 6, 8-10).

전쟁에서의 왕관은 싸움의 표지(a sign of combat)이고, 팔에 있는 갑옷의 팔찌(a bracelet)는 능력의 표지(a sign of power)이고, 이것의 각각은 악들이나 거짓들의 다툼입니다. 이런 전쟁들이나, 다툼들은 성경말씀의 모든 곳에 나오는 전쟁들이 뜻하고, 특히 역사서에서 그러합니다. "팔에 낀 팔찌"가 선에서 비롯된 진리의 능력을 뜻한다는 것은 ≪천계비의≫ 3105항을 참조하시고, 더욱이 "임금들의 왕관"이나 일반적으로 "왕관들"이 뜻하는 것이 무엇인지는 본서 272항을 참조하십시오.

359. 그는 이기면서 나아가고, 이기려고 나아갔습니다(=그는 나가서 정복하고 정복하려고 하더라).

이 말씀은 일생의 마지막까지의 악들이나 거짓들의 제거를 뜻하고, 그리고 그 뒤의 영원까지의 그것들의 제거를 뜻합니다. 이러한 사실은, 악들이나 거짓들을 정복(征服)하는 것을 가리키는 영적으로 정복하는 것을 가리키는 성경말씀의 "정복한다"(=이긴다)는 낱말의 뜻에서 잘 알 수 있습니다. 그러나 어떤 것들은 주님에 의하여 제거되는 것 이외의 다른 것들이 정복되지 않기 때문에 "정복한다"(=승리한다 · to conquer)는 낱말은 악들이나 거짓들의 제거를 뜻합니다. 악들이나 거짓들이 씻어 없어지지 않고, 옮겨진다는 것이나, 또는 사람이 그런 것들에게서 제지(制止)되고, 그리고 주님에 의하여 선이나 진리 안에 간수(看守)된다는 것은 ≪새 예루살렘의 교리≫ 166항이나, ≪천계비의≫ 865 · 868 · 887 · 894 · 929 · 1581 · 2116 · 2406 · 4564 · 8206 · 8393 · 8988 · 9014 · 9333-9338 · 9446-9448 · 9451· 10057 · 10060항을 참조하십시오. "그는 이기면서 나아가고, 이기려고 나아갔다"고 언급되었는데, 여기서 "그가 이기면서 나아갔다"는 말은 생애의 마지막까지 악들이나 거짓들의 옮김을 뜻하고, "이기려고 나아갔다"(=정복하려고 하더라)는 말은 그 뒤 영원까지 그것들의 옮김을 뜻합니다. 왜냐하면 이 세상에서 생애의 마지막까지 악들이나 거짓들에 대항하여 싸우고, 그리고 그것들을 정복하는 사람은 영원히 그것들을 정복하기 때문입니다. 왜냐하면 그의 생애의 마지막까지, 결과적으로는 그의 과거의 삶에서 그런 사람은 그와 같이 영원히 남기 때문입니다. "정복한다"(=이긴다 · to conquer)는 것은 영적으로 이기는 것(=정복하는 것)을 뜻하는데, 그 이유는 성경말씀의 중심에는 영적인 것이 있기 때문입니다. 다시 말하면 성경말씀의 중심에서는 영적인 것들을 다루고 있는 것이지 이 세상적인 것(=이 땅의 것)을 다루고 있지 않기 때문입니다. 성경말씀의 문자적인 뜻 안에 있는 이 세상적인 것들(=이 땅의 것들)은 하나의 기초로서 성경말씀의 영

6장 1-8절

적인 뜻을 오로지 섬깁니다. 따라서 그것들은 영적인 것들에서 종결되고, 그리고 그것들 안에 존재합니다. "정복한다"(=to conquer) 또는 "이긴다"(to overcome)는 말은 아래 장절에서도 동일한 뜻을 가지고 있습니다.
[2] 묵시록서의 말씀입니다.

> 이기는 사람에게는, 내가 하나님의 낙원에 있는 생명나무의 열매를 주어서 먹게 하겠다(묵시록 2 : 7).
> 이기는 사람은 둘째 사망의 해를 받지 않을 것이다(묵시록 2 : 11).
> 이기는 사람, 곧 내 일을 끝까지 지키는 사람에게는, 민족들을 다스리는 권세를 주겠다(묵시록 2 : 26).
> 이기는 사람은, 내가 내 하나님의 성전에 기둥이 되게 하겠다(묵시록 3 : 12).
> 이기는 사람은, 마치 내가 이긴 뒤에 내 아버지와 함께 아버지의 보좌에 앉는 것과 같이, 나와 함께 내 보좌에 앉게 하여 주겠다(묵시록 3 : 21).
> 우리의 동료들은
> 어린 양이 흘린 피와
> 자기들이 증언한 말씀에 힘입어서
> 그 악마를 이겨냈다.
> (묵시록 12 : 11)
> 이기는 사람은 이것들을 상속받을 것이고, 나는 그의 하나님이 되고, 그는 내 자녀가 될 것이다(묵시록 21 : 7).

요한복음서의 말씀입니다.

> (예수께서 제자들에게 말씀하셨다.) 내가 이렇게 말한 것은, 너희로 하여금 내 안에서 평화를 얻게 하려는 것이다. 너희는 세상에서 시련을 당할 것이다. 그러나 용기를 내어라. 내가 세상을 이겼다(요한 16 : 33).

주님의 "세상을 이김"(the Lord's overcoming the world)은 주님께서 모든 지옥들을 정복하셨다는 것을 뜻합니다. 왜냐하면 여기서 "세상"(the world)은 지옥에서 비롯된 모든 악들이나 거짓들을 뜻하기 때문입니다. 역시 요한복음서 8 : 23 ; 12 : 31 ; 14 : 17, 19, 30 ; 15 : 18, 19 ; 16 : 8, 11 ; 17 : 9, 14, 16에서도 마찬가지입니다.

[3] "이긴다"(=정복한다 · to conquer)는 것은 이사야서에서 주님에 관해서 언급될 때에도 동일한 뜻을 갖습니다. 이사야서의 말씀입니다.

> 에돔에서 오시는 이분은 누구신가?
> 붉게 물든 옷을 입고 보스라에서 오시는
> 이분은 누구신가?
> 화려한 옷차림으로
> 권세 당당하게 걸어오시는 이분은
> 누구신가?
> 그는 바로 나다.
> 의를 말하는 자요,
> 구원의 권능을 가진 자다. ……
> 나는 혼자서
> 포도주 틀을 밟듯이 민족들을 짓밟았다.
> 민족들 가운데서
> 나를 도와 함께 일한 자가 아무도 없었다.
> 내가 분내어 민족들을 짓밟았고,
> 내가 격하여 그들을 짓밟았다.
> 그들의 피가 내 옷에 튀어
> 내 옷이 온통 피로 물들었다. ……
> 내가 분노하여 민족들을 짓밟았으며,
> 내가 진노하여

6장 1-8절

그들이 취하여 비틀거리게 하였고,
그들의 피가 땅에 쏟아지게 하였다.
(이사야 63 : 1, 3, 6)

이 장절들은 주님에 관해서, 그리고 지옥들에 대항하여 싸우신 주님의 온갖 싸움이나 다툼을, 그리고 그것들의 정복에 관해서 다루고 있습니다. 주님 당신의 신령인간(=신령인성)에 관해서 주님 당신은 "에돔"(Edom)과 "보스라에서 오시는 그분의 붉게 물든 옷"이 뜻합니다. 여기서 "그분의 옷"(His garments)은 문자 안에 있는 성언을 뜻합니다. 왜냐하면 "옷"(garments)은 감싸고 있는 진리들(truths investing)을 뜻하고, 그리고 주님에 관해서는 신령진리들을 뜻하고, 결과적으로는 성언(聖言·the Word)을 뜻합니다. 그 이유는 그것 안에 모든 신령진리들이 존재하기 때문입니다(본서 195[C]항 참조). 문자적인 뜻으로 성언(=성경말씀)은 여기서는 "옷"이 뜻하는데, 그 이유는 그것이 감싸고 있는 진리들을 내포하고 있기 때문입니다. 왜냐하면 문자적인 뜻은, 그것을 입히고 있는 옷과 같이, 영적인 뜻을 섬기고 있기 때문입니다. 그 뜻에서 성경말씀은 유대 백성에 의하여 갈기갈기 찢어졌고, 그리고 신령진리도 그것에 의하여 모독되었기 때문에 우리의 본문은, "그분의 옷은 보스라에서 붉게 물들었고, 그들의 승리가 내 옷에 물들었다"(=그들의 피가 내 옷에 튀어 내 옷이 온통 피로 물들었다)고 언급되었습니다. 여기서 "보스라에서 비롯된 옷"은 성언의 문자적인 뜻을 가리키는 성언에 속한 궁극적인 것을 뜻하고, "내 옷을 물들인 그들의 승리"(=그들의 피)는 그들 자신의 사랑들(=탐욕이나 욕망)을 편애(偏愛)하는 문자적인 뜻을 왜곡하고, 비트는 자들에 의한 그릇된 진리의 해석이나 적용을 뜻하고, 그리고 그것으로 말미암아 드러낸 원칙들이나 원리들을 뜻합니다. 이러한 짓거리는 유대 사람들에 의하여 행해졌고, 그리고 또한 오늘날에는 수많은 자들에 의하여 행해지고 있습니다. 이러한 내용이 우리의 본문 "내 옷을 물들게 한 피"(=내 옷을 물들게 한 그들의 승리)가 뜻합니다. 주님께서 홀로 싸우셨다는 것은 "나는 홀로 포도주 틀을 밟았고, 백성 중에 나와 함께 한 자가 아무도 없었다"(=나는 혼자서 포도주 틀을 밟듯이 민족들을 짓밟았고, 민족들 가운데서 나를 도와 함께 일한 자가 아무도 없었다)는 말씀이 뜻합니다. 여기서 "포도주 틀"(wine-press)은 거짓들에 대항하는 진리들에게서 비롯된 싸움이나 다툼을 뜻하는데, 그 이유는 포도주 틀에는 포도에서 짓밟혀 나온 포도주가 있기 때문이고, 그리고 "포도주"는 신령진리를 뜻하기 때문입니다. 그러므로 "나는 혼자서 포도주 틀을 밟듯이 민족들을 짓밟았고, 민족들 가운데서 나를 도와서 함께 일한 자가 아무도 없었다"고 언급한 말씀은 어느 누구에게서 온 도움이 전혀 없이 오직 혼자 뿐이라는 것을 뜻합니다. 주님께서 지옥을 정복하셨다는 것은 "내가 분내어 민족들을 짓밟았고, 내가 격하게 그들을 짓밟았다"는 말씀이 뜻합니다. 그리고 "나는 짓밟았다" "내가 짓밟았다"(=밟아 뭉갰다)고 언급되었는데, 그 이유는 포도주 틀(the wind-press)과 관계가 있고, 그리고 그것이 파괴를 뜻하기 때문입니다. 그리고 "분노"(anger)나 "격노"(wrath)가 언급되었는데, 그 이유는 지옥이 멸망, 파괴되었기 때문입니다. 문자적인 뜻으로 이것은 주님의 공으로, 또는 탓으로 돌리지만, 그럼에도 불구하고 주님에게 속한 분노나 격노에 속한 것은 아무것도 없고, 그런 것들은 주님에게 거슬러 대항하는 자들에게만 오직 속한 것들입니다. 그것은 여기에 그와 같이, 언급되었고, 수많은 여러 곳에 언급된 장절들의 외현적인 표현에 일치합니다. 이런 자들이 정복되었는 것, 그리고 지옥에 가도록 선고(宣告)되었다는 것은 "내가 그들의 피가 땅에 쏟아지게 하였다"(=내가 그들의 승리를 땅으로 끌어내리겠다)는 말씀이 뜻하는데, 여서 "땅으로"(to the earth)라는 말씀은 저주나 영벌을 뜻하고, 따라서 지옥으로 끌어내리는 것을 뜻합니다. "땅"(earth)이 저주나 영벌을 뜻한다는 것은 본서 304[G]항을 참조하십시오.

360. 3, 4절. **그 어린 양이 둘째 봉인을 뗄 때에, 나는 둘째 생물이 "오너라"(=와서 보아라) 하고 말하는 것을 들었습니다. 그 때에 불빛과 같은 다른 말 한 마리가 뛰어나오는데, 그 위에 탄 사람은 땅에서 평화를 걷어 버리고, 사람들이 서로 죽이게 하는 권세를 받아 가졌고, 또 그는 큰 칼을 받아 가지고 있었습니다.**

[3절] :

"그 어린 양이 둘째 봉인을 뗄 때"라는 말씀은 성언이 존재하는, 교회에 속한 자들의 계속적인 상태의 명료한 드러남(明示 · manifestation)을 뜻하고(본서 361항 참조), "나는 둘째 생물이 말하는 것을 들었다"는 말씀은 주님에게서 비롯된 극내적인 천계(the inmost heaven)에서 나오는 것을 뜻하고(본서 362항 참조), "오너라"(=와서 보아라 · come and see)라는 말씀은 주의(主意)와 지각(知覺)을 뜻합니다(본서 363항 참조).

[4절] :

그 때에 "불빛과 같은 다른 말 한 마리가 뛰어나왔다"는 말씀은 선에 대하여 파괴된 성언의 이해를 뜻합니다(본서 364항 참조). "그 위에 탄 사람은 땅에서 평화를 걷어 버리고, 사람들이 서로 죽이게 하는 권세를 받아 가졌다"는 말씀은 결과적으로 이해되지 않는다는 것을 뜻하고, 그것으로 인하여 그 교회 안에는 불화나, 알력 또는 분쟁 따위가 있다는 것을 뜻합니다(본서 365항 참조). "사람들이 서로 죽이었다"는 말씀은 진리의 위화와 사멸(死滅)을 뜻합니다(본서 366항 참조). "또 그는 큰 칼을 받아 가지고 있었다"는 말씀은 거짓들에 속한 수단들에 의한 것을 뜻합니다(본서 362항 참조).

361. 3절. **그 어린 양이 둘째 봉인을 뗄 때**······.

이 말씀은, 성언이 존재하는 교회에 속한 자들의 계속적인 상태(the succeeding state)에 속한 드러냄(明示)을 뜻합니다. 이러한 사실은 앞에서 언급된 내용에서 명확합니다(본서 351 · 352항 참조). 다시 말하면 "봉인을 뗀다"(=연다 · to open)는 말은 그 교회에 속한 자들의 상태의 명시를 뜻합니다. 그리고 거기에는 일곱 봉인이 있었고, 그리고 그 봉인들의 일곱 번 열림들(openings)이 있었기 때문에, 따라서 그것의 열림은 그 교회에 속한 자들의 계속적인 상태를 뜻합니다. 그러나 여기에 기술된 그 교회에 속한 계속적인 상태들은 이 세상에 있는 그 누구에게 보이는 것은 아닙니다. 왜냐하면 그것들은 성언에서 비롯된 진리의 이해에 관한 계속적인 상태들을 가리키기 때문입니다. 그리고 또한 주님 이외에는 어느 누구도 그것을 볼 수 없기 때문입니다. 그리고 천계에 있는 모두는 선과 진리의 정동에 일치하여 정리 정돈되어 있기 때문에, 그리고 그것으로 인하여 성언의 지각이나 이해에 관하여 선과 진리의 정동에 일치하여 정리 정돈되어 있기 때문에, 그리고 우리의 예언서(=묵시록서)는 옛 천계(=옛 하늘 · the former heaven)에 있는 자들에 대한 최후심판(最後審判 · the Last Judgment)을 기술하고 있기 때문에, 그리고 새로운 천계(=새 하늘 · the new heaven) 안에 있는 자들의 정리 정돈을 기술하고 있기 때문에, 그러므로 여기서도 이런 상태들이 다루어지고 있습니다. 왜냐하면 뒤이어지는 것들은 그것에 의존하고 있기 때문입니다.

362. 나는 둘째 생물이 말하는 것을 들었습니다.
이 말씀은 주님으로부터 극내적인 천계에서 나오는 것을 뜻합니다. 이러한 내용은 앞에서 언급된 내용에서 잘 알 수 있습니다(본서 353항 참조). 왜냐하면 여기서 생물들(the animals)은 케루빔(=그룹 · cherubim)을 뜻하기 때문입니다. 최고의 뜻으로 "케루빔"은, 사랑에 속한 선을 통하지 않고서는 주님에게 가까이 가지 못하게 하는 섭리(攝理 · providence)와 보호(=방어 · guard)의 측면에서 주님을 뜻하기 때문입니다. 그리고 "케루빔"은 상대적인 뜻에서는 극내적인 천계(the inmost heaven)를 뜻하기 때문입니다 (본서 152 · 277 · 313[A] · 322항 참조). "케루빔"이 역시 극내적인 천계를 뜻하는데, 그 이유는 이 천계는 주님사랑에 속한 선 안에 존재하기 때문이고, 그리고 주님께서는 이 천계를 통하시지 않고서는 가까이 가실 수 없기 때문이고, 그리고 극내적인 천계, 즉 삼층천(三層天 · the third heaven)에는 그 천계의 선을 선호(選好)하지 않는 것은 그 어떤 것도 거기에 허입되지 않기 때문입니다. 거기에는 네 생물들, 즉 케루빔이 있는데, 그 이유는 "넷"(4 · four)이 하나(one)에의 결합을 뜻하기 때문이고, 그리고 그런 것은 거기에 있는 것들과의 결합을 가리키기 때문입니다. 왜냐하면 이와 같이 주님께서는 주님에게서 비롯된 주님사랑에 의하여 결합하시기 때문입니다. 이런 이유 때문에 넷이 보여졌습니다. 이상에서 볼 때 여기서 둘째 생물은 처음 것(=첫째 생물)과 같은 뜻을 가지고 있다는 것은 명확합니다. 그리고 뒤이어지는 것에서의 셋째 생물이나 넷째 생물도 동일한 뜻을 가지고 있습니다. "넷"(4 · four)이 결합을 뜻한다는 것은 A.C. 1686 · 8877 · 9601 · 9674항을 참조하십시오.

363. "오너라"(=와서 보아라 · come and see).
이 말씀은 주의(主意 · attention)와 지각(知覺 · perception)을 뜻합니다. 이러한 것은 동일한 말씀이 언급된, 앞서의 설명에서 잘 알 수 있겠습니다(본서 354항 참조).

364[A]. 4절. 그 때에 불빛과 같은 다른 말 한 마리가 뛰어나왔다(=붉은 다른 말이 나왔다).
이 말씀은 선에 관한 파괴된 성언의 이해를 뜻합니다. 이러한 내용은, 위에서 언급한 것과 같이(본서 355항 참조) 지성적(=이해)인 것을 가리키는 "말"(馬)의 뜻에서 잘 알 수 있습니다. 여기서는 성언이 있는 교회에 속한 자들의 상태들을 다루고 있기 때문에, "말"은 성언에 관한 교회에 속한 사람들의 지성적인 것을 뜻합니다. 이러한 사실은 역시 선에 관한 어떤 사물의 성질을 가리키는, 그래서 여기서는 선에 관한 성언의 이해의 성질이 무엇인지를 가리키는 "붉다"(red) 또는 "불그레한 색"(reddish)의 뜻에서 잘 알 수 있습니다. 여기서 "붉다"(=불그레한 색)은 선에 관한 이해가 파괴되었다는 것을 뜻한다는 것은 우리의 본문절에 즉시 이어지는 내용에서 잘 알 수 있습니다. 왜냐하면 모든 진리의 소멸을 뜻하는 우리의 본문절에 "그 위에 탄 사람은 땅에서 평화를 걷어 버리고, 사람들이 서로 죽이게 하는 권세를 받아 가지고 있다"는 말씀이 언급되었기 때문입니다. 왜냐하면 사도 요한이 본 말들은 색깔들(colors)에 의하여 그 성품이나 내용이 분별, 구분되었는데, 첫째 것은 "흰 말"이었고, 둘째 것은 "붉은 말"(=불빛과 같은 말)이었고, 셋째 것은 "검은 말"이었고, 넷째 것은 "청황색 말"이었는데, 색깔들은 한 사물의 성질을 뜻하기 때문에 먼저 여기서는 색깔들에 관해서 무엇인가를 언급하여야 하겠습니다. 천계에서 모든 종류의 색깔들이 나타나 보이고, 그리고 그것들은 그것들의 근원(根源)을 거기에 있는 빛에서 취합니다. 그리고 거기에 있는 그 빛의 밝음(brightness)이나 빛남(光彩)에서 이 세상의 빛에 비하여 형언할 수 없이 월등하기 때문에, 따라서 거기에 있는 빛은 천계의 태양(the sun of heaven)에서 비롯되는데, 그 태양은 주님이시고, 그리고 신령발출(神靈發出 · the Divine Proceeding)이십니다. 그리고 결과적으로 그 빛은 영적이기 때문에, 따라서 모든 색깔들은 영적인 것들을 뜻합니다. 그리고 신령발출(神靈發出 · 聖靈 · the Divine Proceeding)은 신령진리에 결합된 신령선이기 때문에, 그리고 신령선은 천계에서 타오르고 있는 불빛(a flamy light)에 의하여 시각에 드러나기 때문에, 그리고 신령진리는 밝은 흰 색의 빛(a bright white light)에 의하여 드러나기 때문에, 따라서 거기에 있는 모든 색깔들의 근본적인 기초들을 가리키는 두 색깔이 거기에 있습니다. 다시 말하면 그 두 색깔은 붉은 색(the red color)과 흰 색(the white color)입니다. 붉은 색은 그것의 근원을 신령선에게서 나온 타오르는 불빛에서 취하고, 그리고 흰 색은 신령진리에서 나온 밝은 흰 색의 빛(the bright white light)에서 취합니다. 결과적으로 붉은 것에서 취하는 색깔들은 선들을 뜻하고, 그리고 흰 것에서 취하는 색깔들은 진리를 뜻합니다. 그러나 이러한 것들은 경험을 통한 것으로 ≪천계비의≫에서 색깔들에 관해 언급된 것에서 더 상세한 내용은 더 잘 알 수 있겠습니다. 다시 말하면 천계에 있는 가장 아름다운 색깔들은 A.C. 1053 · 1624항을 참조하시고, 천계에 있는 색깔들은 거기에 있는 빛에서 취하고, 그리고 빛의 변형들(變形 · modifications)이고, 변화들(變化 · variations)이라는 내용은 A.C. 1042 · 1043 · 1053 · 1624 · 3993 · 4530 · 4742 · 4922항을 참조하시고, 따라서 그것들은 진리와 선의 겉모양을 가리키고, 그리고 그것들은 총명이나 지혜에 속한 것들을 뜻한다는 것은 A.C. 4530 · 4677 · 4922 · 9466항을 참조하시고, 결과적으로 범의(法衣 · ephod)의 가슴받이의 다양한 색깔들인 보석들, 또는 우림(Urim)이나 둠밈(Thummin)의 다양한 색깔의 보석들은 천계나 교회에 있는 선에게서 비롯된 진리에 속한 것들을 뜻하고, 그러므로 일반적으로 가슴받이(breastplate)는 신령선으로부터 빛나는 신령진리를 뜻한다는 것은 A.C. 9823 · 9865 · 9868 · 9905항을 참조하시고, 그것에서 빛의 다양한 색깔들이나 찬란함들에 의하여 응답들은 주어졌고, 그리고 동시에 묵시적인 지각에 의하여, 또는 천계의 생생한 음성에 의하여 응답들은 주어졌습니다(A.C. 3862 · 9905항 참조). 붉은 색에서 생겨난 것에 비례한 색깔들은 선을 뜻하고, 그리고 밝은 흰 색에서 비롯된 것에 비례한 색깔들은 진리를 뜻합니다(A.C. 9467항 참조). 천계의 빛에 관해서, 그리고 그것에서 비롯된 빛이나 그것이 어떤 것인 지는 나의 저서 ≪천계와 지옥≫(Heaven and Hell) 126-140 · 275항을 참조하십시오.

[2] 더욱이 주지하여야 할 것은 "붉은 색"이 선에 관한 한 사물의 성질을 뜻할 뿐만 아니라, 악에 관한 한 사물의 성질을 뜻한다는 것입니다. 왜냐하면 그 색깔은, 위에서 언급한 것과 같이, 천계의 태양에서 비롯된 타오르는 불꽃의 빛으로 말미암아 존재할 뿐만 아니라, 지옥에 있는 어떤 불꽃에서 존재하기 때문입니다. 그 불꽃은 거기에 있는 불에서 오는데, 그 불은 마치 석탄의 불꽃(a coal fire)과 같습니다. 그러므로 천계에 있는 붉은 것은 지옥에 있는 붉은 것에서 비롯된 붉은 것과는 전적으로 다른 붉은 것입니다. 천계에 있는 붉은 것은 빛나는 것(shining)이고, 살아 있는 것(living)이지만, 이에 반하여 지옥에 있는 붉은 것은 소름끼치게 하는 거무스름한 것(horribly obscure)이고, 죽은 것입니다. 더욱이 천계의 붉은 것은 생명을 주지만, 이에 반하여 지옥의 붉은 것은 죽음을 가져옵니다. 그 이유는 붉은 것이 비롯된 불(fire)은 그것의 근원인 사랑 안에 있고, 천계적인 불은 천계적인 사랑(heavenly love)에서 비롯되고, 지옥적인 불은 지옥적인 사랑(=탐욕 · 애욕)에서 비롯되기 때문입니다. 결과적으로 성경말씀에서 "불"(fire)은 양자의 뜻의 사랑을 뜻합니다(≪천계비의≫ 4906 · 5071 · 5215 · 6314 · 6832 · 7575 · 10747항을 참조하시고, ≪천계와 지옥≫ 134 · 566-575항을 참조하십시오). 그러므로 그것에서부터 존재하는 "붉은 것"은 두 뜻으로 사랑의 성질(=성품)을 뜻합니다. 더욱이 이 붉은 것, 다시 말하면, 이 '말의 붉은 색'은 본래의 그리스어에서는 불을 뜻하는 낱말에서 비롯되었습니다. 우리의 본문절의 이 말에 관한 기술과 더불어 이 모든 기술이나 설명은 "붉은 말"(=불빛과 같은 말)이 선의 측면에서 파괴된 성언의 이해를 뜻한다는 그 이유를 아주 밝게 합니다.

364[B]. "말"이 그 주제와 결부된 어떤 것을 뜻한다는 것은 이런 내용에서, 즉 "봉인"들이 떼졌을 때, 말들이 보였다는 것에서, 그리고 "말들이 나왔다"고 언급된 것에서 잘 알 수 있겠습니다. 왜냐하면 "말들"은 책에서 나올 수 없지만, 그러나 "말들"이 뜻하는 것들은 드러날 수 있기 때문입니다. "말"이 지성적인 것을 뜻하고, 그리고 "색깔"이 그것의 성질을 뜻한다는 것은 나에게는 경험을 통해서 아주 친숙합니다. 왜냐하면 어떤 주제에 관해서 여러 차례 이해로부터 중재하고, 조정하는 영들이 말들 위에 타고 있는 것을 내가 보았기 때문이고, 그리고 내가 그들에게 그들이 왜 말을 타고 있는지 이유를 물었을 때, 그들이 한 말은, 그들이 말들을 타고 있는 것은 아니고 다만 어떤 주제에 관해서 중재, 조정하고 있다는 것이었기 때문입니다. 그들이 한 말은, 말 위에 앉아 있다는 것은 그들의 이해의 활동(活動 · operation)을 드러내는 외현이나 겉모양이라는 것을 아주 명확하게 합니다.
[3] 거기에는 중재나 조정을 위한 수많은 모임인, 총명이나 지혜에 속한 모임이라고 하는 장소가 있었습니다. 그리고 어느 누구가 그것에 오게 되면 다양한 종류의 색깔들의 말들이나, 그리고 여러 색깔로 치장한 말들이나, 병거들이 그에게 나타나는데, 몇몇은 말들을 타고 있고, 그리고 또다른 몇몇은 병거들을 타고 있었습니다. 그 때 그들에게는, 그들이 말을 타고 있는지, 그리고 병거들을 타고 이동하고 있는지, 질문이 있었습니다. 그들은 그 질문에 대하여 그들이 말을 타고 있는 것은 아니고, 그러나 다만 그들은 오직 중재나 조정을 계속하고 있다고 말하였습니다. 이런 내용에서 밝히 알 수 있는 것은 "말들"이나 "병거들"이 뜻하는 것이 무엇인지 안다는 것입니다. 이런 내용에 관해서는 나의 작은 저서 ≪백마론≫(白馬論 · *the White Horse*)에서 더 잘 볼 수 있습니다. 이렇게 볼 때, 책의 봉인들이 열릴 때 사도 요한이 말들을 보고 있는 이유를 잘 이해할 수 있고, 그리고 그 말들이

뜻하는 것이 무엇인지도 잘 알 수 있겠습니다. 이런 여러 마리의 말들이 보였는데, 그 이유는 성언에 속한 영적인 것들은 모두 대응하고 있는 그런 것들에 의하여 성경의 문자적인 뜻으로 드러나 있기 때문입니다. 다시 말하면 표징이나, 그것에서 뜻하는 것이 드러난다는 것입니다. 그리고 이것은 신령존재께서 궁극적인 것들 안에, 결과적으로는 충만함(fullness) 가운데 존재하시기 위한 것입니다. 이러한 내용은 앞에서 여러 차례 언급하였습니다.

[4] "불그스레한 갈색"(reddish)이나, "붉은 색"(red)은 선에 관계되는 어떤 사물의 성질을 뜻한다는 것은 성경말씀의 아래의 여러 장절들에게서 잘 알 수 있겠습니다. 창세기서의 말씀입니다.

> 그는 옷을 포도주에다 빨며,
> 그 겉옷을 포도의 붉은 즙으로 빨 것이다.
> 그의 눈은 포도주 빛보다 진하고,
> 그의 이는 우유 빛보다 흴 것이다.
> (창세기 49 : 11, 12)

이 장절은 유다에 대한 아버지 이스라엘의 예언에 나오는 글입니다. 여기서 "유다"는 사랑에 속한 선의 측면에서 주님을 뜻하고, 그리고 상대적인 뜻으로는 주님의 천적인 왕국을 뜻합니다. 여기서 영적인 뜻으로 개별적인 것들이 뜻하는 내용은 ≪천계비의≫에서 볼 수 있는데, 거기에 그것들이 설명되었습니다. 신령선에게서 비롯된 신령지혜는 "그의 눈은 포도주 빛보다 진하다"라는 말씀이 뜻하고, 그리고 신령진리에서 비롯된 신령총명(=신령지성·Divine intelligence)은 "우유 빛보다 흰 그의 이"가 뜻합니다.

[5] 애가서의 말씀입니다.

> 나실인들(=귀하신 몸들)은

6장 1-8절

> 눈보다 깨끗하며 우유보다 희고,
> 그 몸이 산호보다 붉고,
> 그 몸이 청옥과 같더니…….
> (애가 4 : 7)

여기서 나실인들(the Nazarites)은 신령인성의 측면에서 주님을 표징합니다(본서 66 · 196항 참조). 그러므로 그들은 상대적인 뜻으로 천적인 사랑에 속한 선을 뜻합니다. 그 이유는 이 선이 주님의 신령인성(the Lord's Divine Human)에게서 직접적으로 발출하기 때문입니다. 교회에서 이것의 표징은 이렇게 기술되었습니다. 다시 말하면 그 선에 속한 진리는 "그들은 눈보다 깨끗하고(=희고), 우유보다 희다"는 말씀이 뜻하고, 그리고 진리에서 속한 선은 "그 몸(=그들의 뼈들)은 산호보다 붉다"는 말씀이 뜻합니다. 왜냐하면 여기서 "몸"(=뼈들)은 그것들의 궁극적인 것들 안에 있는 진리들을 뜻하기 때문이고, 따라서 전체적인 복합체 안에 있는 진리들을 뜻하기 때문입니다. 왜냐하면 궁극적인 것들은 안에 있는 모든 것들과 서로 함께 있기 때문이고, 충분함 가운데 있기 때문입니다. 이런 진리들이 선에게서 비롯되었다는 것, 그리고 역시 그것들이 선들이라는 것은 그들의 붉다(their ruddy)는 말씀이 뜻합니다.

[6] 스가랴서의 말씀입니다.

> 내가 또 고개를 들고 바라보니, 내 앞에 두 산 사이에서 병거 네 대가 나왔다. 두 산은 놋쇠로 된 산이다. 첫째 병거는 붉은 말들이 끌고 있고, 둘째 병거는 검은 말들이, 셋째 병거는 흰 말들이, 넷째 병거는 얼룩말들이 끌고 있었다. 말들은 모두 건장하였다(스가랴 6 : 1-3).

여기서도 역시 "말들"은 선과 관계되는 최초의 것 안에 있는 이해의 성질을 뜻하는데, "검은 말들"은 진리에 관한 최초의 것 안에 있는 이해의 성질을 뜻하고, "흰 말들"은 진리에 관한 그 뒤에 이어지는 이해의 성질을 뜻하고, "얼룩 말들"은 진리와 선에 관한 그 뒤의 이해의 성질이 어떤 것인지를 뜻하고, "건장하다"(=튼튼하다 · stout)는 것은 결과적으로는 거짓들이나 악들에 대하여 저항하는 능력에 관해서 어떤 것인지를 뜻한다는 것은 "말"의 뜻이 다루어진 본서 355[B]항에서 볼 수 있습니다. 같은 예언서의 거의 비슷한 내용의 말씀입니다.

> 지난밤에 내가 환상을 보니, 붉은 말을 탄 사람 하나가 골짜기에 있는 화석류나무 사이에 서 있고, 그 사람 뒤에는 붉은 말들과 밤색 말들과 흰 말들이 서 있었다(스가랴 1 : 8).

이 구절에서 "붉다"(red) 또는 "불그레하다"(reddish)는 것은 선에 관계되는 한 사물의 성질을 뜻합니다. 출애굽기서의 말씀입니다.

> 붉게 물들인 숫양 가죽으로 천막 덮개를 만들어라(출애굽 25 : 5 ; 26 : 14 ; 35 : 7).

그러므로 역시 이렇게 언급되었습니다. 민수기서의 말씀입니다.

> 정결하게 하는데 사용한 하는 부정을 씻어내는 물(=성별의 물 · the water of separation)은 불사른 암송아지로 만든다(민수기 19 : 1-10).

여기서 "붉은 암송아지"(red heifer)는 자연적인 사람의 선을 뜻하고, 그것을 태웠을 때 그것으로 만든 "부정을 씻는 물"(=성별의 물 · water of separation)은 자연적인 사람의 진리를 뜻합니다. 그것이 그와 같이 지키도록 명령된 것은, 모든 씻는 일은 진리들

6장 1-8절

에 의하여 이루어지기 때문입니다. 더욱이 암송아지를 잡을 때의 잡는 과정의 개별적인 것들이나 그것에 의한 씻음을 위한 물(=성별의 물)의 준비과정의 개별적인 것들은 영적인 것들을 내포하고 있습니다.
[7] "붉다"(red)는 것이 선과 관계되는 사물의 성질을 뜻하기 때문에, 어원에서 동일한 낱말에서 그들의 이름들을 취한 그런 이름들이나 사물들은 그것들이 비롯된 근원인 선을 뜻합니다. 이름 아담(Adam)이나 에돔(Edom)이 비롯된 근원을 가리키는 어원에서 낱말 붉다는 것은 아담(*adam*)을 가리키고, 그리고 이것에서부터 사람(man)은 역시 아담(*adam*)이라고 불리웠고, 땅(ground)이 아다마(*adama*)로 불리웠고, 그리고 루비(the ruby)도 오담(*odam*)이라고 불리웠습니다. 따라서 이들 이름들이나 이런 것들은 붉다는 것에서 비롯되었습니다. "아담"(Adam)은 사랑에 속한 선(the good of love) 안에 있는 교회를 가리키는, 태고교회(太古敎會 · the Most Ancient Church)을 뜻합니다. "사람"(man) 역시 동일한 뜻을 가지고 있고, 그리고 영적인 뜻으로 천적인 선이 다루어지고 있을 때, "땅"이 다루어졌습니다. "에돔"(Edom)이 붉다(red)는 것에서 명명되었다는 것은 창세기서 25장 30절에서 잘 볼 수 있습니다. 그리고 이런 이유 때문에 붉다는 것은 자연적인 사람의 선에 속한 진리를 뜻합니다. 루비(ruby)가 붉다는 것에서 명명되었다는 것은 출애굽기 28장 17절, 39장 10절, 에스겔 28장 13절에서 잘 볼 수 있습니다. 이런 이유 때문에 "루비"(紅玉 · ruby)는 천적인 선에 속한 진리를 뜻합니다. "아담"(Adam)이 천적인 교회나 주님사랑에 속한 선 안에 있는 교회를 가리키는, 태고교회(太古敎會 · the Most Ancient Church)를 뜻한다는 것은 A.C. 478 · 479항을 참조하시고, "사람"(Man)이 선에 관한 교회를 뜻한다는 것은 같은 책 4287 · 7424 · 7523항을 참조하시고, 그리고 "땅"(ground)이 동일한 뜻을 가진다는 것

은 같은 책 566 · 10570항을 참조하십시오. "에돔"(Edom)도, 그의 이름이 붉은 것에서 명명되었기 때문에, 자연적인 사람의 선에 속한 진리를 뜻한다는 것 역시 같은 책 3300 · 3322항을 참조하시고, 그리고 "루비"(ruby)가 천적인 선에 속한 진리를 뜻한다는 것은 역시 같은 책 9865항을 참조하십시오. "붉다"(red)는 것이 선에 관계되는 사물의 성질을 뜻하기 때문에, 따라서 반대의 뜻으로 그것은 악에 관계되는 사물의 성질을, 결과적으로는 파괴된 선에 관계되는 사물의 성질을 뜻합니다. 이런 뜻으로 "붉다"(red)는 것이 아래의 장절들에서 언급되었습니다. 이사야서의 말씀입니다.

주께서 말씀하신다.
"오너라! 우리가 서로 변론하자."
너희의 죄가 주홍빛과 같다 하여도
눈과 같이 희어질 것이며,
진홍빛과 같이 붉어도
양털과 같이 희어질 것이다.
(이사야 1 : 18)

나훔서의 말씀입니다.

적군들은 붉은 방패를 들고,
자주색 군복을 입었다.
병거가 대열을 지어 올 때에
그 철갑이 불꽃처럼 번쩍이고,
기마병이 질주해 온다(=노송나무 창이 물결친다).
병거들이 질풍처럼 거리를 휩쓸고,
광장에서 이리저리 달리니,
그 모양이 횃불 같고,
빠르기가 번개 같다.

(나훔 2 : 3, 4)

이런 뜻에서 용(the dragon)이 붉은 용이라고 불리웠습니다(묵시록 12 : 3). 이것에 관해서는 아래에서 다루어질 것입니다.

365[A]. 그 위에 탄 사람은 땅에서 평화를 걷어 버리는 권세를 받아 가졌다(=그 위에 앉은 자에게 땅에서 평화를 제거하는 권세가 주어졌다).

이 말씀은, 그것으로 말미암아 교회 안에 불화(不和)나 알력, 분쟁이 있을 때, 결과적으로는 이해되지 않는 성언(聖言)을 뜻합니다. 이러한 사실은, 선에 관해서 이해되지 않는(not understood) 성언을 가리키는 "붉은 말 위에 탄 사람"의 뜻에서 잘 알 수 있겠습니다. 왜냐하면, "그 말 위에 탄 자"(he that sat upon the horse)는, 위에서 이미 입증하였듯이(본서 355[A] · [C] · 356항 참조), 성언(聖言 · the Word)을 뜻하기 때문입니다. 여기서 "말"(horse)은 그것의 이해를 뜻하고(본서 355항 참조), 그리고 "붉은 말"(=불빛과 같은 말 · the red horse)은 선의 측면에서 파괴된 이해를 뜻합니다(본서 364항 참조). 그러므로 "붉은 말 위에 탄 자"(=불빛과 같은 말 위에 탄 사람)은, 곧 그것에 관해서 언급하겠지만, 결과적으로는 이해되지 않는 성언을 뜻합니다. 우리의 본문이 이런 뜻을 가리킨다는 것은 거기에는 있는 그것에서 비롯된 불화나 알력이 있다는 것을 가리키는 "평화를 걷어 버린다"(=평화를 제거한다)는 말의 뜻에서 잘 알 수 있습니다. 그리고 또한 교회를 가리키는 "땅"(earth)의 뜻에서 밝히 알 수 있겠습니다. "땅"이 교회를 뜻한다는 것은 본서 29 · 304항을 참조하십시오.

[2] 앞에서 "평화"(peace)가 뜻하는 것이 무엇인지 설명하였습니다. 그것은 성언의 이해(the understanding of the Word)가 파괴, 전멸되었을 때, 교회 안에서 일어나는 불화나 알력에 관한 것으로 그것의 몇 가지를 언급하고자 합니다. 여기서 선(good)은, 모

든 선이 사랑에 속한 것이기 때문에, 주님사랑에 속한 선과 그리고 이웃을 향한 사랑의 선(=인애에 속한 선)을 뜻합니다. 이런 선들이 교회에 속한 사람에게 존재하지 않을 때 성언은 이해되지 않습니다. 왜냐하면 교회에 속한 사람과 주님의 결합이나 천계의 결합은 선에 의하여 이루어지기 때문입니다. 그러므로 만약에 그 사람에게 선이 존재하지 않는다면 이런 실증(例證 · illustration)은 결코 주어질 수 없기 때문입니다. 왜냐하면 성언이 읽혀질 때 모든 실증이나 이해가 주님으로부터 천계에서 나오고, 주어지기 때문입니다. 그리고 이런 실증이나 이해가 없을 때에는 성경말씀 가운데 있는 진리들은 불영명(不英明)의 상태에 있고, 그것으로 인하여 온갖 불화나 알력 따위가 일어나기 때문입니다. 그리고 만약에 사람이 선에 있지 않다면, 성언이 이해되지 않는다는 것은 이런 사실에서, 다시 말하면 성언에 속한 개별적인 것들 안에는 천계적인 혼인(a heavenly marriage), 다시 말하면 선과 진리의 결합이 존재한다는 사실에서 잘 알 수 있습니다. 그러므로 사람이 성경말씀을 읽을 때, 만약에 선이 사람에게 존재하지 않는다면 진리는 드러나지 않는데, 그 이유는 진리는 선으로 말미암아 보여지기 때문이고, 그리고 진리에 의하여 선은 자기를 드러내기 때문입니다. 성경말씀의 개별적인 것들 안에 선과 진리의 결합(=혼인)이 존재한다는 것은 본서 238 · 288[B]항을 참조하십시오.

[3] 그 경우의 상태는 이렇습니다. 사람이 선 안에 있는 것에 비례하여 주님께서는 입유하시고, 진리에 정동을 허락하시고, 따라서 이해를 주십니다. 왜냐하면 내면적인 인간의 마음(the interior human mind)은 선에 속한 정동에 일치하여, 그리고 선에서 비롯된 진리에 속한 정동들에 따라서 형성되기 때문입니다. 그러므로 만약에 사람에게 선이 존재하지 않는다면 그 마음은 열려질 수 없고, 더욱이 천계의 측면에서 그 마음은 형성될 수 없

기 때문입니다. 그것은 선과 진리의 결합(=혼인)에 의하여 형성 됩니다. 이렇게 볼 때 명확하게 알 수 있는 것은 만약에 사람이 선 안에 있지 않다면 그것 안에 영접, 수용되는 진리는 터전을 결코 가질 수 없다는 것이고, 그리고 또한 그것에 의하여 성장하는 그 어떤 볕(熱 · heat)을 가질 수 없다는 것 등입니다. 왜냐하면 선 안에 있는 사람에게 있는 진리들은 봄철의 옥토(沃土)에 있는 씨앗과 같기 때문입니다. 이에 반하여 선 안에 있지 않는 사람에게 있는 진리들은, 겨울철의 서리에 의하여 굳어진 동토(凍土)에 있는 씨앗과 같기 때문입니다. 그 때 거기에는 전혀 싹이 없고, 그리고 꽃도 없고, 줄기도 없는데, 하물며 어떻게 열매가 있겠습니까?

[4] 성경말씀에는 천계에 속한 진리들이 있고, 교회에 속한 진리들이 있습니다. 그래요, 천계의 천사들이 가지고 있는 지혜에 속한 모든 비의(秘義)가 있습니다. 그러나 만약에 사람이 주님사랑에 속한 선이나 이웃을 향한 사랑의 선(=인애의 선) 안에 있지 않다면 어느 누구도 이런 것들을 볼 수 없습니다. 그리고 선 안에 있지 않는 사람은 여기저기에 있는 진리들을 보기는 하지만, 그러나 그것들을 이해하지는 못합니다. 그들은 본질적으로 동일한 진리들에게 속한 것들과는 전적으로 전혀 다른 지각이나 그것들의 개념을 가지고 있습니다. 그러므로 비록 그들이 진리들을 보고, 안다고 해도 여전히 진리들은 그들에게 있는 것은 진리들이 아니고 다만 거짓들일 뿐입니다. 왜냐하면 그들의 음성이나 발설(發說 · utterance)에서 비롯된 진리들은 진리들이 아니고, 다만 그들의 개념이나 지각에서 비롯된 진리들이기 때문입니다. 진리들이 선 안에 주입(注入)되고, 이식(移植)되었을 때에는 그것은 전혀 다릅니다. 그 때 진리들은 그들 자신의 형체로 나타나는데, 그 이유는 진리가 선에 속한 형체이기 때문입니다. 오직 믿음만이 유일한 구원의 방법으로 만들고, 그리고 삶에 속한 선

(the good of life), 즉 인애에 속한 선(the good of charity)을 뒤쪽으로 내동댕이 치는 사람들의 성언의 이해의 성질이 무엇인지 이상의 설명에서 결론을 얻을 수 있겠습니다. 밝히 드러난 사실은 심지어 진리의 단 하나의 올바른 개념을 가지고 있지 않으면서 교리나 삶에서 자신들을 확증한 자들은, 더욱이 이러한 사실은 그들이 선이 무엇인지, 인애(charity)나 사랑이 무엇인지, 이웃이 무엇인지, 천계나 지옥이 무엇인지, 그리고 사람들로서 살다가 죽은 뒤에 산다는 것이 무엇인지, 알려고 하지 않는 이유이고, 그리고 또한 사실은 중생이 무엇인지, 세례가 무엇인지, 그리고 그 밖의 수많은 것들을 알려고 하지 않는 이유입니다. 아니, 그 뿐만 아니라 그들은 하나님 그분에 대해서, 생각으로는 세 분 하나님을 예배하고, 입으로만 한 분이라고 고백하는 것을 제외하면 한 분 하나님을 예배하지 않으며, 주님의 아버지(the Father of the Lord)가 주님 안에 계신 '신령존재'이시다는 것을 알지 못하는, 그리고 성령(聖靈 · the Holy Spirit)이 주님에게서 비롯된 신령존재라는 것을 알지 못하는 무지(無知)하고, 눈 먼 장님의 상태에 빠져 있습니다. 이런 일련의 것들은, 선이 결코 존재하지 않는 곳에는 성언의 이해(聖言 理解 · the understanding of the Word)가 전혀 없다는 사실을 주지시키기 위하여 언급되었습니다. 불빛 같은 말(=붉은 말) 위에 앉아 있는 자에게 "땅에서 평화를 걷어 버리는 권세가 주어졌다"는 것에 관해서 여기서 그것이 언급되었습니다. 그 이유는 "평화"(peace)는 마음의 평화의 상태나, 선과 진리의 결합(=혼인)에서 비롯된 성질의 평온(tranquillity)을 뜻하기 때문입니다. 그러므로 "평화를 걷어 버린다"(=제거한다)는 것은, 내적인 불화나 알력의 원인을 가리키는, 선과 진리의 분리나 분열에서 일어난 불안이나 평온하지 않은 상태를 뜻합니다. 왜냐하면 선이 진리에서 분리, 분열될 때 악이 그것의 자리를 차지하기 때문입니다. 그리고 악은 진리를 사랑하지 않고,

오히려 거짓을 애지중지하기 때문입니다. 그 이유는 모든 거짓은, 마치 모든 진리가 선에 속해 있는 것과 같이, 악에 속해 있기 때문입니다. 그러므로 이런 부류의 인물은 성경말씀에서 진리는 보고, 그리고 다른 것에서 그것을 듣지만, 그의 사랑에 속한 악, 따라서 그의 의지에 속한 악은 진리에 대항하여 싸웁니다. 그리고 그 때 그는 그것을 배척(排斥)하고, 왜곡(歪曲)시키거나, 악에서 비롯된 개념들에 의하여 그것을 불영명하게 만들고, 종국에 그 사람은 진리 가운데 있는 진리에 속한 것을 전혀 보지 못하게 되고, 더욱이 아무리 그가 그것을 외친다고 해도 그것은 울리는 꽹과리의 소리에 지나지 않습니다. 그것은 교회 안에 존재하는 모든 불화와 알력의 근원이고, 그리고 논쟁들이나 이단사설(異端邪說)의 근본적인 원인입니다. 이상에서 볼 때 우리의 본문, "땅에서 평화를 걷어 버린다"는 말씀이 뜻하는 것이 무엇인지 밝히 알 수 있겠습니다.

365[B]. [5] 그러나 그것의 첫째 되는 근원에서 비롯되는 평화가 무엇인지는 나의 저서 ≪천계와 지옥≫(Heaven and Hell)에서 충분하게 설명, 입증하였습니다. 거기에서는 천계의 평화의 상태가 다루어졌습니다(≪천계와 지옥≫ 284-290항 참조). 다시 말하면 그것의 첫째 근원에서 보면 평화는 주님에게서 비롯된다는 것입니다. 평화는 그분 안에 있는 신령존재(the Divine)와 신령인성(神靈人性 · 神靈人間 · the Divine Human)의 합일(合一 · the union)에서 비롯되고, 그리고 그것으로 천계나 교회와의 그분의 결합에 의하여 그분에게서 비롯되고, 그리고 개별적으로는 그 각각의 것 안에 있는 선과 진리의 결합에서 비롯됩니다. 이렇게 볼 때 최고의 뜻으로 "평화"(平和 · peace)는 주님을 뜻한다는 것입니다. 그리고 상대적인 뜻으로는 일반적으로 천계나 교회를 뜻한다는 것이고, 그리고 개별적으로는 각각의 개인적인 것 안에 있는 천계나 교회를 뜻한다는 것입니다.

[6] 성경말씀에서 "평화"가 이런 내용들을 뜻한다는 것은 그것에 관해서 내가 확실한 방법에 의하여 아래에 제시하려고 하는 여기에 다루어진 수많은 장절들에게서 잘 알 수 있을 것입니다. 요한복음서의 말씀입니다.

> (예수께서 말씀하셨다.) 나는 평화를 너희에게 남겨 준다. 나는 내 평화를 너희에게 준다. 내가 주는 평화는, 세상이 주는 평화와 같은 것이 아니다. 너희는 마음에 근심하지 말고, 두려워하지도 말아라 (요한 14 : 27).

이 장절은 아버지와 주님의 합일(合一)을 다루고 있습니다. 다시 말하면, 그분 안에 수태(受胎)에서부터 존재하는, 신령존재와 그분의 신령인성과의 합일을, 그리고 그것에서 비롯된 온갖 선들에게서 비롯된 진리들 안에 있는 자들과 주님의 결합을 다루고 있습니다. 그러므로 여기서 "평화"(peace)는 그 결합에서 비롯된 마음의 평온(平穩)을 뜻합니다. 그리고 이런 것들은 그 결합에 의하여 지옥에서 비롯된 온갖 악들이나 거짓들로부터 보호, 방어됩니다. 왜냐하면 주님께서는 당신과 결합된 자들을 보호, 방어하시기 때문입니다. 그러므로 주님께서는 "너희는 마음에 근심하지 말고, 두려워하지도 말아라"라고 말씀하셨습니다. 이 신령평화(Divine peace)는 사람 안에 존재하는데, 그것은 마치 천계가 그것과 함께 있는 것과 같습니다. 여기서 "평화"는 역시 천계를 뜻합니다. 그리고 최고의 뜻으로는 주님을 뜻합니다. 그러나 세상의 평화(the peace of the world)는 계속해서 세상에서 비롯되고, 따라서 세상과의 결합에서 비롯됩니다. 이것은 마치 외적인 것과 주님일 뿐입니다. 결과적으로는 천계는 그것 안에 존재하지 않습니다. 그것은 이 세상에 있는 사람의 생명과 함께 소멸할 것이고, 그리고 그것은 진정한 평화가 아닌 그런 평화로 바뀔 것입니다. 그러므로 주님께서는 "내가 주는 평화는, 세상이 주는 평화와 같은 것은 아니다"라고 말씀하셨습니다.
[7] 같은 책의 말씀입니다.

> 내가 이렇게 말한 것은, 너희로 하여금 내 안에서 평화를 얻게 하려는 것이다. 너희는 세상에서 시련을 당할 것이다. 그러나 용기를 내어라. 내가 세상을 이겼다(요한 16 : 33).

여기서도 역시 "평화"는 주님과의 결합에서 비롯된 내적인 기쁨 (喜悅 · internal delight)을 뜻하고, 그리고 그것에서부터 천계나 영원한 즐거움(eternal joy)은 옵니다. 여기서 "평화"는 시련(=고통 · affliction)에 정반대입니다. 그 이유는 "시련"(=고통)이 악들이나 거짓들에 의한 엄습이나 공격을 뜻하기 때문입니다. 그러한 시련이나 고통은, 그들이 이 세상에서 사는 동안 신령평화 가운데 있는 사람들이 가지게 되는 것입니다. 왜냐하면 그들이 그런 것들에 관해서 들을 때 육신적인 욕망이나 정욕은 이 세상에 속한 것들을 열망, 갈망하기 때문입니다. 그리고 그것에서부터 모든 시련이나 고통은 비롯되기 때문입니다. 그러므로 주님께서는, "너희로 하여금 내 안에서 평화를 얻게 하려는 것이다. 너희는 세상에서 시련을 당할 것이다"라고 말씀하셨습니다. 그리고 주님께서는 그분의 인성의 측면에서 그분 자신에게 지옥들을 이기는 능력을, 따라서 모두에게 있는 지옥에서부터 욕망을 야기시키고, 그리고 공격하는 악들이나 거짓들을 다스리는 능력을 터득하고, 배우게 하셨기 때문에, 주님께서는 "용기를 내어라(=기운을 내라). 내가 세상을 이겼다"라고 말씀하셨습니다.
[8] 누가복음서의 말씀입니다.

> (예수께서는 달리 일흔두 사람을 세우셔서, 친히 가려고 하시는 각 성읍과 각 고장으로 둘씩 둘씩 앞서 보내셨다). "어느 집에 들어가든지, 먼저 '이 집에 평화가 있기를 빕니다!' 하고 말하여라. 거기에 평화를 바

라는 사람이 있으면, 너희가 비는 평화가 그 사람에게 내릴 것이요,
그렇지 않으면, 그 평화가 너희에게 되돌아올 것이다"(누가 10 : 5,
6).

그리고 마태복음서의 말씀입니다.

너희가 그 집에 들어갈 때에, 평화를 빈다고 인사하여라. 그래서 그
집이 평화를 누리기에 알맞으면, 너희가 비는 평화가 그 집에 있게
하고, 알맞지 않으면 그 평화가 너희에게 되돌아오게 하여라. 누구
든지 너희를 영접하지 않거나 너희의 말을 듣지 않거든, 그 집이나
그 성읍을 떠날 때에, 너희 발에 묻은 먼지를 떨어 버려라(마태 10 :
12-14).

그들이 말하려는 "그 집에 평화가 있다"는 말은 그것 안에 있는
자들이 주님을 영접, 수용할 것인지를 배우게 한다는 것을 뜻합
니다. 그들은 주님에 관한 좋은 소식들을 선포하는 것이고, 그
리고 그것에서 비롯된 천계나 천적인 즐거움이나 영생에 관한 좋
은 소식들을 선포하는 것입니다. 왜냐하면 "평화"는 이런 모든
것들을 뜻하기 때문이고, 그리고 그것을 영접, 수용한 자들은
"평화의 아들들"이 뜻하기 때문인데, 그들에게는 평화가 머물러
있을 것입니다. 그러나 만약에 그들이 주님을 시인하지 않는다
면, 그리고 결과적으로 주님에게 속한 것들을 수용하지 않는다면,
즉 평화에 속한 것들을 영접, 수용하지 않는다면, 그 평화는 "만
약에 그 집이나 성읍이 평화가 알맞지 않는다면 너희가 비는 평
화가 너희에게 되돌아오게 하여라"는 말씀이 뜻하는 평화는 그들
에게서 제거될 것입니다. 그와 같은 경우 그 집이나 그 성읍에
있는 악들이나 거짓들로 말미암아 그들은 전혀 고통을 겪지 않을
것인데, "그 집이나 그 성읍을 떠날 때에 너희 발에 붙은 먼지를
떨어 버려라"라고 명령되었는데, 그 명령은 그것에서 저주된 악

담이나 욕설 따위가 그들에게 달라붙지 않을 것이라는 것을 뜻합니다. 왜냐하면, 감관적 자연적인 것(the sensual-natural)을 가리키는 사람 안에 있는 궁극적인 것은 발뒤꿈치에 대응하기 때문입니다. 그리고 악은 이것에 달라붙어 있기 때문에, 그 때 거의 대부분이 그러하듯이, 교회의 표징들 안에 있는 자들의 경우에서도 그러하기 때문에, 그들은 교회에 속한 진리들이 영접, 수용되지 않을 때, 그들은 발에 붙은 먼지를 떨어 버립니다. 왜냐하면 영계에서 어떤 선량한 사람이 악한 사람에게 가까이 왔을 때 악은 악으로 말미암아 유입하고, 그리고 그 어떤 소란(騷亂)이나 방해(妨害) 따위를 일으키지만, 그러나 그것은 발뒤꿈치에 대응하는 궁극적인 것에만 혼란스럽게 할 뿐이기 때문입니다. 그러므로 그들이 떠나 버리고, 사라지게 되면, 그것은 마치 그들이 그들에게 남아 있는 그들의 발의 먼지를 떨어 버리는 것과 같이 나타나 보이는데, 이와 같이 보이는 것은, 그것들이 옮겨졌다는 하나의 표시(a sign)이시고, 그리고 악은 악 안에 있는 자들에게 달라 붙는다는 표시입니다. "발뒤꿈치"가 가장 낮은 자연적인 것들에 대응한다는 것, 그리고 그것이 성경말씀에서 그런 것들을 뜻한다는 것 등은 ≪천계비의≫ 2162 · 3147 · 3761 · 3986 · 4280 · 4938-4952항을 참조하시고, "떨어 버려야 할 먼지"가 저주받은 것을 뜻한다는 것은 같은 책 249 · 7418 · 7522항을 참조하십시오.

[9] 누가복음서의 말씀입니다.

예수께서 예루살렘 가까이 오셔서 그 도시를 보시고, 눈물을 흘리시며, 이렇게 말씀하셨다. "오늘 네가 평화의 길을 알았더라면 얼마나 좋았겠느냐! 그러나 지금 너는 그 길을 보지 못하는구나"(누가 19 : 41, 42).

성경말씀의 문자적인 뜻으로만 이 장절의 말씀을 생각하고, 그리고 즉시 그것들을 추론하는 사람들은, 그들이 성경말씀의 다른 뜻을 알지 못하고 있기 때문에, 위의 장절도 주님께서 예루살렘의 멸망에 관해서 말씀하신 것이라고 믿고 있습니다. 그러나 그런 것들은 신령존재에서 비롯된 것이기 때문에, 주님께서 말씀하신 모든 것들은 이 세상적인 것들이나 임시적인 것들에 관계되지 않고, 다만 천계적인 것들이나 천적인 것들에 관계되고 있습니다. 그러므로 "주님께서 예루살렘을 보시고 눈물을 흘리셨다"(=우셨다)는 말씀은, 어디에서나 마찬가지로 여기서는 전적으로 황폐하게 된 교회를 뜻하는데, 그러므로 거기에는 더 이상 어떤 진리도 없다는 것, 결과적으로는 거기에 선이 결코 존재하지 않는다는 것, 따라서 그것들이 영원히 멸망될 것이라는 것 등을 뜻합니다. 그러므로 주님께서는 "오늘 네가 평화의 길을 알았더라면 얼마나 좋았겠느냐!"라고 말씀하셨습니다. 이 말씀은 그것이 오직 주님에게서 오는 영원한 생명(永生)과 영원한 행복에 속한 것이라는 것을 뜻합니다. 왜냐하면 여기서 "평화"는, 위에서 언급한 것과 같이, 주님과의 결합을 통한 천계나 천계적인 기쁨을 뜻하기 때문입니다.

[10] 같은 책의 말씀입니다.

> 요한의 아버지 사가랴가 성령으로 충만하여, 이렇게 예언하셨다.……
> "이것은 우리 하나님의 자비로운 심정에서 오는 것이다.
> 그분은 해를 하늘 높이 뜨게 하셔서,
> 어둠 속과
> 죽음의 그늘 아래에 사는 사람들에게
> 빛을 비추게 하시고,
> 우리의 발을 평화의 길로 인도하실 것이다."
> (누가 1 : 67, 78, 79)

이 장절은 이 세상에 강림하실 주님에 관해서, 그리고 그 때 성언을 가지고 있지 못하기 때문에, 교회 밖에 있고, 신령진리에 관한 무지(無知)의 상태에 있는 자들에 속한 실증(實證)에 관해서 언급된 말씀입니다. 여기서 "그분은 해를 하늘 높이 뜨게 하신다"(=높은 데로부터 여명이 우리에게 임하였다)는 말씀은 주님을 뜻합니다. 그리고 교회 밖에 있는 자들은 "어둠 속과 죽음의 그늘 아래에 사는 사람들"(=흑암에 있는 자들과 죽음의 그늘에 앉아 있는 자들)이 뜻하고, 그리고 주님의 영접과 주님과의 결합을 통한, 그리고 그것에서 비롯된 천계와 영원한 행복 등은 "평화의 길"(the way of peace)이 뜻합니다. 그리고 "우리의 발을 평화의 길로 인도한다"는 말씀은 가르침(敎育 · instruction)을 뜻합니다.
[11] 역시 같은 책의 말씀입니다.

> 예수께서 어느덧 올리브 산의 내리막길에 이르셨을 때에, 제자의 온 무리가 기뻐하며, 자기들이 본 모든 기적에 대하여 큰소리로 하나님을 찬양하면서 말하였다.
> "복되시다, 주의 이름으로 오시는 임금님!
> 하늘에는 평화,
> 가장 높은 곳에는 영광!"
> (누가 19 : 37, 38)

여기에 언급된 것들은, 주님께서 예루살렘에 입성하셨을 때, 제자들이 말한 것들입니다. 그것의 내용은, 주님께서는 주님의 마지막 시험을 가리키는 십자가의 고통(the passion of the cross)에 의하여 주님의 인성(His Human)을 그분의 신성(His Divine)에 전적으로 합일(合一)시키셨고, 그리고 지옥을 완전히 정복하셨다는 것 등입니다. 그리고 그 때 모든 신령선이나 진리가 주님에게서 발출하기 때문에 그들이 말한 "복 되시다, 주의 이름으로 오시는 임금님!"이라는 말씀은 주님에게서 비롯된 모든 것들에 대한 시인(acknowledgment) · 영광화(=영화 · glorification) · 감사(thanks giving)를 뜻합니다(본서 340[A · B]항 참조). "하늘에는 평화, 가장 높은 곳에는 영광!"이라는 말씀은 신령존재와 신령인성의 합일(合一)에서 비롯된 "평화"가 뜻하는 모든 것들을 뜻하고, 그리고 그것으로 인하여 천사들이나 사람들은 주님과의 결합에 의하여 그것들을 소유하게 되었다는 것을 뜻합니다. 왜냐하면 주님에 의하여 지옥이 정복되었을 때 천계에는 평화가 이루어졌고, 그리고 그 때 거기에 있는 자들은 "가장 높은 곳에는 영광"이라는 말씀이 가리키는, 주님에게서 비롯된 신령진리를 가지게 되었기 때문입니다. "영광"(=광영 · glory)이 주님에게서 발출하는 신령진리를 뜻한다는 것은 본서 33 · 288 · 345항을 참조하십시오.

365[C]. 성경말씀의 속뜻으로 "평화"가 주님을 뜻하고, 그리고 그것으로 인하여 천계와 영생(永生 · eternal life)을 뜻하기 때문에, 그리고 개별적인 뜻으로는 주님과의 결합에서 생겨나는 천계의 기쁨을 뜻하기 때문에, 그러므로 부활하신 뒤 주님께서는 주님의 제자들에게 나타나셨을 때, 그들에게 이렇게 말씀하셨습니다.

"너희에게 평화가 있기를!" 하고 말씀하셨다(누가 24 : 36, 37 ; 요한 20 : 19, 21, 26).

[12] 또한 민수기서의 말씀입니다.

주께서 너에게 복을 주시고,
너를 지켜 주시며,
주께서 너를 밝은 얼굴로 대하시고,
너에게 은혜를 베푸시며,
주께서 너를 고이 보시어서,
너에게 평화를 주시기를 빈다.

6장 1-8절   147

(민수기 6 : 24-26)

여기서 "주께서 너를 밝은 얼굴로 대하신다"(=주께서 그의 얼굴을 네게 비추신다)는 말씀은, 주님께서 그것으로 입류하시는, 모든 총명과 지혜가 비롯된 근원인, 신령진리를 뜻합니다. 그리고 그것에 의하여 거짓들로부터 보호하시고 지키신다는 것은 "너에게 은혜를 베프신다"는 말씀이 뜻합니다. 그리고 주님께서 그것으로 입류하시는 모든 사랑과 인애의 근원이 되는 신령선은 "주께서 너를 밝은 얼굴로 대하신다"(=주께서 그의 얼굴을 네게 드신다)는 말씀이 뜻합니다. 온갖 악들로부터의 보호와 그리고 그것에서 비롯된 천계나 영원한 행복(eternal happiness)은 "너에게 평화를 주신다"는 말씀이 뜻합니다. 왜냐하면 온갖 악들이나 거짓들이 제거되고, 그리고 더 이상 공격, 괴롭히지 못할 때, 주님께서는 그것 안에나 그것에서 비롯된 천계나, 마음의 내면적인 것들을 지복(至福)으로 채우는 기쁨(喜悅), 따라서 천계적인 즐거움을 가리키는 평화로 입류하십니다. 이 축복의 말씀, 즉 축복기도(benediction)는 본서 340[B]항에 언급, 설명되었습니다. 다윗의 글인 시편서에서도 "평화"는 이와 같은 동일한 뜻을 가지고 있습니다. 시편서의 말씀입니다.

    주님은 당신을 따르는 백성에게
    힘을 주신다.
    주님은 당신을 따르는 백성에게
    평화의 복을 주신다(=주께서 자기 백성에게 화평으로 복을 주신다).
    (시편 29 : 11)

[13] 시편서의 말씀입니다.

    수많은 사람이 기도할 때마다

"주님, 우리에게 큰 복을 내려 주십시오.
주님, 주의 환한 얼굴을
우리에게 보여 주십시오" 하고 빕니다.
그러나 주께서 나에게 안겨 주신 기쁨은
햇 곡식과 새 포도주가
풍성할 때에 누리는 기쁨보다 더 큽니다.
내가 편히 눕거나 잠드는 것도,
주께서 나를
편안히 쉬게 하여 주시기 때문입니다.
(시편 4 : 6-8)

이 구절은, 주님에게서 비롯된 신령선과 신령진리의 영접을 통하여 주님과의 결합의 상태에 있는 자들이 소유하는 평화에 관해서 기술하고 있고, 그리고 천계적인 기쁨이나 즐거움이 그것 안에 있고, 그것에서 비롯된 평화에 관해서 기술하고 있습니다. 여기서 신령선은 "누가 우리에게 선을 보여 주겠느냐?"(=우리에게 큰 복을 내려 주십시오)는 말씀이 뜻하고, 신령진리는 "주여, 주의 얼굴빛을 우리에게 들어 주십시오"(=주님, 주의 환한 얼굴을 우리에게 보여 주십시오) 라는 말씀이 뜻합니다. "주의 얼굴빛"(=주의 환한 얼굴)은, 천사적인 천계에 있는 태양과 같이, 주님에게서 발출하는 신령빛을 가리키는데, 그 빛은 그것의 본질 안에 있는 신령진리를 가리킵니다. 이러한 내용은 ≪천계와 지옥≫ 126-140항을 참조하십시오. 거기에서 비롯된 천계적인 기쁨이나 즐거움은 "주께서 나에게 안겨 주신 기쁨"(=주께서 내 마음에 기쁨을 두셨다)는 말씀이 뜻하고, 선과 진리의 증식(增殖)이나 증대(增大)는 "햇 곡식과 새 포도주가 풍성할 때"라는 말씀이 뜻합니다. 여기서 "곡식"(=햇곡식)은 선을 뜻하고, "새 포도주"는 진리를 뜻합니다. 선은 이런 것들 안에 있고, 이런 것들에게서 비롯되기 때문에, "내가 평안 가운데 눕기도 하고, 자기도 합니다"(=내가 편히 눕거나 잠드는 것도 주께서 나를 평안히 쉬게 하여 주시기 때문이다) 라고 언급하였습니다. 여기서 "평안"(평화 · peace)은 천계에 속한 내적인 기쁨을 뜻하고, "안전함"(security)은 그것의 외적인 기쁨을 뜻하고, "내가 평안 가운데 눕기도 하고 자기도 한다"(=내가 편히 눕거나 잠든다), 또는 "나를 안전한 가운데 거하게 한다"(=편안히 쉬게 한다)는 것은 사는 것(to live)을 뜻합니다.
[14] 레위기서의 말씀입니다.

> 너희가, 내가 세운 규례를 따르고, 내가 명한 계명을 그대로 받들어 지키면…… 내가 땅을 평화롭게 하겠다. 너희는 두 다리를 쭉 뻗고 잘 것이며, 아무도 너희를 위협하지 못할 것이다. 나는 그 땅에서 사나운 짐승들을 없애고, 칼이 너희 땅에서 설치지 못하게 하겠다(레위기 26 : 3, 6).

이 구절은 평화의 근원이나 원천(源泉)을 기술하고 있습니다. 다시 말하면 천계의 근원이나 천계적인 기쁨의 원천을 말하고 있습니다. 그러나 이런 것들은 평화 안에 존재하고, 평화로 말미암아 존재합니다. 왜냐하면 평화는 이 세상에서 여명(=동틀녘 · 黎明 · the dawn)과 같고, 봄철(春 · spring-time)과 같기 때문입니다. 여명이나 봄철은 사람의 안전(眼前)에서 펼쳐지는 대상물에게서 비롯되는 기쁨들이나 즐거움들을 마음에서 영접, 수용하기 위한 인간적인 마음(human minds)을 정리 정돈하고, 배열합니다. 왜냐하면 그것은 그것들을 기쁘게 하고, 즐거웁게 하기 때문입니다. 그리고 천계의 모든 것들이나 천계적인 기쁨의 모든 것들은, 마찬가지로 신령평화(Divine peace)에서 비롯되기 때문이고, 그리고 이런 것들이 "평화"가 뜻하기 때문입니다. 사람은 계명들에 일치하여 사는 것에서 천계를 취하기 때문에, 그것은 그것으로부터 사람은 주님과 결합을 취하기 때문인데, 그러므로 우리의 본문은 "너희가 내가 세운 규례를 따르고, 내가 명한 계명을 그대로 받들어 지키면 내가 땅을 평화롭게 하겠다"(=내가 그 땅에 평화를 주겠다)라고 언급하겠습니다. 그리고 그 때 그들이 온갖 악들이나 거짓들이 공격하지 못할 것이라는 뜻이 우리의 본문 "너희는 두 다리를 쭉 뻗고 잘 것이다"(=너희가 누울지라도 아무도 너희를 두렵게 할 자가 없을 것이다)는 말씀이 뜻하고, 그리고 "나는 그 땅에서 사나운 짐승들을 없애고, 칼이 너희의 땅에서 설치지 못하게 하겠다"(=내가 그 땅에서 악한 짐승들을 제거할 것이고, 칼이 너희의 땅을 지나가지 아니 할 것이다)는 말씀이 뜻합니다. 여기서 "사나운 짐승들"(=악한 짐승들)은 악한 탐욕들(evil lusts)을 뜻하고, "칼"은 그것에서 비롯된 거짓들을 뜻합니다. 그리고 이들 양자―탐욕과 거짓―는 평화의 근원인 선과 진리를 파괴합니다. "사나운 짐승들"(=악한 야생동물들)은 악한 정욕들(evil lusts)을 뜻하고, 그리고 그것들에 의한 선의 파괴를 뜻한다는 것은 A.C. 4729 · 7102 · 9335항을 참조하시고, "칼"이 거짓들을 뜻하고, 그것들에 의한 진리의 파괴를 뜻한다는 것은 본서 131[B]항을 참조하시고, 그리고 "땅"(land)이 교회를 뜻한다는 것은 본서 29 · 304항을 참조하십시오. 성경말씀의 문자적인 뜻을 초월하지 않는 사람은, 규례를 따르고 계명을 그대로 받들어 지키는 사람이 평화의 상태에서 산다는 것 이상이라는 것을 전혀 알지 못합니다. 다시 말하면 적들이나 원수들을 결코 가지지 않는다는 것을 모릅니다. 따라서 사람이 평안하게 눕는다는 것 이외의 것을 모릅니다. 그리고 또한 나쁜 야생짐승들이 그를 해치지 못한다는 것, 그리고 칼에 의하여 그가 멸망하지 않을 것이라는 것 이외의 것을 알지 못합니다. 그러나 이러한 내용은 성경말씀의 영적인 뜻은 아닙니다. 그럼에도 불구하고 모든 개별적인 것들 안에 있는 성경말씀은 영적이고, 그리고 이 영적인 것은 자연적인 것인 그것의 문자적인 뜻 안에 숨겨 있습니다. 그것의 영적인 것이 여기서 설명된 것입니다.

[15] 시편서의 말씀입니다.

> 겸손한 사람들이 오히려
> 땅을 차지할 것이며,
> 그들이 크게 기뻐하면서
> 평화를 누릴 것이다. ……
> 흠 없는 사람을 지켜 보고,
> 정직한 사람을 눈여겨 보아라.
> 평화를 사랑하는 사람에게는
> 미래가 있다(=그 사람의 마지막은 화평이다).
> (시편 37 : 11, 37)

여기서 "겸손한 사람"(=온유한 사람 · the miserable)은 이 세상의 온갖 시험들 안에 있는 자들을 뜻하고, "그들이 크게 기뻐할 평화"(=그들이 기뻐할 큰 평화)는 온갖 시험들 뒤에 이어지는 기쁨들이나 즐거움들을 뜻합니다. 왜냐하면 시험 뒤에 기쁨들이나 즐거움들이, 시험들 뒤에 이어지는 선과 진리의 결합으로, 결과적으로는 주님과의 결합으로 말미암아 주님에 의하여 주어지기 때문입니다. 사람이 선과 진리의 결합에서 비롯된 기쁨이나 즐거움을 얻는다는 것은 "흠 없는 사람을 지켜 보고, 정직한 사람을 눈여겨 보아라. 평화를 사랑하는 사람에게는 미래가 있다"(=온전한 사람을 살펴보고, 정직한 사람을 볼지어다. 그 사람의 마지막은 화평이다)는 말씀이 뜻합니다. "지켜 보아야 할 흠 없는 사람"(=완전한 사람)은 성경말씀에서 선에 관해서 서술하고, "눈여겨 보아야 할 정직한 사람"은 진리에 관해서 서술합니다. "후자의 마지막"은 시험이 있은 뒤의 평화를 뜻합니다.

[16] 같은 책의 말씀입니다.

> 왕이 의를 이루면

> 산들이 백성에게 평화를 안겨 주며,
> 언덕들이 백성에게
> 정의를 가져다 줄 것입니다. ……
> 그가 다스리는 동안,
> 정의가 꽃을 피우게 해주시고,
> 저 달이 다 닳도록
> 평화가 넘치게 해주십시오.
> (시편 72 : 3, 7)

이 장절은 주님의 강림과 주님의 왕국에 관해서 다루고 있습니다. "백성에게 평화를 안겨 줄 산들"은 주님사랑을 뜻하고, "백성에게 정의를 가져다 줄 언덕"은 이웃을 향한 인애를 뜻합니다 (A.C. 795 · 6435 · 10438항 참조). 그리고 그런 이유 때문에 주님사랑 안에 있는 자들은 천계에서 산들 위에 살고, 이웃을 향한 인애 안에 있는 자들은 거기에서 언덕들 위에서 산다는 것은 같은 책 10438항과 ≪천계와 지옥≫ 188항을 참조하십시오. 이러한 일련의 내용은, "평화"(peace)가 사랑에 의하여 주님과의 결합에서 비롯된 천계적인 기쁨이나 즐거움을 뜻한다는 것을 명확하게 합니다. "그가 다스리는 동안 정의가 꽃을 피울 것이다"(=그의 날들에는 의인이 번성할 것이다)는 말씀은 사랑에 속한 선 안에 있는 자를 뜻합니다. 그러므로 "평화가 넘친다"(=화평의 풍성함이 지속된다)는 말씀이 언급되었습니다. 왜냐하면 앞에서 언급한 것과 같이, 평화(=화평 · peace)는 주님 이외의 다른 근원에서 결코 오지 않으며, 그리고 사랑에 속한 선 안에 있는 자와 주님의 결합 이외의 다른 근원에서 결코 오지 않기 때문입니다. 그래서 "저 달이 다 닳도록"(=달이 있는 한)이라고 언급되었는데, 그 말씀은 진리는 결코 선에서 분리될 수 없고, 오히려 이 둘은 한 몸처럼 반드시 결합되어야 한다는 것, 다시 말하면 따라서 진리는 선이라는 것을 뜻합니다. 왜냐하면 모든 진리는 그것이 선에게서 비롯되기 때문에, 선에 속한 것이기 때문입니다. 그러므로 그것의 본질 안에는 선이 있기 때문입니다. 진리는, 여기서는 "의인"(=정의로운 사람)이 뜻하는, 주님에게서 비롯된 주님사랑에 속한 선 안에 있는 자들에게 존재하는 것을 가리킵니다. "태양"(the sun)이 사랑에 속한 선을 뜻하고, "달"(the moon)이 그것에서 비롯된 진리를 뜻한다는 것은 A.C. 1521-1531 · 2495 · 4060 · 4696 · 7083항을 참조하십시오.

[17] 이사야서의 말씀입니다.

> 한 아기가 우리에게서 태어났다.
> 우리가 한 아들을 얻었다.
> 그는 우리의 통치자가 될 것이다.
> 그의 이름은 '기묘자, 모사,
> 전능하신 하나님,
> 영존하시는 아버지,
> 평화의 왕'이라고 불릴 것이다.
> 그의 왕권은 점점 더 커지고,
> 나라의 평화도 끝없이 이어질 것이다.
> (이사야 9 : 6, 7)

이 장절들은 주님의 강림에 관해서 언급된 것들이고, 그리고 그분에 관해서는 "우리에게서 한 아기가 태어났다. 우리에게 한 아들이 주어졌다"(=우리가 한 아들을 얻었다)고 언급되었습니다. 그 이유는 성경말씀에서 "아기"(child)는 선을 뜻하고, 여기서는 신령선(Divine good)을 뜻하고, "아들"(son)은 진리를 뜻하고, 여기서는 신령진리(Divine truth)를 뜻하기 때문입니다. 이와 같은 것은, 성경말씀의 모든 개별적인 것 안에는 선과 진리의 혼인(=결합) 때문에 그렇게 언급되었습니다. 그리고 신령선과 신령진리는 주님에게서 비롯되기 때문에, 그분은 "평화의 왕"(=화평의 통치자 ·

Prince of Peace)라고 불리웠습니다. 그리고 또한 "그의 왕권은 점점 더 커지고, 나라의 평화도 끝없이 이어질 것이다"(=그의 정부와 화평이 지금부터 영원까지 끝이 없을 것이다)라고 언급되었는데, 여기서 "왕권"(=정부 · government)은 신령진리에 관해서 서술하고, "평화"(=화평 · peace)는 신령진리에 결합된 신령선에 관해서 서술합니다. 그러므로 그분(He)은 "평화의 왕"(=화평의 통치자 · Prince of Peace)이라고 불리웠습니다. "왕"(=통치자 · Prince)이 진리들에 관해서 서술한다는 것, 그리고 그것이 으뜸되는 진리(the chief truth)를 뜻한다는 것은 A.C. 1482 · 2089 · 5044항이나, 본서 29항을 참조하십시오. 그리고 "평화"(=화평 · peace)가 선과 진리의 결합을 서술한다는 것은 우리의 앞서의 단원을 참조하십시오.

365[D]. [18] 그러나 "평화"는 성경말씀의 수많은 장절에 거론되었기 때문에, 그리고 그 설명은 다루고 있는 것들에 반드시 적용하여야 하기 때문에, 또는 서술되고 있는 주제에 적용되어야 하기 때문에, 결과적으로는 그것의 뜻이나 내용이 다종다양하게 드러나기 때문에, 나는 "평화"가 뜻하는 것이 무엇인지, 그리고 마음이 여기 저기에 지지하지 않고, 쏠리지 않게 하기 위하여, 간략하게 설명하고자 합니다. 평화는 천계와 주님의 결합이나, 교회와 주님의 결합에서 야기된 심령이나 영혼의 지복(至福 · bliss of heart and soul)이고, 그리고 이것은 거기 안에 있는 자들에게 있는 선과 진리의 결합에서 비롯되고, 결과적으로는 거기에는 더 이상 선과 진리에 거스르는 악과 거짓의 다툼이나 싸움은 없습니다. 다시 말하면 영적인 뜻으로는 거기에는 불화나 알력, 또는 전쟁 따위는 결코 없습니다. 평화는 이것에서 비롯되는데, 그 평화 안에는 모든 선의 많은 결실(=생육 · 生肉 · fructification)과 진리의 번성(蕃盛 · multiplication)이 일어나고, 그리고 그것에서부터 모든 지혜와 총명은 옵니다. 이 평화는 오직 주님에게서

비롯되기 때문에, 그리고 주님으로 말미암아 천계의 천사들에게 있기 때문에, 그리고 교회의 사람들에게 있기 때문에, 따라서 최고의 뜻으로 "평화"는 주님을 뜻하고, 상대적인 뜻으로는 천계와 교회를 뜻하고, 따라서 거기에 있는 자들에게 있는 진리에 결합된 선을 뜻합니다.
[19] 이렇게 볼 때 우리는 아래의 장절들에서 "평화"의 뜻의 바른 개념을 취할 수 있겠습니다.   시편서의 말씀입니다.

 악한 일을 피하고, 선한 일만 하여라.
 평화를 찾기까지, 있는 힘을 다하여라(=악에서 떠나 선을 행하고 화평
 (=평화)을 구하며, 그것을 추구하여라)
 (시편 34 : 14)

여기서 "평화"(=화평)은 천계나 교회에 속한 모든 것들을 뜻합니다.   그리고 영생에 속한 행복은 그것에서 비롯됩니다.   그리고 선 안에 있는 자들만이 그 평화를 누리기 때문에, "악한 일은 피하고, 선한 일만 하여라.   평화를 찾기까지, 있는 힘을 다하여라"라고 언급되었습니다.
[20] 같은 책의 말씀입니다.

 주의 법을 사랑하는 사람에게는
 언제나 평안이 깃들고,
 그들에게는 아무런 장애물이 없습니다.
 주님, 내가 주의 구원을 기다리며,
 주의 계명을 실행합니다.
 (시편 119 : 165, 166)

여기서 "평화"(=평안)는 천계적인 축복, 행복, 기쁨을 뜻합니다.   그리고 이런 것들은 오직 주님의 계명을 실천하는 것을 사랑하는

사람들에게만 주어지기 때문에, "주의 법을 사랑하는 사람에게는 언제나 평안이 깃든다"(=큰 평안이 있다)고 언급되었습니다. 그리고 "주님, 내가 주의 구원을 기다리며, 주의 계명을 실행한다"(=주여, 내가 주의 구원을 바라고, 주의 계명들을 행하였나이다)는 말씀에서 "구원"은 영생(永生)을 뜻하고, 그리고 그것은 악들이나 거짓들에 의하여 공격을 받지 않는다는 것은 "그들에게는 아무런 장애물이 없다"는 말씀이 뜻합니다.

[21] 이사야서의 말씀입니다.

> 주님, 주께서 우리에게
> 평화를 주실 것을 확신합니다.
> 우리가 성취한 모든 일은
> 모두 주께서 우리에게 하여 주신 것입니다.
> (이사야 26 : 12)

평화가 오직 주님에게서 오기 때문에, 그리고 그것이 주님에게서 비롯되고, 주님으로 말미암아 선을 행하는 것에 있기 때문에, "주님, 주께서 우리에게 평화를 주실 것을 확신합니다. 우리가 성취한 모든 일은 모두 주께서 우리를 위하여 행하시고, 주신 것입니다"라고 언급되었습니다.

[22] 같은 책의 말씀입니다.

> 용사들이 거리에서
> 살려 달라고 울부짖고,
> 평화협상에 나섰던 사절이 슬피 운다.
> 큰길마다 위험하여 행인이 끊기며,
> 적이 평화조약을 파기하며,
> 증인들이 경멸을 받으며,
> 아무도 존경을 받지 못한다(=보라, 그들의 용감한 자들이 밖에서 부르짖

6장 1-8절

으며 화평의 대사들이 비통하게 울리라. 대로들이 황폐해지고, 도보로 여행하는 사람이 그쳤도다. 그가 언약을 어기고 성읍들을 멸시하며 사람을 유념치 아니 하는도다)(이사야 33 : 7, 8).

평화가, 주님에게서 비롯되기 때문에, 그리고 주님으로 말미암아 천계에 있기 때문에, 그러므로 여기서 천사들은 "평화의 천사"(=화평의 대사들)이라고 하였고, 그리고 온갖 악들이나 거짓들 안에 있는 땅 위에 있는 자들은 그것으로 인하여 결코 평화를 가지고 있지 않기 때문에 그들은 "밖에서 울부짖는다"고 언급되었습니다. 그 이유는 "큰길마다 위험하여 행인이 끊긴다"(=대로들이 황폐해지고, 도보로 여행하는 사람이 그쳤다)라고 언급되었습니다. 여기서 "큰길"(=대로들 · highways)이나 "행길"(=보도 · a path)은 삶에 속한 선들이나, 믿음에 속한 진리들을 뜻합니다. 그러므로 "황폐해진 대로들"(=큰길)은 더 이상 거기에 삶에 속한 선들이 전혀 없다는 것을 뜻하고, "도보로 여행하는 사람이 그쳤다"(=행인이 끊겼다)는 말씀은 거기에 더 이상 믿음에 속한 진리들이 없다는 것을 뜻합니다.

[23] 같은 책의 말씀입니다.

"네가 나의 명령에
귀를 기울이기만 하였어도,
네 평화가 강같이 흐르고,
네 공의가 바다의 파도같이
넘쳤을 것이다." ……
주께서 말씀하신다.
"악인들에게는 평화가 없다."
(이사야 48 : 18, 22)

주님의 계명들에 따라서 사는 자들은 평화를 누리고 살지만, 그러나 그렇게 살지 않는 자들은 결코 평화를 누리지 못하기 때문에, 그러므로 "나의 명령에 귀를 기울이기만 하였어도, 네 평화가 강같이 흐르고, 악인들에게는 평화가 없다"고 언급되었습니다. 여기서 "강같이 흐르는 평화"는 풍부함 가운데 있다는 것을 뜻하고, "바다의 파도 같은 공의"는 진리들에 의한 선의 결실(=선의 생육 · 生育 · fructification)을 뜻합니다. 그리고 성경말씀에서 "공의"(公義 · righteousness)는 선에 관해서 서술하고, "바다"(sea)는 진리들에 관해서 서술합니다.

[24] 또 같은 책의 말씀입니다.

> 비록 산들이 옮겨지고
> 언덕이 흔들린다 하여도,
> 나의 은총이 너에게서 떠나지 않으며,
> 평화의 언약을 파기하지 않겠다. ……
> 주께서 너의 모든 아이를 제자로 삼아
> 가르치실 것이고,
> 너의 아이들은 큰 평강을 누릴 것이다.
> (이사야 54 : 10, 13)

이 구절은 새로운 하늘(a new heaven)과 새로운 교회(a new church)에 관해서 다루고 있습니다. 멸망하게 될 옛 하늘과 옛 교회는 "옮겨질 산들이나, 흔들릴 언덕"이 뜻합니다. 새로운 하늘이나 새로운 교회 안에 있는 자들이 주님에게서 비롯된 선 안에 있고, 그리고 주님과의 결합을 통하여 영원한 천계적인 기쁨을 소유할 것이라는 것은 "나의 은총(=자비)이 너에게서 떠나지 않으며, 나의 평화의 언약을 파기하지 않겠다"는 말씀이 뜻합니다. 여기서 "은총"(=자비 · mercy)은 주님에게서 비롯된 선을 뜻하고, "평화의 언약"은 주님과의 결합에서 비롯된 천계적인 기쁨이나 즐거움을 뜻합니다. 그리고 "언약"(covenant)은 결합을 뜻합니다. "주에게서 배울 것이고, 큰 평강을 누릴 자식들"은 새로운 하늘과 새로운 교회 안에 있는 자들은 주님에게서 비롯된 선에서 온 진리들 안에 있을 것을 뜻하고, 그리고 그들은 영원한 축복과 행복을 취할 것을 뜻합니다. 성경말씀에서 "아들들"(sons)은 선에서 비롯된 진리들 안에 있는 자들을 뜻하고, "주의 가르침을 받을 자들"은 주님에게서 비롯된 선에서 온 진리들 안에 있는 자들을 뜻하고, "큰 평강(=큰 화평)은 영원한 축복과 행복을 뜻합니다.
[25] 에스겔서의 말씀입니다.

> 그 때에는 내가 내 종 야곱에게 준 땅, 곧 그들의 조상이 살던 땅에서 그들이 살게 될 것이다. 그 땅에서 그들과, 그 자자손손이 영원히 거기에 살 것이며, 내 종 다윗이 그들의 영원한 왕(=통치자)이 될 것이다. 내가 그들과 평화의 언약을 세워서, 영원한 언약을 삼을 것이다. 내가 그들을 튼튼히 세우며, 번성케 하며, 내 성소를 그들 한가운데 세워서 영원히 이어지게 하겠다(에스겔 37 : 25, 26).

이 구절은 주님과, 주님에게서 비롯된 새로운 천계(=하늘)의 창조와 새로운 교회의 창조를 다루고 있습니다. 여기서 "그들의 영원한 왕(=통치자)이 될 다윗"은 주님을 뜻하고, "그들과 평화의 언약을 세운다"(=평화의 언약을 맺는다)는 말씀은 주님에게 결합된 자들에게 주어진 천계적인 기쁨이나 영원한 생명(永生)을 뜻합니다. 거기에서 비롯된 선의 결실과 진리의 번영은 "내가 그들을 튼튼히 세우며, 번성케 한다"는 말씀이 뜻합니다. 그리고 천계와 교회가 거기에서 비롯되기 때문에, 그러므로 "내 성소를 그들 한가운데 세워서 영원히 이어지게 하겠다"는 말씀이 부연되었는데, 여기서 성소(聖所 · 至聖所 · sanctuary)는 천계와 교회를 뜻합니다.
[26] 말라기서의 말씀입니다.

> 내가 레위와 맺은 언약을 파기하지 않으려고
> 이 훈계를 주었다는 것을,
> 그 때에 가서야
> 너희가 비로소 알게 될 것이다.
> 나 만군의 주가 말한다.
> 내가 레위와 맺은 언약은,
> 생명과 평화가 약속된 언약이다.
> 나는 그가 나를 경외하도록
> 그와 언약을 맺었고,
> 그는 과연 나를 경외하며
> 나의 이름을 두려워하였다.
> 그는 늘 참된 법을 가르치고,
> 그릇된 것을 말하지 않았다.
> 그는 나를 불편하게 하지 않고
> 나에게 늘 정직하였다.
> 그는 또한 많은 사람들을 도와서,
> 악한 길에서 돌아서게 하였다.
> (말라기 2 : 4-6)

여기서 "레위"(Levi)는 이웃을 향한 인애에 속한 선 안에 있는 자들 모두를 뜻하고, 최고의 뜻으로는 주님 당신을 뜻합니다. 선이 주님에게서 비롯되기 때문에 여기서는 주님 당신을 뜻합니다. 생명과 평화가 약속된 언약은 주님의 신령인성과 주님의 신성의 합일을 뜻하는데, 그 합일(合一・union)에서부터 모든 생명과 평화는 비롯됩니다. 주님에게서 비롯된 신령진리는 "그의 입에 둔 진리의 법과 그리고 그의 입술에서 발견되지 않은 죄악"(=그는 늘 참된 법을 가르치고, 그릇된 것을 말하지 않았다)이 뜻합니다. 이 세상에서 이루어진 합일 자체는 "그가 화평과 공평 안에서 나와 함께 행하였다"(=그는 나를 불편하게 하지 않고 나에게 늘 정직하였다)

는 말씀이 뜻합니다. 성경말씀에서 "레위"(Levi)가 영적인 사랑, 즉 인애를 뜻한다는 것은 A.C. 4497·4502·4503항을 참조하시고, 그가 최고의 뜻으로 주님을 뜻한다는 것은 같은 책 3875·3877항을 참조하십시오.

365[E]. [27] 에스겔서의 말씀입니다.

> 내가 그들과 평화의 언약을 세우고, 그 땅에서 해로운 짐승들을 없애 버리겠다. 그래야 그들이 광야에서도 평안히 살고, 숲 속에서도 안심하고 잠들 수 있을 것이다. …… 들의 나무가 열매를 맺고, 땅은 그 소산을 내어 줄 것이다. 그들이 멘 멍에의 나무를 내가 부러뜨리고, 그들을 노예로 삼은 사람들의 손에서 그들을 구하여 주면, 그 때에야 비로소 그들이, 내가 주인 줄 알게 될 것이다(에스겔 34 : 25, 27).

이 장절 역시 주님의 강림과 주님에 의한 새로운 교회의 설시를 다루고 있습니다. 주님과 그 교회에 속한 자들의 결합은 그 때 그분께서 그들과 맺을 "평화의 언약"이 뜻합니다. 결과적으로 온갖 악들이나 거짓들로부터의 보호나 안전(安全)은 "그 땅에서 해로운 짐승들을 없애 버리고, 그래야 그들이 광야에서도 평안히 살고, 숲 속에서도 안심하고 잠들 수 있을 것이다"는 말씀이 뜻합니다. 여기서 "해로운 짐승들"(=악한 야생짐승들)은 모든 종류의 악들을 뜻하고, "그들이 평안히 살 광야"는 악에 속한 탐욕이나 정욕이 공격하지 못한다는 것을 뜻하고, "그들이 안심하고 잠들 수 있는 숲 속"은 공격하지 못할 것에서 비롯된 거짓들을 뜻합니다. "나무가 맺는 열매"는 진리에 의한 선에 속한 결실(=생육·生育)이나 선에서 비롯된 진리의 번성은 "들의 나무가 열매를 맺고, 땅은 그 소산을 내어 줄 것이다"는 말씀이 뜻합니다. 여기서 "들의 나무"는 진리에 속한 지식들을 뜻하고, "열매"는 거기에서 비롯된 선을 뜻하고, "땅"(land)은 선과 관계되는 교회를 뜻하고, 따라서 역시 교회에 속한 선을 뜻하고, "땅의 소산"은 결과적으로 진리의 번성이나 증대를 뜻합니다. 주님께서 그들에게 속해 있는 악들이나 거짓들을 제거할 때, 그들에게서 일어나게 될 이런 여러 가지 것들은 "그들이 멘 멍에의 나무를 내가 부러뜨리고, 그들을 노예로 삼은 사람들의 손에서 그들을 구하여 주겠다"는 말씀이 뜻합니다. 여기서 "멍에를 메었다"(=멍에의 구속들 · the bonds of the yoke)는 자기사랑(自我愛)나 세상사랑(世間愛)에서 비롯된 악에 속한 쾌락들을 뜻하는데, 그것들이 그들을 구속합니다. 그리고 "그들을 노예로 삼은 사람들"은 이런 것들이 그런 악들을 섬기도록 그들을 만들었기 때문에, 거짓들을 뜻합니다.

[28] 스가랴서의 말씀입니다.

> 뿌린 씨는 잘 자라며
> 포도나무는 열매를 맺고,
> 땅은 곡식을 내고,
> 하늘은 이슬을 내릴 것이다.
> 살아 남은 백성에게 내가,
> 이 모든 것을 주어서 누리게 하겠다. ……
> 너희가 해야 할 일을 이러하다.
> 서로 진실을 말하여라.
> 너희의 성문 법정에서는
> 참되고 공의롭게 재판하여,
> 평화를 이루어라. ……
> 너희는 마땅히 성실(=진리)을 사랑하고, 평화를 사랑해야 한다.
> (스가랴 8 : 12, 16, 19)

"뿌린 씨"(=평화의 씨 · a seed of peace)는 선과 진리의 결합을 가지고 있는 자들을 일컫는 말입니다. "평화의 씨"가 이런 부류를 뜻하기 때문에 그러므로 "포도나무는 열매를 맺고, 땅은 곡식을 낸다"(=포도는 그 열매를 내고, 땅은 그 산물을 낸다)고 언급되었습니다. 여기서 "포도나무는 그 열매를 낸다"는 말씀은 진리가 선을 낳는 것(出産)을 뜻하고, "땅은 그 산물을 낸다"(=땅은 곡식을 낸다)는 말씀은 선이 진리들을 생산할 것을 뜻합니다. 왜냐하면 "포도나무"는 진리들에 관한 교회를, 다시 말하면 교회에 속한 진리들을 뜻하기 때문이고, "땅"(land)은 선에 관한 교회를, 다시 말하면 교회에 속한 선을 뜻하기 때문입니다. 그리고 "땅이 내는 그 산물"은 진리의 생산(the production of truth)을 말합니다. "이슬을 내는 하늘"(=이슬을 내리는 하늘)은 선의 열매 맺음(生育)과 진리의 번성(=증대)를 뜻합니다. 선과 진리의 결합에 관한 상세한 기술은 "너희가 해야 할 일은 이러하다. 서로 진실을 말하여라. 너희의 성문 법정에서는 참되고 공의롭게 재판하여 평화를 이루어라. 너희는 마땅히 성실(=진리)을 사랑하고, 평화를 사랑해야 한다"는 말씀이 뜻합니다. 여기서 "성실"(=진리)은 참된 것을 뜻하고, "참되고 공의로운 재판"이나 "평화"는 선과 진리의 결합을 뜻합니다.

[29] 시편서의 말씀입니다.

주께서 우리에게
평화를 약속하실 것입니다.
우리를
망령된 데로 돌아가지 않게 하시려고,
주의 백성과 그 경건한 성도에게
평화를 약속하실 것입니다. ……
사랑과 진실이 만나고(=자비와 진리가 함께 만나고),
정의와 평화가 입을 맞춘다.
(시편 85 : 8, 10)

"주께서(=여호와께서) 주의 백성과 그 경건한 성도에게 평화를 약속하실 것이다"(=평화를 말씀하실 것이다)는 말씀은 주님께서 그들에게 있는 선과 진리의 결합에 의하여 주님과의 결합을 가르치시고, 결합을 허락하실 것이라는 것을 뜻합니다. 여기서 "평화"(=화평 · peace)는 이들—선과 진리—의 결합을 뜻하고, "백성"은 선에서 비롯된 진리들 안에 있는 자들을 뜻하고, "성도"(saints)는 진리들에 의한 선 안에 있는 자들을 뜻합니다. 그로 말미암아 그들은 거짓에서 비롯된 악이나 또는 악에서 비롯된 거짓을 결코 취하지 않을 것이라는 내용은 "우리를 망령된 데로 돌아가지 않게 하신다"는 말씀이 뜻합니다. 그리고 이런 결합들은 "사랑과 진실이 만나고, 정의와 평화가 입을 맞춘다"는 말씀에 의하여 더 상세하게 기술되었습니다. 여기서 "사랑"(=자비)은 온갖 거짓들에게서의 옮김(除去)을 뜻하고, 결과적으로는 진리의 소유(所有)를 뜻합니다. 이러한 내용은 "사랑과 진실이 만난다"(=자비와 진리가 함께 만난다)는 말씀의 뜻을 명확하게 합니다. 그리고 "정의"(=공의 · righteousness)는 온갖 악들로부터의 옮김(除去)을 뜻하고, 결과적으로는 선들의 소유를 뜻하는데, 이러한 내용은 "정의(=의 · 義)와 평화가 입을 맞춘다"는 말씀의 뜻을 명료하게 합니다.
[30] 이사야서의 말씀입니다.

    놀랍고도 반가워라.
    희소식을 전하려고
    산을 넘어 달려오는 저 발이여!
    평화가 왔다고 외치며,
    복된 소식을 전하는구나.
    구원이 이르렀다고 선포하면서,
    시온을 보고 이르기를
    "너의 하나님께서 통치하신다"(=너희 왕이 통치한다)하는구나(=좋은 소식들을 가져 오며, 화평을 선포하고, 번영의 기쁜 소식을 가져 오며, 구원을 선포하며 신온을 향하여 말하기를 "네 하나님이 통치하시는도다" 하는 자의 발이 산들 위에 있을 때 어찌 그리도 아름다운가!)(이사야 52 : 7).

이 구절은 주님에 관해서 언급하고 있는데, 여기서 "평화"(=화평)는 주님 당신을 뜻하고, 그리고 주님에게 결합된 자들에게는 천계를 뜻합니다. "희소식을 전한다"(=좋은 소식들을 가져 온다)는 말씀은 이런 것들을 가르치는(=설교하는) 것을 뜻하고, 그리고 이런 결합이 사랑에 의하여 이루어지기 때문에 "산을 넘어 복된 소식을 선포한다"는 말씀이나 "시온을 보고 이른다"(=시온을 향하여 말한다)는 말씀이 언급되었습니다. 여기서 "산들"은 위에서 언급한 것과 같이, 주님을 사랑하는 사랑에 속한 선을 뜻하고, "시온"은 그 선 안에 있는 교회를 뜻합니다. 여기서 "통치하는 왕"은 주님을 뜻합니다. "평화"(=화평)가 주님과의 결합에서 비롯된 선과 진리의 결합을 뜻하기 때문에, 그러므로 "평화가 왔다고 외친다" "복된 희소식을 전한다" "구원이 이르렀다고 선포한다"(=좋은 소식들을 가져 오며, 화평을 선포하고, 번영의 기쁜 소식을 가져 오며, 구원을 선포한다)는 말씀이 언급되었습니다. 여기서 "복된 희소식을 전한다"(=화평을 선포하고 번영의 기쁜 소식을 가져 온다)는 말씀은 선에 의한 주님과의 결합을 뜻하고, "구원이 이르렀다고 선포한다"(=구원을 선포한다)는 말씀은 진리들에 의한, 그리고 그것들에 일치하는 삶에 의한 주님과의 결합을 뜻합니다. 그 이유는 구원은 그것들에 의한 것이기 때문입니다.

[31] 또 같은 책의 말씀입니다.

그러나 그가 찔린 것은
우리의 허물 때문이고,
그가 상처를 받은 것은
우리의 악함 때문이다.
그가 징계를 받음으로써

우리가 평화를 누리고,
그가 매를 맞음으로써
우리의 병이 나았다(=그러나 그는 우리의 허물로 인하여 상처를 입었고, 그는 우리의 죄악으로 인하여 상하였도다. 우리의 화평을 위한 징계가 그에게 내려졌고, 그가 맞은 채찍으로 우리가 치유되었다)(이사야 53 : 5).

이 구절은 주님에 관해서 언급하고 있고, 이 장절은 주님에 관해서 명확하게 다루고 있습니다. 그리고 이런 말들은 주님께서 이 세상에 계실 때, 지옥을 정복하시고, 세상에 있는 것들이나 천계에 있는 것들을 질서에 맞게 회복시키시기 위하여 주님께서 겪으신 온갖 시험들에 관해서 잘 기술하고 있습니다. 주님께서 이와 같은 처참하고 비참한 시험들이 "주님께서 찔린 것은 우리의 허물 때문이고, 그가 상처를 받은 것은 우리의 악함 때문이다"(=그는 우리의 허물로 인하여 상처를 입었고, 그는 우리의 죄악으로 인하여 상하였도다)는 말씀이나, 그리고 "그가 징계를 받음으로써 우리가 평화를 누리고, 그가 매를 맞음으로써 우리의 병이 나았다"(=우리의 화평을 위한 징계가 그에게 내려졌고, 그가 맞은 채찍으로 우리가 치유되었다)는 말씀은 그런 것들에 의한 구원을 뜻합니다. 그러므로 여기서 "평화"(=화평 · peace)는 주님과 결합된 사람들에게 있는 천계와 영생(永生)을 뜻합니다. 왜냐하면 만약에 주님께서 지옥에 있는 것들을, 그리고 천계에 있는 것들을 질서에 맞게 회복시키시지 않았다면, 그리고 동시에 그분의 인성(His Human)을 영화시키지 않으셨다면, 인류는 결코 구원받을 수 없기 때문입니다. 그리고 이와 같은 일들은 주님의 인성(His Human)에 허용하신 온갖 시험들을 통하여 성취되었습니다.

[32] 예레미야서의 말씀입니다.

보아라, 내가 이 도성을 치료하여 낫게 하겠고, 그 주민을 고쳐 주고, 그들이 평화와 참된 안전을 마음껏 누리게 하여 주겠다. …… 그러면 세상 만인이 내가 예루살렘에서 베푼 모든 복된 일들을 듣게 될 것이며, 예루살렘은 나에게 기쁨과 찬양과 영광을 돌리는 이름이 될 것이다. 그리고 내가 이 도성에 베풀어 준 모든 복된 일과 평화를 듣고, 온 세계가 놀라며 떨 것이다(예레미야 33 : 6, 9).

이 장절도 역시 주님에 관해서 언급하고 있습니다. 그 내용은 주님과의 결합 가운데 있는 자들을 온갖 악들이나 거짓들로부터 구출하실 것을 가리키고 있습니다. 온갖 악들이나 거짓들로부터의 구출은 "내가 이 도성을 치료하여 낫게 하겠고, 그 주민들을 고쳐 주겠다"는 말씀이 뜻합니다. 왜냐하면 영적으로 고쳐 준다(to be healed)는 말은 온갖 악들이나 거짓들로부터 구출되는 것을 가리키고, 그리고 이런 일은 주님께서 진리들에 의하여 행하시기 때문에, 따라서 "내가 그들이 평화와 참된 안전을 마음껏 누리게 하여 주겠다"는 말씀이 언급되었습니다. 여기서 "땅의 민족들"(=세상 만인)은 악들이나 거짓들 안에 있는 자들을 뜻하는데, 그들에 관해서는 "내가 도성에 베풀어 준 모든 복된 일과 평화를 듣고, 온 세계가 놀라며, 떨 것이다"(=그들은 내가 이 성읍에 마련한 모든 복과 번영으로 인하여 두려워하며 떨 것이다)고 언급되었습니다.

[33] 시편서의 말씀입니다.

> 나를 대적하는 자들이 많아도,
> 주께서는 나에게 덤벼드는 자들에게서,
> 내 생명을 안전하게 지켜 주실 것이다(=그는 나를 대적하는 전쟁으로부터 평안 가운데 내 영혼을 구해 내셨으니, 이는 나와 함께한 자가 많았음이다)(시편 55 : 18).

"평안 가운데 내 영혼(=내 생명)을 지켜 준다"는 말씀은 주님과의 결합을 통한 구원을 뜻하고, "그들이 나에게 가까이 오지 못한다" "나에게 덤벼드는 자들에게서 내 생명을 안전하게 지켜 준다"는 말씀은 결과적으로는 악들이나 거짓들의 옮김(除去)을 뜻합니다.
[34] 학개서의 말씀입니다.

> 그 옛날 찬란한 그 성전보다는,
> 지금 짓는 이 성전이
> 더욱 찬란하게 될 것이다.
> 나 만군의 주가 말한다.
> 내가 바로 이 곳에 평화가 깃들게 하겠다.
> (학개 2 : 9)

"하나님의 집"(the house of God)은 교회를 뜻하고, "옛 성전"(=옛 집)은 주님의 강림 전에 있었던 교회를 뜻하고, "지금 짓는 성전"(=나중 집)은 주님의 강림 뒤의 교회를 뜻합니다. 여기서 "영광"(glory)은 전자나 후자 안에 있는 신령진리를 뜻하고, "내가 바로 이 곳에 평화가 깃들게 하겠다"(=이 곳에 내가 화평을 주리라)는 말씀은 교회 안에 있는 "평화"가 뜻하는 모든 것들을 뜻합니다. 이것에 관해서는 앞에 언급한 것을 참조하십시오.
365[F]. [35] 또 시편서의 말씀입니다.

> 예루살렘에 평화가 깃들도록
> 기도하여라.
> "예루살렘아,
> 너를 사랑하는 사람에게 평화가 있기를,
> 네 성벽 안에 평화가 깃들기를
> 네 궁궐 안에
> 평화가 깃들기를 빈다" 하여라.
> 내 친척과 이웃에게도
> "평화가 너에게 깃들기를 빈다"

6장 1-8절

하고 축복하겠다.
주 우리 하나님의 집에
복이 깃들기를 빈다.
(시편 122 : 6-9)

여기서 "예루살렘"은 예루살렘을 뜻하지 않고, 오히려 교리나 예배의 측면에서 교회를 뜻합니다. 그리고 "평화"는 교리나 예배에 속한 모든 것을 뜻합니다. 왜냐하면 이런 것들이 천계적인 근원에서 비롯될 때, 다시 말하면 주님으로 말미암아 천계에서 나올 때 그 때 그것들은 평화에서 비롯되고, 평화 가운데 있기 때문입니다. 그것들이 평화에서 비롯된다는 것은 "예루살렘에 평화가 깃들기를 기도하여라"(=간구하여라)는 말씀이 뜻하는 것에서 명확합니다. 그리고 그 평화 안에 있는 자들이 "평온하다"(=평화스럽다 · 평화롭다)고 언급하였기 때문에, "너를 사랑하는 사람들에게 평화가 있기를 빈다", 다시 말하면 그 교회의 교리나 그 교회의 예배를 사랑하는 사람들에게 평화가 있기를 빈다라는 말씀이 언급되었습니다. "네 성벽 안에 평화가 깃든다" "네 궁궐 안에 평화가 깃든다"는 말씀은 평화가 외면적인 사람(the exterior man) 안에, 그리고 내면적인 사람(the interior man) 안에 있다는 것을 뜻합니다. 왜냐하면 자연적인 지식들(=과학지들)이나 자연적인 기쁨들을 가리키는 그것 안에 있는 것들을 가지고 있는 외면적인 사람은 마치 내면적인 사람에게는 성벽이나 요새(要塞)와 같기 때문입니다. 그리고 영적인 진리들이나 선들을 가리키는 그것 안에 있는 것들로서의 내면적인 사람은 마치 궁궐이나 집과 같습니다. 왜냐하면 그것은 외면적인 사람 안에 있기 때문입니다. 그러므로 외면적인 것들은 "성벽"(rampart)이 뜻하고, 사람의 내면적인 것들은 "궁궐"이 뜻합니다. 성경말씀에서 궁궐은 어디에서나 동일합니다. "친척이나 이웃들(=형제들과 동요들)을 위하여 평화가 깃들기를 빈다"는 말씀은 선들 안에 있는 자들이나, 그것에서 비롯된 진리들 안에 있는 자들을 위한 목적을 뜻합니다. 그리고 인물들을 떠난 추상적인 뜻으로는 그것은 선들이나 진리들을 뜻합니다. 성경말씀에서 "형제들"이나 "동료들"이 이런 것들—선들이나 진리들—을 뜻한다는 것은 A.C. 10490항이나 본서 47항을 참조하십시오. "주 우리 하나님의 집"은 이런 것들이 그것 안에 내재해 있는 교회를 뜻합니다.
[36] 또 같은 책의 말씀입니다.

> 예루살렘아, 주님께 영광을 돌려라.
> 시온아, 네 하나님을 찬양하여라. ……
> 네가 사는 땅에 평화를 심어 주시고,
> 가장 좋은 밀곡식으로 너를 배불리신다(=예루살렘아, 주를 찬양하여라. 시온아, 네 하나님을 찬양하여라. …… 그는 너의 지경들에 화평을 이루시고, 가장 좋은 곡식으로 너를 배불리신다)(시편 147 : 12, 14).

여기서 "예루살렘"이나 "시온"은 교회를 뜻합니다. 그리고 "예루살렘"은 교리에 속한 진리들에 관한 교리를 뜻하고, "시온"은 사랑에 속한 선에 관한 교회를 뜻합니다. "시온이 찬양할 주님의 이름"(=여호와의 이름)은 사랑에 속한 선에서 비롯된 예배의 모든 것을 뜻하고, "평화를 심어 줄 네가 사는 땅"(=너의 지경들)은 천계나 교회에 속한 모든 것을 뜻합니다. 왜냐하면 "땅"(=지경 · 경계 · 변두리 · border)은, "지경"(=경계 · 변두리) 안에는, 다시 말하면 가장 외적인 것(the outmost)은 복합적으로 모든 것들을 가리키기 때문에, 그런 것에 속한 모든 것들을 뜻하기 때문입니다(A.C. 634 · 5897 · 6239 · 6451 · 6465 · 8603 · 9215 · 9216 · 9824 · 9828 · 9836 · 9905 · 10044 · 10099 · 10329 · 10335 · 10548항 참조). "그분은 가장 좋은 밀곡식으로 너를 배부르게 하신다"는 말씀은 사랑에 속한 선이나 지혜에서 비롯된 모든 것들을 뜻합니다. 왜냐하면 "좋다"(=기름지다 · 양분이 많다 · fat)는 것은 사랑에 속한 선을 뜻하기 때문이고(A.C. 5943 · 6409 · 10033항 참조), 그리고 "밀"(wheat)은 사랑에 속한 선에게서 비롯된 모든 것들을 뜻하고, 개별적으로는 천계에 속한 진리들이나, 그것에서 비롯된 지혜를 뜻하기 때문입니다(A.C. 3941 · 7605항 참조).

[37] 역시 같은 책의 말씀입니다.

> 주께서 시온에서 너에게
> 복을 내리시기를 빈다(=주께서 시온으로부터 네게 복을 주시라).
> 평생토록 너는,
> 예루살렘이 받은 은총을 보면서
> 살게 될 것이다(=네가 평생 동안 예루살렘의 번영을 볼 것이다).
> 아들딸 손자손녀 보면서
> 오래오래 살 것이다(=정녕, 네가 네 자녀들의 자녀들을 볼 것이며, 이스라엘 위에 화평을 보리라).
> (시편 128 : 5, 6)

여기서 "시온"이나 "예루살렘"은, 위에서 언급한 것과 같이, 사랑에 속한 선들의 측면에서 교회를 뜻하고, 그리고 교리에 속한 진리들의 측면에서 교회를 뜻합니다. 여기의 "주께서 시온으로부터 너에게 복을 주신다"는 말씀은 사랑에 속한 선에서 비롯된 축복을 뜻합니다. 왜냐하면 "시온"은 사랑에 속한 선의 측면에서 교회를 뜻하기 때문입니다. 그리고 그 선에서부터 교리에 속한 선이나 진리가 발출하고, 존재하기 때문에 "너는 예루살렘이 받은 은총(=선)을 볼 것이고, 네가 네 자녀들의 자녀들을 볼 것이다"는 말씀이 언급되었습니다. 여기서 "자녀들의 자녀들"(=손자손녀들)은 교리에 속한 진리들을 뜻하고, 영원한 그것들의 번성이나 증대를 뜻합니다. 모든 것들이 주님에게서 비롯되기 때문에, 그리고 모든 것들이 주님에게서 비롯된 평화(=화평)를 통해서 오기 때문에, 결론적인 말씀 "너는 이스라엘 위에 화평을 보리라"라는 말씀으로 끝맺음 합니다. 여기서 "이스라엘"은 그들에게 있는 교회를 뜻합니다.

[38] 역시 같은 책의 말씀입니다.

> 그의 장막이 살렘에 있고,
> 그의 처소 시온에 있다.
> 여기에서 하나님이 불화살을 꺾으시고,
> 방패와 칼과 전쟁 무기를 꺾으셨다(=살렘에는 그의 성막이 있고, 그의 처소는 시온에 있도다. 거기에서 그가 화살들과 방패와 칼과 싸움을 부수셨도다)(시편 76 : 2, 3).

여기서 예루살렘이 "살렘"이라고 불리웠는데, 그 이유는 "살렘"(Salem)이 평화를 뜻하기 때문이고, 역시 예루살렘은 그것에서부터 명명(命名)되었기 때문입니다. 그리고 "평화"가 위에서 간략하게 언급된 모든 그런 것들을 뜻하기 때문에, 그리고 그것이 그것과 관계를 가지고 있기 때문에, 예루살렘은 그와 같이 명명되었습니다. "살렘 안에 있는 그의 성막"(=살렘에 있는 그의 장막)은 이런 것들에게서 비롯된 교회를 뜻하고, "시온에 있는 그의 처소"는 사랑에 속한 선을 뜻하는데, 그 이유는 주님께서 거기에 사시기 때문입니다. 그리고 주님께서는 그것에서 진리들을 주시고, 그리고 그것들로 하여금 많은 열매를 맺게 하시고, 번영하게 하고 번성하게 하십니다. "평화"(=화평)가 또한 거기에 선이나 진리에 거스르는 악이나 거짓에 속한 전쟁이나 다툼이 결코 더 이상 없다는 것을 뜻합니다. 다시 말하면 영적인 뜻으로 전쟁의 불화(不和)나 알력(軋轢)이 없기 때문에, "거기에서 그가 방패와 칼과 전쟁 무기(=전쟁)를 꺾으셨다"고 언급되었는데, 그렇게 언급된 이 말씀은 선이나 진리에 거스르는 교리에 속한 온갖 거짓들의 모든 싸움이나 다툼들의 불화나 알력 등의 소멸이나 소산(消

散)을 뜻하고, 그리고 일반적으로는 모든 불화나 알력의 소멸이나 소산을 뜻합니다. 더욱이 "평화"로 말미암아 이렇게 언급되었습니다.

> 예루살렘(=유다의 남쪽 성읍들)이 포로가 되었다(=샤로밈(Shalomim)이라고 불리웠다)(예레미야 13 : 19).
> 그 때에 살렘(=평화) 왕 멜기세덱은 가장 높으신 하나님의 제사장이다(창세기 14 : 18).

여기서 그는 주님을 표징하는데, 그러한 사실은 아래와 같이 기술된 시편서의 말씀에서 아주 명확합니다. 거기에는—.

> "너는 멜기세덱을 따른
> 영원한 제사장이다" 하셨다.
> (시편 110 : 4)

365[G]. [39] 이사야서의 말씀입니다.

> "예루살렘을 사랑하는 사람들아,
> 그 성읍과 함께 기뻐하고 즐거워하여라.
> 예루살렘을 생각하며 슬퍼하던 사람들아,
> 너희는 모두
> 그 성읍과 함께 기뻐하여라.
> 이는 너로 하여금,
> 위로를 주는 예루살렘의 품에서
> 젖을 빨아 배부르게 하고,
> 또한 너로 하여금
> 풍요한 것을 빨아들여
> 기쁨을 누리게 하려 함이다."
> 주께서 이렇게 말씀하신다.

"내가 예루살렘에
평화가 강물처럼 넘치게 하며,
뭇 나라의 부귀영화가
시냇물처럼 넘쳐서 흘러 오게 하겠다."
너희는 예루살렘의 젖을 빨며,
그 팔에 안기고,
그 무릎 위에서 귀여움을 받을 것이다.
(이사야 66 : 10-12)

여기서도 "예루살렘"은, 위에서와 같이, 교리에 관한 교회를 뜻하고, 또한 같은 뜻이지만, 교회의 교리를 뜻합니다. 그것에 관해서 우리의 본문은 "예루살렘을 사랑하는 사람들아, 예루살렘을 생각하며 슬퍼하던 사람들아, 그 성읍과 함께 기뻐하고, 즐거워하여라. 너희는 모두 그 성읍과 함께 크게 기뻐하여라"라고 언급하였습니다. 그리고 그 교리에 관해서는 "너희는 위로를 주는 예루살렘의 품에서 젖을 빨아 배부르게 하고 너희가 풍요한 젖을 빨아들여 기쁨을 누려라"(=이는 너희가 젖을 빨고 그녀의 위안의 젖가슴으로 만족하여라. 너희가 젖을 짜내고, 그녀의 영광의 풍요함으로 즐거워하여라)라고 더 상세하게 부연(敷衍)하고 있습니다. 여기서 "젖가슴"은 신령선을 뜻하고, "영광의 풍요함"은 교리의 근원인 신령진리를 뜻합니다. 거기에 주님과의 결합에서 비롯된 이런 것들이 넉넉하게, 또는 풍요롭게 있을 것이라는 내용은 "내가 예루살렘에서 평화가 강물처럼 넘치게 하며, 뭇 나라의 부귀영화가 시냇물처럼 넘쳐서 흘러 오게 하겠다. 너희는 예루살렘의 젖을 빨 것이다"는 말씀이 뜻합니다. 여기서 "평화"는 주님과의 결합을 뜻하고, "뭇 나라의 부귀영화"(=이방인들의 영광)는 그것에서 비롯된 선과 진리의 결합을 뜻합니다. "젖을 빤다"는 것은 주님에게서 비롯된 입류(入流・influx)을 뜻하고, "강물처럼 넘친다"와 "시냇물처럼 넘쳐서 흘러 온다"는 것은 넉넉함이나 풍요(豊饒・

abundance)를 뜻합니다. 이것에서 비롯된 것은 영적인 사랑이나 천적인 사랑을 가리키는데, 그것에 의하여 이루어지고, 성취된 주님과의 결합은 "그 팔에 안기고,. 그 무릎 위에서 귀여움을 받을 것이다"(=그녀의 품에 안겨서, 그녀의 무릎에서 재롱을 부리게 되리라)는 말씀이 뜻합니다. 여기서 "그녀의 품"(=팔 · the side)은 영적인 사랑을 뜻하고, "무릎"(knees)은 천적인 사랑을 뜻하고, 그리고 "안기고 재롱을 부린다"(=달래다 · 어른다 · caressed)는 것은 결합에서 비롯된 영원한 행복을 뜻합니다. "젖가슴"(the breast)이 영적인 사랑을 뜻하고, "품"(=옆구리 · 양 옆 · the side)이나 "가슴"(bosom)이 영적인 사랑을 뜻한다는 것은 본서 65항을 참조하시고, "무릎"(knees)이 혼인애(婚姻愛 · conjugial love)를 뜻하고, 거기에서 비롯된 천적인 사랑을 뜻한다는 것은 A.C. 3021 · 4280 · 5050-5062항을 참조하십시오. "영광"(光榮 · glory)이 신령진리를 뜻하고, 그것에서 비롯된 총명이나 지혜를 뜻한다는 것은 본서 33 · 288 · 345항을 참조하시고, "뭇 나라들"(=이방 사람들 · nations)이 사랑에 속한 선 안에 있는 자들을 뜻하고, 추상적인 뜻으로 사랑에 속한 선들을 뜻한다는 것은 본서 175[A] · 331항을 참조하십시오. 그러므로 "뭇 나라의 부귀영화"(=이방 사람들의 영광)는 사랑에 속한 선에서 비롯된 진정한 진리를 뜻하고, 따라서 이런 것들의 결합을 뜻합니다.
[40] 같은 책의 말씀입니다.

　　의의 열매는 평화요,
　　의의 결실은 영원한 평안과 안전이다.
　　나의 백성은 평화로운 집에서 살며,
　　안전한 거처,
　　평온히 쉴 수 있는 곳에서 살 것이다(=의의 행위는 화평이 되며, 의의 효과는 영원한 평안과 보장이 되고, 내 백성은 화평한 처소와 안전한 거처와, 조용히 쉬는 곳에 거하리라)(이사야 32 : 17, 18).

"평화"(=화평 · peace)가 "여호와의 일"(the work of Jehovah)이라고 하였는데, 그 이유는 그것이 오로지 주님에게서 비롯되기 때문입니다. 그리고 주님과의 결합 가운데 있는 자들에게 있는 주님에게서 비롯된 평화에서 나온 모든 것이 "여호와의 일"(=의 · 義)이라고 하였습니다. 그러므로 "여호와의 일(=여호와의 의 · 의의 열매)은 평화"라고 언급되었습니다. "의의 결실"(=의의 효과 · 의의 애씀 · the labor of righteousness)은 진리에 결합된 선을 뜻하고, 그것 안에는 평화(=화평)가 있습니다. 왜냐하면 "애씀"(=노력 · labor)은 성경말씀에서 진리에 관해서 서술하기 때문이고, "의"(righteousness)는 선에 관해서 서술하기 때문이고, 그리고 "평온"(=조용함 · quietness)은 그것 안에 있는 평화(=화평)에 관해서 서술하기 때문입니다. 그리고 "영원한 안전"(security for ever)은 따라서 온갖 악들이나 거짓들에게서 비롯되는 공격이나 두려움 따위가 전혀 없을 것이라는 것을 뜻합니다. 이러한 내용이나 뜻은 "나의 백성은 평화로운 집(=평화의 거처)에서 살며, 안전한 거처, 평온히 쉴 수 있는 곳에서 살 것이다"(=내 백성은 화평한 처소와 안전한 거처와 조용히 쉬는 곳에 거하리라)는 말씀의 뜻을 명확하게 합니다. 다시 말하면 주님이 계시는 천계에 있는 자들, 그리고 사랑에 속한 선 안에 있고, 거기에서 비롯된 예배의 선 안에 있는 자들, 그리고 지옥에서 비롯된 공격이나 괴롭힘 밖에 있는 자들, 따라서 선에 속한 기쁨과 진리에 속한 즐거움 안에 있는 자들이 그런 곳에서 살 것이라는 말씀의 뜻을 명확하게 합니다. "평화로운 집"(=화평한 처소)는 주님이 계시는 천계를 뜻하고, "안전한 거처"는 사랑에서 비롯된 선들이나 지옥에서 비롯된 악들이나 거짓들에 의한 공격 밖에 있는 예배에 속한 선들을 뜻하고, "평온히 쉴 수 있는 곳"(=조용히 쉬는 곳)은 선에 속한 기쁨들이나 진리에 속한 즐거움을 뜻합니다. "성막"(=천막 · tent)이

6장 1-8절

사랑에 속한 선들이나 예배에 속한 선들을 뜻한다는 것은 A.C. 414 · 1102 · 2145 · 2152 · 3312 · 4391 · 10545항을 참조하십시오.

[41] 또 같은 책의 말씀입니다.

> 내가 놋쇠 대신 금을 가져 오며,
> 철 대신 은을 가져 오며,
> 나무 대신 놋쇠를 가져 오며,
> 돌 대신에 철을 가져 오겠다.
> "내가 평화를 너의 감독자로 세우며,
> 공의를 너의 지배자로 세우겠다."
> 다시는 너의 땅에서
> 폭행 소문이 들려 오지 않을 것이며,
> 너의 국경 안에서는
> 황폐와 파괴 소문이 들려 오지 않을 것이다.
> 너는 너의 성벽을 '구원'이라고 부르고,
> 너의 성문을 '찬송'이라고 부를 것이다
> (이사야 60 : 17, 18)

이 장절은 주님의 강림과 새로운 천계와 그 때의 새로운 교회에 관해서 언급하고 있습니다. 그리고 이런 낱말들은 예전과 같이 자연적인 사람들이 있다는 것을 뜻하지 않고, 영적인 사람들이 거기에 있다는 것을 뜻합니다. 다시 말하면 사랑에 속한 선에 의하여 주님과 결합된 자들이 거기에 있다는 것을 뜻합니다. 그리고 또한 거기에는 속사람, 즉 영적인 사람과 겉사람, 즉 자연적인 사람의 분리가 더 이상 있지 않다는 것을 뜻합니다. 거기에 예전과 같이, 자연적인 사람이 있지 않고, 영적인 사람이 거기에 있다는 것은 "내가 놋쇠 대신 금을 가져 오고, 철 대신에 은을 가져 오고, 돌 대신에 철을 가져 온다"는 말씀이 뜻합니다.

여기서 "놋쇠"(brass), "철"(iron)이나 "돌"(stone)은 자연적인 것들을 뜻하고, 그것들을 대신하는 "금"(gold) · "은"(silver) · "철"(iron)은 영적인 것들을 뜻합니다. 여기서 "금"은 영적인 선을 뜻하고, "은"은 그 선에 속한 진리를 뜻하고, "철"은 영적 자연적인 진리(spiritual-natural truth)를 뜻합니다. 주님께서 사랑에 속한 선에 의하여 다스릴 것이라는 것은 "내가 평화를 너의 감독자로 세운다. 공의를 너의 지배자로 세운다"는 말씀이 뜻합니다. 여기서 "감독자"(=정부 · 관원)는 왕국(=나라)을 뜻하고, "평화"는 주님을 뜻하고, "공의"는 주님에게서 비롯된 선을 뜻합니다. 거기에 영적인 사람과 자연적인 사람 사이에 분리(=분열)가 더 이상 없다는 것을 뜻한다는 것은 "너의 땅에서 더 이상 폭행 수문이 들려 오지 않을 것이며, 너의 국경 안에서는 황폐와 파괴 수문이 들여오지 않을 것이다"는 말씀이 뜻합니다. 여기서 "폭행"(violence)은 분리나 분열을 뜻하고, 그리고 "땅"(land)은 내적 영적인 사람을 뜻하는데, 그 이유는 거기에 교회가 있기 때문이고, 그리고 일반적으로 "땅"은 교회를 뜻하기 때문입니다. "다시는 너의 국경 안에서 황폐와 파괴의 소문이 들려 오지 않을 것이다"는 말씀은 거기에 결코 악들이나 거짓들이 있지 않을 것이라는 것을 뜻하고 "너의 국경 안에서"라는 말은 자연적인 사람 안에 라는 것을 뜻합니다. 왜냐하면 자연적인 사람 안에 있는 것들의 안에는 영적인 것들이 종결되기 때문입니다. "황폐"와 "파괴"는 악들이나 거짓들을 뜻하는데, 그 이유는 악들은 자연적인 사람을 황폐하게 만들기 때문이고, 거짓은 자연적인 사람을 분쇄(粉碎)하기 때문입니다.

365[H]. [42] 주님으로 말미암아 선과 진리의 결합 안에 있는 자들은 평화(=화평)을 가지고 있기 때문에, 그리고 악은 선을 파괴하고, 거짓은 진리를 파괴하기 때문에, 그러므로 이런 것들은 평화를 파괴합니다. 이런 사실에서 뒤이어지는 것은 온갖 악들

6장 1-8절

이나 거짓들 가운데 있는 자들은 결코 평화를 누릴 수 없다는 것입니다. 그들이 이 세상에서 계속해서 살고 있을 때 그들은 마치 평화를 누리고 있는 것처럼 보이고, 심지어 그들은 자기 자신에게 변화 없이 마음의 만족한 상태를 가지고 있는 것 같이 보이고, 생각됩니다. 그러나 그와 같은 외현적인 평화는 그들의 외적인 것 안에 있을 뿐이고, 이에 반하여 내적으로는 거기에 평화는 전혀 존재하지 않습니다. 왜냐하면 그들은 끝없이 명예나 재물, 또는 소득에 관해서 생각 뿐이고, 그리고 그들의 마음 안에서는 교활·사기·원한·미움·복수나 그와 비슷한 수많은 것들을 애지중지하는데, 이런 것들은, 그들 자신에게는 전혀 알지 못하는 것이고, 그리고 그런 것들은 그들의 마음의 내면적인 것들을 깨부수고, 멸망시켜 버립니다. 그것으로 인하여 그들의 몸에 속한 내적인 것들도 그렇게 만듭니다. 이것이 그들에게서 사실이라는 것은, 그들이 그들의 내면적인 것들에 태어났을 때, 즉 죽음 뒤에는 아주 명료하게 까발려 집니다. 그들의 마음에 속한 이런 기쁨들이나 즐거움들은 그 때 그들의 전혀 반대의 것들로 뒤바뀝니다. 이러한 사실은 H.H. 485-490항에 입증된 것에서 아주 잘 알 수 있습니다.

[43] 선 안에 있고, 그것에서 비롯된 진리들 안에 있는 자들이 평화를 누리고 있다는 것이나, 악 안에 있고, 그것에서 비롯된 거짓들 안에 있는 자들이 결코 평화를 누리지 못한다는 것은 아래의 장절들에게서 잘 알 수 있습니다. 이사야서의 말씀입니다.

> 그러나 악인들은 요동하는 바다와 같아서
> 고요히 쉬지 못하니,
> 성난 바다는
> 진흙과 더러운 것을 솟아 올릴 뿐이다.
> 나의 하나님께서 말씀하신다.
> "악인들에게는 평화가 없다!"

(이사야 57 : 20, 21)

같은 책의 말씀입니다.

> 그들의 발은 나쁜 일을 하는데 빠르고,
> 죄 없는 사람을 죽이는 일에 신속하다.
> 그들의 생각이란
> 죄악으로 가득 차 있을 뿐이며,
> 그들이 가는 길에는
> 황폐와 파멸이 있을 뿐이다.
> 그들은 안전한 길을 알지 못하며
> 그들이 가는 길에는 공평이 없다.
> 스스로 길을 굽게 만드니,
> 그 길을 걷는 모든 사람에게 안전이 없다.
> (이사야 59 : 7, 8)

시편서의 말씀입니다.

> 내가 지금까지 너무나도 오랫동안,
> 평화를 싫어하는 사람들과
> 더불어 살아왔구나.
> 나는 평화를 사랑하는 사람이다.
> 그러나 내가 평화를 말할 때에,
> 그들은 전쟁을 생각한다.
> (시편 120 : 6, 7)

에스겔서의 말씀입니다.

내가 이렇게 그들을 치는 까닭은, 그들이 내 백성을 잘못 인도하였기 때문이다. 무엇하나 잘 되는 것이 없는데도 잘 되어 간다고 하여 백성을 속였기 때문이다. 내 백성이 담을 세우면, 그들은 그 위에 회칠이나 하는 자들이다. …… '예루살렘을 두고 예언한 이스라엘의 예언자들과, 전혀 평화가 없는데도 예루살렘에 대하여 평화의 환상을 본 사람들이 사라졌다' 할 것이다(에스겔 13 : 10, 16).

예레미야서의 말씀입니다.

"힘 있는 자든 힘 없는 자든,
모두가 자기 잇속만을 채우며
사기를 쳐서 재산을 모았다.
예언자와 제사장까지도
모두 한결같이 백성을 속였다.
백성이 상처를 입어 앓고 있을 때에,
그들은 '괜찮다! 괜찮다!' 하고 말하지만,
괜찮기는 어디가 괜찮으냐?"(=화평이 없을 때에 말하기를 "화평이라, 화평이라" 하였다)(예레미야 8 : 10, 11).

또 같은 책의 말씀입니다.

목자들이 울부짖는 소리와
양 떼의 인도자들이 통곡하는 소리를
들어 보아라.
주께서 그들의 목장을
파괴하였기 때문이다.
주께서 맹렬히 진노하시니,
평화롭던 초장들이 황무지가 되었다.
(예레미야 25 : 36, 37)

시편서의 말씀입니다.

주께서 노하시므로,
나의 몸에 성한 곳이 없습니다.
내가 지은 죄 때문에,
이 몸이 성한 데(=평화)가 없습니다.
(시편 38 : 3)

애가서의 말씀입니다.

쓸개즙으로 나를 배불리시고,
쓴 쑥으로 내 배를 채우신다. ……
내게서 평안을 빼앗으시니,
나는 행복(=선)을 잊고 말았다.
(애가 3 : 15, 17)

이 밖에도 여러 장절들이 있습니다.
[44] 그것의 처음 근원 안에 있는 평화는 주님 안에 있는 신령존재와 신령인간(=신령인성)의 합일에서 비롯되기 때문에 그러므로 평화는 천계와 주님의 결합, 그리고 교회와 주님의 결합 안에 있는 주님에게서, 그리고 그것 안에 있는 모든 것에게 있는 선과 진리의 결합 안에 있는 주님에게서 비롯되기 때문에, 따라서 교회의 가장 거룩한 표징(the most holy representative of the church)을 가리키는 안식(安息 · the sabbath)이 쉼(rest), 즉 평화도 말미암아 그렇게 불리웠습니다. 그러므로 역시 "화목제의 희생제물"이라고 부를 것이 명령되었습니다. 이것에 관해서는 출애굽기 24 : 5 ; 32 : 6 ; 레위기 3 : 3 ; 4 : 20, 26, 31, 35 ; 6 : 12 ; 7 : 11 ; 14 : 20, 21, 33 ; 17 : 5 ; 19 : 5 ; 민수기 6 : 17 ; 에스겔 45 : 15 ; 아모스 5 : 22이나 그 밖의 여러 곳에서 볼 수 있습니다. 그러므로 여호와에 관해서는 이렇게 언급되었습니다. 즉—.

이것이 바로 주께 드리는 제물이며, 이것이 바로 향기로 주를 기쁘게 해 드리는 살라 바치는 제물이다(출애굽기 29 : 18, 25, 41 ; 레위기 1 : 9, 13, 17 ; 2 : 2, 9 ; 6 : 15, 21 ; 23 : 12, 13, 18 ; 민수기 15 : 3, 7, 13 ; 28 : 6, 8, 13 ; 29 : 2, 6, 8, 13, 36).

여기서 "쉼의 향기"(odor of rest)는 평화의 지각(the perception of peace)을 뜻합니다.

366. 그는 사람들이 서로 죽이게 하는 권세를 받아 가졌다.
이 말씀은 진리들의 위화(爲化 · falsification) 또는 진리들의 소멸(掃滅)이나 멸절(滅絕)을 뜻합니다. 이러한 뜻은 진리의 소멸이나 멸절을 뜻하는 "죽인다"(殺害 · slaying)는 낱말의 뜻에서 잘 알 수 있습니다. 왜냐하면 성경말씀에서 "사람을 죽인다"(殺害 · to slay)는 말은 영적으로 죽이는 것, 즉 살해하는 것을 뜻하기 때문입니다. 다시 말하면 살해한다(=죽인다)는 말은 사람의 영적인 부위, 즉 그의 영혼을 죽이는 것을 뜻하는데, 그것은 곧 진리들을 소멸시키고, 멸절시키는 것을 뜻합니다. 그것은 역시 위화(爲化 · to falsify)하는 것을 뜻합니다. 그 이유는 진리들이 위화될 때 그것들은 역시 소멸되기 때문입니다. 왜냐하면 위화는 진리의 서로 상이한 이해(理解)를 생산하기 때문이고, 그리고 진리는 그 사람의 이해에 따라서 모두에게는 참된 것이기 때문입니다. 왜냐하면 사람 안에서 지배하는 사랑이나 원칙(principle)은 그들 자신들에게 모든 것들을 적용시키는 것이고, 끌어들이고, 흡수하게 하는 것이기 때문이고, 심지어 진리들까지도 그렇게 하기 때문입니다. 결과적으로 사랑이 악한 것이라면, 또는 원칙이 거짓된 것이라면, 그 때 진리들은 사랑에 속한 악이나, 그 원칙이 거짓된 것이라면, 그 때 진리들은 사랑에 속한 악이나, 그 원칙에 속한 거짓으로 감염(感染)되고, 침략(侵略)을 받기 때문입니다. 그리고 따라서 진리들은 소멸, 멸망되기 때문입니다. 그러므로 여기서 이러한 사실이나 뜻은 "사람들이 서로 죽인다"는 말씀이 뜻합니다. 이러한 일은, 사람에게 전혀 선이 없을 때 일어나고, 특히 그 사람의 교회의 교리에 전혀 선이 없을 때 일어난다는 것은 앞서의 장절, 즉 봉인을 뗄 때에, "불꽃과 같은 붉은 말 위에 탄 사람에게 땅에서 평화를 걷어 버리는 권세를 받아 가졌다"고 언급된 구절에서 잘 알 수 있습니다. 이것은, 선에 관해서 성언의 이해가 파괴되었을 때의 교회의 두 번째 상태를 뜻하는데, 그것은 교회 안에 있는 불화나 알력의 근원입니다. 이것에 관해서는 본서 361 · 364 · 365항을 참조하십시오.

[2] 성언의 이해(the understanding of the Word)나, 동일한 말이지만 진리의 이해(the understanding of truth)는 사람에게 선이 전혀 없을 때 파괴됩니다. 다시 말하면 주님을 향한 사랑이 없을 때, 또는 이웃을 향한 사랑인 인애가 없을 때 그런 일이 일어난다는 것은 본서 365[A]항에서 잘 볼 수 있습니다. 왜냐하면 사람에게서 선은, 같은 말이지만, 그 사람에게서 사랑은 그 사람의 생명의 불꽃(the fire of his life)이고, 그리고 그 사람에게 있는 진리이고, 그 사람 안에 있는 진리에 속한 믿음이라는 것은 거기에서 비롯된 빛이기 때문입니다. 결과적으로 그런 선은 곧 그 사람 안에 있는 사랑이고, 그리고 그런 진리는 그 사람 안에 있는 진리에 속한 믿음을 가리킵니다. 이상에서 볼 때 사람에게 악이나 악한 사랑이 있다면 그 사람에게는 전혀 진리나 진리에 속한 믿음이 있을 수 없다는 것을 밝히 알 수 있겠습니다. 왜냐하면 이런 부류의 불에서 나오는 빛은 지옥에 있는 자들이 가지고 있는 빛이기 때문입니다. 그리고 이런 종류의 빛은 석탄이 탈 때 나오는 빛과 같이 어리석고 바보스러운 빛과 같은데, 그런 빛은 천계에서 빛이 입류할 때 그것을 칠흑같은 매우 짙은 흑암으로 변질시킵니다. 이런 것이 바로 악한 사람에게 있는 빛입니다. 그리고 그들이 교회에 속한 것들에 거슬러 추론할 때 자연

적인 빛(natural light)이라고 합니다.
[3] 그들이 위화하고, 그것에 의하여 진리를 소멸시키고, 멸절시키는다는 것은 마태복음의 주님의 말씀이 뜻합니다. 마태복음서의 말씀입니다.

> (예수께서 제자들에게 말씀하셨다.) 형제가 형제를 죽음에 넘겨 주고, 아버지가 자식을 또한 그렇게 하고, 자식이 부모를 거슬러 일어나서 부모를 죽일 것이다(마태 10 : 21).

그리고 누가복음서의 말씀입니다.

> 너희의 부모와 형제와 친척과 친구들까지도 너희를 넘겨 줄 것이요, 너희 가운데서 더러는 죽일 것이다(누가 21 : 16).

여기서 "부모" "형제" "어린 것들"(=친척들) "친구들"은 부모들 · 형제들 · 친척들 · 친구들을 뜻하지 않고, 역시 "제자들"은 제자들을 뜻하지 않고, 교회에 속한 선들이나 진리들을 뜻하고, 때로는 그것의 악들이나 거짓들을 뜻합니다. 이 뜻은 곧 악들이 선들을 소멸시킬 것이라는 것이나, 거짓들이 진리들을 멸절시킬 것이라는 것을 뜻합니다. 이러한 내용이 우리의 본문의 내용이고 뜻이라는 것은 A.C. 10490항을 참조하십시오.

367. 또 그는 큰 칼을 받아 가지고 있었습니다.
이 말씀은 거짓들에 속한 수단들이나 방법을 뜻합니다. 이러한 내용은 거짓에 대항하여 싸우는 진리를 가리키는, 그리고 반대의 뜻으로는 진리에 대항하여 싸우는 거짓이나 진리의 파괴나 멸망을 가리키는, "칼"의 뜻에서 잘 알 수 있습니다(본서 131항 참조). 여기서 "칼"은 진리에 거슬러 싸우는 거짓을 뜻하고, 그리고 진리를 파괴하는 거짓을 뜻합니다. 왜냐하면 바로 앞에서 "그들이 서로 죽일 것이다"라고 언급되었기 때문인데, 그 말씀은 진리들의 위화나 진리들의 소멸을 뜻하기 때문입니다. 성경말씀에는 "큰 칼"(sword)이나 "짧은 칼"(short sword)이나 "긴 칼"(long sword)이 거명되고 있는데, 그 때의 "칼"(sword)은 일반적으로 영적인 싸움을 뜻하고, "짧은 칼"은 선에게서 비롯된 진리의 싸움이나, 악에서 비롯된 거짓의 싸움을 뜻하고, "긴 칼"은 거짓에 대항하는 교리에서 비롯된 진리의 싸움을 뜻하고, 또는 진리에 대항하는 교리에서 비롯된 거짓의 싸움을 뜻합니다. 왜냐하면 "짧은 칼"(a short sword)은 전쟁을 목적으로 만들어진 것이고, "긴 칼"(a long sword)은 묵시록 1 : 16 ; 2 : 12 , 16 ; 19 : 15, 21에서와 같이, 입에서 나온다고 언급되었기 때문입니다.

368. 5, 6절. 그 어린 양이 셋째 봉인을 뗄 때에, 나는 셋째 생물이 "오너라!" 하고 말하는 것을 들었습니다. 그리고 내가 보니, 검은 말 한 마리가 있는데, 그 위에 탄 사람은 손에 저울을 들고 있었습니다. 그리고 네 생물 가운데서 나오는 듯한 음성이 들려 왔는데 "밀 한 되도 하루 품삯이요, 보리 석 되도 하루 품삯이다. 올리브 기름과 포도주를 불순하게 만들지 말아라" 하고 말하였습니다.

[5절] :

"그 어린 양이 셋째 봉인을 뗄 때"라는 말씀은, 성언(聖言)이 존재하는 교회에 속한 사람들에게 다음에 이어지는 상태에 관한 예언(豫言 · prediction)을 뜻합니다(본서 369항 참조). "나는 셋째 생물이 말하는 것을 들었다"는 말씀은 주님으로부터 극내적인 천계(the inmost heaven)에서 나왔다는 것을 뜻합니다(본서 370항 참조). "오너라!"(=와서 보아라 · come and see)라는 말씀은 주의(注意)와 지각(知覺)을 뜻합니다(본서 371항 참조). "내가 보니, 검은 말 한 마리가 있었다"는 말씀은 진리에 관하여 파괴된 성언에 속한 이해를 뜻합니다(본서 372항 참조). "그 위에 탄 사람은 손에 저울을 들고 있었다"는 말씀은 그 교회의 상태 안에 있는 성언에서 비롯된 진리의 예측(豫測 · estimation)을 뜻합니다(본서 373항 참조).

[6] :
"밀 한 되도 하루 품삯이요, 보리 석 되도 하루 품삯이다"는 그 교회의 순수한 선도, 그 교회의 순수한 진리와 꼭 같이, 그들에게는 전혀 가치도 없다는 것을 뜻합니다(본서 374항). "올리브 기름과 포도주를 불순하게 만들지 말아라"는 말씀은 성경말씀의 속뜻, 즉 영적인 뜻이 선이나 진리에 관하여 결코 해를 입지 않도록 준비하여야 한다는 것을 뜻합니다(본서 375 · 376항 참조).

369. 5절. **그 어린 양이 셋째 봉인을 뗄 때에…….**
이 말씀은 성언이 존재해 있는 교회에 속한 사람들에게 다음에 이어지는 상태에 대한 예언(豫言)을 뜻합니다. 이러한 사실은 앞에서 언급된 내용에서 잘 알 수 있습니다(본서 351 · 352 · 362항 참조). 왜냐하면 우리의 본문장이나 다음 장은 기독교회(the Christian Church), 또는 성언이 존재하는 교회의 상태를 그 교회의 시작(=처음)부터 마지막까지, 또는 주님의 때부터 최후심판(最後審判 · the Last Judgment)에 이르기까지를 다루고 있기 때문입니다. 왜냐하면 기독교회라고 부르는 새로운 교회(the new church)나, 그리고 주님께서 이 세상에 강림하셨을 때 주님에 의하여 시작되었고, 그 뒤 널리 전파되고, 증가된 교회인 기독교회는, 이른바 그 교회의 마지막 때를 가리키는 이 때에 이르기까지 계속해서 쇠약(衰弱)해진 교회인데, 그 시기에 심판이 있었습니다. 그 교회의 계속적인 상태들에 관한 예언들은, 하나의 책에서와 같이, 매우 다종다양한 표징(表徵 · representatives)에 의하여 여기에 드러나고 있습니다. 그러나 우리가 주지하여야 할 것은, 그 봉인이 열릴 때, 그런 부류의 예언들이 한 권의 책에서와 같이, 보여지고 읽혀지지 않는다는 것이지만, 그러나 그것들은 극내적인 천계(the inmost heaven)의 천사들 앞에서는 주님에게서 비롯된 천계를 통하여 명확하게 된다는 것입니다. 그리고 우리의 본문장에 언급된 그런 것들에 의하여 천계의 궁극적인 것들이 드러났습니다. 그런 것들은 말하자면, 여러 색깔의 말(馬)들이고, 그 뒤에는 지진(地震)이나 해나 달의 어두움이고, 그리고 별들이 땅에 떨어짐에 의한 것입니다.

[2] 그러나 궁극적인 천계의 천사들의 안전(眼前)의 이런 겉보기(外現)들은 이런 외현들이 존재하지 않는 극내적인 천계에서 듣게 되고, 지각되는 그런 것들을 뜻합니다. 왜냐하면 그것이 중간천계에서 궁극적인 천계에 내려올 때, 주님으로 말미암아 극내적인 천계에서 듣게 되고, 생각되고, 지각되는 것은 무엇이나 이런 부류의 외현들로 변하기 때문입니다. 이런 식으로 신령지혜에 속한 비의(秘義 · arcana)는 궁극적인 천계의 천사들의 안전에서 알려지도록 바뀝니다. 거기에 있는 총명스러운 자들은 대응(對應 · correspondences)들에 의하여 이런 비의를 깨닫고 지각합니다. 그러나 그들 중 가장 낮은 상태의 무리는 그것들을 지각하지 못하고, 다만 거기에 비의가 있다는 것만 알 뿐이고, 그리고 그것에 관해서 더 깊고, 상세하게 묻지 않습니다. 여기서 요한은 "영 안에" 또는 환상 가운데 있을 때, 그런 부류들과 함께 있었습니다. 이러한 사실은 성경말씀이 어떻게 기술되었는지, 다시 말하면 이와 같이 신령지혜에 속한 수많은 비의나 표현할 수 없는 비의가 숨겨진 각각의 것 안에 있는 순수한 대응들이나 표징들에 의하여 보고 들은 그런 것들로 말미암아 바르게 알게 하기 위하여 언급된 것입니다.

370. 나는 셋째 생물이 말하는 것을 들었습니다.
이 말씀은 주님으로부터 극내적인 천계에서 나왔다는 것을 뜻합니다. 이러한 사실은, 꼭같은 말이 기술된 앞서의 353 · 362항에서 언급된 내용에서 잘 알 수 있습니다. 그들이 말한 것들은 반대적인 것에 대응하기 때문에 네 생물들, 즉 네 케루빔은 하나가 말한 뒤에 계속해서 말하였습니다. 왜냐하면 첫째 케루빔은 "사자와 같이 생기고", 둘째 케루빔은 "송아지와 같이 생기고", 셋째 케루빔은 "얼굴이 사람과 같이 생기고", 넷째 케루빔은 "날아가는 독수리와 같이 생겼다"고 언급되었기 때문입니다. 여기서 "사자"(lion)는 능력(power)을 뜻하고(본서 278항 참조), "송아지"(calf)는 선을 뜻하고(본서 279항 참조), "사람"(man)은 지혜를 뜻하고(본서 280항 참조), "독수리"(eagle)는 총명을 뜻합니다(본서 281항 참조). 결과적으로 사자와 같이 생긴 첫째 생물(=케루빔)이 말할 때에는 그 교회에 속한 자들의 첫째 상태가 기술되었는데, 그 때의 상태에는 신령진리에서 비롯된 싸움이나 다툼 따위가 있었습니다(본서 355-359항 참조). 왜냐하면 "사자"(lion)는 신령진리에 속한 능력이나 힘을 뜻하기 때문입니다. 송아지와 같이 생긴 둘째 생물이 말하였을 때에는 그 교회에 속한 자들의 둘째 상태가 기술되었는데, 말하자면 파괴된 선이 기술되었습니다(본서 361-367항 참조). 왜냐하면 "송아지"(calf)는 그 교회의 선을 뜻하기 때문입니다. 얼굴이 사람과 같이 생긴 셋째 생물이 말할 때에는 그 교회에 속한 자들의 셋째 상태가 기술되었는데, 그것은 거기에 선이 전혀 없기 때문에, 더 이상 진리가 존재하지 않는다는 것, 결과적으로는 거기에 더 이상 어떤 지혜도 존재하지 않는다는 것을 뜻합니다. 왜냐하면 모든 지혜는 선에게서 비롯된 진리에 속한 것이고, 그리고 "사람"은 지혜를 뜻하기 때문입니다. 날아가는 독수리와 같이 생긴 넷째 생물이 말한 때에는 그 교회에 속한 자들의 넷째 상태가 기술되었는데, 말하자면 그것들은 그들이 온갖 악들 안에 있고, 그리고 그것에서 비롯된 거짓들 안에 있다는 것, 따라서 전혀 총명(=지성) 안에 있지 않다는 것을 뜻합니다. 왜냐하면 "독수리"(eagle)가 총명(=지성)을 뜻하기 때문입니다. 이상에서 볼 때, 네 생물들(=케루빔)은, 그것의 반대가 아니고 대응에 일치하는 순서에서 말하였다는 것은 명확합니다.
371. "와서 보아라."
이 말씀은, 동일한 말씀이 기록된 것의 설명에서 밝히 알 수 있듯이, 주의와 지각을 뜻합니다(본서 354항 참조).
372[A]. 내가 보니, 검은 말 한 마리가 있었다.
이 말씀은 진리에 대한 파괴된 성언의 이해를 뜻합니다. 이러한 것은, 이해를 가리키는 "말"(馬 · horse)의 뜻에서(본서 355항 참조), 그리고 진리가 아니라는 것을 가리키는 "검다"(black)는 낱말의 뜻에서 잘 알 수 있습니다. 따라서 "검은 말"(a black horse)은 진리의 측면에서 파괴된 이해를 뜻합니다. "검다"(黑 · black)는 것은 참된 것이 아니라는 것을 뜻합니다. 그 이유는 "희다"(白 · white)는 낱말은 참된 것을 뜻하기 때문입니다. "희다"는 낱말이 진리에 관해서 서술하고, 그것을 뜻한다는 것은 본서 196항에서 잘 알 수 있습니다. "희다"는 낱말이 진리에 관해서 서술하고, 그것을 뜻한다는 것은 흰색은 빛의 밝음 안에서 그것의 근원을 취하기 때문이고, 그리고 "빛"(light)은 진리를 뜻하기 때문입니다. 그리고 검다(black)는 낱말은 참된 것이 아니라는 것에 관해서 서술하고, 그것을 뜻합니다. 그 이유는 검은 것은 흑암 안에서, 그것의 근원을 취하기 때문입니다. 다시 말하면 빛의 결핍(缺乏 · privation)에서 그것의 근원을 취하기 때문입니다. 그리고 어둠은 빛의 결핍에서 존재하기 때문에 검은 것은 진리의 무지(無知)를 뜻합니다. 여기서 "검은 말"(a black horse)이 진리에 대한 파괴된 성언의 이해를 뜻한다는 것은, 위에서 언급한 것과 같이, 선에 대해서 파괴된 성언의 이해를 가리키는 "붉은 말"(the red horse)의 뜻에서 잘 알 수 있습니다. 더욱이 시간이 경과하면서 교회 안에서 처음에는 선이 소멸하였고, 그 뒤에는 진리가 소멸하였고, 그리고 종국에는 선의 자리에 악이 계승하였고, 그리고 진리의 자리에는 거짓이 계승하였습니다.

6장 1-8절

그 교회의 이런 마지막 상태는, 그것에 관해서 곧 설명하겠지만, "청황색 말"(=파리한 말 · the pale horse)이 뜻합니다.
[2] "검다"(black)는 말이 참된 것이 아닌 것을 뜻한다는 것은 그 낱말이 언급된, 성경말씀의 다른 장절들에게서 잘 알 수 있습니다. 미가서의 말씀입니다.

"그러므로 너희가 밤을 만날 것이니,
너희가 환상을 볼 수 없을 것이요,
흑암을 만날 것이니,
점을 칠 수 없을 것이다!"
이러한 예언자들에게는
해가 져서 낮이 캄캄할 것이다.
(미가 3 : 6)

여기서 언급된 "예언자들"은 교리의 진리들 안에 있는 자들을 뜻하고, 추상적인 뜻으로는 교리의 진리들을 뜻합니다. "예언자들"이 뜻하는 자들이 악들을 볼 것이고, 거짓들을 점 칠 것이라는 것은 "너희가 밤을 만날 것이니, 너희가 환상을 볼 수 없을 것이요, 흑암을 만날 것이니, 점을 칠 수 없을 것이다"는 말씀이 뜻합니다. 그들이 선도 알지 못하고, 진리도 알지 못할 것이라는 것은 "이러한 예언자들에게는 해가 져서 낮이 캄캄할 것이다"는 말씀이 뜻합니다. 여기서 "해"(sun)는 사랑에 속한 선을 뜻하고, "낮"(day)은 믿음에 속한 진리를 뜻하고, "어둡게 된다"(=낮이 어둠으로 변한다)는 것은 보지도 못하고, 알지도 못한다는 것을 뜻합니다.
[3] 에스겔서의 말씀입니다.

내가 네 빛을 꺼지게 할 때에,
하늘을 가려 별들을 어둡게 하고

구름으로 태양을 가리고,
달도 빛을 내지 못하게 하겠다.
(에스겔 32 : 7)

이 장절은 이집트의 바로 왕에 관해서 언급하고 있는데, 그 왕은 온갖 거짓들에게 적용된 아는 능력(the knowing faculty)을 뜻하는데, 그런 일은 자연적인 사람이 알지 못하는 것들로 인하여 그것의 정반대인 영적인 것들에 들어올 때 일어납니다. 그 이유는 이것이 질서에 정반대이고, 거짓들은 마치 진리들처럼 사로잡혀 있고, 확증되어 있기 때문입니다. 그리고 그 때 천계로부터 아무런 입류(入流)가 없다는 것은 "내가 하늘을 가리겠다"는 말씀이 뜻합니다. 그리고 그 때 거기에 진리에 속한 지식들이 전혀 없을 것이라는 것은 "별들을 어둡게 한다"는 말씀이 뜻하는데, 여기서 "별들"(stars)은 진리에 속한 지식들을 뜻합니다. 그리고 결과적으로 거기에 사랑에 속한 선이나 믿음에 속한 진리도 전혀 없다는 것은 "내가 구름으로 태양을 가리고, 달도 빛을 내지 못하게 하겠다"는 말씀이 뜻하는데, 여기서 "태양"(sun)은 사랑에 속한 선을 뜻하고, "달"(moon)은 믿음에 속한 진리를 뜻합니다. "태양"이나 "달"의 뜻이 이러하다는 것은 나의 저서 ≪천계와 지옥≫ 116-125항을 참조하십시오.

372[B]. 요엘서에서도 "태양"(=해)·"달"·"별들"은 이와 동일한 뜻을 가지고 있습니다. 요엘서의 말씀입니다.

전진할 때에는 땅이 진동하고,
온 하늘이 흔들린다.
해와 달이 어두워지고,
별들이 빛을 잃는다.
(요엘 2 : 10 ; 3 : 15)

6장 1-8절

묵시록서에서도 마찬가지입니다.

> 해는 검은 머리털로 짠 천과 같이 검게 되고, 달은 온통 피와 같이 된다(묵시록 6 : 12).

이것이 개별적으로 뜻하는 것이 무엇인지는 아래에 이어지는 내용에서 잘 알 수 있을 것입니다.
[4] 에스겔서의 말씀입니다.

> 그 나무가 스올(=지옥)로 내려갈 때에 내가 지하수를 말리고, 강물을 막고, 흐르는 큰 물을 모두 멈추게 하겠다. 또 내가 레바논 산으로는 그 나무를 애도하여 통곡하게 하겠고, 온 누리의 모든 나무는 그 나무를 애도하여 시들어 죽게 하겠다(에스겔 31 : 15).

이 구절은, 여기서는 백향목(cedar)에 비유된, 앗시리아에 관해서 언급하고 있습니다. 여기서 "앗시리아"(Assyria)는 자기총명(self-intelligence)으로 말미암아 교회의 진리들에 관한 추론(推論)을 뜻합니다. 그리고 "백향목"(cedar)은 영적인 교회의 진리를 뜻하는데, 그 추론에 의하여 진리의 모든 지식들이나, 그들이 가지고 있는 선을 선호하는 모든 지식들이나, 선에서 취한 그들의 모든 본질은 멸망될 것이라는 내용을 이런 말씀이 뜻하고 있습니다. 즉 "그를 가리는 음부(=스올·아비소스)"가 그 내용을 뜻합니다. 그리고 "멈추게 할 강물"(=큰 물)은 진리의 지식들이나, 그것에서 비롯된 총명(=지성)을 뜻합니다. "아비소스"(abyss) 또는 "바다"(sea)는 자연적인 사람 안에 있는 일반적으로 아는 기능들(the knowing faculties)이나 인식하는 기능들(the cognizing faculties)을 뜻하고, "강들"(rivers)은 총명(=지성)에 속한 것들을 뜻합니다. "멈추게 할 큰 물"은 선을 선호하고, 선에서 그들의 본질을 이끌어내고, 획득하는 진리들을 뜻하고, 여기서

"물"(waters)은 진리들을 뜻하고, 성경말씀에서 "크다"(great)는 말은 선에 관해서 서술합니다. "내가 레바논 산으로는 그 나무를 애도하여 통곡하게 하겠고, 온 누리의 모든 나무는 그 나무를 애도하여 시들어 죽게 하겠다"는 말씀은 거기에는 교회에 속한 진리의 자각이 더 이상 없을 것이라는 것을 뜻하고, 그리고 그것의 지식들에게도 진리의 지각이 전혀 없을 것을 뜻합니다. 왜냐하면 "레바논"이나, 마찬가지로, "백향목"은 진리들에 관한 교회를 뜻하기 때문이고, 그리고 따라서 교회에 속한 진리들을 뜻하기 때문입니다. "온 누리의 나무"(=들의 모든 나무)는 진리의 지식들에 대한 교회를 뜻하고, 따라서 교회에 속한 진리의 지식들을 뜻합니다. "나무들"은 지식들 자체를 뜻하고, "들"(field)은 교회를 뜻합니다. 이상에서 볼 때 우리의 본문, "레바논이 애곡하게 하겠다"는 말씀이 거기에 더 이상 교회에 속한 진리들을 없게 하겠다는 것을 뜻한다는 것은 명확합니다.

[5] 애가서의 말씀입니다.

> 예전에는 귀하신 몸들(=나실인들)이
> 눈보다 깨끗하며 우유보다 희고,
> 그 몸이 산호보다 붉고,
> 그 모습이 청옥과 같더니,
> 이제 그들의 얼굴이 숯보다 더 검고,
> 살갗과 뼈가 맞붙어서
> 막대기처럼 말랐으니,
> 거리에서 그들을 알아보는 이가 없구나.
> (애가 4 : 7, 8)

만약에 나실인들이 뜻하는 것을 알지 못한다면, 이 장절들이 뜻하는 것이 무엇인지 아무도 알 수 없을 것입니다. "나실인들"(the Nazarites)은 신령 천적인 것의 측면에서 주님을 표징합니다. 그리고 그 당시의 교회의 모든 법령들이나 법규들은 천계나 교회에 속한 그런 것들을 표징하기 때문에, 따라서 주님에게 속한 것들을 표징하기 때문에, 그것은 천계나 교회에 속한 모든 것들은 주님에게서 비롯되기 때문이고, 그리고 나실사람의 직분은 주님의 으뜸되는 표징을 가리키기 때문에, 우리의 본문 말씀은 주님의 모든 표징이 소멸한다는 것을 뜻합니다. "나실사람들은 눈보다 깨끗하고, 우유보다 희다"는 말씀은 주님의 본연의 표징을 기술하고 있는데, 그 표징은 그것의 완전무결함 가운데 있는 신령진리나 신령선의 표징을 뜻합니다. 왜냐하면 "희다"(white)는 진리에 관해서 서술하기 때문이고, 마찬가지로 "눈"이나 "밝음"(brightness)은 진리에 속한 선을 서술하기 때문이고, 그리고 "우유"(milk)도 마찬가지입니다. 멸망, 파괴된 신령진리의 모든 표징은 "그들의 얼굴이 숯보다 더 검어, 거리에서 그들을 알아보는 이가 없다"는 말씀에 의하여 기술되었습니다. 여기서 "얼굴"(form)은 진리의 성질을 뜻하고, "숯"(=검다 blackness)은 그것의 나타남이 더 이상 없다는 것을 뜻하고, "거리"는 교리에 속한 진리들을 뜻하고, 그리고 "거리에서 알아보는 이가 없다"는 말씀은 순수한 진리들에 의하여 인지되지 않는다는 것을 뜻합니다. "나실사람들"이 뜻하는 상세한 내용은 적절한 곳에서 더 설명되겠습니다.

[6] 예레미야서의 말씀입니다.

"나 주가 말한다.
내가 온 땅을 황폐하게는 하여도
완전히 멸망시키지는 않겠다.
이 일 때문에 온 땅이 애곡하고,
하늘이 어두워질 것이다.
나 주가 말하였으니,
마음을 바꾸지 않고, 취소하지 않겠다."

(예레미야 4 : 27, 28)

"온 땅이 황폐하게 된다"는 말씀은 교회 안에 있는 선과 진리가 멸망할 것이라는 것을 뜻합니다. 여기서 "땅"(land)은 교회를 뜻합니다. "그러나 완전히 땅을 멸망시키지는 않겠다"는 말씀은, 선과 진리의 몇몇은 여전히 남아 있을 것이라는 것을 뜻합니다. "이 일 때문에 온 땅이 애곡(=애도)할 것이다"는 말씀은 결과적으로 교회의 미약(微弱 · feebleness)을 뜻합니다. "위로 하늘이 어두워질 것이다"(=검게 될 것이다)는 말씀은 주님으로부터 천계를 통한 선과 진리의 입류(入流)가 전혀 없을 것이라는 것을 뜻합니다. 왜냐하면 주님으로부터 천계를 통한 선과 진리의 입류가 전혀 없을 때, 하늘이 "검게 되었다"고 언급되기 때문입니다. 표징적인 교회를 가리키는, 주님의 강림 전 교회 안에는 진리와 선의 결여 때문에 마음의 영적인 슬픔이나 비통(悲痛)을 표징하는 애도(=애곡)는 원수에 의하여 억압받고, 괴롭혀질 때에 그들은 아버지와 어머니의 죽음이나, 그와 같은 비슷한 일들 때문에 애도하고 슬퍼하는 것과 비슷하기 때문입니다. 그리고 원수에 의한 압박이나 괴롭힘은 지옥에서 비롯된 온갖 악들에 의한 압박이나 괴롭힘을 뜻합니다. 그리고 아버지와 어머니는 선이나 진리의 측면에서 교회를 뜻합니다. 그 이유는 그들이 그 때 검게 되었을 때 그들 교회에 있는 이런 것들은 애도하고 슬퍼하는 것을 표징하기 때문입니다.
[7] 시편서의 말씀입니다.

　　나의 반석이신 하나님께 호소한다.
　　"어찌하여 하나님께서는
　　나를 잊으셨습니까?
　　어찌하여 이 몸이 원수에게 짓눌려
　　슬픔에 겨운 나날을 보내야만 합니까?"

6장 1-8절

(시편 42 : 9 ; 43 : 2)

같은 책의 말씀입니다.

    친구나 친척에게 하듯이
    나는 그들의 아픔을 함께 아파하고,
    모친상을 당한 사람처럼
    상복을 입고 몸을 굽혀서 애도하였다.
    (시편 35 : 14)

또한 같은 책의 말씀입니다.

    더 떨어질 데 없이 무너져 내린 이 몸,
    온 종일 슬픔에 잠겨 있습니다(=내가 빈민하며 심히 굽혀졌고, 내가 온종일 애통하며 다니나이다)(시편 38 : 6).

말라기서의 말씀입니다.

    너희가 말하기를
    '하나님을 섬기는 것은 헛된 일이다.
    그의 명령을 지키고,
    만군의 주 앞에서
    그의 명령을 지키며
    죄를 뉘우치고 슬퍼하는 것이
    무슨 유익이 있단 말인가?'(=너희가 말하기를, "하나님을 섬기는 것이 헛되도다. 우리가 그의 율례를 지키는 것과 우리가 만군의 주 앞에서 슬프게 행하는 것이 무슨 유익이 있으리요?)(말라기 3 :14)

예레미야서의 말씀입니다.

나의 백성, 나의 딸이,
채찍을 맞아 상하였기 때문에,
내 마음도 상처를 입는구나.
슬픔과 공포가 나를 사로잡는구나(=내 백성의 딸의 상처로 인하여 내가 상하나니, 내가 비참해져 있으며, 놀라움이 나를 사로잡았도다)(예레미야 8 : 21).

여기서 "내 백성의 딸"은 교회를 뜻합니다. 또 예레미야서의 말씀입니다.

"유다가 슬피 울고,
성읍(=성문)마다 백성이 기력을 잃고,
땅바닥에 쓰러져 탄식하며,
울부짖는 소리가
예루살렘에서 치솟는다.
귀족들이 물을 구하려고 종들을 보내지만,
우물에 가도 물이 없어서
종들은 빈 그릇만 가지고 돌아온다.
(예레미야 14 : 2, 3)

이 구절에서 "땅바닥에 쓰러진다"(=그것들이 땅까지 검어지며)라는 말씀이 교회 안의 진리의 결핍으로 인하여 마음의 영적인 슬픔이나 비통을 뜻한다는 것은 속뜻으로 여기의 개별적인 것들의 뜻에서 잘 알 수 있습니다. 왜냐하면 "유다"는 선에 속한 정동의 측면에서 교회를 뜻하고, "예루살렘"은 진리에 속한 교리의 측면에서 교회를 뜻하고, "성문들"은 교회에의 허입(許入)을 뜻하기 때문입니다. 거기에 더 이상 어떤 진리도 없다는 것이 "귀족들이 물을 구하려고 종들(=어린 것들)을 보내지만, 우물에 가도 물이 없어서 종들은 빈 그릇만 가지고 돌아온다"는 말씀이 뜻합니다. 여기서 "물"(waters)은 진리들을 뜻하고, "우물"(pits)은 그것을 담고 있는 것들을 뜻하는데, 그것들은 성언에서 비롯된 교리적인 것들이나 성언 자체를 뜻합니다. 이상에서 볼 때, 성경말씀에서 "검다"(=검은색 · *nigrum*)는 낱말이나 "흑암"이라는 낱말은 진리의 결핍(缺乏)을 뜻하고, 그리고 "어둠" · "구름" · "불영명"이나 검음이나 흑암에서 생겨난 수많은 것들은 동일한 뜻을 가지고 있습니다. 요엘서의 말씀입니다.

  그 날은 캄캄하고 어두운 날,
  먹구름과 어둠에 뒤덮이는 날이다.
  (=흑암과 암영의 날, 구름과 짙은 어두움의 날.)
  (요엘 2 : 2)

이 밖에도 여러 장절들이 있습니다.
373. 그 위에 탄 사람은 손에 저울을 들고 있었습니다.
이 말씀이 그 교회의 상태 안에 있는 성언에서 비롯된 진리의 예측(豫側 · the estimation of truth)을 뜻합니다. 이러한 뜻은 성언을 가리키는 "말 위에 탄 사람"의 뜻에서(본서 355[A] · [C] · 356 · 365[A]항 참조), 그리고 성언에서 비롯된 진리의 예측을 가리키는 "손에 든 저울"의 뜻에서 잘 알 수 있습니다. 왜냐하면 성경말씀에 거명된 모든 측량(=계량 · measures)이나 중량(weights)은 선이나 진리에 관해서 다루고 있는 것들의 예측이나 계량을 뜻하기 때문이고, 그리고 계량된 것에 부합된 숫자들은 성질이나 그것의 수량에 대한 측량을 뜻하기 때문입니다. 예를 들면 우리의 본문 말씀에서, 이것에 관해서는 곧 설명하겠지만, "밀 한 되도 하루 품삯(=데나리온)이요, 보리 석 되도 하루 품삯(=데나리온)"이라는 것들입니다. 표징적 교회에는 여러 종류의 도량 단위(度量 單位)가 있었는데, 예를 들면 오멜(the omer) · 호멜(the homer) · 에바(the ephah) · 바스(the bath) · 힌(the hin) 등이 있는데, 이것에 관해서는 A.C. 10262항을 참조하십시오.

이밖에도 저울(balance)나 척도(尺度 · scales) 등이 있는데, 그것에 의하여 무게를 달고, 대차(貸借)를 계수하고, 그리고 개별적인 뜻으로는 진리에 대한 어떤 것의 계측을 뜻합니다. 이런 이유 때문에 저울의 무게(=추)는 돌들이었고, 돌들로 만들어졌고 그리고 성경말씀에서 "추들"(stones)은 진리를 뜻합니다. 무게가 추들이고, 돌들로 만들어졌다는 것은 레위기 19 : 36 ; 신명기 25 : 13 ; 사무엘 하 14 : 26 ; 이사야 34 : 11 ; 스가랴 4 : 10에 잘 드러나고 있습니다. 성경말씀에 "돌들"(stones)이 진리를 뜻한다는 것은 A.C. 643 · 3720 · 6426 · 8609 · 10376항을 참조하십시오. 그러므로 여기서 "검은 말 위에 탄 사람의 손에 있는 저울"은 성언에서 비롯된 진리의 예칙을 뜻합니다.

[2] 앞에서 "말들 위에 탄 사람"—흰 말 · 불빛과 같은 말 · 검은 말 · 청황색 말—이 성언을 뜻한다는 것은 입증하였습니다. 그리고 색깔에 따른 "말들"이 성언의 이해를 뜻한다는 것도 설명하였습니다. 여기서 "붉은 말"(=불빛 같은 말)은 선의 측면에서 파괴된 성언의 이해를 뜻하고, "검은 말"은 진리의 측면에서 파괴된 성언의 이해를 뜻합니다. 그러나 "그 말들 위에 탄 사람"이 성언을 뜻하고, 결과적으로는 붉은 말이나 검은 말이 선이나 진리의 측면에서 파괴된 성언의 이해를 파악, 깨닫는다는 것은 매우 어렵기 때문에, 그것이 어떠한 것인지를 설명하고자 합니다. 본질적으로 성언은 신령진리이지만 그러나 그것의 이해는 성경말씀을 읽는 사람의 상태에 일치합니다. 선 안에 있지 않는 사람은 성경말씀 안에 있는 선에 속한 것은 아무것도 깨닫지 못합니다. 그리고 진리들 안에 있지 않는 사람도 역시 그것 안에 있는 진리에 속한 것은 아무것도 깨닫지 못합니다. 그러므로 이런 이유 때문에 성경말씀을 읽는 사람이라고 해서 성경말씀 안에 있는 것은 아닙니다. 이러한 사실은, 비록 말들 자체가 선이나 진리의 측면에서 파괴된 성언의 이해를 뜻한다고 해도, "말들 위에 탄

사람"이 성언을 뜻한다는 것이 무슨 뜻인지 아주 명확하게 합니다. "흰 말 위에 탄 사람"이 성언을 뜻한다는 것은 묵시록서에 언급된 것에서 아주 명백합니다. 묵시록서의 말씀입니다.

> 그분은 피로 물든 옷을 입으셨는데, 그분의 이름은 '하나님의 말씀' 이라고 하였습니다(묵시록 19 : 13).

[3] "저울"이나 "측량대"(scales)가 예칙을 뜻하고, 그리고 또한 진리에 의하여 이루어진 '올바른 배치'나 조정(a just arrangement)을 뜻한다는 것은 다니엘서에서 명확합니다. 다니엘서의 말씀입니다.

> 기록된 글자는 바로 '메네 메네 데겔'과 '바르신'입니다. 그 글자를 해석하면 이러합니다. '메네'는 하나님이 이미 임금님의 나라의 시대를 계산해서서, 그것이 끝나게 하셨다는 것이고, '데겔'은 임금님이 저울에 달리셨는데, 무게가 부족함이 드러났다는 것이고, '바르신'은 임금님의 왕국이 둘로 나뉘어서 메데와 페르시아 사람에게 넘어 갔다는 뜻입니다(다니엘 5 : 25-28).

이 역사는 속뜻으로 "바빌론"이 뜻하는 선과 진리의 모독(冒瀆)이나 악용(惡用)을 뜻합니다. 왜냐하면 벨사살이 바빌론의 왕이었기 때문입니다. 그리고 성경말씀에서 "왕"(王 · king)은 그가 통치하는 민족이나 왕국 자체와 동일한 것을 뜻하기 때문입니다. 교회에 속한 선과 진리의 모독이나 악용이, 예루살렘의 성전에서 가지고 온 금그릇과 은그릇으로 술을 마셨다는 것이나, 동시에 금과 은과 동과 철과 나무와 돌로 만든 신들을 찬양하였다(다니엘 5 : 3, 4)는 말씀이 뜻합니다. "예루살렘에 있는 성전에 속한 금그릇이나 은그릇"은 천계나 교회에 속한 선이나 진리를 뜻하는데, 여기서 "금"(金)은 선을 뜻하고, "은"(銀)은 진리를 뜻합니다.

그리고 "금 · 은 · 동 · 철 · 나무 · 돌로 만든 신들(=우상들)을 찬양한다"는 말씀은 온갖 종류의 우상숭배를 뜻하고, 따라서 내적인 예배가 결여된 외적인 예배를 뜻하고, 이러한 것들은 바빌론이 뜻하는 사람들에게 있었습니다. 그런 부류의 작자들에게 교회가 있지 않았다는 것이고, 그리고 거기에 그것들 안에 있는 교회의 선에 속한 것이나 진리에 속한 것이 없다는 것은 천계에서 비롯된 문서(=저작 · the writing)가 뜻합니다. 왜냐하면 "계수된다"(=계산이 된다 · numbered)는 말은 선이나 진리에 대한 답사(踏査)나 조사를 뜻하기 때문이고, "저울에 단다"는 말씀은 그들의 성품이나 판단에 일치하는 예측을 뜻하기 때문입니다. 그리고 "둘로 나뉜다"는 말씀은 교회에 속한 선이나 진리에서 비롯된 소산이나 소멸, 그리고 그것에서의 분리를 뜻합니다. "왕국"은 교회를 뜻합니다. 이상에서 볼 때 "저울에 달리었다"는 말씀은 그들의 성품이나 됨됨이에 따라서 예측되었다는 것을 뜻한다는 것은 명확합니다. "나뉜다"(=쪼개진다 · to divide)는 것이 흩어지고, 쫓겨나고, 그리고 선과 진리에서 분리, 격리(隔離)되는 것을 뜻한다는 것은 A.C. 4424 · 6360 · 6361 · 9093항을 참조하십시오. "나라"(=왕국 · kingdom)가 교회를 뜻하는데, 그 이유는 주님의 나라는 교회가 존재하는 곳이기 때문입니다. 그러므로 교회에 속한 자들은 "그 나라의 자녀들"이라고 하였습니다(마태 8 : 12 ; 13 : 38).

[4] 이사야서의 말씀입니다.

　　누가 바닷물을
　　손바닥으로 떠서 헤아려 보았으며,
　　뼘으로 하늘을 재어 보았느냐?
　　누가 온 땅의 티끌을 되로 담아 보고,
　　산들을 어깨 저울로 달아 보고,
　　언덕을 손저울로 달아 보았느냐?

(이사야 40 : 12)

이런 계측이나 계량은 선과 진리의 성질에 일치하는 천계나 교회 안에 있는 모든 것들의 예측이나 정리 정돈을 기술하고 있습니다.   여기서의 계측이나 계량은, 다시 말하면 "손바닥"(the hollow of the hand)이나, "뼘"(the span of the hand), "세 손가락의 계측"(the measure of three fingers), "어깨 저울"(the balance), "손저울"(the scales) 등 입니다. 여기서 "물"은 진리들을 뜻하고, "하늘"은 내면적인 진리들이나 선들, 또는 영적인 진리들이나 선들을 뜻하고, "땅의 티끌"은 천계나 교회 양쪽의 외면적인 또는 자연적인 진리들이나 선들을 뜻하고, "산들"은 사랑에 속한 선들을 뜻하고, "언덕들"은 인애에 속한 선들을 뜻하고, 그리고 "잰다"나 "헤아린다"는 말은 그것들의 성품이나 됨됨이에 일치하는 예측이나 정리·정돈을 뜻합니다. 이런 내용이 이 낱말들의 뜻이라는 것은 대응의 지식(a knowledge of correspondence)이 없으면 어느 누구도 알 수 없습니다.
[5] 성경말씀에서 "도량형들"이 선과 진리의 예측이나 탐구를 뜻하기 때문에, 그것들에 관한 속임수가 없도록 도량들이 반드시 발라야 할 것을 엄하게 명하고 있습니다.   레위기서의 말씀입니다.

> 재판할 때에나 길이나 무게나 양을 잴 때에 잘못을 저지르지 않도록 하여라. 너희는 바른 저울과 바른 추와 바른 에바와 바른 힌을 사용하여라(레위기 19 : 35 , 36).

그러므로 그들 안에 있는 선과 진리의 성품(=됨됨이)에 일치하는 사람들의 예측이나 탐색을 뜻하는 "바르다"(justice)는 말은 성경말씀 어디에서나 온갖 종류의 큰 저울이나 작은 저울에 의하여, 그리고 "에바"·"오멜"·"호멜"에 의하여 표현되었습니다.   예를 들면 욥기서 6 : 2이나 31 : 6이 되겠습니다. 부정이나 불공평이 "사기(詐欺)나 속임에 속한 저울과 추"에 의하여 표현되었습니다. 호세아서 12장 7절, 아모스서 8장 5절, 미가서 6장 11절을 참조하십시오.

374[A]. 6절. "밀 한 되도 하루 품삯이요, 보리 석 되도 하루 품삯이다."
이 말씀이 교회에 속한 순수한 선을 뜻한다는 것이나, 마찬가지로 교회에 속한 순수한 진리를 뜻한다는 것은 그들과는 전혀 상관이 없습니다. 이러한 내용은 그리스 사람들이 밀이나 보리를 될 때 사용한 예측의 성질을 가리키는 도량형(*choenix*)의 뜻에서 잘 알 수 있습니다. 왜냐하면 성경말씀에서 "도량형"(measures)은, 위에서 언급한 것과 같이, 선이나 진리에 관한 한 사물의 성품(=됨됨이)을 뜻하기 때문입니다. 그것은 이것에 관해서 곧 설명하겠지만, 일반적으로 교회에 속한 선을 가리키는 "밀"(wheat)의 뜻에서, 그리고 역시 곧 언급하겠지만 그 선에 속한 진리를 가리키는 "보리"(barley)의 뜻에서, 그리고 가치나 중요성이 전혀 없다는 것을 가리키는 예측의 표준(the standard)인 "하루 품삯"(=데나리온 · 십진법 · a denary)의 뜻에서 잘 알 수 있습니다. 그것이 가장 작은 동전(coin)이기 때문에, 그것은 거의 값어치가 없는 것을 뜻하지만, 그러나 여기서는 가치도 없고, 중요하지도 않다는 것을 뜻합니다. 이런 이유 때문에 앞에서 언급된 "붉은 말"(=불빛 같은 말)은 선에 대해서 파괴된 성언의 이해를 뜻하고, "검은 말"은 진리에 대하여 파괴된 성언의 이해를 뜻합니다(본서 364 · 372항 참조). 순수한 선이나 순수한 진리의 측면에서 성언의 이해가 파괴되었을 때 그 교회에 속한 선이나 진리는 전혀 가치가 없는 것이고, 중요한 것이 아닌 것으로 평가됩니다. 여기서 "하루 품삯"(=데나리온)은 예측의 표준(the standard of estimate)으로 채택하였는데, 그 이유는 문자적인 뜻으로 어떤 가

격을 나타내기 위하여 돈의 어떤 화폐를 채택하여만 했습니다. 그리고 "말 위에 탄 사람은 손에 저울을 들고 있었다" 그리고 "밀이나 보리가 계측되었다"고 언급되었기 때문에 결과적으로는 모든 화폐 중에서 가장 작은 동전이 화폐의 예측의 표준(=품삯)으로 채택되었습니다. 그리고 거기에는 선이나 진리의 측면에서 더 이상 성언의 이해가 없기 때문에 여기서 영적인 뜻으로 "데나리온"은 별로 중요하지 않고, 값어치가 없는 것을 뜻합니다.

[2] "밀 한 되나 보리 석 되"가 언급되었는데, 그 이유는 "하나"(one)는 선에 관해서 서술하고, "셋"(three)은 진리에 대해서 서술하기 때문입니다. 그리고 선에 관해서 서술할 때 "하나"(one)는 완전한 것을 뜻하고, 따라서 진정한 것(genuine)을 뜻합니다. 그리고 진리들에 관해서 언급할 때 "셋"(three)은 충분한 것(full)을 뜻하고, 따라서 역시 진정한 것을 뜻합니다. 결과적으로 "밀 한 되나 보리 석 되"는 그 교회에 속한 진정한 선이나 진정한 진리를 뜻합니다. "밀"(wheat)이 선을 뜻하고, "보리"(barley)가 그것의 진리를 뜻하는데, 그 이유는 밭(=옥토)에 속한 모든 것들은 교회에 속한 모든 것들을 뜻하기 때문입니다. 다양한 종류의 곡식들과 같이, 밭에 속한 모든 것들은 먹거리에 종사하고, 먹거리를 위한 것들이나 인체의 영양분을 위한 것들은 영적인 뜻으로는 영혼이나 마음을 살지게 하는 그런 것들을 뜻하고, 그런 것들의 모두는 사랑의 선이나 믿음의 진리와 관계를 가지고 있고, 따라서 특히 밀이나 보리는 빵을 만드는 재료이기 때문입니다. 모든 종류의 먹거리(=음식물)이 영적인 먹거리(spiritual food)를 뜻하고, 따라서 지식 · 총명(=지성) · 지혜에 속한 것들을 뜻하고, 특히 이런 것들이 비롯된 선과 진리를 뜻한다는 것은 A.C. 3114 · 4459 · 5147 · 5293 · 5340 · 5410 · 5426 · 5576 · 5582 · 5588 · 5655 · 5915 · 8408 · 8562 · 9003항을 참조하십시오. 일반적으로 "빵"(bread)에 관해서는

≪새 예루살렘의 교리≫ 218항을 참조하시고, "밭"이나 "들판"이 교회를 뜻한다는 것은 A.C. 2971 · 3766 · 9139항을 참조하십시오.

374[B]. "밀"이나 "보리"가 이런 뜻을 지닌다는 것은 대응(對應)에서 비롯된 것인데, 그것은 모든 외현(外現)들이 대응을 가리키는 영계에서 드러나는 것들에게서 잘 알 수 있습니다. 거기에는 평야 · 밭 · 여러 종류의 곡식들이나, 빵이 드러납니다. 이러한 것은 그것들이 대응들이라는 지식에서 비롯된 것입니다. 결과적으로는 그것들은 대응에 일치하는 뜻을 가지고 있습니다.

[3] "밀"이나 "보리"가 교회에 속한 선이나 진리를 뜻하는데, "밀"은 그것의 선을 뜻하고, "보리"는 그것의 진리를 뜻한다는 것은 아래와 같이 그것들이 언급된 성경말씀의 수많은 장절에서 잘 알 수 있습니다. 예레미야서의 말씀입니다.

"뭇 민족들아, 너희는 나 주의 말을 듣고,
먼 해안지역 사람들에게 이 말을 전하여라.
'이스라엘을 흩으신 분께서
그들을 다시 모으시고,
목자가 자기 양 떼를 지키듯이
그들을 지켜 주신다.'
그렇다. 나 주가 야곱을 속량하여 주고,
야곱보다 더 강한 자의 손에서
그를 구원해 냈다.
그들은 돌아와서
시온 산 꼭대기에서 찬송을 부르고,
주의 좋은 선물, 곧
곡식과 새 포도주와 기름과
양 새끼와 송아지들을 받고 기뻐할 것이며,
그들의 마음은 물 댄 동산과 같아서,
다시는 기력을 잃지 않을 것이다."

6장 1-8절

(예레미야 31 : 10-12)

이 장절들은 새로운 교회의 설시를 다루고 있습니다. 여기서 "이스라엘"이나 "야곱"은 그 교회를 뜻합니다. "이스라엘"은 내적인 영적 교회를 뜻하고, "야곱"은 외적인 영적 교회를 뜻합니다. 왜냐하면 모든 교회는 내적이고, 외적이기 때문입니다. 그 교회의 설시는 "여호와께서, 마치 목자가 자기 양 떼에게 하는 것과 같이, 그들을 모으시고, 지키시리라"고 언급하였고, 그리고 이는 "주께서 야곱을 구속하셨고, 그보다 강한 자의 손에서 그를 속량하셨기 때문이다"는 말씀이 뜻합니다. 여기서 "속량한다"(to redeem)는 말은 개혁(改革 · 바로잡음 · to reform)하는 것을 뜻하고(본서 328항 참조), "야곱보다 더 강한 자의 손에서 구원해 냈다"는 말씀은, 그것이 소유하기 전에, 악이나 거짓에서 구출하는 것을 뜻합니다. 이런 부류가 가지고 있는 천적인 선이나, 그것에서 비롯된 진리에서 생겨나는 내적인 기쁨이나, 마음의 즐거움은 "그들은 돌아와서 시온 산 꼭대기에서 찬송을 부르고, 주의 좋은 선물, 곧 곡식과 새 포도주와 기름과 양 새끼와 송아지들을 받고 기뻐할 것이다"는 말씀이 뜻합니다. 여기서 "시온 산 꼭대기에서 찬송을 부른다"는 것은 내적인 천적 즐거움을 뜻하고, 그리고 또한 그런 것은 주님의 천적인 왕국에 있는 것을 가리킵니다. 여기서 "밀"은 자연적인 사람의 선을 뜻하고, "새 포도주"는 그 사람의 진리를 뜻하고, "기름"(oil)은 영적인 사람의 선을 뜻하고, "양 새끼들"은 영적인 진리들을 뜻하고, "송아지들"은 자연적인 진리들을 뜻합니다. 이런 것들이 뜻하는 것들이기 때문에 그것들은 "여호와의 선"(the good of Jehovah)이라고 불리웠습니다. 그것들이 이런 근원에서 총명(=지성)이나 지혜를 가지고 있다는 것은 "그들의 마음(=영혼)은 물 댄 동산과 같다"는 말씀이 뜻합니다. 왜냐하면 성경말씀에서 "동산"(garden)은 총명(=지성)을 뜻하기 때문이고, "물을 댄다"(watered)는 말은 계속적인 성장을 뜻하기 때문입니다. "밀"·"새 포도주"·"기름"·"양 새끼들이나 송아지들"은 여기서는 뜻하는 것이 명확하지 않습니다. 왜냐하면 "여호와께서 야곱을 속량하셨다" 그리고 "그들의 영혼이 물 댄 동산과 같이 될 것이다"고 언급되었기 때문입니다. [4] 요엘서의 말씀입니다.

> 밭이 황폐하구나.
> 곡식이 다 죽고,
> 포도송이가 말라 쪼그라들고,
> 올리브 열매가 말라 비틀어지니,
> 땅이 통곡하는구나(=땅이 말라 버렸다).
> 농부들아, 슬퍼하여라(=부끄러워하라).
> 포도원 일꾼들아, 통곡하여라.
> 밀과 보리가 다 죽고,
> 밭 곡식이 모두 죽었다.
> (요엘 1 : 10, 11)

이 구절은 밭이나 밭의 불모(不毛)나 메마름에 관해서 언급한 것이 아니고, 교회와 그 교회의 황폐나 폐허를 언급하고 있습니다. 그러므로 "밭", "땅", "곡식", "새 포도주", "기름" 등은 그런 것들 자체를 뜻하지 않고 오히려 "밭"이나 "땅"은 교회를 뜻합니다. 여기서 "밭"(field)은 진리나 선의 영접에 관계되는, 그리고 그것들의 생산(生産)에 관계되는 교회를 뜻하고, "땅"(ground)은 그것 안에 있는 민족의 측면에서 교회를 뜻합니다. 그리고 "곡식"(corn)은 겉사람 안에 있는 모든 종류의 선을 뜻하고, "새 포도주"는 그 선 안에 있는 진리를 뜻하고, "기름"(oil)은 속사람 안에 있는 선을 뜻합니다. "부끄러워하는 농부들"(=슬퍼하는 농부들)이나 "밀과 보리를 위하여 울부짖는 포도원 일꾼들"은 교회에 속한 자들을 뜻하고, 여기서 "밀"이나 "보리"는 그 교회의 선이나 진리를 뜻합니다. 그리고 "따라서 밭 곡식이 모두 죽었다"(=밭의 수확이 다 없어졌다)는 말씀은 선이나 진리에서 비롯된 모든 예배를 뜻합니다.
[5] 예레미야서의 말씀입니다.

> 강도 떼가
> 사막의 모든 언덕을 넘어서 몰려왔다.
> 내가, 땅 이 끝에서 저 끝까지 칼로 휩쓸어,
> 어느 누구(=어떤 육체)도 평온하게 살 수 없게 하겠다.
> 사람들이 밀을 심어도 가시만을 거두었고,
> 그들이 수고해도 아무런 소득이 없었다.
> 그들은 나의 맹렬한 분노 때문에,
> 아무런 소출도 없이 수치만 당하였다.
> (예레미야 12 : 12, 13)

이 구절도 역시 교회와 그 교회의 황폐에 관해서 언급하고 있습니다. "강도들"(=약탈자들)이 넘어서 몰려온 사막의 모든 언덕들(=모든 높은 곳들)은 온갖 악들이나 거짓들을 통하여 멸망한 인애에 속한 모든 선을 뜻하고, 성경에서 "언덕들"(=높은 곳들)은 인애에 속한 선이 존재하는 곳을 뜻하고, 추상적인 뜻으로는 그 선 자체를 뜻합니다. "사막"(=광야)은 진리가 전혀 없기 때문에 선이 전혀 존재하지 않는 곳을 뜻하고, 그리고 "강도 떼"(=약탈자들)는 그것을 통해서 선과 진리가 망한 악들이나 거짓들을 뜻하고, "땅 이 끝에서 저 끝까지 휩쓸 여호와의 칼"은 교회에 속한 모든 것들을 파괴하는 거짓을 뜻합니다. "삼켜버릴 주의 칼"(=휩쓸어 버릴 여호와의 칼)은 그런 것들을 파괴하는 거짓을 뜻하고, "땅 이 끝에서 저 끝까지"라는 말씀은 교회에 속한 모든 것들을 뜻하고, "어느 누구(=어떤 육체)도 평온하게 살 수 없다"는 말씀은, 악이나 거짓의 통치나 지배 때문에, 더 이상 내적인 쉼(安息 · internal rest)이 없다는 것을 뜻합니다. "그들이 밀을 심어도 가시만을 거둔다"는 말씀은, 거기에는 진리에 속한 선들 대신에 거짓에 속한 악들만 있다는 것을 뜻합니다. 여기서 "밀"은 진리에 속한 선들을 뜻하고, "가시"는 거짓에 속한 악들을 뜻합니다.
[6] 같은 책의 말씀입니다.

> 그 해 일곱째 달이 되었을 때, 엘리사마의 손자이며 느다니야의 아들로서, 왕족이며 왕의 대신이기도 한 이스마엘이, 부하 열 사람과 함께 아히감의 아들 그달리야를 만나러 미스바로 왔다. 그리하여 그들은 미스바에서 그달리야와 함께 식사를 하였는데, 느다니야의 아들 이스마엘이 자기가 데리고 온 부하 열 명과 함께 일어나서, 사반의 자손이며 아히감의 아들인 그달리야를 칼로 쳐죽였다. 이스마엘은, 바빌로니아 왕이 그 땅의 총독으로 세운 그를 이렇게 죽였다. 이스마엘은 또, 그달리야와 함께 식탁에 있는 모든 유다 사람들과, 그 곳에 와 있는 바빌로니아 군인들도 죽였다. …… 그런데 그들 가운데 열 사람이 이스마엘에게 애걸하였다. "우리가 밀과 보리와 기름과 꿀을 밭에 숨겨 두었으니, 제발 살려 주십시오." 그래서 이스마엘이 그들을 일행과 함께 죽이지 않고 살려주었다(예레미야 41 : 1-8).

이와 같은 역사적인 보고서는 속뜻으로 거룩한 것들을 모독하고, 훼방한 자들의 영벌(永罰)을 기술하고 있습니다. 왜냐하면 "바빌로아 왕이 그 땅에 세운 그달리야"나 "그와 함께 있었던 유다 사람들" 그리고 "바빌로니아 군인들"(=갈데아 사람들), "세겜과 실로와 사마리아에서 온 사람들"은 거룩한 것들을 모독하고 훼방하는 자들을 뜻하고, 그리고 추상적인 뜻으로는 온갖 종류의 모독과 훼방 따위를 뜻하고, "바빌로니아 왕"은 선과 진리의 모독을 뜻합니다. 그들의 영벌이나 저주는 그들의 죽음으로의 초대가 뜻합니다. 왜냐하면 "죽음으로 나가게 한다"는 것은 영적으로 죽이는 것을 뜻하기 때문입니다(본서 315항 참조). 그러나 "그들 가운데 열 사람이 이스마엘에게, '우리가 밀과 보리와 기름과 꿀을 밭에 숨겨 두었으니, 제발 살려 주십시오' 하고 애걸하였다"는 말씀은, 그들이 내적으로 선과 진리를 가지고 있기 때문에, 교회에 속한 거룩한 것들을 모독, 훼방하지 않은 자들을 뜻합니다. 왜냐하면 그들이 말하고, 설교할 때 다만 외적으로 모독하지만, 내적으로 선이나 진리를 전혀 모독하지 않는 자들은, 그 때 내적으로 선이나 진리를 모독하지 않습니다. 이러한 내용이 "우리가 밀과 보리와 기름과 꿀을 밭에 숨겨두었다"는 그들의 말이 뜻합니다. 여기서 "밀과 보리"는 겉사람에 속한 선들이나 진리들을 뜻하고, "기름"은 속사람에 속한 선을 뜻하고, "꿀"은 그것의 기쁨이나 즐거움을 뜻합니다. "열 사람들"은 그런 부류의 사람 모두를 뜻하는데, 여기서 "열"(10)은 모든 인물들이나 모든 사물들을 뜻합니다. "그는 삼가서 그들을 죽음으로 내몰지 않았다"는 말씀은 그들은 모독하지 않았고, 따라서 영벌을 받지 않았다는 것을 뜻합니다. "이스마엘"은 교회에 속한 순수한 진리들 안에 있는 자들을 표징하는데, 그런 내용은 "그는 왕족(=왕의 씨)이고, 왕의 대신이다"는 말씀이 뜻합니다. 이러한 내용이 성경말씀의 역사서들이 속뜻을 가지고 있는 예언서들과 동일한 뜻인, 이 역사서에 내포된 것들입니다.

374[C]. [7] 신명기서의 말씀입니다.

주 너희의 하나님이 너희를 데리고 가시는 땅은 좋은 땅이다. 골짜기와 산에서는 지하수가 흐르고, 샘물이 나고, 시냇물이 흐르는 땅이며, 밀과 보리가 자라고, 포도와 무화과와 석류가 나는 땅이며, 올리브 기름과 꿀이 생산되는 땅이다(신명기 8 : 7, 8).

문자적인 뜻으로 이 장절은 가나안에 관한 기술이지만, 그러나 영적인 뜻으로는 주님의 교회가 기술되었습니다. 이것이 영적인 뜻으로 "가나안 땅"이 뜻하는 것이기 때문에, 그리고 그 교회에 속한 온갖 종류의 선과 진리가 열거(列擧)되었습니다. 이 땅이 "시냇물이 흐르는 골짜기"라고 하였는데, 그 이유는 "물이 흐르는 골짜기"는 진리에 속한 교리적인 것들을 뜻하기 때문입니다. "골짜기와 산에서는 지하수가 흐르고 샘물이 난다"는 말씀은 성언에서 비롯된 내면적인 진리들과 외면적인 진리들을 뜻하는데, "샘물"은 그것에서 비롯된 내면적인 진리들을 뜻하고, "지하수"는 외면적인 진리들을 뜻합니다. 후자가 "골짜기에서 나온다"고 언급되었는데, 그것은 "골짜기"가 그런 종류의 진리들이 있는 낮은 것이나, 외면적인 것을 뜻하기 때문입니다. 그리고 전자는 "산에서 흐른다"고 언급되었는데, 그것은 "산"이 그런 종류의 진리들이 있는 보다 높은 것이나 내면적인 것을 뜻하기 때문입니다. "밀과 보리와 포도와 무화과와 석류가 나는 땅"은 모든 종류의 선과 진리의 측면에서 교회를 뜻합니다. 여기서 "밀과 보리"는 천적인 근원에서 비롯된 선과 진리를 뜻하고, "포도와 무화과"는 영적인 근원에서 비롯된 선과 진리를 뜻하고, "석류"는 선과 진리에 속한 지식들을 뜻합니다. 그리고 "올리브 기름과 꿀이 생산되는 땅"은 사랑에 속한 선이나, 그것의 즐거움의 측면에서 교회를 뜻합니다. 성경말씀의 영적인 뜻을 알지 못하는 사람은 이것이 단순히 가나안 땅이 기술된 것이라는 것 이외의 다른 것은 믿지 못합니다. 그러나 그 경우 성경말씀은 그저 자연적인 것이고, 영적인 것은 아니지만, 그럼에도 불구하고 성경말씀의 모든 곳은 그것의 중심에는 영적인 것이 있고, 그리고 이런 낱말들이 영적인 것들도 이해될 때 성경말씀은 영적인 것이고, 그리고 그것들은 말하자면 모든 종류의 선들이나 진리들을 뜻합니다. "시내"(brooks)나 "샘들", "지하수", "골짜기", "산", "포도", "무화과", "석류", "올리브", "기름", "꿀"이 뜻하는 것이 무엇인지는 ≪천계비의≫에서 입증되었는데, 그것에 관해서는 여기에 인용된 것에 두루 퍼져 있습니다. 그러나 이런 것들의 수많은 것들은 묵시록서에서 입증하였고, 그리고 그것의 설명에서 입증될 것입니다. 이런 사실들은 그것들이 언급된 곳에서 참조하십시오.
[8] 욥기서의 말씀입니다.

> 땅에서 나는 소산을 공짜(=값 없이)로 먹으면서
> 곡식을 기른 농부를 굶겨 죽였다면,
> 내 밭에서,
> 밀 대신에 찔레가 나거나
> 보리 대신에 잡초가 돋아나더라도,
> 나는 기꺼이 받겠다.
> (욥기 31 : 39, 40)

"돈 없이 땅에서 나는 열매들(=힘 · strength)을 먹는다"는 말씀은 진리가 없이 교회에 속한 선을 자신에게 전유(專有)하는 것을 뜻하고, 여기서 "땅"(earth)은 교회를 뜻하고, "돈"(=은 · silver)은 진리를 뜻하고, 그리고 "그 주인으로 그 생명을 잃게 한다"는 것은 그와 같이 영적인 생명을 모조리 비우는 것이나 털어내는 것을 뜻하고, "밀 대신에 난 찔레"나 "보리 대신에 돋아난 잡초"는 악이 선 대신 평가되고, 거짓이 진리로 여겨질 것이라는 것을 뜻합니다. 여기서 "밀"은 선을 뜻하고, "찔레"는 악을 뜻하고, "보리"는 진리를 뜻하고, "잡초"(=들포도)는 거짓을 뜻합니다. 왜냐하면 선은 오직 진리들에 의하여 손에 넣을 수 있기 때문입니다.
[9] 이사야서의 말씀입니다.

> 만군의 주께서 온 세상을
> 멸하시기로 결정하셨다는 말씀을,

내가 들었다. ……
씨를 뿌리려고 밭을 가는 농부가
날마다 밭만 갈고 있겠느냐?
흙을 뒤집고 써레질만 하겠느냐?
밭을 고르고 나면,
소회양 씨를 뿌리거나
대회양 씨를 뿌리지 않겠느냐?
밀을 줄줄이 심고,
적당한 자리에 보리를 심지 않겠느냐?
밭 가장자리에는 귀리도 심지 않겠느냐?
농부에게 밭농사를 이렇게 짓도록
일러주시고, 가르쳐주신 분은
바로 하나님이시다.
(이사야 28 : 22-26)

영적인 뜻으로 이 장절은 유대 민족이나 이스라엘 민족에게 있는 교회의 전적인 파괴나 폐허를 기술하고 있고, 그리고 삶에 속한 선용(善用)에 그것의 선이나 진리에의 적용을 제외하면 성경말씀을 배우고, 안다는 것이 아무런 쓸모가 없다는 것을 가르치고 있습니다. 주님에게서 비롯된 총명(=지성)은 이 근원이나 다른 근원에서 비롯되지 않는다는 것을 가르치고 있습니다. 그 민족에게 있었던 그 교회가 전적으로 파괴되고, 폐허되었다는 것은 "만군의 주께서 온 세상을 멸하시기로 결정하셨다는 말씀을 내가 들었다"는 말씀이 뜻합니다. 여기서 "멸망"(consummation)과 "결정"(decision)은 완전한 멸망을 뜻하고, 그리고 "온 세상"(=온 땅 · the whole earth)은 전 교회, 다시 말하면 교회에 속한 모든 것을 뜻합니다. 그리고 "씨를 뿌리려고 밭을 가는 농부가 날마다 밭만 갈고 있겠느냐? 흙을 뒤집고 써레질만 하겠느냐?"는 말씀은 성경말씀을 배우고 아는 것이 아무런 소용이 없다는 것을 가리킵니다. 여기서 "씨를 뿌리려고 밭을 간다"(=쟁기질 한다 · to plow)

는 말씀은 배우는 것을 뜻하고, "밭을 써레질 한다"(to harrow the ground)는 말씀은 기억에 저장하는 것을 뜻합니다. 성경말씀의 선이나, 진리를 삶의 선용(the use of life)에 적용한다는 것은 "지면을 평평하게 하였으면 회향들을 뿌리고, 커민을 흩어 뿌리지 않겠으며(=소회양 씨를 뿌리거나, 대회양 씨를 뿌리지 않겠느냐?), 밀을 줄줄이 심고, 적당한 자리에 보리를 심지 않겠느냐? 밭 가장자리에는 귀리도 심지 않겠느냐?"는 말씀이 뜻합니다. 여기서 "지면을 고르게 하고, 회양들을 뿌린다"는 것은 거기에 성경말씀에 의한 준비가 있을 때를 뜻하고, "밀을 줄줄이 심고, 적당한 자리에 보리를 심는다. 밭 가장자리에는 귀리도 심는다"는 말씀은 삶의 선용에 적용하는 선과 진리의 적용을 뜻합니다. 여기서 "밀"은 선을 뜻하고, "보리"는 진리를 뜻하고, "귀리"는 지식들을 뜻하고, 그리고 주님에게서 비롯된 총명은 다른 근원에서가 아니고 이 근원에서 온다는 것을 "농부에게 밭농사를 이렇게 짓도록 일러주시고 가르쳐 주신 분은 바로 하나님이시다"(=그의 하나님께서 그를 바르게 분별하도록 지시하시고, 그를 가르치신다)는 말씀이 뜻합니다. 여기서 분별(judgment)은 총명을 뜻하고, "그의 하나님께서 그를 가르치신다"는 말씀은 주님에게서 비롯된 지성을 뜻합니다.
[10] 신명기서의 말씀입니다.

주께서 그 백성에게,
고원지대를 차지하게 하시며,
밭에서 나온 열매를 먹게 하시며,
바위에서 흘러내리는 꿀을 먹게 하시며,
단단한 바위에서 흘러내리는
기름을 먹게 하셨다.
소젖과 양젖과 어린 양의 기름과,
바산의 숫양과 염소 고기와,

잘 익은 밀과 붉은 빛깔 포도주를
마시게 하셨다.
(신명기 32 : 13, 14)

이 말씀은 홍수 뒤 주님께서 설시하신 고대교회(古代敎會 · the Ancient Church)에 관해서 언급하고 있습니다. 그리고 그 교회는 인애의 선과 거기에서 비롯된 믿음 안에 있기 때문에 총명(=지성)이나 지혜 안에 있었습니다. 이것이 주님에게서 비롯된 총명(=지성)이고, 지혜라는 것은 "주께서 그 백성에게 고원지대를 차지하게 하시며, 밭에서 나온 열매를 먹게 하신다"는 말씀이 뜻합니다. 여기서 그들이 진리들을 통해서 영접, 수용한 천적인 선들이나 영적인 선들은 "주께서 바위에서 흘러내리는 꿀을 먹게 하시며, 단단한 바위에서 흘러내리는 기름을 먹게 하셨다. 소젖과 양젖과 어린 양의 기름과, 바산의 숫양과 염소 고기와, 잘 익은 밀과 붉은 빛깔 포도주를 먹고, 마시게 하셨다"는 말씀이 뜻하는데, 여기서 "밀"은 일반적인 뜻으로는 모든 선을 뜻하고, "붉은 빛깔 포도주"나 "순수한 포도주"(unmixed wine)는 그것에서 비롯된 모든 진리를 뜻합니다.
[11] 시편서의 말씀입니다.

나의 백성 이스라엘이
내 말을 듣기만 했어도,
내가 가라는 길로 가기만 했어도 ……
나는
기름진 밀 곡식으로 너희를 먹였을 것이고,
바위에서 따 낸 꿀로
너희를 배부르게 하였을 것이다.
그러나 너희는 내 말을 듣지 않았다!
(시편 81 : 13, 16)

여기서 "기름진 밀 곡식"이나 "그들이 먹고, 배부르게 할 바위에서 따 낸 꿀"은 주님에게서 비롯된 천적인 선에서 비롯된 온갖 종류의 선이나 그것에서 비롯된 즐거움이나 기쁨을 뜻합니다. 왜냐하면 "기름지다"(fat)는 말은 천적인 선을 뜻하고, "밀"은 온갖 종류의 선을 뜻하고, "꿀"은 선에 속한 즐거움이나 기쁨을 뜻하고, "바위"(rock)는 주님을 뜻하기 때문입니다. 주님의 계명들에 따라서 사는 자들이 이런 것들을 소유할 것이라는 것은 "나의 백성 이스라엘이 내 말을 듣기만 했어도, 내가 가라는 길로 가기만 했어도"라는 말씀이 뜻하는데, 여기서 성경말씀에서의 "길"(ways)은 진리들이나 또한 계명들을 뜻하고, "길을 간다"(=길을 걷는다)는 말은 사는 것을 뜻하기 때문입니다.
[12] 같은 책의 말씀입니다.

> 예루살렘아, 주님께 영광을 돌려라.
> 시온아, 네 하나님을 찬양하여라.
> 주님이 네 문빗장을 단단히 잠그시고,
> 그 안에 있는 네 자녀들에게 복을 내리셨다.
> 네가 사는 땅에 평화를 심어 주시고,
> 가장 좋은 밀 곡식으로 너를 배불리신다.
> (시편 147 : 12-14)

여기서 "예루살렘"이나 "시온"은 교회를 뜻하는데, "예루살렘"은 교리의 진리들의 측면에서 교회를 뜻하고, "시온"은 사랑에 속한 선들의 측면에서 교회를 뜻합니다. "주님께서 네가 사는 땅에 평화를 심어 주신다"는 말씀은 천계에 속한 모든 것들이나 교회에 속한 모든 것들을 뜻합니다. 왜냐하면 여기서 "네가 사는 땅"(=너의 지경들)은 이런 모든 것들을 뜻하기 때문이고, "가장 좋은 밀 곡식으로 너를 배부르게 하신다"는 말씀은 사랑에 속한 선으로, 지혜를 가지고 한다는 것을 뜻하는데, 그것은 "기름지다"(fat)는 말은 사랑에 속한 선을 뜻하기 때문이고, "밀"은 그것에서 비롯된 모든 것들을 뜻하기 때문입니다. 그리고 그것이 이런 것들을 뜻하기 때문에 "가장 좋은 밀 곡식"(the fat of wheat)이라고 언급되었습니다.

374[D]. [13] 호세아서의 말씀입니다.

> 주께서 나에게 또 말씀하셨다. "너는 다시 가서, 다른 남자의 사랑을 받고, 음녀가 된 그 여인을 사랑하여라. 이스라엘 자손이 다른 신들에게 돌아가서 건포도를 넣은 빵을 좋아하더라도, 나 주가 그들을 사랑하는 것처럼 너도 그 여인을 사랑하여라." 그래서 나는 은 열다섯 세겔과 보리 한 호멜 반을 가지고 가서, 그 여인을 사서 데리고 왔다(호세아 3 : 1, 2).

이 말씀은, 교리나 예배의 측면에서 유대 교회나 이스라엘 교회가 무엇인지를 표징하고, 다시 말하면 쓸데없는 전통이나 관습(vain traditions)에 의하여, 비록 예배가 거룩한 것 같지만, 그것이 성언에 속한 모든 것들을 위화(僞化)하였다는 것을 드러냅니다. 여기서 "예언자가 사랑하여야 할 다른 남자의 사랑을 받던 여인이나 음녀"는 그런 부류의 교회를 뜻합니다. 그 이유는 "여인"(woman)이 교회를 뜻하기 때문이고, "다른 남자의 사랑을 받는다, 또는 음녀"(=창녀)는 진리의 위화나 선의 섞음질을 뜻하기 때문이고, 그리고 "이스라엘 자손을 향한 여호와의 사랑에 따라, 자기 친구에게 사랑받는 간음하는, 다른 신들을 찾은 여인"은 교리에 속한 거짓들이나 예배에 속한 악들을 뜻합니다. "다른 신들을 찾는다"(=다른 신들을 주목하고 존경한다)는 말씀은 이런 거짓들이나 악들을 뜻합니다. "건포도를 넣은 빵을 좋아한다"(=식탁에서 포도주를 즐긴다)는 말씀은 오직 문자적인 뜻으로서의 성경 말씀을 뜻합니다. 왜냐하면 "포도주"(wine)는 성경말씀에서 비롯된 교리에 속한 진리들을 뜻하기 때문이고, 그리고 "포도"(grapes)는, 진리들의 근원인 선들을 뜻하고, "큰 포도주병"(=식탁용 포도주 · flagon)은 그것이 담고 있는 것을 뜻하고, 따라서 성경말씀의 궁극적인 뜻을 뜻하는데, 그것이 곧 성언의 문자적인 뜻이고, 그리고 그들은 그것을 그들의 거짓들이나 악들에 응용하고 적용하였습니다. "그가 열다섯 세겔을 주고 그 여인을 샀다"는 말씀은 적은 값으로 라는 것을 뜻하는데, 여기서 "열다섯"(15)은 매우 적은 것을 뜻하고, "보리 한 호멜"과 "보리 반 호멜"은 거의 아무것도 아니다는 것을 가리키는 아주 적은 선이나 진리들을 뜻합니다.

[14] 마태복음서의 말씀입니다.

> (요한은 예수에 대해서 말하였다.) 나는, 너희를 회개시키려고 너희에게 물로 세례를 준다. 내 뒤에 오시는 이는, 나보다 더 큰 능력을 가지신 분이다. 나는 그의 신을 들고 다닐 자격조차 없다. 그는 너희에게 성령과 불로 세례를 주실 것이다. 그는 손에 키를 들었으니, 자기의 타작 마당을 깨끗이 하여, 알곡은 곳간에 모아들이고, 쭉정이는 꺼지지 않는 불에 태우실 것이다(마태 3 : 11, 12).

"성령과 불로 세례를 준다"는 말씀은 신령진리와 신령선에 의하여 교회를 개혁(改革)하고, 교회의 사람을 중생(重生)시키는 것을 뜻합니다. 그리고 "세례를 준다"는 것은 개혁(=바로잡음)하는 것이나 중생시키는 것을 뜻합니다. 여기서 "성령"(聖靈 · the Holy Spirit)은 주님에게서 발출(發出)하는 신령진리를 뜻하고, "불"(火 · fire)은 주님의 신령사랑에 속한 신령선을 뜻합니다. "그분이 곳간에 모아들이는 알곡"(=밀)은 천적인 근원에 속한 온갖 종류의 선을 뜻하고, 주님께서는 그것을 영원히 보전, 간수하시고, 따라서 선 안에 있는 자들을 주님께서는 영원히 보전, 간수하십니다. "주님께서 꺼지지 않는 불에 태우실 쭉정이"는 지옥적인 근원에 속한 온갖 종류의 거짓을 뜻하고, 주님께서는 그것을 파멸시킬 것이고, 따라서 거짓 안에 있는 자들을 파멸시킨다는 것을 뜻합니다. "밀"(=알곡) · "곳간" · "쭉정이"가 언급되었기 때문에, 그리고 "키"(=부채 · fan)와 "타작 마당"(floor)이 언급되었기 때문에, 여기서 "키"는 분리(分離)를 뜻하고, "타작 마당"은 분리가 이루어지고 있는 장소를 뜻합니다.

[15] 또 같은 책의 말씀입니다.

> 예수께서 그들에게 또 다른 비유를 들어서 말씀하셨다. "하늘 나라는 자기 밭에다가 좋은 씨를 뿌리는 사람과 같다. 사람들이 잠자는 동안에 원수가 와서, 밀 가운데 가라지를 뿌리고 갔다. 줄기가 나서 열매를 맺을 때에, 가라지도 보였다. 그래서 주인의 종들이 와서, 그에게 말하였다. '주인 어른, 어른께서 밭에 좋은 씨를 뿌리지 않으셨습니까? 그런데 가라지가 어디에서 생겼습니까?' 주인이 종들에게 말하기를 '원수가 그렇게 하였구나?' 하였다. 종들이 주인에게 말하기를 '그러면 우리가 가서 그것들을 뽑아 버릴까요?' 하였다. 그러나 주인은 이렇게 대답하였다. '아니다. 가라지를 뽑다가, 그것과 함께 밀까지 뽑으면, 어떻게 하겠느냐? 거둘 때가 될 때까지 둘 다 함께 자라게 내버려 두어라. 거둘 때에, 내가 일꾼들에게, 먼저 가라지를 뽑아 단으로 묶어서 불태워 버리고, 밀은 내 곳간에 거두어들이라고 하겠다'"(마태 13 : 24-30).

이 구절들의 말씀이 내포하고 있는 것은 영적인 뜻에서 아주 명확합니다. 왜냐하면 여기서 개별적인 것들은 모두가 대응들을 가리키기 때문입니다. 왜냐하면 주님께서 이 세상에 계실 때 주님께서는 순수한 대응들에 의하여 말씀하셨기 때문인데, 그 이유는 주님께서 신령존재로 말미암아 말씀하셨기 때문입니다. 여기서는 최후심판에 관해서 다루어졌는데, 그 때 거기에는 반드시 선한 사람과 악한 사람의 분리가 있어야 하고, 그리고 선한 사람은 천계에 들어가고, 그리고 악한 사람은 지옥에 들어갑니다. 사람(=인자·人子)이 밭에 뿌린 좋은 씨(the good seed)는 선에서 비롯된 교회에 속한 진리들을 뜻합니다. 그 이유는 "밭"은 이런 것들이 존재하는 교회를 뜻하기 때문이고, 그리고 "씨를 뿌린다"(播種·sowing)는 말씀은 입류와 영접(=수용)을 뜻하기 때문이고, 따라서 역시 가르침(敎育)을 뜻하기 때문입니다. 씨를 뿌린 사람은, 교회에 속한 모든 진리들이 내재해 있는 성경말씀에서는 주님을 뜻합니다. "사람들이 잠자는 동안에 원수가 와서 밀 가운데 가라지를 뿌리고 갔다"는 말씀은 자연적인 사람들에게 있는 악에 속한 거짓들은 지옥에서 유입하고, 그것들이 영접, 수용된다는 것을 뜻합니다. 왜냐하면 "잔다"(to sleep)는 것은 영적인 생명에서 분리된 자연적인 삶을 사는 것을 뜻하기 때문이고(본서 187[A]항 참조), 여기서 "원수"(enemy)는 지옥을 뜻하고, "가라지"(tares)는 거짓에 속한 악들을 뜻하기 때문입니다. 영원까지 남은 것(남은 자·the remainder)이 뜻하는 것이 무엇인지는 ≪최후심판≫이라는 나의 작은 책자에서 잘 알 수 있습니다(≪최후심판≫ 70항 참조). 왜냐하면 남은 자는 거기에서 설명된 비의(秘義)를 뜻하고 있기 때문입니다. 여기서는 "밀"이 진리에 속한 선을 뜻한다는 것을 설명하는 것이 필요하기 때문에, 그러므로 남은 자(=남은 백성)는 진리들을 통한 선 안에 있는 자들을 뜻합니다. 그리고 "가라지"가 거짓에 속한 악을 뜻한다는 것은, 그러므로 여기서 남은 백성은 거짓들을 통한 악 안에 있는 자들을 뜻합니다. 최후심판(the Last Judgment)에 관해서 언급된 것들이 이런 것이라는 것은, 마태복음서의 아래의 말씀에서 잘 알 수 있습니다.

예수께서 이렇게 말씀하셨다. "좋은 씨를 뿌리는 이는 인자(人子·the Son of man)요, 밭은 세상이다. 좋은 씨는 그 나라의 자녀들이요, 가라지는 악한 자의 자녀들이다. 가리지를 뿌린 원수는 악마요, 추수 때는 세상 끝 날이요, 추수꾼은 천사들이다(마태 13 : 37-39).

"세상의 끝"(the consummation of the age)은 심판이 일어나고 있는 때의 교회의 마지막 때를 뜻합니다. 성경말씀에서 인용된 장절들에게서 볼 때 "밀"(wheat)은 일반적으로 교회에 속한 선을 뜻한다는 것, 그리고 "보리"(barley)는 그 교회의 진리를 뜻한다는 것을 밝히 알 수 있겠습니다.

375[A]. 올리브 기름과 포도주를 불순하게 만들지 말아라(=너는 기름과 포도주는 손상시키지 말라).

이 말씀은 성언의 속뜻, 즉 영적인 뜻이 선의 측면이나, 또는 진리의 측면 양쪽에서 해를 결코 입지 말아야 한다는 것을 뜻합니다. 이러한 사실은 그것에 관해서 곧 언급하겠지만, 사랑에 속한 선(the good of love)을 가리키는 "기름"(oil)의 뜻에서, 그리고 그 선의 진리를 가리키는 "포도주"(wine)의 뜻에서 잘 알 수 있습니다. 왜냐하면 모든 선은 자신의 진리를 가지고 있기 때문입니다. 다시 말하면 모든 진리는 선으로부터 존재하기 때문입니다. 그러므로 어떤 선은 곧 그것의 진리입니다. 그리고 이런 것들에게 위해(危害)를 가하는 것을 가리키는 손상(損傷)시킨다(to hurt)는 말씀의 뜻에서도 잘 알 수 있습니다. 선이나 진리의 측면에서 성언의 속뜻, 즉 영적인 뜻은 여기서 개별적으로는 "기름과 포도주"(oil and wine)가 뜻하는 것이라는 것은 이런 사실에서 즉, "밀과 보리"는 "기름과 포도주"가 뜻하는 것과 동일한 선과 진리를 뜻한다는 사실에서 잘 알 수 있습니다. 그러나 "밀과 보리"는 일반적으로 교회에 속한 선과 진리를 뜻하고, 따라서 성경말씀의 문자적인 뜻으로는 선과 진리를 뜻합니다. 왜냐하면 성경말씀의 문자적인 뜻으로 선이나 진리는 일반적으로 선들이나 진리들을 가리키기 때문입니다. 성경말씀의 문자적인 뜻은 영적인 뜻을 담고 있기 때문입니다. 다시 말하면 영적인 선들이나 진리들을 담고 있습니다. 그러므로 여기서 "밀과 보리"는 성경말씀의 문자적인 뜻에 속한 것을 가리키는, 일반적으로 교회에 속한 선들과 진리들을 뜻합니다. 이에 반하여 "기름과 포도주"는 성경말씀의 속뜻이나 영적인 뜻에 속한 선들과 진리들을 뜻합니다. 후자는 내면적인 선들이나 진리들을 가리키지만, 전자는 외면적인 그런 것들을 가리킵니다.

[2] 내면적인 선들과 진리들이나 외면적인 선들과 진리들이 있다는 것, 전자 즉 내면적인 선들이나 진리들은 영적인 사람, 즉 속사람(the internal man) 안에 있고, 후자, 즉 외면적인 선들이나 진리들은 자연적인 사람, 즉 겉사람(the external man) 안에 있다는 것은 나의 저서 ≪천계와 지옥≫(Heaven and Hell)에서 언급하고 입증된 내용에서 잘 알 수 있습니다. 다시 말하면 세 천계들(three heaven)이 있다는 것, 그리고 극내적인 천계, 즉 삼층천(三層天 · the third heaven)은 극내적인 선들이나 진리들 안에 있고, 또한 세 번째 계도(third degree)에 속한 선들이나 진리들 안에 있다는 것, 그리고 중간 천계(中間 天界), 즉 이층천(二層天)은 그보다 좀 낮은 선들이나 진리들 안에 있고, 또한 둘째 계도에 속한 그런 것들 안에 있다는 것, 그리고 궁극적인 천계, 즉 일층천(一層天)은 궁극적인 선들이나 진리들 안에, 다시 말하면 첫째 계도의 그런 것들 안에 있다는 것은 같은 책에 설명, 입증된 것에서 밝히 알고, 볼 수 있습니다. 궁극적인 선들이나 진리들(ultimate goods and truths) 즉 첫째 계도에 속한 선들이나 진리들은 성경말씀의 문자적인 뜻에 담겨 있는 그런 것들입니다. 결과적으로 그 뜻 안에 머물러 있고, 그리고 그 뜻으로 말미암아 남아 있는 자들은, 그런 것들을 목적으로 교리를 구축(構築)하고, 그리고 그런 교리에 따라서 사는 자들은 궁극적인 선들이나 궁극적인 진리들 안에 있습니다. 이런 부류의 사람들은 내면적인 것

들을 보지 못하고, 알지 못하는데, 그 이유는 그들이 마치 보다 높은 천계들(the higher heavens) 즉 이층천이나 삼층천의 천사들과 같이, 순수한 영적인 존재가 아니고, 다만 영적 자연적 (spiritual-natural) 존재일 뿐이기 때문입니다. 그럼에도 불구하고, 그들은 비록 궁극적인 천계 안에 있기는 하지만, 천계 안에 있습니다. 그리고 그들이 성경말씀의 문자적인 뜻에서 이끌어내고, 터득한 선들이나 진리들은, 다시 말하면 그들이 가지고 있는 선들이나 진리들은 그것들 안에 성경말씀의 영적인 뜻에 속해 있는 내면적인 선들이나 진리들을 담고 있습니다. 왜냐하면 양자는 서로 대응하기 때문이고, 그리고 대응에 의하여 하나(一體)를 이루기 때문입니다.

[3] 그 예가 되겠습니다. 비록 이것은 본질적으로 참된 것이 아니지만, 성경말씀의 문자적인 뜻으로 말미암아 하나님은 분노하신다, 그리고 하나님은 나쁘게 산 자들을 지옥으로 가도록 저주(詛呪)하고, 처넣으신다는 것, 등등을 믿습니다. 그렇지만 하나님께서는 결코 분노하시거나 화를 내시지 않으시며, 그리고 결코 사람을 지옥으로 저주하시지도 않으시고, 지옥으로 내동댕이 치시지도 않습니다. 그럼에도 불구하고 착하게 살고, 그리고 문자적인 성경말씀이 그렇게 선언하고 있기 때문에 그렇게 믿은 사람들에게는 이러한 사실이 주님께서 진리로서 수용된 것으로 여기는데, 그 이유는 그들 자신들은 그것을 보지 못하지만, 그것은 내면적인 천사들에게는 명백한 것이지만, 진리는 그것 안에 내적으로는 숨겨져 있기 때문입니다. 또다른 예를 들어 보겠습니다. 십계명들(=십성언들)에 따라서 아버지와 어머니를 공경, 사랑한다면, 그가 장수(長壽)를 향유(享有)할 것이라고 믿는 사람의 경우입니다. 만약에 그가 이런 이유 때문에 그분들을 공경, 사랑하였다면, 그리고 착하게 살았다면, 그는 그가 마치 진리 자체로 믿는 것과 동일한 것으로 그것을 영접, 수용하였을 것입니다. 왜

냐하면 성경말씀에서 "아버지와 어머니"는 최고의 뜻으로 주님이나 주님의 나라를 뜻한다는 사실을 알지 못하기 때문입니다. 그리고 "아버지"는 주님을 뜻하고, "어머니"는 주님나라를 뜻한다는 것을 모르기 때문입니다. "날들의 연장"(prolongation of days), 또는 "수명의 길이"(length of life)가 영원한 행복을 뜻한다는 것을 모르기 때문입니다. 이러한 또다른 예들은 수도 없이 많습니다. 이와 같은 것이 언급된 것은, 성경말씀의 외면적인 선들이나 외면적인 진리들이 뜻하는 것이 무엇인지, 그리고 그것의 내면적인 것들이 뜻하는 것이 무엇인지 밝히 알기 위함입니다. 그 이유는 "밀과 보리"는 외면적인 선들이나, 외면적인 진리들을 뜻하기 때문입니다. 다시 말하면 그것들은 성경말씀의 문자적인 뜻에 속한 것이기 때문입니다. 이에 반하여 "기름과 포도주"는 내면적인 선들이나 내면적인 진리들을 뜻합니다. 다시 말하면 그런 것들은 성경말씀의 영적인 뜻에 속한 것입니다.

375[B]. [4] "밀과 보리"가 외면적인 선들이나 외면적인 진리들을, 또는 성경말씀의 문자적인 뜻에 속한 선들이나 진리들을 뜻하는데, 그것은 그것들이 밭의 수확물이고, 그리고 그것들이 빵으로 만들어지기까지는 먹거리로 섬기는 것은 아니기 때문입니다. 그리고 성경말씀에서 "빵"(bread)은 내면적인 선들을 뜻하기 때문입니다. 결과적으로 "밀과 보리"는 이런 선들이 만들어지는 그런 것들을 뜻합니다. 다시 말하면 성경말씀의 문자적인 뜻에 속한 선들이나 진리들을 뜻합니다. 그러나 "기름과 포도주"(oil and wine)는 성경말씀의 속뜻, 또는 영적인 뜻에 속한 선들이나 진리들을 가리키는 내면적인 선들이나 진리들을 뜻합니다. 이러한 사실은 성경말씀에 있는 그것들의 뜻에서 잘 알 수 있습니다. 그리고 이러한 사실은 아래에 이어지는 내용에서 더 잘 알게 될 것입니다. 이런 것들을 "불순하게 만들지 말아라"(=손상시키지 말아라)라고 언급되었는데, 그 이유는 그것들이 모독되지 않아야 하

기 때문이고, 더럽혀지지 않아야 하기 때문입니다. 왜냐하면 만약에 그들이 잘 알고 믿는다면, 그리고 그 뒤에 그것들을 부인한다면, 또는 그 삶이 그것들에 정반대가 된다면, 그들은 그것을 바로 모독하는 것이고, 더럽히는 것이기 때문입니다. 그리고 내면적인 선들이나 진리들을 모독, 더럽히는 것은 천계와 자신들을 결합시키는 것이고, 동시에 지옥과 결합시키는 것이기 때문입니다. 이러한 것은 영적인 생명의 전적인 파괴입니다. 왜냐하면 믿는 것들로서 남아 있는 이런 선들이나 진리들을 행할 뿐만 아니라, 그것들의 자리에서 계승된 악들이나 거짓들은 그것들에 정반대되는 부인이나, 삶에 의하여 파괴되기도 합니다. 그것으로 인하여 거기에는 천계에 속한 선과 진리의 결합이 있고, 또는 지옥에 속한 악들과 거짓들의 결합이 있습니다. 그리고 이 양자는 분리될 수 없지만, 오히려 그것들은 반드시 산산조각으로 찢겨질 뿐입니다. 그리고 양자가 조각조각 찢겨질 때 영적인 생명에 속한 것은 모두 파괴, 파멸됩니다. 이런 결과로 그것들을 모독한 자들은 사후(死後) 다른 자들과 같은 인간의 모습이나 형체의 영들(spirits)이 아니고, 오히려 그들은 전적으로 유령들(幽靈 · phantoms)이고, 그리고 자신들에게는 아무런 생각이 없이 이리저리로 날아다니는 것으로 보입니다. 그리고 종국에 그들은 서로서로 분리되고, 지옥 중에서 낮은 지옥으로 떨어집니다. 그들은 다른 영들과 같이, 사람의 모습으로 나타나지 않기 때문에 그들은 더 이상 남자나 여자라고 불리지 않고, 오히려 그것(*it*), 다시 말하면 사람이라고 불리지 않습니다. 그러나 선과 진리의 모독에 관한 더 자세한 내용은 ≪새 예루살렘의 교리≫ 169 · 172항을 참조하십시오.

375[C]. [5] 이런 부류의 무리가 천계나 교회에 속한 내면적인 그것 안에 이런 것들을 담고 있는, 성경말씀의 속뜻, 즉 영적인 뜻은 유대 사람에게는 개방(開放)되지 않았습니다. 그 이유는 만

약에 그것이 개방되었다면 그들은 그것, 즉 성경말씀의 선들이나 진리들을 모독, 훼손하였을 것이기 때문입니다. 그것은 기독교도들에게도 개방되지 않았는데, 그 이유는 그것이 그들에게 개방되었다면, 그들도 역시 그것을 모독, 불경스럽게 하였을 것이기 때문입니다. 그리고 이런 이유 때문에, 자연적인 뜻을 가리키는 성경말씀의 문자적인 뜻 안에 있는 속뜻, 즉 영적인 뜻은 유대민족이나 기독교도들에게는 숨겨져 있었습니다. 그리고 만약에 고대사람의 으뜸되는 지식들을 가리키는, 대응의 지식을 가지고 있다면, 그들이 그것의 무지의 상태에 두기 위하여, 대응이 무엇인지 알 수 없도록, 그러므로 성경말씀의 영적인 뜻이 무엇인지 알 수 없도록 그것을 전적으로 잃어버려야만 했습니다. 왜냐하면 성경말씀은 순수한 대응들에 의하여 기술되었고, 그러므로 대응들에 속한 지식들이 없다면 그 속뜻이 무엇인지 알 수 없었기 때문입니다. 이것이 바로 보다 높은 천계에 존재하는 진정한 선들이나 진리들이 모독되는 것을 막기 위하여 주님에 의하여 준비된 것입니다.

[6] 그러나 성경말씀의 속뜻, 즉 영적인 뜻은 오늘날 공개되어 있습니다. 그 이유는 최후심판이 단행(斷行)되었기 때문에, 그러므로 천계에 있는 모든 것들이나 지옥에 있는 모든 것들은 질서에 맞게 정돈 되었습니다. 그리고 따라서 주님께서는 결코 모독이나 더럽힘 따위가 결코 일어나지 않도록 준비, 섭리하셨습니다. 그리고 이것에 관해서는 나의 작은 서책 ≪백마론≫(白馬論 · the White Horse)을 참조하실 수 있겠지만, 주님께서 묵시록서에 예언하셨던 최후심판이 단행되었을 때 성경말씀의 영적인 뜻이 전혀 해를 입지 않아야 한다는 것은 주님의 겉옷은 군인들이 '네 몫'으로 찢었지만, 처음부터 마지막까지 이음새 없이 짠 주님의 속옷은 나누지 않았다는 사실이 뜻합니다(요한 19 : 23, 24). 왜냐하면 주님의 겉옷(the Lord's garments)은 성언을 뜻하기 때문

입니다. 따라서 "네 몫으로 나뉘어진 주님의 겉옷"은 문자적인 뜻으로 있는 성언을 뜻합니다. 그리고 "속옷"(tunic)은 속뜻으로 있는 성언을 뜻합니다. 그리고 "군인들"(soldiers)은 교회에 속한 진리들이나 선들을 대신하여 싸우는 자들을 뜻합니다. "군인들"(soldiers)이 이런 내용을 뜻한다는 것은 본서 64항의 마지막 부분을 참조하시고, 성경말씀에서 "겉옷들"이 진리들을 뜻하고, 그리고 "의복"(clothing)은 선을 뜻하고, "주님의 겉옷"(the Lord's garments)은 신령진리를, 따라서 성언(聖言 · the Word)을 뜻한다는 것 등등은 본서 64 · 195항을 참조하십시오.

375[D]. [7] "기름"(oil)이 사랑에 속한 선(the good of love)을 뜻한다는 것은, 기름에 의하여 이루어진 이스라엘 자손들이나, 그들의 교회에서 실행된 머리에 기름을 바르는 도유예전(塗油禮典 · the anointings)에서 특별하게 잘 볼 수 있겠습니다. 왜냐하면 기름은 봉헌(奉獻)된 교회의 모든 것들을 뜻하기 때문입니다. 그리고 그런 것들이 시작, 채택되었을 때 그것들은 거룩하다고 하는데, 예를 들면 제단과 제단의 집기들(什器 · vessels), 회막과 그것 안에 있는 모든 것들이 되겠습니다. 그리고 마찬가지로 성직자의 직분을 수행하는 자들이나 그들의 의상들이 되겠고, 또한 예언자들이나 그 뒤의 왕들이나 그들의 직무에 쓰여지는 것들이 되겠습니다. 그리고 누구나 밝히 알고 있는 것은 그런 것들을 거룩하게 만드는 것은 기름 자체가 아니고, 오히려 "기름"이 뜻하는 것이 거룩하게 만드는 것이라는 것입니다. 그것은 곧 주님에게서 비롯된 주님사랑에 속한 선입니다. 이것이 바로 "기름"이 뜻하는 것인데, 결과적으로는 사람이나 도구들(things)이 성별하며 기름을 바르게 되었을 때, 그 순간부터 그것들은 표징적인 것이 되었기 때문인데, 그 이유는 그 기름이 주님에 속한 표징이나 주님에게서 비롯된 사랑의 선에 속한 표징을 유발(誘發), 야기(惹起)시키기 때문입니다. 왜냐하면 주님에게서 비롯된 주님사랑

에 속한 선은 천계나 교회의 거룩함 자체이기 때문입니다. 그 이유는 그것을 통하여 신령한 모든 것이 유입하기 때문입니다. 결과적으로 거룩한 것들이라고 부르는 천계나 교회에 속한 것들은, 거룩한 것에 관한한 이런 거룩한 것에 기초(基礎)를 두고 있습니다.

[8] "기름"이 뜻하는 거룩함의 표징은 이러합니다. 즉, 신령인성(the Divine Human)의 측면에서 오직 주님께서는 여호와의 기름부음(塗油)을 받으셨습니다. 왜냐하면 신령사랑에 속한 신령선 자체는 수태(受胎)부터 그분 안에 계셨기 때문이고, 주님께서 이 세상에 계실 때에는 주님의 신령인성으로 말미암아 신령진리 자체는 존재하였기 때문입니다. 그리고 이것은 그 때 주님께서는 그분 안에 계시는 신령존재 자체와 신령인성의 합일(合一)에 의하여 신령사랑에 속한 신령선을 완성하셨기 때문입니다. 교회에 속한 모든 것들이 주님으로 말미암아 신령한 것들을 표징하기 때문에, 그리고 최고의 뜻으로는 주님 당신을 표징하기 때문에, 그리고 이스라엘 자손에게 설시된 교회가 표징적인 교회이기 때문에, 그러므로 신령사랑에 속한 신령선을 뜻하는 "기름"(oil)은 그런 표징들을 유발하기 위하여 채택, 사용되었습니다. 그리고 그 뒤에는 기름을 부은 것들이나 사람들은 거룩한 것으로 존경되었습니다. 이러한 것은 그것들 안에 있는 어떤 거룩함에서 비롯된 것은 아니고, 다만 그것에 의한 거룩함은 그것들이 예배드려지는 때에 천계에 있는 것을 표징하기 때문입니다. 이러한 내용은, "기름"이 사랑에 속한 선을 뜻한다는 것을 알게 하기 위하여 길게 언급되었습니다.

375[E]. [9] 이러한 사실을 더 명확하게 하기 위하여, 나는 아래의 순서에 따라서 개별적인 것들을 설명하고자 합니다. 내용은 이러합니다.
(1) 고대에서 그들은 법령들(statues)을 제정할 때 돌들을 기름으

로 발랐다.
(2) 예를 들면 작은 방패들이나 큰 방패들과 같은 전쟁 무기들을 기름으로 발랐다.
(3) 그 뒤에는, 제단이나 제단에 딸린 집기들, 그리고 회막(the tent of meeting)이나 그것 안에 있는 모든 것들을 기름으로 발랐다.
(4) 그런 것들 외에는 제사장직무를 맡은 사람들이나 그들의 옷가지들도 성별(聖別)하였다.
(5) 역시 예언자들도 성별, 기름을 부었다.
(6) 마지막으로는 임금들도 도유(塗油)하였는데, 그러므로 임금들도 "기름부은 자"(the anointed)라고 하였다.
(7) 그리고 도유(塗油 · to anoint)는 마음의 기쁨(gladness of mind)이나 호의나 친절 따위를 입증하기 위하여 기름으로 자신들이나 다른 자들에게 기름을 바르는 것(塗油)이 일반적인 보통의 관습으로 수용되었다.
(8) 이상에서 볼 때 성경말씀에서 "기름"은 선을 뜻한다는 것, 그리고 예배나 교회에서 사용되는 것들에 기름을 바르는 것을 위해 준비하는 "성유"(聖油 · the oil of holiness)가 신령사랑에 속한 신령선을 뜻한다는 것, 그리고 일반적으로 "기름"은 선이나 그것의 즐거움을 뜻한다는 것 등은 아주 명확하다.
[10] (1) 제일 첫째 관점에서 그들은 법령들의 제정을 위하여 돌들에 기름을 발랐다는 것은 창세기서의 말씀에서 명확합니다. 창세기서의 말씀입니다.

> 야곱은, 다음날 아침 일찍 일어나서, 베개 삼아 벤 그 돌을 가져다가 기둥으로 세우고, 그 위에 기름을 붓고, 그 곳 이름을 베델이라고 하였다. 그 성의 본래 이름은 루스였다. 야곱은 이렇게 서원하였다. "하나님께서 저와 함께 계시고, 제가 가는 이 길에서 저를 지켜 주시고, 먹을 것과 입을 것을 주시고, 제가 안전하게 저의 아버지 집으

로 돌아가게 해주시면, 주님이 저의 하나님이 될 것이며, 제가 기둥으로 세운 이 돌이 하나님의 집이 될 것이며, 하나님께서 저에게 주신 모든 것에서, 열의 하나를 하나님께 드리겠습니다."(창세기 28 : 18-22)

"돌들"이 진리들을 뜻하기 때문에, 따라서 돌들에게 기름을 부었습니다. 그리고 선이 없는 진리들은 영적인 생명을 전혀 가지고 있지 못하기 때문에, 다시 말하면 신령존재에게서 비롯된 생명은 전혀 없습니다. 그러나 돌들이 기름으로 발라졌을 때, 즉 성별(聖別)되었을 때 그것들은 선에서 비롯된 진리들을 표징하고, 그리고 최고의 뜻으로는 주님의 신령선에서 발출하는 신령진리를 표징하는데, 이것으로 인하여 주님께서는 "이스라엘의 돌"(the Stone of Israel)이라고 불리웠습니다. 돌들 자체가 세워졌을 때에는 상(像) 또는 조상(彫像 · statues)이라고 호칭되었습니다. 그리고 또한 그것들은 거룩한 것으로 간주(看做)되었고, 그리고 이것으로 말미암아 고대사람들 사이에서 조상들의 관습이 생겨났고, 그리고 그 뒤에는 그들의 성전의 특유한 의식(儀式)이 예전으로 자리매김 하였습니다. 그 때 야곱에 의하여 세워진 이 돌은 표징적으로는 신성(神聖)하게 되었기 때문에 그러므로 야곱은 그 장소의 이름 베델(Bethel)이라고 불렀고, 그리고 이 돌은, "하나님의 집"(God's house)를 뜻하는 베델이라는 "하나님의 집"이 되었고, 그리고 "하나님의 집"은 선의 측면에서 교회를 뜻하고, 최고의 뜻으로는 그분의 신령인성의 측면에서 주님을 뜻합니다(요한 2 : 19-22). 그 나머지(遺蹟)는 ≪천계비의≫의 설명에서 볼 수 있습니다. 더욱이 조상들은 그것을 하나의 증표(證票 · a sign)를 목적으로 해서 고대사람들에 의하여 세워졌습니다. 그리고 증거(證據 · a witness)나 예배를 목적으로 세워졌습니다(A.C. 3727항 참조). 제일 처음에 그것들(=彫像)은 거룩한 영역들이었고(A.C. 3727항 참조), 그 뒤에는 조상들은 예배에서 사용되었습니다(A.C. 4580항 참조). 그것들이 뜻하는 것이 무엇인지는 A.C. 4580 · 10643항을 참조하십시오. "돌들"(stones)이 진리들을 뜻한다는 것, 그리고 "이스라엘의 반석"(the Stone of Israel)이 신령진리의 측면에서 주님을 뜻한다는 것 등은 A.C. 643 · 1298 · 3720 · 6426 · 8609 · 9388 · 9389 · 10376항을 참조하십시오. 그 조상의 머리(the head of a statue)에 기름을 붓는다는 것, 또는 그것에 기름을 바른다(塗油)는 일은 선에서 비롯된 진리의 표징을 불러오기 위하여 행해졌고, 그리고 또한 그것은 이와 같이 예배를 목적으로 사용되었습니다(A.C. 3728 · 4090항 참조).

[11] (2) 그들이 전쟁의 무기들, 예를 들면 작은 방패나 큰 방패에 기름을 발랐다(=성별하였다)는 것은 구약의 책에서 명확합니다. 이사야서의 말씀입니다.

"너의 지휘관들아, 일어나거라.
방패에 기름을 발라라."
(이사야 21 : 5)

사무엘 하서의 말씀입니다.

용사들의 방패가 치욕을 당하였고,
사울의 방패가
녹슨 채로 버렸기 때문이다(=사울의 방패가 기름부음을 받지 않았던 것 같도다)(사무엘 하 1 : 21).

전쟁의 무기들에 기름을 발랐는데, 그것은 그것들이 온갖 거짓들에 대항하여 싸우는 진리들을 뜻하기 때문이고, 그리고 선에게서 비롯된 진리들은 거짓들을 정복하는 것들을 가리키기 때문입니다. 그러나 선이 결의된 진리들은 그런 일들을 하지 못합니다. 그러므로 전쟁의 무기들은 사람과 더불어 주님께서 그것에 의하여 지옥에서 온 악에서 비롯된 거짓들에 대항하여 싸우시는 진리들을 표징합니다. "전쟁의 무기들"이 거짓들에 대항하여 싸우는 진리들을 뜻한다는 것은 A.C. 1788 · 2686항이나 본서131[A] · 367항을 참조하십시오. "전쟁들"(wars)이 일반적으로 영적인 싸움이나 다툼을 뜻한다는 것은 A.C. 1664 · 2686 · 8273 · 8295항을 참조하시고, "원수들"이나 "적군들"이 악들이나 거짓들을 뜻하고, 일반적으로는 지옥을 뜻한다는 것은 A.C. 2851 · 8289 · 9314항을 참조하십시오.

[12] (3) 그들이 제단이나 그것의 집기들을, 그리고 회막이나 그것 안에 있는 것들에 기름을 발랐다는 것은 모세의 아래 글들에서 잘 알 수 있습니다. 출애굽기서의 말씀입니다.

(여호와께서 모세에게 말씀하셨다.)
제단에 기름을 부어서 거룩하게 하여라(출애굽기 29 : 36).

또 같은 책의 말씀입니다.

너는, 향을 제조하는 법을 따라서, 이 모든 것을 잘 섞어서, 성별하는, 기름을 만들어라. 이것이 성별하는 기름이 될 것이다. 너는 이것을 회막과 증거궤에 바르고, 상과 그 모든 기구와 등잔대와 그 기구와 분향단과 번제단과 그 모든 기구와 물두멍과 그 받침에 발라서, 이 모든 것을 거룩하게 하여라. 그러면 그것들이 가장 거룩한 것이 되며, 거기에 닿는 모든 것이 거룩하게 될 것이다(출애굽기 30 : 25-29 ; 40 : 9-11 ; 레위기 8 : 10-12 ; 민수기 7 : 1).

제단들과 회막과 그것 안에 있는 모든 것들은, 그것들이 신령존재를 표징하기 위하여, 그리고 천계나 교회에 속한 거룩한 것들을 표징하기 위하여 기름을 발랐습니다. 결과적으로는 예배애 속한 거룩한 것들을 표징하기 위하여 기름을 발랐습니다. 만약에 그것들이 사랑의 선에 속한 어떤 뜻에 의한 취임식 같은 것이 없었다면 그것들은 이런 것들을 표징할 수 없었습니다. 왜냐하면 그것은 신령존재께서 들어오신 사랑의 선을 통한 것이기 때문입니다. 그리고 현존하는 것을 통한 것이기 때문입니다. 예배에서도 그와 꼭 같습니다. 사랑에 속한 선이 없다면 주님께서는 들어올 수도 없으시고, 현존하실 수도 없습니다. 제단이 주님에 속한 제일의 표징이라는 것, 그것으로 인하여 사랑의 선에서 비롯된 예배의 표징이라는 것 등은 A.C. 2777 · 2811 · 4489 · 4541 · 8935 · 8940 · 9388 · 9389 · 9714항을 참조하시고, 그리고 법궤와 더불어 성막(=회막)이 주님이 계시는 천계의 대표적인 표징이라는 것은 같은 책 9457 · 9481 · 9485 · 9594 · 9596 · 9632 · 9784항을 참조하십시오.

[13] (4) 그들은 제사장 직분에 임직된 자들이나 그들의 의상들에 기름을 발랐다(=성별하였다)는 것은 모세의 서책들에서 잘 알 수 있습니다. 출애굽기서의 말씀입니다.

> 거룩하게 구별하는데 쓰는 기름을 가져다가, 그의 머리에 부어, 그를 거룩하게 구별하여라(출애굽기 29 : 7 ; 30 : 30).

또 같은 책의 말씀입니다.

> 너는 아론에게 거룩한 옷을 입게 하고, 그에게 기름을 붓고, 그를 거룩하게 구별하여, 제사장으로서 나를 섬기게 하여라. 그의 아들을 데려다가, 그들에게 속옷을 입혀라. 그리고 네가 그들의 아버지에게 기름을 부은 것과 같이, 그들에게 기름을 부어라. 그러면 그들이 나를 섬기는 제사장이 될 것이다. 그들은 기름부음을 받음으로써, 대대로 영원히 제사장직을 맡게 된다(출애굽기 40 : 13-15).

레위기서의 말씀입니다.

6장 1-8절　　　　　　　　　　　　　　　　　235

모세는, 거룩하게 구별하는 기름 가운데서 얼마를 아론의 머리에 붓고, 그에게 발라서, 아론을 거룩하게 구별하였다. …… 또 모세는 거룩하게 구별하는 기름과 제단에 있는 피를 가져다가 아론, 곧 제사장 예복을 입은 아론에게 뿌렸다. 그는 또 아론의 아들들, 곧 제사장 예복을 입은 그의 아들들에게도 뿌렸다. 이렇게 하여 모세는, 아론과 그의 옷 및 그의 아들들과 그들의 옷을 거룩하게 구별하였다 (레위기 8 : 12, 30).

그들이 신령선의 측면에서, 그리고 그것에서 비롯된 신령진리의 측면에서 주님을 표징하기 위하여 아론과 그의 아들들에게 기름이 뿌려졌고, 그리고 그들의 예복에 기름과 피가 뿌려졌습니다. 아론은 신령선의 측면에서 주님을 표징하고, 그의 아들들은 그것에서 비롯된 신령진리의 측면에서 주님을 표징합니다. 그리고 일반적으로는 제사장직분은 주님의 구원의 대업(大業 · His work of salvation)에 관해서 주님을 표징하기 위해서입니다. 그들의 예복이 성별되었는데, 즉 기름과 피가 뿌려졌는데(출애굽기 29 : 29), 그 이유는 "예복들"(=의상들 · garments)이 서임(敍任)된 영적인 것들을 표징하기 때문입니다. 아론이 신령선의 측면에서 주님을 표징한다는 것은 A.C. 9806항을 참조하시고, 그의 아들들이 신령선에서 발출하는 신령진리의 측면에서 주님을 표징한다는 것은 같은 책 9807항을 참조하시고, 일반적으로 제사장직분이 주님의 구원의 대업의 측면에서 주님을 표징한다는 것은 같은 책 9809항을 참조하시고, 아론과 그의 아들의 예복이 영적인 것들을 표징한다는 것은 같은 책 9814 · 9942 · 9952항을 참조하십시오.

[14] 표징에 의한 위임(委任)이 기름을 바르는 것(塗油 · 성별하는 것)에 의하여 이루어지기 때문에, 그리고 아론과 그의 아들들이 주님과 그리고 주님에게서 비롯된 것을 표징하기 때문에 그러므

로 아론과 그의 아들들에게는 이스라엘 자손들에 속한 거룩한 것들이 주어졌는데, 그것은 여호와에게 바쳐진 선물이었고, 그래서 그것들은 "들어올리는 제물"(heave-offerings)이라고 하였고, 그리고 그것들이 기름부음(聖別 · the anointing)과 "기름부음의 몫"(for the anointing)이라고 언급되었는데, 다시 말하면 그것은 하나의 표징, 즉 주님의 표징이고, 그리고 주님에게서 비롯된 신령한 것들의 표징이라고 언급된 것은 모세의 글 여러 장절에서 잘 알 수 있습니다. 레위기서의 말씀입니다.

> 화목제사의 제물 가운데서, 너희가 주께 흔들어 바치는 가슴 고기와 들어 올려 바친 넓적다리(=앞다리)를 주께서 이스라엘 자손에게 받아서, 그것들을 제사장 아론과 그의 아들들에게 주었기 때문이다. 이것은 그들이 이스라엘 자손에게서 영원히 받을 몫이다. 이것은 주께 살라 바치는 제물 가운데서, 아론과 그의 아들들이 주의 제사장으로 임명받은 날부터 받을 몫이다. 주께서 그들이 기름부음을 받아 임명되는 날부터 이것을 그들에게 주도록, 이스라엘 자손에게 명하셨다. 이것은 그들이 대대로 영원히 지켜야 할 규례이다(레위기 7 : 34-36).

다른 책의 같은 경우입니다.

> 주께서 아론에게 말씀하셨다. "내가 제물로 받은 것, 이스라엘 자손이 거룩히 구별하여 나에게 바치는 것은, 모두 너에게 준다. 나는 그것들을 너와 너의 아들들의 몫으로, 언제나 지켜야 할 규례로 준다. 다음은 아주 거룩한 것으로서, 너의 것이 될 것이다. 그들이 바친 모든 제물, 곧 그들이 나의 것이라고 하여 나에게 바친 모든 곡식 제물과, 그들이 바친 온갖 속제제물과, 그들이 바친 온갖 속건제물 가운데서, 불태워서 바치고 남은 것은 아주 거룩한 것으로서, 너와 너의 자손이 받을 몫이다. 너는 그것을 아주 거룩한 곳에서만 먹도록 하여라. …… 너의 집에 있는 정결한 사람은 모두 그것을 먹

> 을 수 있다. 가장 좋은 기름과 가장 좋은 포도주와 곡식과 그들이 나 주에게 바치는 첫 과일 모두를, 내가 너에게 준다. …… 그들이 나 주에게 바치면 사람이거나, 짐승이거나, 어떤 것이든지 살아 있는 것들의 태를 처음 열고 나온 것은 모두 너의 것이다. …… 너는 그들의 땅에서는 아무런 유산도 없다. 그들과 더불어 함께 나눌 몫이 너에게는 없다. 이스라엘 자손 가운데서 네가 받은 몫, 네가 차지할 유산은 바로 나다(민수기 18 : 8-20).

이상에서 볼 때 기름부음(塗油 · the anointing)이 표징을 가리킨다는 것은 명확합니다. 그 이유는 기름부음에 의하여 그들은 표징하는 것에 위임(=임명)되었다는 것, 그리고 그것에 의하여 천계와 교회의 거룩함에의 모든 위임을 뜻한다는 것은 주님에게서 비롯된 사랑에 속한 선에 의한 것이기 때문이고, 그리고 사랑에 속한 선이 그것들과 함께 하는 주님이시기 때문입니다. 이것이 사실이고, 그러하기 때문에, 여호와께서는 "네가 받은 몫이고, 네가 차지할 유산은 바로 여호와이시다"고 언급되었습니다.

[15] (5) 그들이 예언자에게 기름부었다는 것은 열왕기 상서에서 잘 알 수 있습니다. 그 책의 말씀입니다.

> 주께서 엘리야에게 말씀하셨다. "너는 돌이켜 광야길로 해서 다마스쿠스로 가거라. 거기에 이르거든, 하사엘에게 기름을 부어서 시리아의 왕으로 세우고, 또 님시의 아들 예후에게 기름을 부어서, 이스라엘의 왕으로 세워라. 아벨므홀라 출신인 사밧의 아들 엘리사에게 기름을 부어서, 네 뒤를 이을 예언자로 세워라"(열왕기 상 19 : 15, 16).

이사야서의 말씀입니다.

> 주께서 나에게 기름을 부으시니,
> 주 하나님의 영이 나에게 임하셨다.

주께서 나를 보내셔서,
가난한 사람들(=겸손한 사람들)에게 기쁜 소식을 전하고,
상한 마음을 싸매어 주고,
포로에게 자유를 선포하고,
갇힌 사람(=눈먼 사람)에게 석방을 선언하고…….
(이사야 61 : 1)

예언자들에게 기름이 부어졌는데(=성별되었는데), 그것은 예언자들이 신령진리의 교리의 측면에서 주님을 표징하기 때문이고, 결과적으로는 성언의 측면에서 주님을 표징하기 때문입니다. 왜냐하면 성언도 신령진리에 속한 교리이기 때문입니다. 예언자가 성언에서 비롯된 교리를 표징하고, 그리고 그 교리를 뜻한다는 것은 A.C. 2534 · 7269항을 참조하시고, 개별적으로는 엘리야와 엘리사가 그러하다는 것은 같은 책 2762 · 5247항과 9372항의 마지막 부분을 참조하십시오. 여기서 표징되는 분이 신령인성에 관해서 주님이시다는 것, 따라서 그분이 여호와께서 기름부으신 분이라는 것을 주님께서는 누가복음서에서 가르치셨습니다(누가 4 : 18-21).

[16] (6) 그 뒤 그들은 임금에게도 기름을 부었는데, 그리고 이들을 "여호와의 기름부은 자"(the anointed of Jehovah)라고 불렀다는 것을 성경말씀의 수많은 장절에서 잘 알 수 있겠습니다. 그 장절들로는 사무엘 상 10 : 1 ; 15 : 1 ; 16 : 3, 6, 12 ; 24 : 6, 10 ; 26 : 9, 11, 16, 23 ; 사무엘 하 1 : 16 ; 2 : 4, 7 ; 5 : 3 ; 19 : 22 ; 열왕기 상 1 : 34, 35 ; 19 : 15, 16 ; 열왕기 하 9 : 3 ; 11 : 12 ; 23 : 30 ; 애가 4 : 20 ; 하박국 3 : 13 ; 시편 2 : 2, 6 ; 20 : 6 ; 28 : 8 ; 45 : 7 ; 84 : 9 ; 89 : 20, 38, 51 ; 132 : 17, 그리고 그밖의 여러 곳이 있겠습니다. 임금들이 기름부음을 받은 것은 그들이 신령진리로 말미암아 심판에 관계되는 주님을 표징하기 위한 것입니다. 그러므로 성경

말씀에서 "임금들"(kings)은 신령진리들을 뜻합니다(본서 31항 참조). 임금들이 "여호와의 기름부은 자"(the anointed of Jehovah)라고 불리웠고, 그리고 그러므로 그것으로 말미암아 그들에게 해를 끼치는 것은 신성모독 죄였습니다. 그 이유는 "여호와의 기름부은 자"는 비록 문자적인 뜻으로 그 조항이나 규정이 기름을 가지고 바른 임금에게 적용된 것이라고 해도, 신령인간(=신령인성 · the Divine Human)에 관해서는 주님을 뜻하기 때문입니다. 왜냐하면 주님께서 이 세상에 계실 때, 주님의 인성(人性 · His Human)에 관해서 주님은 신령진리 자체이셨기 때문이고, 그리고 사람에게서는 아버지(父)에게서 비롯된 영혼이라고 부르는, 주님의 생명의 본질(the very esse of His Life)에 관해서는 신령사랑에 속한 신령선 자체셨기 때문입니다. 왜냐하면 그분께서는 여호와로 말미암아 잉태되셨기 때문이고, 그리고 성경말씀에서 여호와는, 모든 생명의 본질을 가리키는 신령사랑에 속한 신령선을 뜻하기 때문입니다. 결과적으로 주님께서 홀로 본질 자체나 행위(行爲 · deed) 자체에서 "여호와의 기름부음 받은 자"이십니다. 그 이유는 그분 안에는 신령사랑에 속한 신령선이 존재하시기 때문이고, 그리고 그분께서 이 세상에 계시는 동안에는 그분의 인성(His Human) 안에 존재하는 신령선 자체에서 발출하는 신령진리가 존재하셨기 때문입니다(본서 63 · 200 · 228 · 328항과 ≪새예루살렘의 교리≫ 293-295 · 303-305항 참조). 더욱이 이 땅의 왕들은 "여호와의 기름부은 자"가 아니었고, 다만 그렇게 불렀는데, 그 이유는 홀로 "여호와의 기름부은 자"이신 주님을 이 세상의 왕들이 표징하였기 때문입니다. 그러므로 그들이 기름부음을 받은 자들이기 때문에 이 땅의 왕들을 해치는 것은 신성모독(神聖冒瀆 · sacrilege)이었습니다. 그러나 이 땅의 왕들의 기름부음은 기름을 바르는 것이었지만, 이에 반하여 신령인성에 관한 주님의 기름부음은 신령사랑에 속한 신령선 자체에 의하여 완성,

수행되었습니다. 이러한 사실이 "기름"(oil)이 뜻하는 것이고, "기름부음"(塗油 · the anointing)이 표징하는 것입니다. 이런 이유 때문에 주님께서는 메시아(Messiah)나 그리스도(Christ)라고 불리우셨는데, 여기서 메시아는 히브리말로 기름부은 자라는 것을 뜻하고, 그리스도는 그리스말로 같은 뜻입니다(요한 1 : 41 ; 4 : 25).

[17] 이상에서 볼 때 성경말씀에서 "여호아의 기름부음 받은 자"가 거명되었을 때 표징적인 뜻으로 그 낱말은 주님을 뜻한다는 것은 명확합니다. 이사야서의 말씀입니다.

    주께서 나에게 기름을 부으시니,
    주 하나님의 영이 나에게 임하셨다.
    주께서 나를 보내셔서,
    가난한 사람(=겸손한 사람)에게 기쁜 소식을 전하고,
    상한 마음을 싸매어 주고,
    포로에게 자유를 선포하고,
    갇힌 사람(=눈먼 사람)에게 석방을 선언하고, …….
    (이사야 61 : 1)

신령인성에 관해서 여호와께서 기름부으신 분이 주님이시다는 것은 주님께서 그것을 이런 말씀으로 누가복음서에서 선언하신 것에서 명확합니다. 누가복음서의 말씀입니다.

    예언자 이사야의 두루마리를 건네 받아 그것을 펴시어,
    이런 말씀이 있는 데를 찾으셨다.
    "주의 영이 내게 내리셨다.
    주께서 내게 기름을 부으셔서,
    가난한 사람들에게
    기쁜 소식을 전하게 하셨다.
    주께서 나를 보내셔서,

> 포로된 사람들에게 자유를,
> 눈먼 사람들에게 다시 보게 함을 선포하고,
> 억눌린 사람들을 풀어 주고,
> 주의 은혜의 해를 선포하게 하셨다."
> 예수께서 두루마리를 말아서, 시중 드는 사람에게 되돌려 주시고 앉으셨다. 회당에 모인 모든 사람의 눈이 예수에게로 쏠렸다. 예수께서 그들에게 말씀하셨다. "이 성경말씀은 너희가 듣는 가운데서 오늘 이루어졌다"(누가 4 : 17-21).

다니엘서의 말씀입니다.

> 그러므로 너는 다음과 같은 사실을 깨달아 알아야 한다. 예루살렘을 보수하고 재건하라는 말씀이 내린 때로부터 기름을 부어서 세운 왕이 오기까지는 일곱 이레가 지나갈 것이다. 그리고 예순두 이레 동안 예루살렘이 재건되어서 거리와 성곽이 완성될 것이나, 이 기간은 괴로운 기간일 것이다(다니엘 9 : 25).

"예루살렘을 보수하고, 재건한다는 것"은 교회를 세우는 것을 뜻하고, 여기서 "예루살렘"은 교회를 뜻하기 때문입니다. "기름을 부어서 세운 왕"(=통치자 메시아 · Messiah the Prince), 즉 기름부음 받은 자(the Anointed)는 신령인성의 측면에서 주님을 뜻합니다.
[18] 같은 책의 말씀입니다.

> 이 기간이 지나가야, 반역이 그치고, 죄가 끝나고, 속죄가 이루어지고, 하나님이 영원한 의를 세우시고, 환상에서 보이신 것과 예언의 말씀을 이루시고, 가장 거룩한 곳(=가장 거룩한 분)에 기름을 부으며, 거룩하게 구별하실 것이다(다니엘 9 : 24).

이 구절에서 "환상에서 보이신 것과 예언의 말씀을 이루신다" 즉 환상과 예언을 봉인한다, 또는 확인, 보증한다(to seal up)는 것은 결론짓는 것을 뜻하고, 그리고 주님에 관해서 성경말씀에서 언급된 것들을 이루시고, 채우는 것을 뜻합니다. "가장 거룩한 곳(=가장 거룩한 분 · 지극히 거룩한 이 · the holy of holies)에 기름을 붓는다"는 것은, 신령사랑에 속한 신령선이 그분에게 내재해 있는 주님의 신령인간, 즉 여호와를 뜻합니다.

[19] "여호와의 기름부음 받은 자"는 아래의 장절들에게서와 같이 주님을 뜻합니다. 시편서의 말씀입니다.

> 어찌하여 세상의 임금들이 나서고,
> 어찌하여 통치자들이 음모를 꾸며
> 주를 거역하고,
> '기름부음 받은 분'을 거역하면서 이르기를 ……
> "내가 거룩한 산 시온 위에서
> '나의 왕'을 세웠다" 하신다.
> (시편 2 : 2, 6)

여기서 "세상의 임금들"은 거짓들을 가리키고, "통치자들"(rulers)은 지옥에서 비롯된 악들을 가리키고, 주님께서는 주님께서 이 세상에 계실 때 그 악들을 대항하셔서 싸우셨습니다. 그리고 주님께서는 그것들을 정복하시고, 이기셨습니다. "기름부음 받은 분"(=여호와께서 기름부으신 분)은 그것으로 말미암아 그분께서 싸우신 신령인간의 측면에서 주님을 뜻합니다. "내가 거룩한 산 시온 위에 '나의 왕'을 세웠다"는 말씀은, 사랑에 속한 선 안에 있는 천적인 왕국(the celestial kingdom)을 가리킵니다. 이 왕국은 천계의 극내적인 것이나, 교회의 극내적인 것을 가리킵니다.

[20] 또 같은 책의 말씀입니다.

> 나는 내 종 다윗을 찾아서,

내 거룩한 기름을 부어 주었다.
(시편 89 : 20)

여기서 "다윗"은, 어디에서나 마찬가지로, 주님을 뜻합니다(본서 205항 참조). 여호와께서 그에게 부은 "거룩한 기름"(the oil of holiness)은 신령사랑에 속한 신령선을 뜻합니다. 그 이유는 여기서 다윗이 뜻하는 분이 주님이시기 때문이라는 것은 앞 절이나 아래의 절에서 명확합니다. 왜냐하면 이렇게 언급되었기 때문입니다.

주께서는
환상 가운데 나타나시어,
주의 성도들에게 말씀하셨다.
"내가 한 용사를 도와주고,
백성 가운데서 선택한 한 사람을
왕의 자리에 앉혔다." ……
그의 통치를 지중해로 뻗게 하고,
그의 다스림이
유프라테스 강으로 뻗게 하겠다.
그는 나를 일컬어
'내 아버지, 내 하나님,
내 구원의 반석'이라고 할 것이다.
나도 그를 맏아들로 삼아서,
세상의 왕들 가운데서
가장 높은 왕으로 삼겠다. ……
그의 자손을 길이길이 이어 주며,
그의 왕위를
하늘이 다할 때까지 지켜 주겠다.
(시편 89 : 19, 25-27, 29)

같은 책의 다른 곳의 말씀도 마찬가지입니다.

> 여기에서 나는,
> 다윗의 자손 가운데서 한 사람을 뽑아서(=한 뿔이 자라게 하고)
> 큰 왕이 되게 하고,
> 내가 기름부어 세운 왕의 통치가
> 지속되게 하겠다(=내가 기름부어 세운 이를 위하여 한 등불을 준비한다).
> 그의 원수들은 수치를 당하게 하지만,
> 그의 면류관만은
> 그의 머리 위에서 빛나게 해주겠다.
> (시편 132 : 17.18)

여기서도 "주께서 기름부어서 세우신" 다윗(=그 종)이 주님의 신령인성의 측면에서 주님을 뜻한다는 것은 아주 잘 알 수 있겠습니다.

[21] 애가서의 말씀입니다.

> 우리를 쫓는 자들은
> 하늘의 독수리보다도 빨라,
> 산 속까지 우리를 쫓아오며,
> 사막에 숨어서 우리를 노린다.
> 우리의 힘(=우리의 콧구멍의 호흡),
> 곧 주께서 기름부어 세우신 이가
> 그들의 함정에 빠졌다.
> 그는 바로,
> "뭇 민족 가운데서,
> 우리가 그의 보호를 받으며 살 것이다."
> 하고 우리가 말한 사람이 아니던가!
> (애가 4 : 19, 20)

여기서도 역시 "여호와께서 기름부어 세우신 이"는 주님을 뜻합니다. 왜냐하면 이 장절은 "그들은 산 속까지 우리를 쫓아오며, 사막에 숨어서 우리를 노린다"는 말씀이 뜻하는 온갖 거짓들이나 악들에 의하여 신령진리에 대한 강습이나 폭행 따위를 다루고 있기 때문입니다. "콧구멍의 호흡이신 주"는 주님에게서 비롯된 천적인 생명 자체를 뜻합니다(A.C. 9818항 참조).

[22] 성경말씀에서 잘 드러나고 있듯이 여호와께서 기름부은 자에게 해를 가한다는 것이 그 얼마나 큰 신성모독을 범하는 것인지 그 이유를 잘 알 수 있겠습니다. 그러므로 사무엘 상서에서는 이렇게 기술되었습니다. 사무엘 상서의 말씀입니다.

> 다윗은 자기 부하들에게 타일렀다. "내가 감히 손을 들어, 주께서 기름부어 세우신 우리의 임금님을 치겠느냐? 주께서, 내가 그런 일을 하지 못하도록 나를 막아 주시기를 바란다. 왕은 바로 주께서 기름부어 세우신 분이기 때문이다." …… "보십시오, 주께서 오늘 저 굴 속에서 임금님을 나의 손에 넘겨 주셨다는 사실을 이제 여기에서 직접 확인하실 수 있습니다. 임금님을 죽이라고 말하는 사람도 있었지만, 나는 임금님을 아꼈습니다. 절대로, 손을 들어 우리의 임금님을 치지 않겠다고 다짐하였습니다. 임금님은 바로 주께서 기름부어 세우신 분이기 때문이다!"(사무엘 상서 24 : 6, 10).

역시 또 같은 책의 말씀입니다.

> 다윗은 아비새에게 타일렀다. "그를 죽여서는 안 된다. 그 어느 누구든지, 주께서 기름부어 세우신 자를 죽였다가는 벌을 면하지 못한다"(사무엘 상 26 : 9).

사무엘 하서의 말씀입니다.

그 때에 다윗이 죽어가는 그를 두고, 이렇게 말하였다. "네가 죽는 것은 너의 탓이다. 네가 너의 입으로 '주께서 기름을 부어서 세우신 분을 제가 죽였습니다' 하고 너의 죄를 시인하였다"(사무엘 하 1 : 16).

이런 말씀도 있습니다.

스루야의 아들 아비새가 그 말을 받아서, 왕에게 말하였다. "주께서 기름부어 세우신 분을 시므이가 저주하였으니, 그것만으로도 시므이는 죽어야 마땅한 줄 압니다"(사무엘 하 19 : 21).
그 뒤에 왕은 사람을 보내어서, 시므이를 불러다 놓고, 이렇게 말하였다. "너는 예루살렘에다가 네가 살 집을 짓고, 거기에서만 살도록 하여라. 다른 어느 곳으로든지, 한 발짝도 나가서는 안 된다"(열왕기 상 2 : 36).

[23] (7) 도유(塗油 · to anoint)는 마음의 기쁨이나 호의나 친절 따위를 입증하기 위하여 자신들이나 다른 자들에게 기름을 바르는 것이 일반적인 보통의 관습으로 수용되었다는 것은 아래의 장절들에게서 잘 알 수 있습니다. 아모스서의 말씀입니다.

대접으로 포도주를 퍼마시며,
가장 좋은 향유를 몸에 바르면서도
요셉의 집이 망하는 것은
걱정도 하지 않는 자들 …….
(아모스 6 : 6)

미가서의 말씀입니다.

너희가 씨를 뿌려도,
거두어들이지 못할 것이며,

6장 1-8절

올리브 열매로 기름을 짜도,
그 기름을 몸에 바르지 못할 것이며,
포도를 밟아 술을 빚어도,
너희가 그것을 마시지 못할 것이다.
(미가 6 : 15)

그들이 기쁘지 못할 것이라는 뜻의 말씀입니다. 신명기서의 말씀입니다.

너희의 온 나라에 올리브 나무가 있어도, 그 열매가 떨어져서, 너희는 그 기름을 몸에 바를 수 없을 것이다(신명기 28 : 40).

아래의 말씀들도 동일한 뜻을 가지고 있습니다. 이사야서의 말씀입니다.

시온에서 슬퍼하는 사람들에게
재 대신에 화관을 씌워 주시며,
슬픔 대신에 기쁨의 기름을 발라 주시며 …….
(이사야 61 : 3)

시편서의 말씀입니다.

임금님은 정의를 사랑하고,
악을 미워하시니,
그러므로 하나님,
임금님의 하나님께서 기쁨의 기름으로,
다른 동료보다는 임금님에게
기름부어 주셨습니다.
(시편 45 : 7)

또 같은 책의 말씀입니다.

> 그러나 주님은
> 나를 들소처럼 강하게 만드시고,
> 신선한 기름을 부어 주셨습니다.
> (시편 92 : 10)

같은 책의 말씀입니다.

> (주님은)
> 사람의 마음을 즐겁게 하는
> 포도주를 주시고,
> 얼굴에 윤기가 나게 하는 기름을 주시고,
> 사람의 생명을 든든하게 해주는
> 먹을거리도 주셨습니다.
> (시편 104 : 15)

누가복음서의 말씀입니다.

> (예수께서) 시몬에게 말씀하셨다. "너는 이 여자를 보고 있느냐? 내가 네 집에 들어왔을 때에, 너는 내게 발 씻을 물도 주지 않았다. 그러나 이 여자는 눈물로 나의 발을 적시고, 자기 머리카락으로 닦았다. …… 너는 내게 입을 맞추지 않았으나, 이 여자는 들어와서부터 줄곧 내 발에 입을 맞추었다"(누가 7 : 44, 45).

마태복음서의 말씀입니다.

> 너는 금식할 때에, 머리에 기름을 바르고, 낯을 씻어라. 그래서 금식하는 것을 사람들에게 나타내지 말고, 보이지 않는 데에 계시는 네 아버지께서 보시게 하여라. 그러면 숨은 일도 보시는 네 아버지

께서 갚아 주실 것이다(마태 6 : 17, 18).

[24] "금식한다"(to fast)는 말은 슬퍼하는 것을 뜻합니다. 그 이유는 그들이 슬플 때 금식을 하기 때문입니다. 그리고 그 때 그들은 기쁨의 표현을 삼가고, 역시 그들은 그 때 자신들에게 기름을 바르는 일을 삼가고, 절제합니다. 다니엘서의 말씀입니다.

> 그 때에 나 다니엘은 세 이레 동안 고행하였다. 세 이레 내내 좋은 음식을 삼가고, 고기와 포도주도 입에 대지 않았으며, 몸에 기름을 전혀 바르지 않았다(다니엘 10 : 2, 3).

이상에서 볼 때, 기름으로 자기들 자신이나 다른 사람에게 기름 바르는 것이 하나의 관습이었다는 것은 아주 명확합니다. 그러나 제사장들, 임금들, 제단들이나 천막(=성막)들은 "거룩한 기름"(聖油 · the oil of holiness)으로 바르지 않고, 오히려 보통 기름으로 발랐는데, 그 이유는 이 기름, 즉 보통 기름은 선에 속한 사랑에서 비롯된 기쁨이나 만족을 뜻하지만, 이에 반하여 "성유"(聖油 · the oil of holiness)는 신령선을 뜻하기 때문입니다. 이것에 관해서 이렇게 언급되었습니다. 출애굽기서의 말씀입니다.

> 너희는 이것을 아무의 몸에나 부어서는 안 되며, 또 그것을 만드는 방법으로 그와 똑같은 것을 만들어서도 안 된다. 이것은 거룩한 것이니, 너희가 거룩하게 다루어야 한다. 그렇게 섞어 그와 꼭같은 것을 만들거나, 그것을 다른 아무에게나 발라 주는 사람은, 누구든지 그 백성에게서 끊어질 것이다(출애굽 30 : 32, 33).

[25] (8) 이상에서 볼 때 성경말씀에서 "기름"이 선을 뜻한다는 것, 그리고 예배에서, 그리고 교회에서 사용되는 것들에 기름을 바르는 것을 목적으로 준비하는 "거룩한 기름"(聖油 · the oil of

holiness)이 신령사랑에 속한 신령선을 뜻하기 때문에, 그리고 일반적으로 보통의 "기름"은 선이나 그것의 즐거움이나 기쁨 따위를 뜻한다는 것을 잘 알 수 있겠습니다. 이러한 내용은, 아래의 장절에서와 같이 "기름"이 거명된 성경말씀의 여러 장절들에서 잘 알 수 있겠습니다.
[26] 시편서의 말씀입니다.

> 그 얼마나 아름답고 즐거운가!
> 형제자매가 어울려서 함께 사는 일!
> 머리 위의 보배로운 기름이
> 수염 곧 아론의 수염을 타고 흘러서
> 그 옷깃까지 흘러내림 같고,
> 헐몬의 이슬이
> 시온 산에 내림과 같구나.
> 주께서 여기에 복을 약속하셨으니,
> 그 복은 곧 영생이다.
> (시편 133 : 1-3)

여기서 만약에 "형제자매들"·"머리 위의 보배로운 기름"·"수염"·"아론의 옷깃"·"헐몬의 이슬"·"시온 산" 등등이 뜻하는 것이 무엇인지 알지 못한다면 이 장절의 낱말이 뜻하는 것을 어느 누구도 알 수 없을 것입니다. 여기서 "형제자매"(brethren)는 선과 진리를 뜻하는데, 그 이유는 성경말씀에서 이런 것들—선과 진리—이 형제자매라고 불리웠기 때문입니다. 그러므로 "그 얼마나 아름답고 즐거운가! 형제자매가 어울려서 함께 사는 일!"(=형제들이 하나되어 함께 거하는 것이 얼마나 좋고, 얼마나 기쁜가!)이라는 말씀은 선과 진리의 결합 안에는 모든 천계적인 선과 천계적인 기쁨이 있다는 것을 뜻합니다. 왜냐하면 모든 천계적인 선이나 기쁨은 선과 진리의 결합에서 비롯되기 때문입니다. "머리 위의 보배로운(=값진) 기름은 수염 곧 아론의 수염을 타고 흘러서 그 옷깃까지 흘러내림 같다"라는 말씀은, 극내적인 것에서부터 궁극적인 것에 이르기까지, 천계적인 선이나 기쁨은 선과 진리의 결합에서 비롯된다는 것을 뜻합니다. 여기서 "머리"(head)는 극내적인 것(the inmost)을 뜻하고, "수염"(beard)은 궁극적인 것(the ultimate)을 뜻합니다. "그의 옷깃까지 흘러내림과 같다"는 말씀은, 천적인 선과 영적인 선에 속한 입류(入流 · influx)와 결합(結合 · conjunction)을 뜻합니다. 성경말씀에서 선과 진리가 "형제자매"(=형제들 · brother)라고 불리웠다는 것은 A.C. 367 · 3160 · 9806항을 참조하시고, "머리"(head)가 극내적인 것을 뜻한다는 것은 같은 책 4938 · 4939 · 9656 · 9913 · 9914항을 참조하시고, "수염"(beard)이 궁극적인 것을 뜻한다는 것은 같은 책 9960항을 참조하십시오. "옷깃"(the hem of the garments)은, 천적인 선이나 영적인 선에 속한 입류나 결합을 뜻하고, 따라서 선과 진리의 입류나 결합을 뜻합니다(같은 책 9913 · 9914항 참조). 아론에 대해서 이와 같이 언급되었는데, 그것은 아론이 신령선의 측면에서 주님을 표징하기 때문입니다. 그 이유는 모든 선이나 선과 진리의 모든 결합은 주님에게서 비롯되기 때문입니다(같은 책 9806 · 9946 · 10017항 참조). "헐몬의 이슬"은 신령진리를 뜻하고, "시온의 산들"(the mountains of Zion)은 신령선을 뜻합니다. 그러므로 우리의 본문 "헐몬의 이슬이나 시온 산에 내리는 이슬 같다"라는 말씀은, 여기서 다루어지고 있는, 진리와 선의 결합을 뜻합니다. 천사들이나 사람들은 그 결합에서 모든 그들의 영적인 생명을 가지기 때문에 우리의 본문은 "주께서 복을 명하셨으니, 곧 영원무궁한 생명이로다"(=주께서 여기에 복을 약속하셨으니, 그 복은 영생이다)라고 부연되었습니다. "안개"(dew)가 신령진리를 뜻한다는 것은 A.C. 3579 · 8455항을 참조하시고, "산들"(mountains)이 신령선을 뜻하고, 그 이유가 무엇인지는 A.C.

795 · 4210 · 6435 · 8327 · 8758 · 10438 · 10608항을 참조하시고, "시온"(Zion)이 사랑에 속한 선이 있는 교회를 뜻한다는 것은 같은 책 2362 · 9055항을 참조하십시오. 이상에서 명확한 것은 성언의 영적인 뜻으로 성경말씀의 본질이 무엇인지 잘 알 수 있다는 것이고, 그럼에도 불구하고 문자 안에 있는 그것의 정통한 성질 또한 잘 알 수 있겠습니다.
[27] 에스겔서의 말씀입니다.

> 내가 너를 보니, 너는 한창 사랑스러운 때였다. 그래서 내가 네 몸 위에 나의 겉옷자락을 펴서, 네 벗은 몸을 가리고, 너에게 맹세하고, 너와 언약을 맺어서, 너는 나의 사람이 되었다. …… 내가 너를 목욕시켜서 네 몸에 묻은 피를 씻어 내고, 기름을 발라 주었다. 수 놓은 옷을 네게 입혀 주었고, 물개 가죽신을 네게 신겨 주고, 모시로 네 몸을 감싸 주고, 비단으로 겉옷을 만들어 주었다. …… 너는, 고운 밀가루와 꿀과 기름으로 만든 음식을 먹어서, 아주 아름답게 되고, 마침내 왕비처럼 되었다(에스겔 16 : 8-10, 13).

여기의 내용들은 "예루살렘"에 관해서 언급된 것인데, 예루살렘은 교회를 뜻합니다. 그러므로 여기의 개별적인 것들은 그 교회에 속한 영적인 것들을 뜻합니다. 명확하게 여기에 언급된 것들이 예루살렘의 주민들에 관해서 언급한 것이 아니라는 것, 다시 말하면, 여호와께서 "그들을 물로 목욕시켰다", "그들의 몸에 묻은 피를 씻어 주었다", "수 놓은 옷을 입혀 주었다", "물개 가죽신을 신겨 주었다"는 것을 언급하고 있습니다. 그러나 여기서 "물로 목욕시켰다"는 말씀은 진리들에 의한 개혁(改革)과 정화(淨化)를 뜻하고, "피를 씻는다"는 말씀은 악에 속한 거짓들을 제거하는 것을 뜻하고, "기름을 바른다"는 것은 사랑에 속한 선으로 수여(授與)하는 것을 뜻하고, "수 놓은 옷을 입힌다", "물개 가죽신을 신겨 준다"는 것은 성경말씀의 문자적인 뜻, 즉 성경말씀의 궁극적인 선에서 비롯된 진리의 지식들이나 선의 지식들로 가르치는 것을 뜻합니다. "고운 밀가루, 꿀, 기름으로 만든 음식을 먹는다"는 것은 진리와 선을 자기 자신의 것으로 만드는 것(專有)을 뜻하고, "그것에 의하여 아름답게 되었다"는 것은 총명스럽게 되었다는 것을 뜻하고, "마침내 왕비처럼 되었다"(=왕국에서 번영을 이루었다)는 것은 따라서 교회가 되었다는 것을 뜻하고, 여기서 "왕국"은 교회를 뜻합니다.

[28] 예레미야서의 말씀입니다.

> 그렇다. 나 주가 야곱을 속량하여 주고,
> 야곱보다 더 강한 자의 손에서
> 그를 구원해 냈다.
> 그들은 돌아와서
> 시온 산 꼭대기에서 찬송을 부르고,
> 주의 좋은 선물, 곧
> 곡식과 새 포도주와 기름과
> 양 새끼와 송아지들을 받고 기뻐할 것이며,
> 그들의 마음은 물 댄 동산과 같아서,
> 다시는 기력을 잃지 않을 것이다.
> (예레미야 31 : 11, 12)

여기서 "새 포도주와 기름"은 진리와 선을 뜻합니다. 그밖의 기타의 것들이 뜻하는 것이 무엇인지는 본서 374[B]항을 참조하십시오.

[29] 요엘서의 말씀입니다.

> 시온에 사는 사람들아,
> 주 너희의 하나님과 더불어
> 기뻐하고 즐거워하여라.
> 주께서 너희를 변호하여

가을비를 내리셨다.
비를 흡족하게 주셨으니,
옛날처럼 가을비와 봄비를 내려 주셨다.
이제 타작 마당에는 곡식이 가득 쌓이고,
포도주와 올리브 기름을 짜는 틀마다
포도주와 기름이 넘칠 것이다.
(요엘 2 : 23, 24)

여기서도 역시 "새 포도주와 기름"은 교회에 속한 진리와 선을 뜻하는데, 그것은 이런 것들이 그들에게 언급된 "시온에 사는 사람들"(=시온의 아들들)이 교회에 속한 자들을 뜻하기 때문입니다. "이른 비"(=봄 비)는 선에 유입하는 신령진리를 뜻하는데, 이것으로 말미암아 거기에는 결합(conjunction)·생육(fructification)·번성(multiplication)이 있습니다. 그리고 "곡식이 가득한 타작 마당"은 결과적으로 그것의 풍요로움을 뜻합니다.

[30] 같은 책의 말씀입니다.

밭이 황폐하구나.
곡식이 다 죽고,
포도송이가 말라 쪼그라들고,
올리브 열매(=신선한 기름)가 말라 비틀어지니,
땅이 통곡하는구나(=땅이 말라 버렸다).
(요엘 1 : 10)

이 장절은, 일반적으로 사랑의 선과 믿음의 진리와 관계를 가지고 있는 교회에 속한 모든 것들의 황폐나 파멸을 뜻합니다. 그리고 "밭"(field)이나 "땅"(ground)은 교회를 뜻하고, 그리고 "밭"은 진리의 영접, 수용에서 비롯된 교회를 뜻하고, "땅"은 선의 영접, 수용에서 비롯된 교회를 뜻합니다. "곡식"(=낱알·corn)은 교회에 속한 모든 것을 뜻하고 "새 포도주"는 진리를, 그리고 "신성한 기름"(=올리브 열매)은 선을 뜻합니다.
[31] 이사야서의 말씀입니다.

> 내가 사랑하는 이에게
> 노래를 해 주겠네.
> 그가 가꾸는 포도원을 노래하겠네.
> 내가 사랑하는 사람은
> 기름진 언덕에서 포도원을 가꾸고 있네.
> 땅을 일구고 돌을 골라내고,
> 아주 좋은 포도나무를 심었네.
> 그 한가운데 당대를 세우고,
> 거기에 포도주 짜는 곳도 파 놓고,
> 좋은 포도가 맺기를 기다렸는데,
> 열린 것이라고는 들포도뿐이었다네.
> (이사야 5 : 1, 2)

"기름진 언덕에 있는 사랑하는 사람이 가지고 있는 포도원"은 사랑의 선에서 비롯된 진리들을 가지고 있는 영적인 교회를 뜻하는데, 따라서 가장 훌륭한 교회를 뜻합니다. 왜냐하면 "포도원"(vineyard)은 영적인 교회, 즉 선에서 비롯된 진리들 안에 있는 교회를 뜻하기 때문이고, 그 교회의 시작은 "기름진 언덕"이 뜻하기 때문입니다. 왜냐하면 교회의 시작은 뿔에서 나오는 기름(oil out of a horn)에 의하여 이루어지기 때문입니다. "기름의 아들"(the son of oil)은 선에서 비롯된 진리를 뜻하고, "나의 사랑하는 자"(beloved)는 주님을 뜻하는데, 그분은 교회들을 세우시는 분이시기 때문에, 그러므로 그분에 관해서 "그는 기름진 언덕에서 포도원을 가꾸고 있고, 땅을 일구고, 돌을 골라내고, 아주 좋은 포도나무를 심었다"고 언급하고 있습니다. 여기서 "좋은 포도나무"(a noble vine)는 천적인 것에서 비롯된 영적인 진리를, 또는 사랑의 선에서 비롯된 진리를 뜻하기 때문입니다. "그가 그 포도나무가 열매 맺기를 기다린 포도"는 인애에 속한 선들을 뜻하는데, 그것은 곧 삶에 속한 선들(the goods of life)을 가리킵니다. 여기서 그것이 맺은 "들포도"(the wild grapes)는 인애에 속한 선들에 정반대가 되는 악들을 뜻합니다. 다시 말하면 삶에 속한 악들을 뜻합니다.
[32] 호세아서의 말씀입니다.

> 그 날에 내가 응답할 것이다. ……
> 나는 하늘에 응답하고,
> 하늘은 땅에 응답하고,
> 땅은
> 곡식과 포도주와 올리브 기름에 응답하고,
> 이 먹을거리들은 이스르엘에게 응답할 것이다.
> 내가 내 백성이 아닌 자들에게 말하기를
> "너는 내 백성이라" 하리니,
> 그들이 말하기를 "주는 나의 하나님이시다" 하리라.
> (호세아 2 : 21-23)

이 구절은 주님께서 세우시는 '새로운 교회'에 관해서 언급하고 있습니다. 그리고 "응답한다"(=주에 의하여 듣는다)는 말씀은 복종하고, 영접, 수용하는 것을 뜻하고, 여기서 질서에 맞게 계속해서 이어지는 복종이나 수용이 그와 같이 기술되었습니다. 천계가 주님으로 말미암아 영접, 수용된다는 것은 "나는 하늘에 응답한다"(=나는 하늘을 들을 것이다)는 말씀이 뜻합니다. 그리고 교회들이 천계로부터, 따라서 주님으로부터 천계를 통해서 영접, 수용할 것이라는 것은 "하늘은 땅에 응답한다"(=하늘은 땅을 듣는다)는 말씀이 뜻합니다. 선과 진리가 교회로부터 영접, 수용할 것이라는 것은 "땅은 곡식과 포도주와 신선한 기름에 응답한다"는 말씀이 뜻하는데, 여기서 그것은 "포도주"는 진리를 뜻하고, "기름"은 선을 뜻하기 때문입니다. 그리고 교회에 속한 자들에게 있는 선과 진리가 그것으로 말미암아 영접, 수용할 것이라는 것은 "이것들(=이 먹을거리들)은 이스르엘에게 응답할 것이다"는 말씀이 뜻합니다. 명확한 것은 땅·그것의 곡식·새 포도주·기름이 그것 자체를 뜻하지 않고, 오히려 그것의 선들이나 진리들의 측면에서 교회를 뜻한다는 것입니다. 왜냐하면 "내가 이스르엘을 이 땅에 심을 것이다"(=내가 땅에서 나를 위하여 그녀를 심을 것이다)라고 언급되었기 때문입니다.
[33] 이사야서의 말씀입니다.

> 내가 광야에는 백향목과 아카시아와
> 화석류(=도금양나무)와 들올리브 나무를 심고,
> 사막에는 잣나무와 소나무와 회양목을
> 함께 심겠다.
> (이사야 41 : 19)

이 구절의 말씀은 주님에 의하여 이방 사람들 가운데 세워질 교회의 설시에 관해서 언급하고 있습니다. 그리고 여기서 "광야"(the wilderness)나 "사막"(the desert)은 진리가 전혀 없기 때문에 그보다 먼저 거기에 결코 선이 없는 곳을 뜻합니다. 그리고 "백향목·도금양나무(=화석류)·기름나무"(=들올리브 나무)는 영적인 선과 천적인 선을 뜻하고, "잣나무·소나무·회양목"(=상자 나무)은 자연적인 것 안에 있는 선과 그것에서 비롯된 진리를 뜻합니다. 왜냐하면 성경말씀의 모든 나무는 교회의 선과 진리에 속한 그 무엇을 뜻하기 때문입니다. 그리고 "싯타나무"(the cedar of shittah)·"도금양나무"(myrtle)·"기름나무"(the oil tree)는, 영적인 사람이나 속사람 안에 있는 것과 같은 교회에 속한 것들을 뜻합니다. 이에 반하여 "잣나무 · 소나무 · 상자 나무"(=회양목)는 자연적인 사람이나 겉사람 안에 있는 것과 같은 교회에 속한 것들을 뜻합니다.

[34] 시편서의 말씀입니다.

> 주님은 나의 목자시니,
> 내게 아쉬움 없어라.
> 나를 푸른 풀밭에 누이시며
> 쉴 만한 물 가로 인도하신다. ……
> 주께서는,
> 내 원수들이 보는 앞에서
> 내게 상을 차려 주시고,
> 내 머리에 기름을 부으시어
> 나를 귀한 손님으로 맞아주시니,
> 내 잔이 넘칩니다.
> (시편 23 : 1, 2, 5)

이 장절은 속뜻으로 주님을 믿고 신뢰하는 사람은 천계의 모든 선들이나 진리들에게 인도된다는 것을 뜻하고, 그리고 그것의 즐거움이나 기쁨이 넘친다는 것을 뜻합니다. 여기서 "나의 목자"(my shepherd)는 주님을 뜻하고, "푸른 풀밭"(=푸른 초장)은 진리와 선에 속한 지식들을 뜻하고, "쉴 만한 물 가"(=잔잔한 물 가)는 거기에서 비롯된 천계의 진리들을 뜻하고, "상"(=식탁 · table)은 영적인 양분을 뜻합니다. "내 머리에 기름을 붓는다"는 말씀은 선에게서 비롯된 지혜를 뜻하고, "내 잔이 넘친다"는 말씀은 진리들에게서 비롯된 총명(=지성)을 뜻합니다. 그것은 "잔"이 포도주와 같은 뜻을 뜻하기 때문입니다. "푸른 풀밭"이나 "쉴 만한 물 가"는 주님께서 목자라고 하였고, 목자의 양 떼들이 푸른 풀밭이나 조용한 물 가로 인도되는 것으로 언급되었기 때문에, 마치 그들이 비교나 대조(對照)처럼 언급된 것처럼 보이지만, 그럼에도 불구하고 이런 것들은 대응(對應)들입니다.
[35] 에스겔서의 말씀입니다.

> 유다와 이스라엘 땅 사람들도 너와 거래를 하였다. 그들은 민닛에서 생산한 밀과 과자와 꿀과 기름과 유향을 가지고 와서, 네 물품들과 바꾸어 갔다(에스겔 27 : 17).

이 말씀은 진리와 선에 속한 지식들과 관계되는 교회를 가리키는 두로(Tyre)에 관해서 언급하고 있습니다. 따라서 "두로"는 교회에 속한 진리와 선의 지식들을 뜻합니다. 그리고 상인들을 가리키는 "유다"(Judah)나 "이스라엘 땅"은 교회를 뜻하고, 여기서 "유다"는 선과 관계되는 교회를 뜻하고, "이스라엘 땅"은 선에서 비롯된 진리들과 관계되는 교회를 뜻하고, "거래한다"(to trade)는 말은 자기 자신에게 습득시키는 것을 뜻하고, 그리고 다른 자들과 교류, 내통하는 것을 뜻합니다. "민닛에서 생산한 밀"(=민닛과 판낙에서 생산한 밀·wheats of Minnith and Pannag)은 일반적으로 선들이나 진리들을 뜻하고, "꿀·기름·유향"은 개별적으로는 선들이나 진리들을 뜻합니다. 여기서 "꿀"과 "기름"은 선들을 뜻하고, "유향"은 선에서 비롯된 상쾌한 진리들을 뜻합니다. 왜냐하면 선에게서 비롯된 모든 진리들은 천계에서는 마치 향기(香氣)처럼 지각되기 때문입니다. 결과적으로는 상쾌한 것으로 지각되기 때문입니다. 이것이 곧 바르는 기름(塗油)이 다종다양한 향기로운 것으로부터 준비, 만들어지는 이유입니다(이것에 관해서는 출애굽기 30 : 22-33 참조). 그리고 등불용 기름(燈油)에 관해서는 같은 책 27장 20, 21절을 참조하십시오.
[36] 신명기서의 말씀입니다.

> 주께서 그 백성에게,

> 고원지대를 차지하게 하시며,
> 밭에서 나온 열매를 먹게 하시며,
> 바위(=절벽)에서 흘러내리는 꿀을 먹게 하시며,
> 단단한 바위에서 흘러내리는
> 기름을 먹게 하셨다.
> (신명기 32 : 13)

이 말씀은 고대교회(古代敎會 · the Ancient Church)에 관해서 다루고 있습니다. "단단한 바위에서 흘러내리는 기름을 먹게 하셨다"는 말씀은 믿음에 속한 진리들을 통하여 선에 물들게 되었다는 것을 뜻하고, "꿀"(honey)은 자연적인 선이나 자연적인 기쁨을 뜻하고, "기름"은 영적인 선이나 영적인 기쁨을 뜻하고, "바위"(=절벽 · cliff)이나 "단단한 바위"(flint of the rock)는 주님에게서 비롯된 믿음의 진리를 뜻합니다. 만약에 여기의 이런 낱말들이 영적인 것들을 뜻하지 않는다면, "절벽에서 흘러내리는 꿀을 먹고, 단단한 바위에서 흘러내리는 기름을 먹게 한다"는 말씀에서 그것들이 뜻하는 것이 무엇이겠습니까?

[37] 하박국서의 말씀입니다.

> 무화과나무에 과일이 없고(=무성하지 않고),
> 포도나무에 열매가 없을지라도,
> 올리브 나무에서 딸 것이 없고(=올리브 나무의 수고가 헛것이 되고),
> 밭에서 거두어들일 것이 없을지라도,
> 우리에 양이 없고,
> 외양간에 소가 없을지라도…….
> (하박국 3 : 17)

여기서 무화과나무 · 포도나무 · 올리브 나무 · 밭들은 그런 것들을 뜻하지 않고, 오히려 그것들이 대응하는 천계적인 것들을 뜻합니다. 여기서 "무화과나무"는 자연적인 선에 대응하고, 그것에서 비롯된 자연적인 선을 뜻합니다. "포도나무"는 영적인 선에 대응하고, 그것의 본질 안에는 진리가 있습니다. "올리브 나무"는 그것에서 기름이 유출되는 열매와 같이, 행위 안에 있는 사랑이 선에 대응하고, "밭들"은 교회에 속한 모든 것들에 대응합니다. 그것에서 나온 "소출"(所出 · produce)이나 "먹을거리"(foods)는 영적인 양분에 속한 모든 것들을 뜻합니다. 이런 내용에서 볼 때 그 순서에서 이런 것들이 뜻하는 것이 무엇인지 명확합니다.

[38] 호세아서의 말씀입니다.

> 에브라임은 바람을 먹고 살며,
> 종일 열풍(=동풍)을 따라서 달리고,
> 거짓말만 하고 폭력만을 일삼는다.
> 앗시리아와 동맹을 맺고,
> 이집트에는 기름을 조공으로 바친다.
> (호세아 12 : 1)

만약에 이 장절의 "에브라임" · "앗시리아" · "이집트"가 뜻하는 것이 무엇인지 알지 못한다면, 이 장절은 아무런 뜻이 없습니다. 과학지로부터의 추론에 의한 사람 자신의 총명은 교회에 속한 선들을 왜곡시키고, 더럽힌다는 것이 여기에 기술되었습니다. 여기서 "에브라임"은 총명(=지성)을 뜻하고, "앗시리아"는 추론을 뜻하고, "이집트"는 아는 능력(the knowing faculty)을 뜻합니다. 그러므로 "기름을 조공으로 이집트에 바친다"는 것은 과학지(科學知 · 記憶知)에서 비롯된 추론에 의하여 교회에 속한 선들을 왜곡시키는 것을 뜻합니다.

[39] 스가랴서의 말씀입니다.

그가 나에게 무엇을 보느냐고 묻기에, 내가 대답하였다. "순금으로 만든 등잔대를 봅니다. 등잔대 꼭대기에는 기름을 담는 그릇이 있고, 그 그릇 가장자리에는 일곱 대롱에 연결된 등잔 일곱 개가 놓여 있습니다. 등잔대 곁에는 올리브 나무 두 그루가 서 있는데, 하나는 등잔대 오른쪽에 있고, 다른 하나는 등잔대 왼쪽에 있습니다." …… 그 천사는, 올리브 나무 두 그루와 가지 두 개는, 온 세상을 다스리는 주님을 섬기도록, 주께서 기름부어서 거룩히 구별하신 두 사람이라고 말해 주었다(스가랴 4 : 2, 3, 14).

"두 올리브 나무"와 "가지 두 개"(=기름의 두 아들들)는 주님사랑에 속한 선과 이웃을 향한 인애의 선을 뜻합니다. 후자는 주님 왼쪽에 있었고, 전자는 주님 오른쪽에 있었습니다.
[40] 묵시록서에서도 마찬가지입니다.

"나는 내 두 증인에게 예언하는 능력을 줄 것이다. 그들은 천이백육십 일 동안 상복을 입고 예언을 할 것이다." 그들은 이 세상을 다스리는 주님 앞에 서 있는 올리브 나무 두 그루요, 촛대 두 개입니다(묵시록 11 : 3, 4).

"올리브 나무 두 그루"와 "촛대 두 개"는 동일한 선들을 뜻하는데, 그것은 그들이 주님에게서 비롯되었기 때문에 "두 증인들"(the two witnesses)이라고 하였습니다. 그러나 그것에 관해서 설명할 때 더 상세하게 설명하겠습니다.
[41] "기름"이 주님사랑에 속한 선과 이웃을 향한 인애에 속한 선을 뜻하기 때문에 이렇게 기술되겠습니다. 마태복음서의 말씀입니다.

주님께서는 하늘 나라를 열 처녀에 비유하여 말씀하셨다. 그들 다섯 처녀는 등불과 함께 기름도 마련하였으나, 다섯 처녀는 등불을 마련하였지만 기름은 여분으로 마련하지 않았다. 그러므로 후자는

어리석다고 하였고, 전자는 슬기로웠다고 하였다(마태 25 : 1-11)

여기서 "열 처녀들"은 교회에 속한 자들 모두를 뜻합니다. 그리고 "다섯"은 그들 중의 약간이나 일부분을 뜻합니다. 왜냐하면 성경말씀의 "열"(10)이나 "다섯"(5)의 뜻은 그런 것을 가리키기 때문입니다. 그리고 "처녀"(virgin)나 "딸"(daughter)은 교회를 뜻합니다. "기름"(oil)은 주님사랑에 속한 선과 이웃을 향한 인애에 속한 선을 뜻하고, "등불"(lamps)은 믿음의 진리들이라고 부르는 진리들을 뜻합니다. 이렇게 볼 때 우리는 영적인 뜻으로 이들 낱말들의 뜻을 잘 알 수 있겠습니다. 다시 말하면 그들의 등불에 기름을 여분으로 마련하지 못한 처녀들은, 결과적으로 하늘나라에 들어가지 못한 처녀들은 성경말씀에서 진리들을 아는 자들이고, 또한 교회의 교리를 아는 자들이지만, 그럼에도 불구하고 사랑의 선이나 인애의 선 안에 있지 않는 자들이고, 다시 말하면 이런 진리들에 일치하여 살지 않는 자들입니다. 이에 반하여 그들의 등불에 여분의 기름을 준비한 처녀들은, 즉 주님나라(=천계)에 허용된 처녀들은 사랑에 속한 선이나 인애의 선 안에 있는 자들이고, 그것으로 말미암아 성경말씀에서 비롯된 진리들이나, 교회의 교리에서 비롯된 진리들 안에 있는 자들입니다. 그리고 이러한 사실은 후자의 처녀들은 "슬기롭다"고 하였고, 전자의 처녀들은 "어리석다"고 한 이유를 아주 명료하게 합니다.

[42] "기름"이 사랑의 선이나 인애의 선을 뜻하고, "포도주"가 진리를 뜻하기 때문에 주님께서 누가복음서에서 하신 말씀입니다.

그러나 어떤 사마리아 사람은 길을 가다가, 강도 만난 사람이 있는 곳에 이르러, 그를 보고 측은한 마음이 들어서 가까이 가서, 그 상처에 올리브 기름과 포도주를 붓고 싸맨 다음에, 자기 짐승에 태워서 여관으로 데리고 가서 돌보아 주었다. 다음날 그는 두 데나리온을 꺼내어서, 여관 주인에게 주고, 말하기를 '이 사람을 돌보아 주십시오. 비용이 더 들면, 내가 돌아오는 길에 갚겠습니다' 하였다(누가 10 : 33-35).

영적인 뜻으로 이 말씀은 이렇게 깨달을 수 있겠습니다. 여기서 "사마리아 사람"(the Samaritan)은 이웃을 향한 인애에 속한 선 안에 있는 이방 사람들을 뜻하고, "강도에 의하여 상처를 입은 사람"은 강도들을 가리키는 지옥에서 비롯된 자들에 의하여 공격을 당한 자들을 뜻하는데, 그 이유는 그들이 사람의 영적인 생명을 해치고, 파괴시키기 때문입니다. "그가 그의 상처에 바르고 부은 기름과 포도주"는 사람을 치유(治癒)하는 영적인 것들을 뜻하는데, "기름"은 선을 뜻하고, "포도주"는 진리를 뜻합니다. "그 사람이 자기 짐승에 그를 태운다"는 것은, 자기가 할 수 있는 한 자기의 총명(=지성)에 따라서 이것을 행하였다는 것을 뜻합니다. 여기서 "말"(馬)은, "짐을 싣는 짐승"과 같이, 총명적인 것을 뜻합니다. "그가 그를 여관으로 데리고 가서, 그를 돌보아 주기를 말하였다"는 것은 성경말씀에서 비롯된 교회의 교리로 교육을 잘 받은 사람들에게 데리고 갔다는 것, 그리고 무지(無知)함 가운데 있는 자에 비하여 더 잘 그를 치료할 수 있는 자에게 데리고 갔다는 것을 뜻합니다. 따라서 천계에서는 이런 낱말들이 이렇게 이해된다는 것, 그리고 그런 것들로 말미암아 주님께서 이 세상에 계실 때 주님께서 아주 순수한 대응들에 의하여 말씀하셨다는 것을 밝히 알 수 있고, 이와 같은 것은 이 세상과 주님 나라는 동시에 있기 때문입니다.

[43] "기름"이 사랑에 속한 선이나 인애에 속한 선을 뜻하기 때문에, 그리고 이런 것에 의하여 영적으로 앓고 있는 환자들을 치료하기 때문에, 그러므로 성경말씀은 주님의 제자들에 관해서 이렇게 말씀하셨습니다. 마가복음서의 말씀입니다.

그들은 많은 귀신을 내쫓으며, 수많은 병자에게 기름을 발라서 병을 고쳐 주었다(마가 6 : 13).

"등불을 위하여 준비한 기름"(燈油)이나 "성별하기 위하여 준비한 기름"(聖油)이 특별하게 뜻하는 것이 무엇인지 상세한 내용은 그것들이 설명된 A.C. 9778-9789항과 10250-10288항을 참조하십시오. 이상에서 볼 때, "기름"이 천적인 선이나, 영적인 선을 뜻한다는 것, 다시 말하면 주님사랑에 속한 선이나 이웃을 향한 인애에 속한 선을 뜻한다는 것을 잘 알 수 있겠습니다. "성별하는 기름"(the oil of anointing)은 주님에게서 비롯된 주님사랑에 속한 선을 뜻하고, "등불용 기름"은 주님에게서 비롯된 이웃을 향한 인애에 속한 선을 뜻합니다.

376[A]. 따라서 "기름"이 주님사랑에 속한 선을 가리키는 천적인 선(celestial good)을 뜻한다는 것을 더 설명, 입증하고자 합니다. 그것은 "포도주"가 이웃을 향한 인애에 속한 선이나 믿음에 속한 선을 가리키는 영적인 선을 뜻한다는 것을 지금 여기서 입증, 설명하기 위한 것입니다. 그리고 이 선은, 그것의 본질에 진리가 있기 때문에, 일반적인 설명에서는 "기름이나 포도주는 해치지 말아라"는 말씀이, 선이나 진리에 관하여 성경말씀의 속뜻이나 영적인 뜻에 대하여 결코 손해나 손상을 입혀서는 안 된다는 것을 뜻한다는 것, 역시 같은 내용이지만, 성경말씀의 속뜻이나 영적인 뜻 안에 있는 선들이나 진리들도 결코 위해나 손상을 입히면 안 된다는 것을 뜻합니다. 그것들은 본질 안에 있는 인애에 속한 선이나, 믿음에 속한 선은 진리입니다. 그 이유는 그 선이 믿음에 속한 진리들이라고 불리우는 진리들에 의하여 사람의 지성적인 영역(=총명의 영역 · man's intellectual part)에 주님에 의하여 심어지기 때문입니다. 그리고 사람이 이런 진리들에 일

치하여 살 때 그 진리들은 선들이 되기 때문입니다. 왜냐하면 진리들에 의하여 새로운 의지(a new will)는 그 영역에 형성되기 때문이고, 그리고 그 의지에서 발출하는 것은 무엇이나 선이라고 불리우기 때문입니다. 더욱이 이 의지는 양심(良心 · conscience)과 동일한 것이고, 그리고 양심은 진리에 속한 양심(a conscience of truth)이기 때문입니다. 왜냐하면 그것은 교회의 교리에서나 성경말씀의 문자적인 뜻에서 비롯된 모든 종류의 진리들에 형성되기 때문입니다. 이 주제에 관해서는 ≪새 예루살렘의 교리≫ (the Doctrine of the New Jerusalem) 130-138항을 참조하십시오. 그리고 ≪천계비의≫에서 발췌한 내용은 A.C. 139-141항을 참조하십시오. 이상에서 "포도주"가 진리를 뜻한다는 것은 잘 알 수 있겠습니다.

[2] 더군다나 거기에는 내적인 선들이나 진리들, 그리고 외적인 선들이나 진리들이 있습니다. 내적인 선들이나 진리들은 반드시 해를 입지 않아야 할 "기름과 포도주"가 뜻하고, 그러나 외적인 선들이나 진리들은 "밀과 보리"가 뜻합니다. 외적인 선들이나 진리들은 성경말씀의 문자적인 뜻 안에 있는 것들이고, 이에 반하여 내적인 선들이나 진리들은 성경말씀의 속뜻, 즉 영적인 뜻 안에 있는 것들입니다. 그리고 또한 외적인 선들이나 진리들은 거기에 있는 천사들과 함께 있는 낮은 천계에 있는 그런 것들입니다. 다시 말하면 궁극적인 천계에 있는 그런 것들입니다. 이에 반하여 내적인 선들이나 진리들은 거기에 있는 천사들 함께 있는 높은 천계에 있는 그런 것들입니다. 다시 말하면 삼층천이나 이층천에 있는 그런 것들입니다. 이런 선들이나 진리들은 순수한 선들 자체이고, 순수한 진리들 자체입니다. 그러나 전자들은 그것들이 대응하기 때문에, 따라서 대응들이기 때문에, 진리들이고 선들입니다. 내적인 선들이나 진리들은 천계의 천사들과의 직접적인 교류(=내통)를 가지고 있고, 이에 반하여 외적인 선

들이나 진리들은 대응들을 통한 직접적인 교류는 가지고 있지 않고, 다만 간접적인 교류만 가지고 있습니다. 이것이 바로 유대 사람은 오직 성경말씀의 문자적인 뜻 안에 있고, 그리고 영적인 뜻 안에 있는 것들의 뜻에 속한 지식을 전혀 가지고 있지 않기 때문에, 선이나 진리에 관하여 영적인 뜻을 해칠 수 없는 이유입니다. 결과적으로 순수한 선들이나 진리들에게 손해나 손상을 할 수 없는 이유입니다. 그러므로 오늘날의 기독교회(the Christian Church)는 성경말씀의 영적인 뜻 안에 있는 순수한 선들이나 진리들에게 위해(危害)를 할 수 없습니다. 왜냐하면 그 교회는 그 뜻에 관해서 무지(無知)하기 때문입니다. 그리고 동시에 순수한 선들이나 진리들에 대하여 무지합니다.

[3] 성언의 영적인 뜻은 기독교인들에게는 열려지지 않았습니다. 그 이유는 삼층천에 있는 그런 것들을 가리키는, 순수한 선들이나 진리들은 성경말씀의 영적인 뜻 안에 숨겨져 있기 때문입니다. 그리고 이런 선들이나 진리들이 지각되지 않고, 알지 못하는 한, 그 뜻은 개방(開放)될 수 없습니다. 그 이유는 이런 선들이나 진리들은 보여질 수 없기 때문입니다. 기독교회들 안에서는 순수한 선들이나 진리들이 지각되지 않고, 그리고 알지 못하는데, 이런 이유 때문에 이들 교회들은 일반적으로 교황 제도의 교회나 복음주의적인 교회로 분열(分裂)되었습니다. 그리고 교황 제도의 교회 안에 있는 자들은 전적으로 진리에 무지(無知)합니다. 그 이유는 그들은 성경말씀에 따라서 성언(聖言)이신 주님을 의존하지 않고, 다시 말하면 신령진리에 의존하지 않고, 오히려 교황(敎皇 · pope)을 의존하기 때문인데, 그의 입에서 나오는 것들은, 지옥에서 비롯된 욕심이나 사랑을 가리키는 지배욕(支配慾 · the love of ruling)에서 나오는 것을 제외하면, 거의 아무것도 발출되는 것은 없기 때문입니다. 그러므로 그들에게도 교회에 속한 유일한 진리도 거의 없습니다. 이에 반하여 복음주의 교회

들 안에는 구원의 본질적 방법들로서 오직 믿음만의 교리(依唯信 得義 敎理)를 당연한 것으로 신봉(信奉)합니다. 결과적으로는 사랑에 속한 선이나 인애에 속한 선은 비본질(非本質)적인 것으로 여겨, 배척(排斥)됩니다. 그리고 선이 존재하는 곳은 결코 진리를 배척하지 못하는데, 그 이유는 본질적으로 진리가 존재할 수 있어야 하기 때문입니다. 왜냐하면 모든 진리는 선에서 오기 때문입니다. 그 이유는 주님께서는 사람의 선(man's good)에 입류하시기 때문이고, 그리고 선에 의하여 진리들을 지각하기 위해서 주님께서는 사람에게 구체적으로 설명하시고, 그리고 사람에게 빛을 주시기 때문입니다. 그러므로 사람의 진정한 영적인 생명을 가리키는 그 빛이 없다면 거기에는 결코 진리가 존재하지 않습니다. 아무리 그렇다고 해도 건전한 진리는 있어야 하는데, 그 이유는 진리가 성언에서 비롯되기 때문입니다. 그것은 그것에 대해서만 사로잡혀 있는 개념들에 의해서 위화된 진리입니다. 왜냐하면 인애에서 분리된 믿음에서, 그리고 선이 없는 진리들에서는 그 밖의 다른 결과가 올 수 없기 때문입니다. 이것이 성경말씀의 영적인 뜻이 기독교계에 열려질 수 없는 닫혀진 이유입니다. 왜냐하면 그 영적인 뜻이 개방, 열려진다면, 그 교회들은 온갖 오류들에서 비롯된 개념들에 의하여 영적인 뜻을 위화(僞化)하고, 왜곡시키고, 따라서 그것을 모독할 것이기 때문입니다. 이것은 또한 만약에 누구가 선에서 비롯된 진정한 진리들 안에 있지 않다면 지금부터 이후에는 어느 누구도 영적인 뜻에 허용될 수 없는 이유입니다. 그리고 만약에 마음 속에서 천지(天地)의 하나님으로 오직 주님만을 시인하지 않는다면, 어느 누구도 선에서 비롯된 진정한 진리들 안에 있을 수 없는 이유입니다. 왜냐하면 모든 선은 주님에게 오기 때문이고, 그리고 모든 진리는 그 선에서 비롯되기 때문입니다. 성경말씀의 영적인 뜻은 오늘날 개방되었습니다. 그래서 역시 진정한 진리들이나 선들은 개방되었습니다. 그 이유는 주님에 의하여 최후심판(最後審判 · the Last Judgment)이 단행되었기 때문입니다. 따라서 천계에 있는 것들이나, 지옥에 있는 것들은 모두 질서에 맞게 회복되었습니다. 이런 이유 때문에, 성경말씀의 영적인 뜻 안에 있는 진정한 진리들이나 선들에게 어떤 위해도 행하지 못하도록 주님께서 준비하신 것입니다. 이러한 사실은 전에는 준비될 수 없었습니다. 이러한 내용은 ≪최후심판≫(the Last Judgment)이라는 소책자 73항에서 볼 수 있습니다.

376[B]. [4] "포도주"(wine)가 본질적으로는 진리를 가리키는 영적인 선, 또는 인애의 선이나 믿음의 선을 뜻한다는 것은 성경말씀의 아래의 장절들에게서 잘 알 수 있습니다. 이사야서의 말씀입니다.

> 너희 모든 목마른 사람들아,
> 어서 물로 나오너라.
> 돈이 없는 사람도 오너라.
> 너희는 와서 사서 먹되,
> 돈도 내지 말고 값도 지불하지 말고,
> 포도주와 젖을 사거라.
> (이사야 55 : 1)

어느 누구나 포도주나 젖을 돈 없이 살 수 있다는 것을 뜻하지 않는다는 것을 잘 알 수 있습니다. 그러므로 여기서 "포도주와 젖"은 영적인 것들을 뜻한다는 것, 다시 말하면 "포도주"는, 위에서 설명한 것과 같이, 본질적으로는 진리를 가리키는, 영적인 선을 뜻하지만, 그러나 "젖"은 그 진리에 속한 선을 뜻합니다. 주님께서는 이런 것들을 진리나 선의 무지의 상태에 있는 자들에 무료(無料)도 아낌없이(freely) 주시지만, 그럼에도 불구하고 그들은 그런 것들에 대한 열망의 상태에 있어야 한다는 것이 "돈이 없는 사람도 오너라, 너희는 와서 사서 먹되, 돈도 내지 말고, 값도 지불하지 말아라"는 말씀이 뜻하는 내용입니다. 여기서 "산다"(to buy)는 것은 자기 자신을 위하여 무엇인가를 터득하는 것을 뜻하고, "먹는다"(to eat)는 것은, 자기 자신에게서 비롯된 것인 적용(適用 · application)에 의하여 행해진 것을 가리키는, 자기 자신의 교유속성(固有屬性 · one's own)을 이루는 것을 뜻합니다. 진리와 선의 무지(無知)의 상태에 있고, 그리고 그럼에도 불구하고 그런 것들에 대한 열망의 상태에 있는 자들은 명확하게 이런 내용을 뜻합니다. 왜냐하면 우리의 본문 말씀은 "너희 모든 목마른 사람들아, 어서 물로 나오너라"라고 언급하고 있기 때문입니다. 여기서 "목마르다"(=갈증난다 · to thirst)는 것은 열망하는 것(to desire)을 뜻하고, 그리고 "물"(waters)은 진리들을 뜻하기 때문에 여기서는 진리들이 있는 곳인 성경말씀을 뜻합니다.
[5] 요엘서의 말씀입니다.

> 그 날이 오면,
> 산마다 새 포도주가 넘쳐 흐를 것이다.
> 언덕마다 젖이 흐를 것이다.
> 유다 개울마다 물이 가득차고,
> 주의 성전에서 샘물이 흘러 나와
> 싯딤(=아카시아) 골짜기에 물을 대어 줄 것이다.
> (요엘 3 : 18)

이 장절은 주님의 강림에 관해서, 그리고 새로운 천계와 주님에게서 비롯되는 새로운 교회를 다루고 있습니다. 우리가 이미 주지하고 있는 사실은, 가나안 땅이나 유다의 산들이나 언덕들이 달콤한 포도주나 젖을 흘리지 않는다는 것, 그리고 유다의 개울들이 예전보다 더 많은 물을 흘려보내지 않는다는 것, 그러므로 여기에 기술된 이런 낱말들은, 새로운 포도주 · 젖 · 물들을 뜻하지 않고, 그리고 역시 산들이나 언덕들·개울을 뜻하지 않고, 그 이외의 무엇을 뜻한다는 것, 다시 말하면 "산들이 새 포도주를 떨어뜨릴 것"(=포도주가 넘쳐 흐른다)은 거기에 있을 진정한 진리는 주님사랑에 속한 선에서 비롯된다는 것을 뜻합니다. 그리고 "언덕에서는 젖이 흐른다"는 것은 이웃을 향한 인애에 속한 선으로부터 영적인 삶(=생명)이 있을 것이라는 것을 뜻합니다. 그리고 "유다 개울마다 물이 가득 찬다"는 것은 성언의 개별적인 것으로부터 진리들이 있을 것이라는 것을 뜻합니다. 왜냐하면 "유다"는 주님의 천적인 왕국을 뜻하고, 또한 성언(聖言)을 뜻하기 때문입니다(A.C. 3881·6363항 참조). 그러므로 "유다의 개울"은 성언에 속한 개별적인 것들을 뜻합니다. "산들"이 주님사랑에 속한 선을 뜻한다는 것은 같은 책 795·4210·6435·8327·8758·10438·10608항을 참조하시고, "언덕들"(hills)이 이웃을 향한 인애에 속한 선을 뜻한다는 것은 같은 책 6435·10438항을 참조하십시오. 그리고 천계에서는 주님사랑에 속한 선 안에 있는 자들은 산들 위에서 살기 때문이고, 이웃을 향한 인애에 속한 선 안에 있는 자들은 언덕에서 살기 때문입니다(A.C. 10438항, 그리고 ≪천계와 지옥≫ 188항 참조).
[6] 아모스서의 말씀입니다.

> 주께서 하시는 말씀이다.
> "그 때가 되면,
> 농부는 곡식을 거두고서,
> 곧바로 땅을 갈아야 하고,
> 씨를 뿌리고서
> 곧바로 포도를 밟아야 할 것이다.
> 산마다 단 포도주가 흘러 나와서
> 모든 언덕에 흘러 넘칠 것이다.
> 내가,

사로잡힌 내 백성 이스라엘을
데려오겠다.
그들이 허물어진 성읍들을 다시 세워,
그 안에서 살면서 포도원을 가꾸어서
저희가 짠 포도주를 마시며,
과수원을 만들어서
저희가 가꾼 과일을 먹을 것이다.
내가 이 백성을
그들이 살아갈 땅에 심어서,
내가 그들에게 준 이 땅에서
다시는 뿌리가 뽑히지 않게 하겠다."
주 너의 하나님이 말씀하신다.
(아모스 9 : 13-15)

우리의 본문장은 제일 처음에는 교회의 황폐(荒廢 · the vastation of the church)에 관해서 다루고 있고, 그리고 그 때 주님에 의한 교회의 회복(回復 · restoration)을 다루고 있습니다. "이스라엘 백성"은 그 백성을 뜻하지 않고, 그 사람들에게 있을 장차 세우게 될 그 교회를 뜻하고, "농부가 곧바로 땅을 갈아야 하고(=밭 가는 자가 추수꾼을 앞서고), 포도를 밟는 자가 씨 뿌리는 자를 앞선다"(=씨를 뿌리고서 곧바로 포도를 밟아야 할 것이다)는 말씀은, 선과 진리를 영접, 수용한 사람은 선용들(善用 · uses)을 성취한다는 것, 또는 열매를 맺을 것을 뜻합니다. 그러므로 교회에 속한 사람에게는 동시에 이 둘(2)의 일이 있을 것을 뜻합니다. "산마다 단 포도주가 흘러 나오고, 모든 언덕에 흘러 넘칠 것이다"(=산들은 단 포도주를 떨어 뜨릴 것(drop down)이요, 모든 작은 산들은 녹을 것(dissolve)이라는 말씀은, 앞에서 언급한 것과 같이 주님 사랑에 속한 선이나 이웃을 향한 인애에 속한 선으로 말미암아 진리들이 넘칠 것이라는 것을 뜻합니다. 여기서 "단 포도주"나

"포도주"는 진리를 뜻하기 때문입니다. "사로잡힌 내 백성 이스라엘을 데려오겠다"(=내 백성 이스라엘의 사로잡힘(捕虜)을 다시 데려오겠다)는 말씀은 이방 사람들 가운데 있는 교회의 회복을 뜻합니다. 왜냐하면 "포로"(captivity · 사로잡힘)는 영적인 사로잡힘, 즉 영적인 포로를 뜻하는데, 그 포로들 가운데는 선들이나 진리들에게서 멀리 떨어진 자들도 있는데, 그럼에도 불구하고 그들은 그것들, 즉 선들이나 진리들에 대한 열망의 상태에 있는 자들을 뜻합니다(A.C. 9164항 참조). "그들이 다시 세울 허물어진 성읍들"(=그들이 다시 세울 황폐한 성읍들)은, 전에는 멸망되었지만, 그 때에 회복되는 것을 가리키는, 성경말씀에서 비롯되는 진리나 선에 속한 교리적인 것들(the doctrinals)을 뜻하고, "그들이 가꿀 포도원"(=그들이 만들 포도원)이나, "그들이 마실 포도주"는 총명이 비롯된 교회에 속한 모든 것들을 뜻합니다. 여기서 "포도밭"은 영적인 교회를 뜻하고, 따라서 "포도원"(=포도밭들)은 교회에 속한 모든 것들을 뜻합니다. "포도주"는 일반적으로 교회에 속한 진리를 뜻하고, 그리고 "그것을 마신다"(=포도주를 마신다)는 말은 가르침을 받아서, 총명하게 되는 것, 따라서 총명(=지성 · intelligence)을 뜻합니다. "그들이 과수원을 만들고, 저희가 가꾼 과일을 먹을 것이다"(=그들은 또한 정원을 만들고, 그것의 열매를 먹을 것이다)는 말씀은 지혜(wisdom)를 뜻하는데, 여기서 "정원"(=과수원 · garden)은 총명이나 지성에 속한 모든 것들을 뜻하고, "그것들의 열매"(=과수원들의 열매)는 삶에 속한 선들을 뜻하고, 따라서 "그것들의 과일을 먹는다"는 것은 그 선의 전유(專有)를, 따라서 지혜의 전유를 뜻합니다. 왜냐하면 지혜는, 진리들이 삶에 적용되고, 수용될 때, 생겨나기 때문입니다. 이러한 내용이 이 구절이 뜻하는 것이기 때문에, 그러므로 이스라엘에 관해서 "내가 이 백성을 그들이 살아갈 땅에 심을 것이다"(=내가 그들을 그들의 땅에 심는다)는 말씀이 언급되었습니다.

376[C]. [7] 창세기서의 말씀입니다.

> 야곱이 아들들을 불러 놓고서 일렀다.
> "너희는 모여라. 너희가 뒷날에 겪을 일을, 내가 너희에게 말하겠다." ……
> 그는 나귀를 포도나무에 매며,
> 그 암나귀 새끼를
> 가장 좋은 포도나무 가지에 맬 것이다.
> 그는 옷을 포도주에다 빨며,
> 그 겉옷은 포도의 붉은 즙으로 빨 것이다.
> 그의 눈은 포도주의 빛보다 진하고,
> 그의 이는 우유 빛보다 흴 것이다.
> (창세기 49 : 1, 11, 12)

이 말씀은 유다에 대한 그의 아버지 이스라엘의 예언입니다. 여기서 유다는 유다를 뜻하지 않고, 천적인 왕국과 관계되는 주님을 뜻하고, "포도주"나 "포도의 붉은 즙"은 신령진리를 뜻합니다. 그밖의 나머지들이 뜻하는 것이 무엇인지, 그리고 "포도주"는, 그것이 주님과 관계를 가지고 있기 때문에, 신령진리를 뜻한다는 것은 A.C. 6375-6381항을 참조하십시오.
[8] 또 같은 책의 말씀입니다.

> 야곱이 이삭에게 그 요리한 것을 가져다가 주니, 이삭이 그것을 먹었다. 야곱이 또 포도주를 가져다가 주니, 이삭이 그것을 마셨다. …… 야곱이 가까이 가서, 그에게 입을 맞추었다. …… 이삭은 야곱에게 복을 빌어 주었다. ……
> "하나님은
> 하늘에서 이슬을 내려 주시고,
> 땅을 기름지게 하시고,
> 곡식과 새 포도주가

6장 1-8절

너에게 넉넉하게 하실 것이다."
(창세기 27 : 25, 27, 28)

성경말씀은 그것의 개별적인 것으로 영적이라는 것을 알지 못하는 사람들은, 여기서 "이삭"은 이삭을 뜻하고, "야곱"은 야곱을 뜻한다고 생각할 것이고, 따라서 "땅을 기름지게 한다"는 말이나, "곡식과 새 포도주"가 전혀 다른 것이나 보다 심오(深奧)한 것들을 뜻한다는 것을 알지 못합니다. 그러나 여기서 "이삭"은 주님을 표징하고, "야곱"은 교회를 표징합니다. 그것에서부터 "땅의 기름짐"은 사랑에 속한 선을 가리키는 천적인 것들을 뜻하고, 그리고 "곡식과 포도주"는 교회에 속한 모든 선이나 진리를 뜻합니다. 그러나 이런 내용은 A.C. 3570 · 3579 · 3580항에 설명된 것에서 잘 알 수 있습니다.

[9] 신명기서의 말씀입니다.

> 너희가, 오늘 내가 너희에게 명하는 나의 명령들을 착실히 듣고, 주 너희의 하나님을 사랑하며, 온 마음과 정성을 다하여 주를 섬기면, 내가 너희 땅에 이른 비와 늦은 비를 내려 주어서, 너희가 곡식과 포도주와 기름을 거두게 하실 것이다(신명기 11 : 13, 14).

만약에 그들이 여호와의 명령들을 경청(傾聽)하고, 그것들을 실행하면, 이스라엘 자손에게 땅에 속한 이런 축복들이 약속되었습니다. 그리고 그 축복들이 뒤이어 일어났는데, 그 이유는 그들에게 있는 교회는 표징적이었기 때문입니다. 그리고 여호와께서 말씀하시고, 명령하신 것들은 영적인 것들에 대응하고, 따라서 이 땅의 이런 축복들은 천계의 축복들에 대응합니다. 땅의 축복에 대응하는 천계의 축복들은 사랑에 속한 선이나, 믿음에 속한 진리에 속한 것들과 관계를 가지고 있습니다. 그러므로 이런 축복들은 "이른 비와 늦은 비"(the former rain and latter rain)라는 말씀이 뜻합니다. 왜냐하면 여기서 "비"(rain)는, 개별적으로는 천계에서 입류하는 신령진리를 뜻하고, 그리고 그것으로 말미암아 교회나 천계의 모든 것들은 사람에게서 태어나고, 성장하고, 열매를 맺습니다. 그러므로 "그들이 거두어드릴 곡식 · 새 포도주 · 기름"은 겉사람이나 속사람의 모든 선이나 진리를 뜻합니다.

[10] 같은 책의 말씀입니다.

> 곡식과 포도주가 가득한 이 땅에서(=야곱의 샘은 곡식과 포도주의 땅에 있을 것이다),
> 하늘에서 내리는 이슬에
> 흠뻑 젖는 이 땅에서,
> 이스라엘이 평화를 누린다.
> 야곱의 자손이 안전하게 산다.
> (신명기 33 : 28)

이 구절은 모세에 의한 이스라엘 자손의 축복에 대한 결론입니다. 그것은 모든 예언적인 것을 가리키고, 그리고 이스라엘의 자손이나 지파는, 창세기 49장에서와 같이, 교회에 속한 어떤 것을 뜻합니다. 여기서 "이스라엘"은 교회 자체를 뜻하고, "오직 야곱의 우물에 의하여 안전하게 산다"는 것은 온갖 악들이나 거짓들에게서 비롯한 공격이나 괴롭힘 없이 사는 것을 뜻하고, 그리고 신령진리를 통하여 오직 주님에 의하여 인도되는 것을 뜻합니다. 여기서 "야곱의 샘"은 신령진리를 뜻하고, 그리고 성언 (the Word)을 뜻합니다. "곡식과 새 포도주의 땅에서 산다"는 것은 교회에 속한 모든 선과 진리 안에 있다는 것을 뜻합니다. "그의 하늘도 아들을 내리리로다"(=이 땅은 하늘에서 내리는 이슬에 흠뻑 젖는다)는 말씀은 천계에서 비롯된 입류를 뜻합니다.

[11] 역시 같은 책의 말씀입니다.

6장 1-8절

주께서 그 백성에게(=그에게),
고원지대를 차지하게 하시며,
밭에서 나온 열매를 먹게 하시며,
바위에서 흘러내리는 꿀을 먹게 하시며,
단단한 바위에서 흘러내리는
기름을 먹게 하셨다.
소젖과 양젖과 어린 양의 기름과,
바산의 숫양과 염소 고기와,
잘 익은 밀과 붉은 빛깔 포도주를
마시게 하셨다.
(신명기 32 : 13, 14)

이 장절의 내용은 이스라엘 교회(the Israelitish Church) 이전의 교회를 가리키는, 그리고 인애의 선이나 믿음의 진리들 안에 있었던 고대교회(古代敎會)에 관해서 언급된 것들입니다. 그 교회 안에 있었던 온갖 종류의 선들은 이런 것들이 뜻합니다. 다시 말하면 "소젖"(butter of the herb) · "양젖"(the milk of the flock) · "어린 양의 기름" · "숫양" · "염소의 고기" · "잘 익은 밀"(=기름진 밀알) 따위가 뜻합니다. 그리고 영적인 진리들은 "붉은 빛깔 포도주"와 "순수한 포도주"(the unmixed wine)가 뜻합니다.
[12] 예레미야서의 말씀입니다.

그들은 돌아와서
시온 산 꼭대기에서 찬송을 부르고,
주의 좋은 선물, 곧
곡식과 새 포도주와 기름과
양 새끼와 송아지들을 받고 기뻐할 것이며,
그들의 마음은 물 댄 동산과 같아서,
다시는 기력을 잃지 않을 것이다.

(예레미야 31 : 12)

여기서도 "곡식"·"새 포도주"·"새 기름" 등은 온갖 종류의 선들이나 진리들을 뜻합니다. 개별적으로 이런 것들이 뜻하는 것이 어떤 것인지는 본서 374항을 참조하십시오. 이사야서의 말씀입니다.

> 주께서 그의 오른손, 곧
> 그의 능력 있는 팔을 들어 맹세하셨다.
> "내가 다시는 네 곡식을
> 네 원수들의 식량으로 내주지 않겠다.
> 다시는 네가 수고하여 얻은 포도주를
> 이방 사람들이 마시도록 내주지 않겠다."
> 곡식을 거둔 사람이,
> 곡식을 빼앗기지 않고,
> 자기가 거둔 것을 먹고,
> 주를 찬송할 것이다.
> "거둔 사람이 자기가 거둔 것을
> 내 성소 뜰에서 마실 것이다."
> (이사야 62 : 8, 9)

이 구절은, 교리에 관계되는 교회를 뜻하는 예루살렘에 관해서 언급하고 있습니다. 그러므로 "내가 다시는 네 곡식을 네 원수들의 식량으로 내주지 않겠다. 다시는 네가 수고하여 얻은 포도주를 이방 사람들이 마시도록 내주지 않겠다"는 말씀은 그것이 더 이상 악들이나 거짓들에 의하여 소모(消耗), 소실(消失)되지 않을 것을 가리키는, 일반적인 교회에 속한 선이나 진리를 뜻합니다. 여기서 "원수들"은 악들을 뜻하고, "이방 사람들"(=나그네의 아들들)은 거짓들을 뜻하고, "먹는다" 또는 "자기가 거둔 것을 먹는다", "마신다"는 것은 소모하는 것을 뜻합니다. 선들이나 진리들이 그것들을 수용한 자들에게 남아 있을 것이라는 것은, 그리고 그것들의 선용을 그것으로 만들 것이라는 것은 "그것을 거둬들인 자들이 그것을 먹을 것이다", "그것을 함께 거둬들인 자들이 그것을 마실 것이다"는 말씀이 뜻합니다. 그리고 이런 것들로부터 비롯된 예배는 "주(=여호와)를 찬양할 것이다", "내 성소의 뜰에서 마실 것이다"는 말씀이 뜻합니다.
[13] 같은 책의 말씀입니다.

> 이제 기름진 밭에서
> 기쁨도 사라지고 즐거움도 사라졌다.
> 포도원에서 노랫소리가 나지 않고,
> 기뻐 떠드는 소리도 나지 않고,
> 포도주 틀에는 포도를 밟는 사람도 없다.
> 내가 그 흥겨운 소리를 그치게 하였다(=풍요로운 들에서는 즐거움이 제해졌고, 기쁨이 없어졌으며, 포도원에서는 노래도 없고, 외침도 없을 것이다. 밟는 사람이 포도즙 틀을 밟아도 포도주가 없을 것이다. 내가 그들의 포도 따는 외침을 그치게 하였다)(이사야 16 : 10).

이 구절은 선이나, 그것의 진리에서 비롯된 천계적인 기쁨이나 즐거움의 제거(除去·the taking away)에 관해서 기술되고 있습니다. 그 이유는 선 자체나 진리 자체가 제거, 소멸되었기 때문입니다. 교회에 속한 선은 "풍요로운 들"(the plentiful field · Carmel)이 뜻하고, 그 선의 진리는 "포도원"(vineyards)이나, "포도주 틀에서 포도주를 밟는다"는 말이 뜻하고, 제거되는 그것의 흥겨운 소리(=즐거움이나 기쁨)는 "기쁨"(gladness) · "환희"(exultation) · "노랫소리"(singing aloud) · "외침"(shouting) · "포도원의 노랫소리"(vintage shouting) 등이 뜻합니다. 왜냐하면 포도를 밟아서 포도주를 짤 때, 포도원이나 포도주 틀에서 노래를 부르는 것은 하나의 관습이기 때문입니다. 그리고 "포도주가 뜻하는 진리들에게서 비롯된 기쁨이나 즐거움을 표징하기 때문입니다.
[14] 예레미야서의 말씀입니다.

> 십마의 포도나무야,
> 나는 야셀을 생각하여 우는 것보다
> 너를 생각하여 더 많이 울고 있다.
> 너의 덩쿨은 사해를 건너
> 야셀에까지 뻗어 나갔다.
> 그런데 파멸시키는 자가
> 너의 여름 과일(=가을 과일)과 포도송이에 밀어닥쳤다.
> 과수원 모압 땅에는 이제,
> 기쁨도 사라지고, 즐거움도 사라졌다.
> 술틀에서 포도주가 사라졌다.
> 환호성을 지르며
> 포도를 밟던 사람도 없고,
> 그들의 외침은
> 더 이상 즐거운 환호가 아니다.
> (예레미야 48 : 32, 33)

이 장절은 사랑에 속한 선이나, 그것에서 비롯된 진리들에게서 비롯된 천계적인 즐거움이나 기쁨의 제거에 관해서 다루고 있습니다. 왜냐하면 모두 천계적인 즐거움이나 기쁨은 이런 것들 안에 있고, 이런 것들에게서 비롯되기 때문입니다. 매우 심한 슬픔이나 애도는 "많이 운다"(weeping · *flere fletum*)는 말이 뜻합니다. 그리고 그것의 파멸은 "모압 땅(=갈멜)에서 사라진 기쁨이나 즐거움"이 뜻하고, 마찬가지로 "파멸자가 그것에 밀어닥쳤다"(=쓰러졌다)는 말씀이 뜻하고, 또한 "포도주가 사라졌다"(=포도주를 없게 한다), 또는 "그들의 외침은 더 이상 즐거운 환호가 아니다"(=그들의 외침은 외침이 되지 못한다)는 말씀들이 뜻합니다.

왜냐하면 슬픔과 애도가 있는 곳을 "가을 과일"(=여름과일 · the autumn fruits)이 뜻하기 때문입니다. 제거된 선에 속한 진리들은 "그 어떤 해의 포도소출"(the vintage)이 뜻하고, "술틀의 포도주"가 뜻합니다. 멀리 쫓겨난 진리들이나, 그것들이 과학지(科學知)들을 통하여 소멸되었다는 것은 "십마의 포도나무"가 뜻하고, 그리고 "바다 너머가서 야셀의 바다까지 뻗은 가지들"이 뜻합니다. 여기서 "바다"(sea)는 아는 능력(=기능 · the knowing faculty)을 뜻하기 때문입니다.
[15] 애가서의 말씀입니다.

    내 백성의 도성이 망하였다.
    아이들과 젖먹이들이
    성 안 길거리에서 기절하니,
    나의 눈이 눈물로 상하고,
    창자가 들끓으며,
    간이 땅에 쏟아진다.
    아이들이 어머니의 품에서 숨져 가면서,
    먹을 것, 마실 것을 찾으며,
    달라고 조르다가(=곡식과 포도주가 어디에 있나? 하도다),
    성 안 길거리에서
    부상당한 사람처럼 쓰러진다.
    (애가 2 : 11, 12)

이 말씀은 그 교회의 모든 선과 진리가 소멸한, 유대 교회에 대한 슬픔이나 애도를 담고 있습니다. 그리고 그 슬픔과 애도가 "아이들과 젖먹이들이 성 안 길거리에서 기절한다. 먹을 것 마실 것을 달라고 조르던 아이들이 어머니의 품에서 숨져 간다. 곡식과 포도주가 어디에 있나? 하도다"라는 말씀에 의하여 기술되었습니다. 여기서 "아이들이나 젖먹이들"은 이노센스의 선(the

good of innocence) 안에 있는 자들을 뜻하고, 추상적인 뜻으로는 이노센스의 선 자체를 뜻합니다. 그리고 이 선은 교회에 속한 모든 선을 뜻합니다. 그 이유는 그것이 그것의 모든 선의 본질적인 것이기 때문입니다(≪천계와 지옥≫ 276-283 · 285 · 288 · 341 · 382항 참조). "성읍의 길거리"는 교리에 속한 진리들을 뜻하고, "어머니"는 교회에 속한 모든 것들을 뜻하고, "곡식과 포도주"는 일반적으로는 교회에 속한 모든 선이나 진리를 뜻합니다. "아이들이 성읍의 길거리에서 부상자처럼 졸도할 때 그들의 혼이 그들 어미의 품에서 쏟아진다"(=숨겨 간다)고 언급되었는데, 그 이유는 여기서 "부상자"는 영적으로 진리의 박탈(剝奪)로 인하여 죽어 없어지는 자들을 뜻하기 때문입니다. 그리고 "영혼"(=혼 · soul)은 영적인 생명을 뜻합니다. "그들이 졸도하는 성읍의 길거리"는 교리에 속한 진리를 뜻합니다(A.C. 2336항 참조). "영혼이 쏟아지는 어머니"는 교회를 뜻합니다(A.C. 2691 · 2717 · 3703 · 4257 · 5581 · 8897항 참조).
[16] 스바냐서의 말씀입니다.

> 그들은 재산을 빼앗기고 집도 헐릴 것이다.
> 그들은 집을 지으나,
> 거기에서 살지 못할 것이며,
> 포도원을 가꾸나,
> 포도주를 마시지 못할 것이다.
> (스바냐 1 : 13)

"약탈품이 될 재산"(=빼앗길 재산)은, 선과 진리의 지식들을 가리키는, 영적인 재산(spiritual wealth)을 뜻합니다. "헐리게 될 집"(=황폐하게 될 집)은 사람 안에 있는 교회에 속한 것들을 뜻하고, 그리고 이런 것들로 말미암아 황폐하게 될 때 비록 사람이 그것들에게 경청하고, 성경말씀에서 그것들을 본다고 해도, 사람은 아무런 소득을 얻지 못하고, 전혀 아무것도 영접, 수용하지 못한다는 것을 뜻한다는 것은 "그들이 집들을 지으나 거기에서 살지 못하고, 포도원을 가꾸나 포도주를 마시지 못할 것이다"는 말씀이 뜻합니다. 여기서 "집들"은 교회에 속한 선들을 뜻하고, "포도원"이나 "포도주"는 그것의 진리들을 뜻합니다.

376[D]. [17] 미가서에서도 동일한 것들을 뜻합니다. 미가서의 말씀입니다.

> 너희가 씨를 뿌려도,
> 거두어들이지 못할 것이며,
> 올리브 열매로 기름을 짜도,
> 그 기름을 몸에 바르지 못할 것이며,
> 포도를 밟아 술을 빚어도,
> 너희가 그것을 마시지 못할 것이다.
> (미가 6 : 15)

아모스서의 말씀입니다.

> 너희가 아름다운 포도원을 가꾸어도
> 그 포도주는 마시지는 못한다.
> (아모스 5 : 11)

호세아서의 말씀입니다.

> 그러나 타작 마당에서는
> 먹을거리가 나오지 않고,
> 포도주 틀에서는
> 새 포도주가 나지 않을 것이다. ……
> 이방 땅에서는,
> 주께 포도주를 제물로 부어 드릴 수 없고,

> 그들이 바치는 제물이
> 주를 기쁘시게 해드릴 수도 없을 것이다.
> (호세아 9 : 2, 4)

"타작 마당이나 포도주 틀"은 "곡식이나 포도주"가 뜻하는 동일 것을 뜻하는데, 그 이유는 곡식이나 포도주가 거기에서 수집된 것이기 때문입니다. 그들은 그들이 경청한 것에 의하여, 아무런 소득을 얻지 못한다는 것이 "타작 마당에서는 먹을거리가 나오지 않고, 포도주 틀에서는 새 포도주가 나지 않을 것이다"는 말씀이 뜻합니다. 그리고 그것으로 인하여 그들의 예배가 열납(悅納)되지 않는다는 것이 "그들은 주께 포도주를 제물로 부어 드릴 수 없고, 그리고 그들이 바치는 제물이 주를 기쁘시게 해드릴 수 없을 것이다"는 말씀이 뜻합니다.

[18] 요엘서의 말씀입니다.

> 술을 즐기는 자들아,
> 깨어나서 울어라.
> 포도주를 좋아하는 자들아,
> 모두 다 통곡하여라.
> 포도 농사가 망하였으니,
> 새 술을 만들 포도가 없다. ……
> 밭이 황폐하구나.
> 곡식이 다 죽고,
> 포도송이가 말라 쪼그라들고,
> 올리브 열매가 말라 비틀어지니,
> 땅이 통곡하는구나(=땅이 말라 버렸다).
> 농부들아, 슬퍼하여라.
> 포도원 일꾼들아, 통곡하여라.
> 밀과 보리가 다 죽고,
> 밭 곡식이 모두 죽었다.

(요엘 1 : 5, 10, 11)

여기의 말씀들이 영적인 뜻으로 무엇을 뜻하는지는 본서 374[B]항에서 잘 알 수 있는데, 그것들이 거기에서 설명되었습니다. 여기서 "포도주"(wine)·"달콤한 포도주"(sweet wine)는 교회에 속한 진리를 뜻하고, "포도원 일꾼들"은 진리들 안에 있고, 그리고 그것들을 가르치는 사람들을 뜻합니다. 이 장절은 황폐하게 된 교회를 다루고 있는데, 그 교회에 있는 선들이나 진리들은 모두 멸망, 소멸되었습니다.
[19] 에스겔서의 말씀입니다.

> 네게는 물건(=제조품)이 많고, 생산한 물품(=재물)도 많기 때문에, 다마스쿠스도 헬본의 포도주와 자하르의 양털을 가지고 와서, 너와 무역을 하였다(에스겔 27 : 18).

이 말씀은 두로에 관해서 언급하고 있는데, 두로는 선과 진리에 속한 지식들에 관계되는 교리를 뜻하고, 시리아에 있는 도시를 가리키는 "다마스쿠스"는 일치하는 아는 능력을 뜻합니다. 그리고 이 장에서 "무역"(=무역을 한다)는 말은 취득(取得·acquisition), 교류(交流·communication)나 이런 것들의 씀씀이(善用·use)를 뜻합니다. "다마스쿠스"가 일치하는 아는 능력을 뜻하기 때문에 다마스쿠스는 "물건이 많고, 생산한 물품이 많은 거래상"(a trader)이라고 불리웠습니다. 여기서 그것에 의하여 선용이 이루어지는데, 그 "제조품"(works)은 선에 속한 지식들을 뜻하고, "재물"은 진리에 속한 지식들을 뜻합니다. 그리고 자연적인 사람 안에는 진리의 지식들이나 선의 지식들이 있기 때문에, 왜냐하면 그것 안에 있는 것은 지각될 수 있는 인지(認知·cognition)나 앎(knowing)에 속한 모든 것이기 때문에, 그러므로 "헬본의 포도주와 자하르의 양털"이라고 언급되었습니다. 여기서 "헬본의 포도주"는 자연적인 진리를 뜻하고, "자하르의 양털"은 자연적인 선을 뜻합니다.
[20] 이사야서의 말씀입니다.

> 그러므로 땅은 저주를 받고(=저주가 땅을 삼켰으며) ……
> 새 포도주가 마르며,
> 포도나무가 시든다.
> 마음에 기쁨이 가득 찼던 사람들이
> 모두 탄식한다. ……
> 그들이 다시는
> 노래하며 포도주를 마시지 못할 것이며,
> 독한 술은 그 마시는 자에게 쓰디쓸 것이다.
> 무너진 성읍은 황폐한 그대로 있고,
> 집들은 모두 닫혀 있으며,
> 들어가는 사람이 하나도 없을 것이다.
> (이사야 24 : 6, 7, 9, 10)

이 말씀은, 거짓이 진리의 자리를 다스릴 때 일어나는, 교회의 타락(墮落)이나 왜곡(歪曲)을 기술하고 있습니다. 그리고 거기에는 그것으로 인하여 더 이상 선이 존재하지 않습니다. 왜냐하면 사람은 진리들에 의하여 선을 가지기 때문입니다. "저주가 삼켜 버릴 땅"은 교회를 뜻하고, 저주(詛呪 · malediction)는 그것의 타락이나 왜곡을 뜻하고, "통곡할 새 포도주"나 "시들게 될 포도나무"는 교회에 속한 모든 진리를 뜻합니다. "통곡한다", "시든다"(=쇠약해진다)는 것은 진리의 박탈(剝奪)을 뜻합니다. 거기에 더 이상의 천계적인 즐거움이나 지복(至福)이 없을 것이라는 것은 "모든 즐거운 마음이 탄식할 것이고, 노래하면서 포도주를 마시지 못할 것이다"는 말씀이 뜻합니다. 그리고 "독한 술"(strong drink)은 진리들에게서 비롯된 것이나 진리들에 일치하는 것들을 뜻합니다. 그러나 거짓에 속한 교리는 파괴, 멸망할 것이라는 것은 "무너진 성읍은 그대로 있고"(=치욕의 성읍은 헐릴 것이다)라는 말씀이 뜻합니다. 여기서 "성읍"은 교리를 뜻하고, "텅 비었다"(void)는 거짓을 뜻하고, 더 이상 사람에게는 선이나 지혜가 없을 것이라는 것은 "집들이 모두 닫혀 있고, 들어가는 사람이 하나도 없을 것이다"는 말씀이 뜻하는데, 그러한 일은, 진리는 전혀 없고, 다만 거짓만 있을 때, 일어납니다.

[21] 아모스서의 말씀입니다.

> 대접으로 포도주를 퍼마시며,
> 가장 좋은 향유를 몸에 바르면서도
> 요셉의 집이 망하는 것은
> 걱정도 하지 않는 자들.
> (아모스 6 : 6)

이 장절이나 앞장의 장절에는, 마치 지금이나 예전의 유대 사람들과 같이, 내적인 것이 결여된 외적인 예배 안에 있는 자들에 관해서 기술하고 있습니다. "그들이 퍼마시는 포도주의 대접"(bowls)은 예배가 비롯된 진리에 속한 외적인 것들을 가리키고, "자신들 몸에 바르는 가장 좋은 향유"(=향유의 열매들)는, 역시 예배가 그것에서 비롯된 선에 속한 외적인 것들을 가리킵니다. "요셉"은 교회에 속한 내적인 것, 즉 교회의 영적인 것을 뜻합니다. 그러나 이런 것이 멸망하기 때문에 아무런 감동을 받지 못하였다는 것은 "그들이 요셉의 집이 망하는 것은 걱정도 하지 않는다"(=요셉의 고난으로 인하여 슬퍼하지 않는다)는 말씀이 뜻합니다. 내적인 것이 결여된 외적인 예배가 결코 예배가 아니라는 것은 A.C. 1094 · 1175 · 7724항을 참조하시고, 유대 사람이 예전이나 지금이나 내적인 것이 결여된 외적인 예배에 있었다는 것은 같은 책 1200 · 3147 · 3479 · 8871항을 참조하시고,

"요셉"이 영적인 교회, 따라서 교회에 속한 영적인 것들을 뜻한다는 것은 같은 책 3969 · 3971 · 4669 · 6417항을 참조하십시오.
[22] 스가랴서의 말씀입니다.

> 내가 유다 족속을 강하게 하고,
> 요셉 족속을 구원하겠다.
> 내가 그들을 불쌍히 여기고,
> 그들을 모두 고향으로 돌아오게 할 것이니,
> 나에게 버림받은 적이 없는 사람들같이
> 될 것이다. ······
> 에브라임 사람들은 용사같이 되며,
> 그들의 마음은
> 포도주를 마신 듯이 기쁠 것이다.
> (스가랴 10 : 6, 7)

"유다의 족속"(=유다의 가문)은 주님의 천적인 교회를 뜻하고, "요셉 족속"(=요셉의 가문)은 주님의 영적인 교회를 뜻합니다. "그들의 족속(=가문)을 강하게 한다"(=강성하게 한다)는 말은 그들에게 있는 선에게서 비롯된 진리들을 증대, 신장시키는 것을 뜻합니다. 왜냐하면 모든 힘이나 세력(might)은 선에게서 비롯된 진리에 속한 것이기 때문입니다. 그러므로 "에브라임 사람들은 용사같이 될 것이다"라고 언급되었습니다. 여기서 "에브라임"은 선에서 비롯된 진리의 이해를 뜻하고, 그것도 그것의 증대로 말미암아 용사(勇士 · mighty)라고 불리웠습니다. 그것에서 비롯된 천계적인 즐거움이나 기쁨은 "그들의 마음이 포도주를 마신 것 같이 기쁠 것이다"는 말씀이 뜻합니다. 여기서 "포도주"는 그 즐거움이나 기쁨이 비롯된 선에서 비롯된 진리를 뜻합니다. 모든 진리들이 모든 능력이나 힘을 선으로부터 취한다는 것은 나의 저서

≪천계와 지옥≫ 228-233항을 참조하시고, 역시 본서 209 · 333항을 참조하십시오. 성경말씀에서 "유다"가 주님의 천적 왕국을 뜻한다는 것은 A.C. 3881 · 6363항을, 그리고 "에브라임"이 교회의 총명적인 것을 뜻한다는 것은 같은 책 3969 · 5354 · 6222 · 6238 · 6267 · 6296항을 참조하십시오.
[23] 다니엘서의 말씀입니다.

> 벨사살 왕은 술을 마시면서 명령을 내려서, 그의 아버지 느부갓네살 왕이 예루살렘 성전에서 가져 온 금그릇과 은그릇을 가져 오게 하였다. 왕과 귀한 손님과 왕비들과 후궁들이 모두 그것으로 술을 마시게 할 참이었다. 그래서 예루살렘에 있는 하나님의 집 성전에서 가져 온 금그릇들을 꺼내서, 왕과 귀한 손님과 왕비들과 후궁들이 그것으로 술을 마셨다. 그들은 술을 마시고서, 금과 은과 동과 철과 나무와 돌로 만든 신들을 찬양하였다. 그런데 바로 그 때 갑자기 사람의 손이 나타나더니, 촛대 앞에 있는 왕궁 석고 벽 위에다가 글을 쓰기 시작하였다. 왕은 그 손가락이 글을 쓰는 것을 보고 있었다. …… 사람 사는 세상에서 쫓겨나시더니, 그의 마음은 들짐승처럼 되셨고, 들나귀와 함께 사셨으며, 소처럼 풀을 뜯으셨고, 몸은 하늘에서 내리는 이슬로 젖으셨습니다. 그 때서야 비로소 부친께서는, 가장 높으신 하나님이 인간의 나라를 다스리시고, 하나님의 뜻에 맞는 사람을 그 자리에 세우시는 줄을 깨닫게 되셨습니다(다니엘 5 : 2-5, 21).

속뜻으로 이 말씀은 "바벨"(Babel)이나 "바벨론"이 뜻하는 것을 가리키는, 선과 진리의 모독을 기술하고 있습니다. 왜냐하면 "예루살렘 성전의 그릇들로 술을 마신다"는 것은 성경말씀에서 교회에 속한 진리들을 분리, 뽑아내는 것을 뜻하기 때문입니다. 여기서 "술을 마신다"는 것은 진리들을 분리, 뽑아내는 것(to draw)을 뜻하고, "예루살렘 성전의 그릇들"은 성경말씀에서 비롯된 교회의 교리에 속한 진리들을 뜻하고, 그리고 "금 · 은 · 동 ·

철 · 나무 · 돌로 만든 신들을 찬양한다"는 것은 자기사랑(自我愛 · the love of self)과 세상사랑(世間愛 · the love of the world)에서 비롯된 예배를 뜻합니다. 왜냐하면 이런 신들(=우상들)은 온갖 종류의 우상숭배적인 예배나 모독을 뜻하기 때문입니다. 그러므로 벽에 "메네 메네 데겔과 바르신"이라는 글자가 쓰여졌는데, 이 말은 천계와 교회에 속한 모든 것들로부터의 분열, 분리를 뜻합니다. 그 뒤에 "왕은 사람의 아들들(=사람 사는 세상)로부터 쫓겨나서, 그의 마음은 들짐승처럼 되셨고, 그의 처소는 들나귀와 함께 있었다"는 것은, 모든 진리들로부터의 분리와 격리(隔離)를 뜻하고, 그리고 지옥적인 것들에게 있는 그의 삶의 운명(運命 · allotment)을 뜻합니다. 여기서 "사람의 아들들"(sons of man)은 교회에 속한 진리들을 뜻하고, "들나귀들"(wild asses)은 지옥에 있는 자들과 동일한 비참한 거짓들 안에 빠져있는 자들을 뜻하고, "처소"(dwelling)는 삶의 운명을 뜻합니다.

[24] 요엘서의 말씀입니다.

  (그들은) 제비를 뽑아
  나의 백성을 나누어 가졌기 때문이다.
  소년을 팔아서 창녀를 사고,
  소녀를 팔아서 술을 사 마셨기 때문이다.
  (요엘 3 : 3)

"내 백성을 놓고 제비를 뽑는다"는 것은 교회에 속한 진리들을 흩뜨리고, 소멸시키는 것을 뜻하고, "제비를 뽑는다"는 것은 흩뜨리고, 소멸시키는 것(to dissipate)을 뜻하고, "백성"(people)은 진리들에 관계되는 교회를 뜻하고, 따라서 또한 교회의 진리들을 뜻합니다. "소년을 팔아서 창녀를 산다"(=한 소년을 주고 창녀를 얻는다)는 것은 진리를 위화(僞化)하는 것을 뜻하고, 여기서 "소년"(boy)은 교회의 진리를 뜻하고, "창녀"(harlot)는 거짓을 뜻합니다. "소녀를 팔아서 술을 산다"(=마실 포도주를 위해 소녀를 팔았다)는 것은 위화된 진리들에 의하여 교회의 선을 악용하고 곡해(曲解)하는 것을 뜻합니다. 여기서 "소녀"(girl)은 교회의 선을 뜻하고, "술"(wine)은 위화된 진리를 뜻합니다.

376[E]. [25] "포도주"(wine)가 선에서 비롯된 것을 가리키는, 교회에 속한 진리를 뜻하기 때문에, 제단에 바치는 제물로는 곡식제물(meal-offering)과 제주(祭酒 · drink-offering)가 반드시 드려져야 한다고 엄명(嚴命)되었습니다. 여기서 곡식제물은 빵(bread)을 가리키고, 제주(=헌주 · 獻酒)는 포도주를 가리킵니다. 이런 것들은, 사랑에 속한 선과, 그것의 진리들에게서 비롯된 주님의 예배를 뜻합니다. 왜냐하면 모든 예배는 이런 것들에게서 비롯되기 때문입니다. 제주에 관해서 희생제물과의 차이에 따른 포도주의 몫(portion)은 출애굽 29 : 40, 41 ; 레위기 23 : 13, 18 ; 민수기 6 : 1-4, 15, 17 ; 15 : 4-7, 10, 24 ; 28 : 7-10, 24, 31 ; 29 : 6, 11, 16, 19, 22, 25, 27, 28, 31, 34, 38, 39 ; 창세기 35 : 14을 참조하십시오. 이것은 요엘서에서 뜻하는 것이 무엇인지 명확하게 합니다. 요엘서의 말씀입니다.

성전에 날마다 바치는 곡식제물도 동나고,
부어 드리는 제물도 떨어지니,
주님을 모시는 제사장들이 탄식한다(=곧 주의 일꾼들이 슬퍼한다).
(요엘 1 : 9)

다시 말하면 사랑의 선에서 비롯되고, 그리고 그것에서 비롯된 진리들에게서 비롯된 그 예배는 멸망, 소멸되었습니다. 빵과 포도주를 가리키는 곡식제물이나 마시는 제물(=부어 드리는 제물 · 헌주)이 만약에 이런 것들이 천계나 교회에 속한 그런 것들을 뜻한다는 것을 알지 못한다면, 예배에서 여호와를 기쁘게 하지 않는다는 것을 그 누누가 알 수 있겠습니까?

[26] 이상에서 볼 때, 성만찬(the Holy Supper)에서 빵과 포도주가 뜻하는 것이 무엇인지 잘 알 수 있겠습니다. 다시 말하면 빵은 주님에게서 비롯된 주님사랑에 속한 선을 뜻한다는 것, 그리고 포도주는 믿음에 속한 선을 뜻한다는 것, 그리고 그것의 본질에는 진리가 있다는 것 등을 잘 알 수 있겠습니다. 성만찬이나 그것의 빵과 포도주에 관해서는 ≪새 예루살렘의 교리≫(the Doctrine of New Jerusalem) 210-222항을 참조하십시오. 주님께서 성만찬 예전을 제정하실 때, "포도주"가, 그것의 본질 안에는 진리가 있는, 믿음에 속한 선을 뜻하기 때문에 주님께서는 이렇게 말씀하셨습니다.

> 내가 너희에게 말한다. 이제부터 내가 나의 아버지의 나라에서 너희와 함께 새것을 마실 그 날까지, 나는 포도나무 열매로 빚은 것을 절대로 마시지 않을 것이다(마태 26 : 29).
> 내가 너희에게 말한다. 나는 이제부터 하나님의 나라가 올 때까지, 포도나무 열매에서 난 것을 절대로 마시지 않을 것이다(누가 22 : 18).

"포도나무 열매에서 난 것" 다시 말하면 "포도주"는 주님께서 "그분의 아버지의 나라에서 새로운 것들을 마실 것"을 가리킵니다. 그리고 또한 "주님의 나라가 올 때"라는 말씀은 천계나 교회 안에 있는 모든 신령진리는 그 때 주님의 신령인성(His Divine Human)에서 비롯될 것이라는 것을 뜻합니다. 그러므로 주님께서는 그것을 가리켜 새로운 것(=새것·new)이라고 하였고, 그리고 또한 주님께서는 그것을 "내 피로 세우는 새 언약"(누가 22 : 20)이라고 하셨습니다. 왜냐하면 "주님의 피"(the Lord's blood)는 "포도주"와 같은 동일한 뜻을 가지고 있기 때문입니다(본서 30 · 328[A-C] · 329[A · B]항 참조). 주님께서 부활하셨기 때문에, 신령한 모든 것은 주님에게서 발출하기 때문에 주님께서는,

하나님의 나라가 올 때까지 그들과 함께 그것을 마실 것이라고 말씀하셨고, 그리고 하나님의 나라는 주님께서 천계와 지옥에 있는 모든 것들을 질서에 맞게 회복했을 때 온다는 것을 말씀하셨습니다. 하나님의 나라가 주님과 함께 동시에 온다는 것, 그리고 그것이 주님으로 말미암는다는 것 등은 마태복음 3 : 2 ; 4 : 8 ; 10 : 7 ; 12 : 28 ; 16 : 28 ; 마가 1 : 14, 15 ; 9 : 1 ; 누가 1 : 32, 33 ; 9 : 11, 27, 60 ; 10 : 11 ; 16 : 16, 17 : 20, 21 ; 23 : 42, 51 ; 요한복음 18 : 36에서 잘 볼 수 있습니다. 지금은 "빵"(bread)이 사랑에 속한 선을 뜻하고, "포도주"(wine)가 그것의 본질 안에는 그 선에서 비롯된 진리가 있는, 믿음에 속한 선을 뜻하기 때문에, 최고의 뜻으로 "빵"은 신령선의 측면에서 주님을 뜻하고, "포도주"는 신령진리의 측면에서는 주님을 뜻합니다. 그리고 거기에는 영적인 것들과 자연적인 것들 사이에 대응이 있기 때문입니다. 그리고 사람의 생각 안에 "빵"과 "포도주"가 있을 때, 그리고 천사들의 생각들 안에 사랑에 속한 선과 믿음에 속한 선이 있을 때 이런 대응은 존재하기 때문입니다. 그리고 천계나 교회에 속한 모든 것들은 사랑에 속한 선과 믿음에 속한 선에 관계를 가지고 있기 때문에, 그러므로 주님께서는, 그것에 의하여 천계의 천사들과 교회의 사람들을 결합시키기 위하여 성만찬(the Holy Supper) 예전을 제정하셨습니다.

[27] 천계에서 "빵과 포도주"가 이런 내용들을 뜻하기 때문에 이렇게 언급되었습니다. 창세기서의 말씀입니다.

> 그 때에 살렘 왕 멜기세덱은 빵과 포도주를 가지고 나왔다. 그는 가장 높으신 하나님의 제사장이다. 그는 아브람에게 복을 빌어 주었다. "천지의 주재, 가장 높으신 하나님,
> 아브람에게 복을 내려 주십시오."
> (창세기 14 : 18, 19)

여기서 "멜기세덱"은 신령선에 관하여, 그리고 신령진리에 관하여 주님을 표징합니다. 그 이유는 제사장이 신령선에 관하여 주님을 표징하고, 임금이 신령진리에 관하여 주님을 표징하기 때문입니다. 그러므로 멜기세덱은 "빵과 포도주를 가지고 왔습니다." 여기서 "빵"은 신령선을 뜻하고, "포도주"는 신령진리를 뜻합니다. 그리고 또한 사람에게 적용할 때 "빵"은 주님사랑에 속한 선을 뜻하고, "포도주"는 신령진리의 영접, 수용에서 비롯된 것을 가리키는, 믿음에 속한 선을 뜻합니다.
[28] 아래의 장절에서 주님께서 말씀하신 "포도주"도 동일한 뜻을 가지고 있습니다. 복음서의 말씀입니다.

    새 포도주를 낡은 가죽 부대에 담는 사람은 없다. 그렇게 하면, 가죽 부대가 터져서, 포도주는 쏟아지고, 가죽 부대는 못쓰게 된다. 새 포도주는 새 가죽 부대에 담아야 둘 다 보존된다(마태 9 : 17). 묵은 포도주를 마시고 나서, 새 포도주를 원하는 사람은 없다. 묵은 포도주를 마신 사람은 '묵은 것이 좋다'고 한다(누가 5 : 39).

이 비유의 말씀은, 성경말씀의 다른 비유와 같이, 대응에서 말미암은 것입니다. "포도주"는 진리를 뜻하고, "묵은 포도주"(old wine)는 옛 교회, 즉 유대 교회에 속한 진리를 뜻하고, "술 부대"(wine-skins)는 그것이 담고 있는 것들을 뜻하고, "낡은 술 부대"(old wine-skins)는 유대 교회의 법령들이나 공평(公評 · judgments)들을 뜻하고, 그리고 "새 가죽 부대"는 주님께서 말씀하신 가르침들(precepts)이나 명령들(=계명들)을 뜻합니다. 특히 제물이나 표징적 예배에 관계되는 유대 교회의 법령들이나 공평들이 기독교회의 진리들과 일치하지 않는다는 것은 "그들은 새 포도주를 새 가죽 부대에 두지 않고, 낡은 가죽 부대에 두어서 그것은 터지고, 포도주는 쏟아지지만, 그러나 그들이 새 포도주를 새 가죽 부대에 담으면, 둘 다 보존된다"는 말씀이 뜻합니다. 유대 교회의 외적인 것들 가운데 태어나고, 그것 가운데서 교육받은 자들이 기독교회에 속한 내적인 것들에 직접적으로 옮겨질 수 없다는 것은 "묵은 포도주를 마시고 나서 새 포도주를 원하는 사람은 아무도 없다"는 말씀이 뜻합니다. 왜냐하면 그는 "묵은 것이 더 좋다"고 말하기 때문입니다.

[29] "갈릴리 가나 혼인 잔칫집에서 물을 포도주로 바꾼 기적"도 동일한 뜻을 가리킵니다. 그것은 요한복음서에 이렇게 기술되었습니다.

> 갈릴리 가나에서 혼인잔치가 있었다. …… 그 어머니가 일꾼들에게 이르기를 "무엇이든지, 그가 시키는 대로 하여라" 하였다. 그런데 유대 사람의 정결 예법을 따라, 거기에는 돌로 만든 물항아리 여섯이 놓여 있었는데, 그것은 물 두세 동이들이 항아리였다. 예수께서 일꾼들에게 말씀하셨다. "이 항아리에 물을 채워라." 그래서 그들은 항아리마다 물을 가득 채웠다. 예수께서 그들에게 "이제는 떠서, 잔치를 맡은 이에게 가져다 주어라" 하고 말씀하셨다. 그들은 그대로 하였다. 잔치 맡은 이는, 포도주가 된 물을 맛보고, 그것이 어디에서 났는지 알지 못하였으나, 물을 떠온 일꾼들은 알았다. 그래서 잔치를 맡은 이는 신랑을 불러서 그에게 말하기를 "누구든지 좋은 포도주는 먼저 내놓고, 손님들이 취한 뒤에 덜 좋은 것을 내놓는데, 그대는 이렇게 좋은 포도주를 지금까지 남겨 두었구려!" 하였다(요한 2:1-10).

우리가 여기서 반드시 주지하여야 할 것은, 주님께서 구약의 기적들에 관해서 말씀하신 것과 꼭같이, 주님께서 행하신 모든 기적들도 동일한 내용을 뜻하는 것, 다시 말하면 그것들 안에 담고 있는 것은, 그것들이 천계나 교회에 속한 것들이라는 것이고, 그리고 그것으로 말미암아 주님의 기적들은 신령하다(Divine)는 것

등입니다(A.C. 7337 · 8364 · 9051항 참조). 역시 이 기적도 그러합니다. 성경말씀의 어디에서나 마찬가지로 여기서도 "혼인"(a wedding)은 교회를 뜻하고, "갈릴리 가나"는 이방 사람들 가운데 있는 교회를 뜻하고, "물"(water)은 외적인 교회의 진리를 뜻하고, 그리고 그것은 성경말씀의 문자적인 뜻에서 비롯된 유대 교회의 진리를 가리키고, 그리고 "포도주"(wine)는 내적인 교회의 진리를 가리키고, 그것은 기독교회의 진리를 가리킵니다. 그러므로 주님께서 "물로 포도주를 만드심"은 그것들 안에 숨겨있는 내적인 것들을 여시는 것(公開)에 의하여 주님께서 내적인 교회의 진리들을 완성하실 외적인 교회의 진리에 관한 것을 뜻합니다. 유대 사람의 정결 예법에 따라 거기에 있는, "돌로 만든 물항아리 여섯"은 성경말씀 안에 있는 이런 모든 진리들을 뜻하고, 따라서 유대 교회 안에, 또는 그 교회의 예배 안에 있는 모든 그런 것들을 뜻합니다. 이런 것들은 주님 안에 있는, 그리고 주님에게서 비롯된 신령한 것들의 표징(表徵)이고 표의(表意)를 가리키는데, 그것은 영원한 것을 담고 있습니다. 이런 이유 때문에, 거기에는 "유대 사람의 정결 예법에 따라서 돌로 만든 물항아리 여섯이 놓여" 있었습니다. 여기서 숫자 "여섯"(6)은 전부 다, 또는 모두를 뜻하고, 그리고 그것은 진리들에 관해서 저술합니다. 여기서 "돌"(stone)은 진리를 뜻하고, "유대 사람의 정결 예법"은 죄로부터의 정화(淨化)를 뜻합니다. 따라서 유대 교회에 관한 모든 것들을 뜻합니다. 그 이유는 그 교회는 그것의 전부로서 온갖 죄들로부터의 정화를 주목하고 있고, 그것을 중요하게 여기고 있기 때문입니다. 사실 어느 누구나 죄악들에게서 정화되는 것에 비례하여 그는 하나의 교회가 되는 것이지요. "잔치를 맡은 이"(=과방 · 果房)는 믿음의 지식들 안에 있는 자들을 뜻하고, 그가 신랑에게 "누구든지 좋은 포도주를 먼저 내놓고, 손님들이 취한 뒤에 덜 좋은 것을 내놓는데, 그대는 이렇게 좋은 포도주를 지금까지 남겨 두었구려!"라고 한 말은 모든 교회는 그 교회의 초기에는 선에서 비롯된 진리들 안에 있지만, 그러나 뒤에는 선에 속한 것이 아닌 진리들에 물들고, 빠지지만, 그러나 지금, 즉 그 교회의 마지막 때에는 선에서 비롯된 진리, 즉 진정한 진리 (genuine truth)가 부여(賦與)된다는 것, 다시 말하면 주님께서 허락하시고, 내려주신다는 것을 뜻합니다.

[30] "포도주"가 교회에 속한 진리를 뜻하기 때문에, 그리고 "기름"이 교회에 속한 선을 뜻하기 때문에 주님께서는 강도 만나 상처를 입은 사람의 비유 말씀에서 이렇게 말씀하셨습니다. 누가복음서의 말씀입니다.

> 그러나 어떤 사마리아 사람은 길을 가다가, 그 사람이 있는 곳에 이르러, 그를 보고 측은한 마음이 들어서, 가까이 가서, 그 상처에 올리브 기름과 포도주를 붓고, 싸맨 다음에, 자기 짐승에 태워서, 여관으로 데리고 가서 돌보아 주었다(누가 10 : 33, 34).

여기서 "강도들에 의하여 상처를 입은 사람"은 공격받고, 괴롭힘을 겪은 사람을 뜻하고, 그리고 "강도들"이 가리키는 악한 사람들에 의하여 그들의 양심이 상처를 입은 사람을 뜻합니다. 그리고 "사마리아 사람"은 인애에 속한 선 안에 있는 이방 사람을 뜻합니다. 그러므로 "그의 상처에 기름과 포도주를 발랐다"는 것은 이와 같이 상처를 입은 사람을 치료하는 영적인 치유를 뜻합니다. 여기서 "기름"은 사랑에 속한 선을 뜻하고, "포도주"는 믿음에 속한 선, 즉 진리를 뜻합니다. 그리고 그밖의 것들이 뜻하는 것이 무엇인지, 다시 말하면 "자기 짐승에 그를 태운다, 그를 여관으로 데리고 간다, 그리고 그가 그들에게 그를 돌보아 줄 것을 말하였다"는 것이 무슨 내용인지는 그것들이 설명된 본서 375[E] [8]항을 참조하십시오. "포도주"가 교회에 속한 진리를 뜻한다는 것은 인용된 장절들에서 뿐만 아니라, 성경말씀의 다른 장절에서도 잘 알 수 있습니다. 그 장절은 예를 들면, 이사야 1 : 21, 22 ; 25 : 6 ; 36 : 17 ; 호세아 7 : 4, 5, 14 ; 14 : 5-7 ; 아모스 2 : 8 ; 스가랴 9 : 15, 17 ; 시편 104 : 14-16 등이 되겠습니다.

376[F]. [31] 성경말씀의 대부분은 역시 반대적인 뜻을 가지고 있기 때문에, 그러므로 "포도주"도 역시 그 뜻을 가지고 있기 때문에, 그 뜻으로 포도주는 위화된 진리를, 따라서 거짓을 뜻합니다. 그것은 아래의 장절에서와 같습니다. 이사야서의 말씀입니다.

> 술 취한 자,
> 에브라임의 교만한 면류관인
> 너 사마리아야,
> 너에게 재앙이 닥칠 것이다.
> 술에 빠진 주정꾼의 도성,
> 기름진 평야의 높은 언덕에,
> 화려한 왕관처럼 우뚝 솟은 사마리아야,
> 시들어 가는 꽃 같은 너에게
> 재앙이 닥칠 것이다. ……
> 술 취한 자,
> 에브라임의 교만한 면류관인
> 너 사마리아야,
> 네가 짓밟힐 것이다. ……
> 유다 사람이 포도주에 취하여 비틀거리고,
> 독한 술에 취하여 휘청거린다.
> 제사장과 예언자가
> 독한 술에 취하여 비틀거리고,
> 포도주 항아리에 빠졌다.
> 독한 술에 취하여 휘청거리니,
> 환상을 제대로 못 보며,

6장 1-8절

판결을 올바로 하지 못한다.
(이사야 28 : 1, 3, 7)

이 말씀은 그들은 자신들이 자기 자신의 총명(=지성)으로 말미암아 총명스럽다고 믿기 때문에, 그리고 그것 안에 광명이 있다고 믿기 때문에 영적인 것들에 대하여 미친 자들에 관해서 언급하고 있습니다. 여기서 이런 상태는 순수한 대응에 의하여 기술되었습니다. 영적인 것들에 미친 자들은, 그리고 또한 진리들 안에 있는 자들은 "술 취한 자들"이 뜻하고, 그것으로 인하여 자기 자신이 총명스럽다고 믿는 자들은 "에브라임"이 뜻하고, 그러므로 총명이나 학문에서의 영예나 명성은 "교만한 면류관"이 뜻합니다. 왜냐하면 교리에 속한 거짓들 안에 있고, 그리고 그것들로 자기 자신을 옳다고 확증하는 자들은 그들이 저 세상에서 예증되고, 그리고 진리들을 보게 될 때, 술 취한 자들(=주정꾼들·대취자들)이 되기 때문입니다. 거짓들 가운데서 스스로 확증하는 유식한 자들은 이런 존재들이 되고, 그리고 거짓들로 스스로 확증한다는 것은, 주님으로 말미암아 확증하는 것이 아니고, 자신으로 말미암아 확증하는 것을 가리킵니다. 이러한 사실은 "교만한 면류관에게 재앙이 닥칠 것이다. 술 취한 에브라임의 교만한 면류관에 재앙이 닥칠 것이다"는 말씀이 무엇을 뜻하는지 명확하게 합니다. "그 면류관은 포도주로 만취된 자들의 기름진 골짜기의 머리 위에 있다"(=술에 빠진 주정꾼은 기름진 평야의 높은 언덕에 화려한 왕관처럼 우뚝 솟았다)는 말씀은, 파괴된 교회의 진리를 뜻하는데, 그것은 마치 영적인 것에서 분리된 자연적인 사람의 자기 총명의 영예나 화려함에 의하여 태어난 것과 같습니다. 그 때 거짓은 진리 대신에 보입니다. "아름다움의 화관"(=왕관)은 기울고, 쇠한 진리를 뜻합니다. "기름진 골짜기의 머리"(=기름진 광야의 높은 언덕)는 자연적인 사람의 총명을 뜻하고, "포도주로 만취된 자"(=술에 빠진 주정꾼)는 진리 대신에 거짓을 보는 자를 뜻합니다. "교만의 면류관, 에브라임의 술 취한 자들은 발에 짓밟힐 것이다"는 말씀은 이런 총명은 철저하게 멸망할 것이라는 것을 뜻합니다. "그들 역시 포도주로 인하여 길을 잘못 들어섰으며, 독주로 인하여 길을 벗어났다"(=포도주에 취하여 비틀거리고, 독한 술에 취하여 휘청거린다)는 말씀은 거짓들 때문에, 그리고 거짓들에게서 비롯된 것들 때문이라는 것을 뜻합니다. "제사장과 예언자는 독주로 인하여 길을 잘못 들어섰다. 그들이 포도주를 마셔버렸고, 그들이 독주로 인하여 길을 벗어났다"(=제사장과 예언자가 독한 술에 취하여 비틀거리고, 포도주 항아리에 빠져버렸다)는 말씀은 선과 진리의 교리 안에 있어야 할 그런 자들을 뜻하고, 추상적인 뜻으로는 그들의 교리 자체를 뜻합니다. "그들은 환상을 잘못 보고, 심판에 과오를 범한다"(=환상을 제대로 못 보며, 판결을 올바로 하지 못한다)는 말씀은 그들이 총명에 속한 진리들을 보지 못한다는 것을 뜻합니다. 만약에 영적인 뜻에서 비롯된 것을 제외한다면 이런 낱말들이나 말씀들이 이런 뜻을 가지고 있다는 것을 어느 누구도 알 수 없을 것입니다. 그리고 영적인 뜻이 없다면 "면류관"·"머리"가 총명을 뜻한다는 것을 알 수 없고, 그리고 "술주정꾼들"이 영적인 것들에 미친 자들을 뜻한다는 것, 그리고 "에브라임"이 여기서 사람 자신의 이해(man's own understanding), 즉 자기 자신에게서 비롯된 이해를 뜻한다는 것, 그리고 "골짜기"(valley)가, 자연적인 것이나 감관적인 것을 가리키는 마음의 보다 낮은 것을 뜻한다는 것, 그리고 "제사장과 예언자"가 선과 진리의 교리를 뜻한다는 것 등등은 알 수가 없을 것입니다.

[32] 같은 책의 말씀입니다.

너희는 놀라서, 기절할 것이다.

너희는 눈이 멀어서,
앞을 못 보는 사람이 될 것이다.
포도주 한 모금도 마시지 않았는데,
취할 것이다.
독한 술 한 방울도 마시지 않았는데,
비틀거릴 것이다.
주께서는 너희에게 잠드는 영을 보내셔서,
너희를 깊은 잠에 빠지게 하셨다.
너희의 예언자로
너희의 눈 구실을 못보게 하셨으니,
너희의 눈을 멀게 하신 것이요,
너희의 선견자로
앞을 내다보지 못하게 하셨으니,
너희의 얼굴을 가려서
눈을 못 보게 하신 것이다(=스스로 머무르고 놀라라. 너희는 부르짖고 부르짖어라. 그들이 취하나 포도주로 인한 것이 아니며, 그들이 비틀거리나 독주로 인한 것이 아니다. 이는 주께서 깊은 잠의 영을 너희에게 부어주사, 너희의 눈을 감기게 하셨기 때문이다. 그가 선지자들과 너희의 치리자들과 선견자들을 가리셨기 때문이다)(이사야 29 : 9, 10).

이 구절들은, 그들이 성경말씀에서 진리를 듣고, 읽을 때, 진리에 속한 것을 아무것도 볼 수 없는 자들에 관해서 언급한 내용입니다. 이런 자들을 가리켜 "그들이 포도주로 취한 것이 아니다" 그리고 "그들이 비틀거리나 독주로 인한 것이 아니다"라고 하였습니다. 개별적으로 "포도주"는 영적인 사람이나 합리적인 사람의 진리를 뜻하고, "독주"(=독한 술)는 그것에서 비롯된 자연적인 사람의 진리를 뜻합니다. 이런 내용이나 사실을 뜻하고 있기 때문에, "주께서는 너희에게 잠드는 영(=깊은 잠의 영)을 보내셔서 너희를 깊은 잠에 빠지게 하셨다"(=너희의 눈을 감기게 하셨다)라고 언급하였습니다. 여기서 "깊은 잠의 영"(=잠드는 영)은 지각이 전혀 없는 것을 뜻하고, "눈을 감기게 하였다"(=눈을 닫아 버렸다)는 것은 이해가 전혀 없는 것을 뜻합니다. 여기서 "주께서 가리신 예언자와 너희의 우두머리들"(=선견자들)은 진리의 교리에 있고, 그리고 현명하고, 그것으로 인하여 총명스러운 자들을 뜻합니다. "예언자들"은 진리의 교리 안에 있는 자들을 뜻하고, 추상적인 뜻으로는 교리 자체를 뜻합니다. "머리들"(=우두머리들)은 현명한 사람을 뜻하고, 추상적인 뜻으로는 지혜를 뜻하며, "선견자들"(seers)은 총명스러운 자들을, 그리고 추상적인 뜻으로는 총명을 뜻합니다. 엄청난 어리석음 때문에 놀란 자는 "너희는 머무르고 놀라라, 부르짖어라"는 말씀에 의해 기술되었습니다. 그리고 비애(悲哀)는 "부르짖는다"는 말에 의하여 기술되었습니다. 이런 부류의 작가들은 악한 삶에 빠져 있고, 동시에 거짓의 원칙들에 몰입해 있습니다. 그러나 유식한 사람은 그들이 그런 존재이라는 것을 믿고 있습니다. 왜냐하면 악에 속한 삶은, 그것에 의하여 생각이 생명이나 빛을 가지고 있다는 선에 속한 지각을 닫아 버리고, 거짓의 원칙들은 진리의 이해를 닫아버리기 때문입니다. 이런 이유 때문에 그들은 오직 감관적인 사람으로 말미암아 볼뿐, 영적인 사람으로 인해서는 전혀 아무것도 보지 못합니다.

[33] 같은 책의 말씀입니다.

> 지도자들은
> 굶주린 개처럼 그렇게 먹고도
> 만족할 줄을 모른다.
> 백성을 지키는 지도자가 되어서도
> 분별력이 없다.
> 모두들 저 좋을 대로만 하고,
> 저마다 제 배만 채운다.
> 그 도적들이 입은 살아서

"오너라, 우리가 술을 가져 올 터이니,
독한 것으로 취하도록 마시자.
내일도 오늘처럼 마시자.
아니, 더 실컷 마시자" 하는구나(=정녕, 그들은 만족할 줄 모르는 욕심 많은 개들이며, 깨닫지 못하는 목자들이다. 그들 모두가 그들 자신의 길만을 보니, 모두가 자기 자리에서 자기의 이익만을 도모하고, 말하기를 "오라, 내가 포도주를 가져 오리니, 우리가 독주를 진탕 마시자. 내일도 오늘 같을 것이요, 더 많이 풍요할 것이다"라고 한다)(이사야 56 : 11, 12).

이 장절들은 내적 영적인 사람(the internal spiritual man)을 닫아 버리고, 차단(遮斷)하는 이 세상적인 것들이나 이 땅에 속한 것들 이외에는 아무것도 관심도 없고, 염려도 하지 않는 사람들에 관해서 언급하고 있습니다. 이들은 선의 지각이나 진리의 이해를 전혀 가지고 있지 않기 때문에, 그들을 가리켜 "굶주린 개처럼 만족을 모르는 자들"(=그들은 만족할 줄 모르는 욕심 많은 개들)이라고 하였는데, 다시 말하면 그들은 선을 영접, 수용할 수 없는 자들입니다. 여기서 "안다"(to know)는 것은 능력이 있다는 것을 뜻하고, "만족한다"는 것은 선의 수용을 뜻합니다. 왜냐하면 만족은 선에 관해서 서술하기 때문이고, 그리고 만족은 영적인 영양분을 뜻하기 때문입니다. 그들이 진리의 이해를 전혀 가지지 못했다는 것은 "깨닫지 못하는 목자들이다"(=그들은 분별력이 없는 지도자)라는 말씀이 뜻합니다. 그들은 "목자들"(=지도자들)이라고 부르는 것은 그들 스스로 다른 사람들을 가르칠 수 있다고 믿기 때문입니다. 왜냐하면 "가축을 기른다"(to feed)는 것은 가르치는 것을 뜻하기 때문입니다. 이런 부류의 작자들은 거짓들을 애지중지(愛之重之)하고, 위화된 것들을 사랑하기 때문에 여기서 "오너라, 내가 술을 가져 올 터이니, 독한 술을 취하도록 마시자"라는 말씀이 부연 되었습니다.
[34] 예레미야서의 말씀입니다.

"그러므로 너는 그들에게 이 말을 전하여라. '나 주 이스라엘의 하나님이 말한다. 항아리마다 포도주로 가득 찰 것이다!' 하면 그들이 너에게 묻기를 '항아리에 포도주가 담긴다는 것을 우리가 어찌 모르겠느냐?' 할 것이다. 그러면 너는 그들에게 이와 같이 대답하여라. '나 주가 이렇게 말한다. 내가 이 땅의 모든 주민과, 다윗의 왕위에 앉은 왕들과, 제사장들과, 예언자들과, 예루살렘의 모든 주민을, 술에 잔뜩 취하게 하여' ……"(예레미야 13 : 12, 13).

여기서도 역시 "포도주"(=술)는 거짓을 뜻하고, "포도주로 가득 찰 모든 항아리"는 사람의 마음을 뜻하는데, 그 이유는 사람의 마음은 진리의 수용그릇이나, 거짓의 수용그릇이기 때문인데, 그것은 마치 항아리가 포도주로 채워지는 것과 같습니다. 여기서 "다윗의 왕위에 앉은 왕들"은, 신령진리들 안에 있을 자들을 뜻합니다. 그리고 "제사장들"은 신령선 안에 있을 자들을 뜻하고, "예언자들"은 교회 안에 있을 자들을 뜻하고, "예루살렘의 주민"은 교회에 속한 자들 모두를 뜻하고, "그들이 가득 채워질 술취함"(=대취 · 大醉 · 명정 · 酩酊 · drunkenness)은 영적인 것들 가운데 있는 광기(狂氣)나 미친 짓을 뜻합니다.
[35] 또 같은 책의 말씀입니다.

    예언자들아, 들어라.
    내 심장이 내 속에서 터지고,
    내 모든 뼈가 떨리며,
    내가 취한 사람처럼 되고,
    포도주에 곯아떨어진 사람처럼 되었으니,
    이것은 주님 때문이요,
    그분의 거룩한 말씀 때문이다.
    이는 이 땅에는
    음행하는 자들(=간음자들)이 가득 차 있기 때문이다.

(예레미야 23 : 9, 10)

이 구절들은 교회 안에 있는 선에 속한 섞음질(adulteration)과 진리의 위화(僞化)에 대한 비애(悲哀)나 애도(哀悼)를 뜻합니다. 이런 뜻은 "이 땅이 음행하는 자들로 가득 차 있다"는 말씀이 뜻합니다. 그리고 "섞음질"은 이런 내용을 뜻하고, "땅"은 교회를 뜻합니다. 신령선들에 거스르는 악들에게서 비롯된 추론을 통한, 그리고 신령진리에 거스르는 거짓들에게서 비롯된 추론을 통한 미친 짓(=광기·狂氣)은 "내가 취한 사람처럼 되고, 포도주에 곯아떨어진 사람처럼 되었으니, 이것은 주님 때문이요, 그분의 거룩한 말씀 때문이다"(=주로 인하여, 그의 거룩한 말씀들로 인하여 내가 술 취한 사람 같으며, 포도주에 만취된 사람 같도다)는 말씀이 뜻합니다. 여기서 "내가 취한 사람처럼 되고, 포도주에 곯아떨어진 사람처럼 되었다"(=내가 술 취한 사람 같으며, 포도주에 만취된 사람과 같다)는 말씀은 온갖 악들이나 거짓들로 인한 추론들에 의하여 마음의 혼돈(混沌·confusion of mind)이나 광기를 뜻합니다. "주님 때문이다"(=주로 인하여)는 말씀은 신령선들 때문이라는 것을 뜻하고, "그분의 거룩한 말씀 때문이다"는 말씀은 신령진리들 때문이라는 것을 뜻합니다.

[36] 이사야서의 말씀입니다.

고통받는 자야,
마치 포도주라도 마신 듯이
비틀거리는 자야,
이 말을 들어라(=포도주가 아닌 것으로 취한 너 고통받는 자여, 이제 이 말을 들어라)(이사야 51 : 21).

"포도주가 아닌 것으로 취하였다"는 말은 여기서는 진리의 무지(無知)에서 비롯된 거짓들 가운데 있는 자들을 뜻합니다. 그리고 창세기서의 말씀입니다.

　　노아가 포도주를 마시고 취하여, 자기 장막 안에서 아무것도 덮지
　　않고, 벌거벗은 채로 누워 있었다(창세기 9 : 21).

이 말씀은 영적인 뜻으로는 문자적으로 뜻하는 것과는 전혀 다른
것을 뜻합니다.　역시 같은 뜻의 말씀입니다.

　　롯 딸들이 술을 가지고 와서 롯을 취하게 한 뒤에, 큰 딸이, 다음에
　　는 작은 딸이 아버지의 자리에 들어갔다(창세기 19 : 32-34).

영적인 뜻으로 노아의 만취(滿醉)가 무엇을 뜻하는지는 ≪천계비
의≫ 1070-1081항을 참조하시고, 그리고 롯의 만취가 뜻하는
것은 같은 책 2465항을 참조하십시오.　성경말씀 어디에서나
"만취"는 영적인 것들 가운데 있는 광기나 미친 짓을 뜻하고, 그
리고 온갖 오류들에 빠지고, 잘못을 범하는 것을 뜻합니다.　이
에 대한 성경말씀의 장절들은 이사야 19 : 11, 12, 14 ; 예레미
야 25 : 27 ; 51 : 7 ; 요엘 1 : 5-7 ; 레위기 10 : 8, 9 등이
있습니다.
376[G]. [37] "포도주"가 나쁜 뜻으로 거짓을 뜻한다는 것은 이
사야서의 말씀에서 명확합니다.　그 책의 말씀입니다.

　　아침에 일찍 일어나 독한 술을 찾는 사람과,
　　밤이 늦도록
　　포도주에 얼이 빠져 있는 사람에게,
　　재앙이 닥친다!
　　그들은, 연회에는
　　수금과 거문고와 소구와 피리와
　　포도주를 갖추었어도,

6장 1-8절

주께서 하시는 일에는 관심이 없고,
주께서 손수 이루시는 일도
거들떠보지를 않는다. ……
스스로 지혜롭다 하며,
스스로 슬기롭다 하는 그들에게,
재앙이 닥친다!
포도주쯤은 말로 마시고,
온갖 독한 술을 섞어 마시고도
끄떡도 하지 않는 자들에게,
재앙이 닥친다!
(이사야 5 : 11, 12, 21, 22)

이 구절들은 주님에게서가 아니고 자기총명에 비롯된 교리적인 것들을 자기 자신을 위하여 꾀하고 꾸미는 자들에 관해서 언급하고 있고, 또한 성경말씀을 떠나 주님에게서 비롯된 교리적인 것들을 자기 자신들을 위하여 날조(捏造)하는 자들에 관해서 언급하고 있는데, 결과적으로 그것은 전적으로 거짓들을 가리킵니다. "아침에 일찍 일어나 독한 술을 찾고, 밤이 늦도록 포도주에 얼이 빠져 있는 사람이나, 그리고 주께서 하시는 일에는 관심이 없고, 주께서 손수 이루시는 일도 거들떠보지 않는 사람"은 자신들에 관해서 적나라하게 드러난 것을 믿는 그들의 왜곡된 상태를 뜻하고, 그리고 그것으로 인하여 그들이 교리에 속한 거짓들 안에 있고, 그리고 그들이 삶이나 교리의 선들이나 진리들을 알게 하는, 성경말씀에 대해서는 전혀 관심도 없는 자들의 왜곡된 상태를 뜻합니다. 여기서 "아침에 일찍 일어난다", "밤 늦게까지 있다"는 말은 적나라하게 드러나는 것을 뜻합니다. "독한 술을 찾는다", "포도주에 얼이 빠진다"(=포도주에 취해 있다)는 자신들의 교리적인 것들을 꾸미고, 도모하는 것을 뜻하고, 그리고 "주께서 하시는 일에는 관심이 없고, 주께서 손수 이루시는 일도 거들떠 보지도 않는다"(=주의 손으로 하신 일을 생각하지 않는다)는 말씀은 성경말씀은 물론, 그리고 또한 성경말씀에 드러난 삶에 속한 선들이나 교리에 속한 진리들까지도 전혀 관심이 없고, 염두에 두지 않는 것을 뜻합니다. "주께서 하시는 일"은 삶에 속한 선들을 가리키고, "주께서 손수 이루시는 일"(=주의 손으로 하신 일)은 교리에 속한 진리들을 가리키고, 이들 둘—삶에 속한 선들이나 교리에 속한 진리들—은 성경말씀에서 비롯됩니다. 그리고 이런 작자들을 뜻하기 때문에, 그러므로 "스스로 지혜롭다 하며, 스스로 슬기롭다 하는 그들에게 재앙이 닥친다!"(=자기 자신의 눈에 현명하다고 하고, 자기 자신이 보기에 총명하다 하는 자들에게 화로다!)라고 언급되었습니다. 여기서 "자기 자신의 눈에 현명하다는 사람"은 자기 자신의 총명으로 말미암아 현명하다는 자(=현명한 사람 · 賢者)를 뜻하고, "자기 자신이 보기에 총명하다는 사람"(=총명한 사람)은 그들 자신의 정동(情動 · affection)으로 말미암아 총명하다는 자를 뜻하고, 그리고 여기서 "눈"은 이해를 뜻하고, "얼굴"(face)은 정동을 뜻합니다. 그리고 "포도주쯤은 말로 마시고, 온갖 독한 술을 섞어 마시고도 끄떡도 하지 않는 자에게 재앙이 닥친다"(=포도주를 마시기에 용맹스럽고, 독주를 혼합하는데 힘있는 사람들에게 화가 있다)는 말씀은 큰 일들이나, 위대한 것들을 열망하는 자들에게, 그리고 자기사랑이나 자기 자신들의 원칙들을 선호하는 거짓을 스스로 확증하는 일에 영리하고, 재능이 풍부한 자들에게 재앙이나 불행이 있을 것을 뜻합니다. 여기서 "끄떡도 하지 않는 자"(=용맹스러운 자 · the mighty)는 큰 일이나 위대한 것들을 열망하는 자들을 뜻하고, "힘 있는 사람들"은 거짓을 스스로 확증하는 일에 영리하고, 재능이 풍부한 자들을 뜻하고, 그리고 자기 자신에게는 몹시 총명한 것으로 여겨지는 자들을 뜻합니다. "포도주를 마신다"는 것은 거짓들로 물든다는 것을 뜻하고, "독한 술을 섞는다"(=독주를 혼합한다)는 것은 그런 것들을 확증하는 것을 뜻합니다. 이런 부류의 작자들은 자기사랑(自我愛)에 빠져 있는 자들을 가리키고, 학문의 명성(名聲)을 추구(追求)하는 자들을 가리키는데, 왜냐하면 자기 자신의 고유속성(own)의 그 어떤 것에 머물러 있고, 그리고 그들은 그 이상 위로 상승(上昇)될 수 없기 때문입니다. 그러므로 그들의 생각이나 사상(思想)은 현세적이고 감관적인데, 그것에 의해서는 진리를 전혀 볼 수 없고, 그리고 영적인 선은 아무것도 지각할 수 없습니다. 그러나 자기사랑에 빠져 있지 않고, 그리고 삶에 속한 씀씀이(善用)들을 목적으로 총명을 추구하는 사람들은, 주님에 의하여 자기 고유속성(固有屬性)적인 것에서부터 천계의 빛에로 상승됩니다. 그리고 비록 그것에 대해서 스스로 무지(無知)하지만 그들은 그것을 밝히 알게 됩니다.

[38] 호세아서의 말씀입니다.

> 나의 백성은
> 음행하는 일에 정신을 빼앗기고,
> 묵은 포도주와 새 포도주에
> 마음을 빼앗겼다.
> 나무에게 묻고,
> 그 요술 막대기가 그들을 가르치니,
> 그들의 마음이
> 욕심에 흘려서 곁길로 가고,
> 하나님의 품을 떠나서 빗나간다. ……
> 에브라임은 우상들과 한 패가 되었으니,
> 그대로 버려 두어라.
> 그들은 술잔치를 한바탕 벌인 다음에,
> 언제나 음행을 한다.
> (호세아 4 : 11, 12, 17, 18)

이 장절들은 진리들을 위화(僞化)하는 자들에 대해서 다루고 있습니다. 여기서 진리의 위화는 "음행"(淫行 · whoredom)이 뜻하고, 그것에서 비롯된 거짓은 "새 포도주"가 뜻합니다. 이러한 뜻은 "음행과 새 포도주가 마음을 빼앗는다"는 말씀이 무엇을 뜻하는지 아주 명확하게 합니다. 그리고 또한 "이는 음행의 영이 그들로 잘못 행하게 하였으며(=욕심에 홀려서 곁길로 간다), 그들은 그들의 하나님의 보호를 떠나 음행하러 갔다"(=그들은 술잔치를 한바탕 벌린 다음에 언제나 음행을 한다)는 말씀이 뜻하는 것이 무엇인지 확실하게 합니다. 다시 말하면 이런 부류의 작자들이나 그런 짓거리들은 신령진리들을 위화하고, 결과적으로는 그들이 결코 전혀 진리를 가지고 있지 못하게 하는 것을 가리킵니다. "그들은 그들의 하나님 보호 아래서 음행을 하였다"는 말씀은 신령진리들을 위화하는 것을 뜻하고, "포도주가 떠났다"(=포도주가 마음을 빼앗았다)는 것은 결과적으로 그들은 전혀 진리를 가지지 못한다는 것을 뜻하고, "에브라임은 우상들과 한 패가 되었다"(=연합하였다)는 말씀은 자기총명에 빠져있는 자들을 뜻하고, "그와 연합한 우상들"(=그와 한 패가 된 우상들)은 종교에 속한 거짓들을 뜻합니다. "나의 백성은 나무에게 묻고, 그 요술 막대기가 그들을 가르친다"(=내 백성이 그들의 나무 조각에 자문하고 그들의 막대기가 그들에게 선포한다)는 말씀은 그들이 자신들의 자기사랑(自我愛)에 자문하고 그리고 자기총명으로 말미암아 그것을 선호한다는 것을 뜻합니다. 왜냐하면 "나무"(=나무 막대기 · wood), 즉 그들이 묻는 나무로 만든 우상(an idol of wood)은 자기사랑을 뜻하기 때문이고, "대답하는 요술 막대기"(=그들에게 선포하는 막대기)는 자신의 고유속성에서 비롯된 능력이나 힘, 따라서 총명을 뜻하기 때문입니다.

[39] 묵시록서의 말씀입니다.

　　두 번째 다른 천사가 뒤따라와서 말하였습니다. "무너졌다. 무너졌다. 큰 도시 바빌론이 무너졌다. 바빌론은 자기 음행으로 빚은 진노의 포도주를 모든 민족에게 마시게 한 도시다." 또 세 번째 다른 천사가 그들을 뒤따라와서 큰소리로 말하였습니다. "그 짐승과 그 짐승 우상에게 절하고, 이마나 손에 표를 받은 사람은 누구든지, 하나님의 진노의 포도주를 마실 것이다. 그 포도주는 물을 섞어서 묽게 하지 않고, 하나님의 진노의 잔에 부어 넣은 것이다. 또 그런 자는 거룩한 천사들과 어린 양 앞에서 불과 유황으로 고통을 받을 것이다(묵시록 14 : 8-10).

또 그 책의 다른 곳의 말씀입니다.

대접 일곱 개를 가진 그 일곱 천사 가운데 하나가 와서, 나에게 "이리로 오너라. 큰 바다 물 위에 앉은 큰 창녀가 받을 심판을 보여 주겠다. 세상의 왕들이 그 여자와 더불어 음행을 하였고, 땅에 사는 사람들이 그 여자의 음행의 포도주에 취하였다" 하고 말하였습니다(묵시록 17 : 1, 2).

또 같은 책의 말씀입니다.

이는, 모든 민족이
그 여자의 음행에서 비롯된
분노의 포도주를 마시고,
세상의 왕들이 그 여자와 더불어 음행하고,
세상의 상인들이
그 여자의 사치 바람에
치부하였기 때문이다.
(묵시록 18 : 3)

여기서 "하나님의 분노의 포도주"(the wine of the anger of God)는 악에 속한 거짓을 뜻하고, "그 여자(=창녀)의 음행의 포도주"(the wine of whoredom)은 위화된 진리를 뜻합니다. 그 밖의 나머지 것들이 뜻하는 내용이나 뜻은, 그것에 대한 설명에서 잘 드러나고 있는데, 예를 들면 묵시록서의 아래의 낱말들이 뜻하는 것과 같습니다. 묵시록서의 말씀입니다.

> 그 큰 도시가 세 조각이 나고, 민족들의 성읍들도 무너졌습니다. 하나님께서 그 큰 도시 바빌론을 기억하셔서, 하나님의 진노를 나타내는 독한 포도주의 잔을 그 성읍에 내리셨다(묵시록 16 : 19).

"하나님의 진노의 포도주"(=포도주의 잔)는 "하나님의 분노의 성배(聖杯 · chalice), 또는 잔"(cup)이 뜻하는 것과 동일한 것을 뜻합니다.
[40] 예레미야서의 말씀입니다.

> 바빌로니아는 주님의 손에 들린 금잔이었다.
> 거기에 담긴 포도주가
> 온 세상을 취하게 하였다.
> 세계 만민이
> 그 포도주를 마시고 미쳐버렸다.
> (예레미야 51 : 7)

그리고 시편서의 말씀입니다.

> 주님은 거품이 이는 잔을 들고 계신다.
> 잔 가득히 진노의 향료가 섞여 있다.
> 하나님이 이 잔에서 따라 주시면,
> 이 땅의 악인은 모두 받아 마시고,
> 그 찌꺼기까지도 핥아야 한다.
> (시편 75 : 8)

빵이나 포도주가 가리키는 "음식제물"(=제수 · the meal-offering)
이나 "제주"(祭酒 · the drink-offering)가 사랑에 속한 선이나 믿
음에 속한 진리들에게서 비롯된 예배를 뜻하기 때문에, 그러므로
반대의 뜻(=나쁜 뜻)으로는 제물(=제수)이나 "제주"는 악에 속한
사랑(=애욕 · the love of evil)의 온갖 악들에게서 비롯된 예배를
뜻하고, 그리고 믿음에 속한 거짓들에게서 비롯된 예배를 뜻합니
다. 이러한 내용이나 뜻이 바로 우상들이나 신들에게 바쳐진
"제물"이나 "제주"가 뜻하는 것입니다(이사야 65：11 ; 57：6 ;
예레미야 7：18 ; 44：17-19 ; 에스겔 20：28 ; 신명기 32：8 ; 그
밖의 여러 곳). 이상의 "포도주"의 뜻에서 볼 때 성경말씀에서
"포도원", "포도나무", "포도나무 가지들", "포도열매"가 뜻하는
것이 무엇인지 잘 알 수 있겠습니다. 다시 말하면 "포도원"은
영적인 교회, 즉 성경말씀에서 비롯된 교리에 속한 진리들이나
선들 안에 있는 교회를 뜻하고, "포도나무"는 그 교리 자체를 뜻
하고, "포도나무 가지들"은 그 교리가 그것으로 말미암아 형성된
진리들을 뜻하고, 포도원이나 포도나무의 열매들을 가리키는 "포
도"(=포도송이들)는, 이것에 관해서는 적절한 곳에서 설명하겠지
만, 인애에 속한 선들이나 믿음에 속한 선들을 뜻합니다.
**377. 7, 8절. 그 어린 양이 넷째 봉인을 뗄 때에, 나는 이 넷째
생물이 "오너라!" 하고 말하는 것을 들었습니다. 그리고 내가
보니, 청황색 말 한 마리가 있는데, 그 위에 탄 사람의 이름은
'사망'이고, 지옥이 그를 따르고 있었습니다. 그들은 칼과 기근
과 죽음과 들짐승으로써 사분의 일에 이르는 땅의 주민들을 멸하
는 권세를 받아 가지고 있었습니다.**
[7절] :
"그 어린 양이 넷째 봉인을 뗄 때"라는 말씀은 보다 더 명확한
예견(豫見)을 뜻합니다(본서 378항 참조). "나는 넷째 생물이 말
하는 것(=음성)을 들었다"는 말씀은 주님에게서 비롯된 극내적인

천계에서 나온다는 것을 뜻합니다(본서 379항 참조). "오너라!"(=와서 보아라)는 말씀은 주의(注意)와 지각(知覺)을 뜻합니다(본서 380항 참조).
[8절] :
"내가 보니, 청황색 말 한 마리가 있었다"는 말씀은, 삶에 속한 악들 때문에, 그리고 그 때 그것에서 비롯된 거짓들 때문에, 무가치(無價値 · nought)한 것이 되어 버린, 성언의 이해(the understanding of the Word)를 뜻하고(본서 381항 참조), "그 위에 탄 사람"은 성언(聖言 · the Word)을 뜻합니다(본서 382항 참조). "그들은 사분의 일을 멸하는 권세를 받아 가지고 있었다"는 말씀은 성경말씀에서 비롯된 모든 선의 상실(喪失 · the loss of every good)과 그것으로 인한 모든 진리의 상실을 뜻하고, 그리고 그것 때문에 성언에서 비롯된 그들의 교회의 교리 안에 있는 선이나 진리의 상실을 뜻합니다(본서 384항 참조). 그들이 가지고 있는 "칼"(sword)은 거짓에 의한 것을 뜻하고(본서 385항 참조), "그들이 가지고 있는 기근"(飢饉 · famine)은, 진리나 선에 속한 지식들의 상실 · 결핍(缺乏) · 무지(無知)를 뜻하고(본서 386항 참조), "가지고 있는 죽음"(=사망)은 결과적으로 영적인 생명의 사멸(死滅)이나 멸망을 뜻하고(본서 387항 참조), "땅의 들짐승들에 의한다"는 말씀은 삶에 속한 악들이나, 또는 사람에게 있는 교회의 것들 모두를 황폐하게 만드는, 자기사랑(自我愛)이나 세상사랑(世間愛)에서 솟아나오는 정욕들이나 그것에서 비롯되는 거짓들을 뜻합니다(본서 388항 참조).

378. 7절. 그 어린 양이 넷째 봉인을 뗄 때 ······
이 말씀이 보다 더 명확한 예견(豫見)을 뜻합니다. 이러한 내용은 위에서 설명, 증명된 것에서 잘 알 수 있겠습니다(본서 351 · 352 · 361항 참조).

379. 나는 넷째 생물이 말하는 것(=음성)을 들었다.

이 말씀이 주님으로부터 극내적인 천계에서 나왔다는 것을 뜻합니다. 이러한 내용은 역시 위에서 설명, 입증된 것에서 잘 알 수 있겠습니다(본서 353 · 362 · 370항 참조).

380. 와서, 보아라!(=오너라!)
이 말씀은, 위에서 언급한 것과 같이(본서 354 · 371항 참조), 주의나 지각을 뜻합니다.

381. 8절. **내가 보니, 청황색 말 한 마리가 있었다.**
이 말씀은 삶에 속한 악들 때문에, 그리고 그 때 그것에서 비롯된 거짓들 때문에 무가치(無價値 · nought)한 것이 되어 버린 성언의 이해를 뜻합니다. 우리의 본문장이나 뒤이어지는 장은 교회의 계속적인 상태를, 다시 말하면 그들의 영적인 삶에 관한 교회에 속한 사람들의 상태를 다루고 있습니다. 그들의 처음 상태는 "흰 말"(白馬 · the white horse)에 의하여 기술되었고, 두 번째 상태는 "붉은 말"(the red horse)에 의하여, 그리고 셋째 상태는 "검은 말"(the black horse)에 의하여, 그리고 넷째 상태는 "청황색 말"(the pale horse · 창백한 말)에 의하여 기술되었습니다. "흰 말"(the white horse)이 성언에서 비롯된 진리의 이해를 뜻한다는 것은 앞서의 설명내용에서 잘 알 수 있습니다(본서 355항 참조). "붉은 말"(the red horse)이 선에 관해서 잃어버린 성언의 이해를 뜻합니다(본서 364항 참조). "검은 말"(the black horse)은 진리에 관해서 잃어버린 성언의 이해를 뜻합니다(본서 372항). 이상의 여러 뜻에서 볼 때 "청황색 말"(=창백한 말 · the pale horse)이 삶에 속한 악들 때문에, 그리고 그것에서 비롯된 거짓들에 속한 악들 때문에 성언의 이해가 무가치한 것이 되었다는 것을 뜻한다는 것은 아주 명백합니다. 왜냐하면, 성언의 이해가 선에 관해서, 그리고 진리에 관해서 잃어버리게 되면, 그것에서 뒤이어지는 것은 성언의 이해는 별로 값이 없는 무가치한 것이 되기 때문입니다. 이런 이유 때문에 삶에 속한 악이나 그것에서 비롯된 거짓이 지배, 통치합니다. 삶에 속한 악들과 그것에서 비롯된 거짓들을 언급하였는데, 그 이유는 삶에 속한 악들이 있는 곳에는 역시 거짓이 있기 때문입니다. 왜냐하면 이것들은 사람의 영(the man's spirit) 안에서 한 몸(one)을 이루기 때문입니다. "사람의 영"이라고 하였는데, 그 이유는 악한 사람도 선한 사람과 꼭같이 선을 행할 수 있고, 진리를 말할 수 있기 때문입니다. 그러나 악한 사람은 이 일을 철저하게 자연적인 사람으로 말미암아서 행하는 것이고, 그리고 따라서 그저 육신으로 말미암아 이 일을 하는 것이지만, 이에 반하여 이 사람 안에는, 다시 말하면 "그의 영" 안에는 선에 속한 뜻이나, 의지가 전혀 없고, 따라서 진리에 속한 이해도 전혀 없습니다. 그러므로 그 사람 안에는 선도, 진리도 없습니다. 이러한 사실은 이런 부류의 인물들이 영들이 되었을 때 아주 명확합니다. 그 때 그들은 영 안에 있기 때문에 그들은 악 이외에는 아무것도 원하지 않고, 거짓 외에는 아무것도 말하지 않습니다. 이것이 바로 여기서 "청황색 말"이 뜻하는 것입니다. "말"(a horse)이 이해를 뜻한다는 것은 앞서의 설명에서 잘 볼 수 있습니다(본서 355항 참조). 여기서는 성언의 이해를 뜻합니다. 그것은 우리의 본문의 "그 말 위에 탄 사람"이 성언을 뜻하기 때문입니다(본서 373항 참조).
[2] "파리하다"(=창백하다 · 청황색 · pale)는 말은, 삶에 속한 악을 뜻하고, 그리고 거기에서 비롯된 거짓을 뜻합니다. 따라서 "청황색 말"(the pale horse)은, 성언의 이해가 삶에 속한 악들 때문에, 그리고 그것에서 비롯된 거짓들 때문에, 아무런 가치가 없다는 것(nought)을 뜻합니다. 그 이유는 창백함(paleness)이 생명(=삶 · life)의 결핍이나 또는 생명의 박탈을 지적하고, 따라서 여기서는 그런 것들을 뜻하는데, 여기서는 영적인 생명의 결핍이나 박탈을 뜻하는데, 그러한 일은 삶에 속한 선의 자리에 삶에 속한 악이 있을 때, 그리고 믿음에 속한 진리의 자리에 믿음에 속한

거짓이 있을 때 일어납니다. 왜냐하면 그 때 거기에는 영적인 생명(=삶)이 전혀 없기 때문입니다. 여기서 영적인 생명은 천계의 생명(the life of heaven)을 뜻하고, 성경말씀에서는 이것이 그저 단순하게 "생명"(生命 · life)이라고 불리웠지만, 그러나 영적인 것이 아닌 생명은 지옥에 있는 자들이 가지고 있는 생명 따위를 가리키고, 성경말씀에서는 이것이 "죽음"(死亡 · death)이라고 불리웠습니다. "청황색 말"이 영적인 죽음(spiritual death)을 뜻한다는 것은 아주 명확하고, 그리고 우리의 본문절의 남은 언급에서도 잘 알 수 있겠습니다. 왜냐하면 우리의 본문에서, "그 위에 탄 사람의 이름은 '사망'이고, 지옥이 그를 따르고 있었다"라고 언급되고 있기 때문입니다.

[3] 창백함이나 청황색(=파랗게 질린 색 · pale)은 예레미야서에서도 동일한 뜻을 가지고 있습니다. 예레미야서의 말씀입니다.

> 너희는 남자도 해산을 하는지 물어 보아라.
> 어찌하여 남자들이 모조리
> 해산하는 여인처럼
> 배를 손으로 움켜 잡고 있으며,
> 모두 얼굴빛이 창백하게 변하였느냐?
> (예레미야 30 : 6)

여기서 만약에 "해산"(=아기를 낳는다) · "남성" · "사람" · "배를 움켜 잡은 손"(=허리 위에 있는 손) · "얼굴들"의 뜻을 알지 못한다면, 어느 누구도 우리의 본문의 낱말들이 뜻하는 것을 알 수 없을 것입니다. 여기의 내용은 자기 자신을 위한 사랑이나, 자기총명에서 비롯된 믿음을 얻기를 열망하는 자들에 관해서 언급하고 있습니다. 그리고 자기 자신을 위해서 이런 것들을 획득하고, 취득한다는 것은 "해산"(=아기를 낳는다)이라는 낱말이 뜻합니다. 그리고 "남성"이나 "사람"은 총명을 뜻하고, 여기서는 자기

총명(self-intelligence)을 뜻하고, "배를 움켜 잡은 손"(=허리에 있는 손)은 이런 것들을 계획하고, 꾸미는 것을 뜻하고, "얼굴"은 사랑이나 믿음을 뜻합니다. 왜냐하면 천사들이나 영들은 자신들의 사랑이나 믿음과 같은 얼굴들을 가지고 있기 때문입니다. 그리고 사랑을 가리키는 믿음의 정동이나 믿음을 가리키는 진리의 정동은 그들의 얼굴에서 자신들을 드러내기 때문입니다. 그러므로 "해산으로 진통하는 남자가 있느냐?"(=해산을 하는지 물어 보아라)라는 말씀은 어느 누구도 자기 자신을 위해서 자기총명으로 말미암아서는 사랑의 선이나 믿음의 진리를 터득, 획득할 수 있느냐? 라는 것을 뜻합니다. "내가 보니 마치 해산하려는 여인처럼 각기 자기 손으로 허리를 움켜 잡고 있다"라는 말씀은, 자기 고유속성에서 비롯된 이런 것들을 부화(孵化)하려고 모두가 애쓰고 있다는 것을 뜻합니다. 그리고 "모든 얼굴들이 창백하게 변하였다"는 말씀은 그것으로 인하여 거기에, 악이나 거짓 이외에는 결코 선도 진리도 없다는 것, 따라서 영적인 죽음 이외에는 생명이 없다는 것을 뜻합니다. 이러한 내용이 바로 "얼굴의 창백함"이 뜻합니다. 성경말씀에서 "임신"(=수태 · conception) · "산고"(産苦 · travailing) · "출생"(出生 · birth)이 사랑이나 믿음에 속한 영적인 임신, 영적인 산고, 영적인 출생을 뜻한다는 것은 ≪천계비의≫ 3860 · 3868 · 3915 · 3919 · 3965 · 9325항을 참조하시고, "남자"(male)나 "남성"(男性 · masculine)이 진리를 뜻하고, 그리고 그것에서 비롯된 총명을 뜻한다는 것은 A.C. 749 · 2046 · 4005 · 7838항을 참조하시고, "사람"(人間 · vir)도 마찬가지라는 것은 A.C. 749 · 1007 · 3134 · 3309 · 3459 · 9007항을 참조하시고, "얼굴"(face)이 마음의 내면적인 것을, 따라서 사랑이나 믿음에 속한 것들을 뜻한다는 것은 A.C. 1999 · 2434 · 3527 · 4066 · 4796 · 5102 · 9306 · 9546항을 참조하십시오. 천사들에게서 얼굴들이 그들의 정동들의 형체들을 가리킨다는 것은 ≪천계와 지옥≫ 47 · 457 · 459 · 481 · 552 · 553항을 참조하십시오.

[4] 이사야서에서 "얼굴이 창백해지다"(to wax pale)는 말도 동일한 뜻을 가리킵니다. 이사야서의 말씀입니다.

> 야곱은 이제 더 이상
> 부끄러움을 당하지 않을 것이고,
> 이제 그의 얼굴은 더 이상
> 수모 때문에 창백해지지는 않을 것이다.
> (이사야 29 : 22)

여기서 "야곱"은 교회에 속한 자들을 뜻하고, "그의 얼굴이 창백해지지 않을 것이다"는 말씀은 그들이 악들이나 거짓들 안에 있지 않고, 오히려 선들이나 진리들 안에 있을 것이라는 것을 뜻합니다. "창백"(=창백함)은 영적인 생명의 결핍(缺乏)을 뜻하는데, 그와 같은 결핍은, 거기에 선이나 진리가 전혀 없고, 오히려 악이나 거짓이 있을 때 일어나는데, 그 이유는 사람이 생동적인 별(vital heat)을 빼앗겼을 때, 그 때 그는 얼굴빛이 창백하게 되고, 죽음의 형상이 되기 때문입니다. 이러한 일은 극도의 공포나 두려움에 빠져있는 경우인데, 그것은 바로 그가 죽을 때와 같을 것입니다. 그러나 사람이 영적으로 죽을 때에는 그의 얼굴은 석탄 불빛과 같은 붉은 색을 띄우고, 또는 시체의 모습과 같은 청황색을 띄웁니다. 따라서 지옥적인 것들은 천계의 빛에서는 그런 색깔을 드러냅니다.

382. 그 위에 탄 사람(=그 말 위에 앉아 있는 사람).
이 사람은 성언(聖言 · the Word)을 뜻합니다. 이러한 뜻은 앞에서 언급하고, 입증한 것에서 아주 명백합니다(본서 373항 참조). "그의 이름이 사망이다"는 언급은, 본질적으로 성언이 죽음이라는 것을 뜻하지 않고, 오히려 악들이나 그것에서 비롯된 거짓들 안에 있는 자들 앞에서는 그런 모습이라는 것을 뜻합니다. 왜냐하면 이런 부류의 인물들은 성경말씀에서 진리나 선에 속한 것은 아무것도 보지도 못하고, 깨닫지 못하고, 따라서 영적인 생명에 속한 것 역시 아무것도 보지 못하고 깨닫지 못하기 때문입니다. 결과적으로 그런 작자들 앞에서 이런 것들은 "청황색 말 위에 앉아 있는 사람의 이름이 죽음"(死亡)이라는 외현(外現)과 지각(知覺)에 일치하기 때문입니다. 왜냐하면 성언은 그의 성품에 따라서 모두에게 나타나기 때문입니다. 다시 말하면 선이나 진리 안에 있는 사람에게는 생명으로 나타나고, 악들이나 거짓들 안에 있는 자들에게는 죽음(死亡)으로 나타납니다. 그것은 성언이신 주님 당신에게도 동일합니다. 주님께서는 역시 사람의 성품에 일치하여 모두에게 나타나십니다. 선들 안에, 그리고 그것에서 비롯된 진리들 안에 있는 자들에게 주님께서는 불(fire)처럼, 그리고 생동하는 빛(light vivifying)으로, 그리고 재창조하는 빛(recreating light)으로 나타나시지만, 그러나 악들 안에 있고, 그리고 그것에서 비롯된 거짓들 안에 있는 자들에게는 주님께서 마치 꺼져가는 불이나 짙은 흑암(thick darkness)처럼 나타나십니다 (A.C. 934 · 1861 · 6832 · 8814 · 8819 · 9434 · 10551항 참조). 그리고 이런 동일한 이유 때문에 악이나 그것에서 비롯된 거짓들 안에 있는 자들에게 주님께서는 분노하시고, 벌주시고, 저주하시는, 그리고 지옥으로 내던지시는 분으로 나타나십니다. 그럼에도 불구하고 주님께서는 결코 분노하시지 않으시고, 벌주시지 않으시고, 저주나 지옥으로 보내시지 않으시며, 오히려 사람이 자신에게 그런 것들을 적용하고, 시인하는 것에 비례하여 주님께서는 그 사람을 구원하십니다. 왜냐하면 주님께서는 선 자체시고, 진리 자체이시기 때문에 주님께서는 사랑 자체시고, 자비 자체이십니다. 이러한 것이 이 장절의 진실입니다. 그래서 이 장절에서 청황색 말 위에 앉으신 자의 이름은 "죽음"(death)이라고 언급되었습니다. 이것에 관한 상세한 내용은 위에 인용된 것을 창조하십시오(본서 373항 참조).

383. 그의 이름은 사망이고, 지옥이 그를 뒤따르고 있었다.

이 말씀은 영원한 저주(詛呪 · eternal damnation)나 천벌(天罰)을 뜻합니다. 이 뜻은, 한 사물(事物)의 성품이나 성질을 가리키는 "이름"(name)의 뜻에서 잘 알 수 있습니다(본서 102 · 148항 참조). 여기서는 악들이나 그것에서 비롯된 거짓들 안에 있는 자들이 가지고 있는 성언의 성질을 뜻합니다. 그리고 또한 저주나 영벌을 가리키는 "죽음"(death)의 뜻에서 잘 알 수 있습니다(본서 186항 참조). 왜냐하면 영적인 죽음(spiritual death)은 그 외에 아무것도 아니기 때문입니다. 그리고 또한 악이나, 그것에서 비롯된 거짓을 가리키는 "지옥"(hell)의 뜻에서 잘 알 수 있습니다. 그 이유는 이런 것들 안에, 그리고 이런 것들로 말미암아, 지옥은 존재하기 때문입니다. 더욱이 지옥은 "죽음"이 가지고 있는 뜻과 동일한 뜻을 가지고 있습니다. 다시 말하면 저주나 천벌을 가지고 있습니다. 그러나 이 양자의 뜻이 여기에 거명되었기 때문에, 따라서 지옥은 죽음에서 분별, 구분됩니다. "지옥"은 영원한 저주(=영벌 · 천벌)를 뜻합니다. 왜냐하면 지옥에 온 자들은 영원히 거기에 남아 있기 때문입니다. 그러므로 우리의 본문에는 "지옥이 그를 뒤따르고 있었다"라고 언급되었습니다. 여기서 "그를 뒤따른다"는 것은 거기에 거주(居住)하는 것, 다시 말하면 영원까지 이르는 저주나 영벌 안에 사는 것을 뜻합니다. 이상에서 볼 때, 우리의 본문 "그 사람의 이름은 사망이고, 지옥이 그를 뒤따르고 있었다"는 말씀이 영원한 저주나 천벌을 뜻한다는 것은 아주 명확합니다.

384. 그들은 사분의 일에 이르는 땅의 주민들을 멸하는 권세를 받아 가지고 있었다(=그들에게 사분의 일을 죽일 권세가 주어졌다).

이 말씀은 모든 선의 박탈과 그것에서 기인한 성언에서 비롯된 모든 진리의 탈취(奪取)를 뜻합니다. 그리고 결과적으로는 성언에서 비롯된 그들의 교회의 교리 안에 있는 모든 선과 모든 진리의 박탈이나 탈취를 뜻합니다. 이러한 정의는, 그것에 대한 방법이나 수단이 될 수 있기 때문에, 효과(效果 · effect)나 영향(effect)을 가리키는 "권세"(權勢 · power)라는 낱말의 뜻에서 아주 명확합니다. 그리고 이것에 관해서 본서 366항을 참조하실 수 있지만, 선과 진리를 박탈하고 탈취하는 것을 가리키는 "죽인다"(to kill) 또는 "살해한다"(to slay)는 낱말의 뜻에서, 그리고 이것에 관해서 곧 언급하겠지만, 모든 선과 그것에서 비롯된 모든 진리를 가리키는 "사분의 일"(fourth part)의 뜻에서, 그리고 교회와 그것에 속한 모든 것을 가리키는 "땅"의 뜻(본서 29 · 304항 참조)에서 아주 잘 알 수 있겠습니다. 그리고 교회는 거기에 있는 교리로 말미암아 교회이기 때문에, 그리고 그것에 일치하는 삶으로 말미암아 교회이기 때문에, 그리고 교회의 모든 교리는 반드시 성경말씀에서 비롯되어야 하기 때문에, 그러므로 성경말씀에서 비롯되는 교리는 동시에 같은 것을 뜻합니다. 이상에서 볼 때, 우리의 본문말씀, "그들은 사분의 일에 이르는 땅의 주민들을 죽이는 권세를 받아 가지고 있었다"(=그들에게 땅의 사분의 일을 죽일 권세가 주어졌다)는 말씀은 모든 선의 박탈이나, 따라서 성언에서 비롯된 모든 진리의 탈취를 뜻한다는 것은, 결과적으로 성경말씀에서 비롯된 교회의 교리 가운데 있는 모든 선과 모든 진리의 박탈이나 탈취를 뜻한다는 것은 아주 잘 알 수 있겠습니다. "그들에게 권세가 주어졌다"는 말은 모든 악들에게, 그리고 그것에서 기인한 모든 거짓들에 대한 것을 뜻하기 때문에 그렇게 언급되었습니다. 그리고 이런 것들은 "죽음이나 지옥"(death and hell)이 역시 뜻합니다. 온갖 악들이나 거짓들 안에 빠져 있는 자들이 성언에서 비롯된 선의 지각이나, 진리의 이해에 속한 전부가 박탈되고, 탈취된다는 것, 그리고 결과적으로는 성경말씀에서 비롯된 그들의 교회 안에 있는 모든 선이나 진리를 박탈, 탈취된다는 것은, 삶에 속한 모든 악들에서 비롯된 교리에 속한 온갖 거짓들 안에 있는 자들의 경우에서 아주 명확, 명료합니다. 비록 그들이 성경말씀을 읽는다고 해도, 이런 부류의 인물들은 그것 안에 있는 진리들을 보지 못하고, 또한 자기들 자신의 애욕(=사랑들·loves)에 속한 자신들의 소견(所見)들이나, 악들에게 그것들을 적용하는 것에 의하여 진리들을 위화합니다. 왜냐하면 성경말씀의 문자적인 뜻은, 선 안에 있는 자들이 그것 안에 있는 진리들을 보는 그런 것들이기 때문이고, 그리고 악 안에 있는 자들은 그것 안에 있는 거짓들을 보는 그런 것이기 때문입니다. 왜냐하면 성경말씀의 문자적인 뜻은 어떤 아이들, 소년소녀들, 그리고 단순한 사람들의 이해력이나 판단에 일치하기 때문이고, 그러므로 그 뜻은 외현(=겉모양)에 일치하기 때문입니다. 그럼에도 불구하고 이런 뜻 안에는, 선 안에 있는 자들을 제외하면, 그리고 그런 것들을 보기를 원하지 않고, 악 안에 있는 자들을 제외하면, 어느 누구에게도 보이지 않는 진리들이 숨겨져 있습니다. 그러나 그들은 그것들의 해석에 의하여 자신들이 애욕(愛慾)에 속한 악들이나 자신들의 소견(所見)에 속한 거짓들에게 모든 것들을 악용시키고, 왜곡시키고 있습니다. 이런 사실은 그 교회 안에 있는 아주 아주 많은 이단사설(異端邪說)들이나, 특히 악질적인 비빌로니아 사람들의 이단사설이나 유대 사람의 이단사설에서 아주 명확 명료합니다.

[2] 여기서 "사분의 일"(a fourth part)은 모든 선들이나 그것에서 비롯된 모든 진리를 뜻하는데, 그 이유는 숫자 "사"(4·four)는 선과 진리의 결합을 뜻하고, 그리고 그러므로 "사분의 일"이나 "네 번째"(a fourth)는 결합에 속한 모두를 뜻합니다. 성경말씀에서는 "삼분의 일"(a third part)이나 "사분의 일"(a fourth part)이 자주 언급되고 있지만, 그러나 모든 숫자들(all numbers)이 어

떤 사물들을 뜻한다는 것을 알지 못하는 자들은 "사분의 일"은 단순하게 사분의 일을, "삼분의 일"은 역시 삼분의 일을 뜻한다고 철석같이 믿고 있거나, 아니면 그것들이 어떤 몫(portion)이나 일부를 뜻한다고 믿고 있습니다. 그러나 "삼분의 일"은 모든 진리를 뜻하고, "사분의 일"은 모든 선을 뜻합니다. 그리고 모든 진리가 선에서 비롯되듯이 "사분의 일"은 모든 선이나 그것에서 비롯된 모든 진리를 뜻하지만, 우리의 본문에서는 그런 것들—선이나 진리—의 박탈이나 탈취를 뜻합니다. 그 이유는 "땅의 사분의 일을 죽이는 권세가 그들에게 주어졌다"고 언급되었기 때문입니다. "셋"(3 · three)이나 그것에서 비롯된 "삼분의 일"(a third part)이 진리들에 관해서 서술하고 있다는 것은, 숫자들이 언급된 것에서부터 알 수 있겠습니다. 그러나 "넷"(4 · four)이나 그것에서 비롯된 "사분의 일"(a fourth part)은 선들이나, 그것에서 비롯된 진리들에 관해서 서술하고 있는데, 그 이유는 그것들이 선과 진리의 결합을 뜻하기 때문입니다. 나에게서 이러한 것은 영계(靈界)에서의 수많은 경험들을 통해서 명확합니다. 왜냐하면 천사들이 거기에서 선과 진리의 결합이나, 사랑과 믿음의 결합에 관해서 말할 때 그들의 언어는 숫자들에 종결(終結)되기 때문인데, 그 때 숫자 넷(4)이 제시되었고, 때로는 숫자 둘(2)이나 숫자 여덟(8), 숫자 열여섯(16)이 나타났습니다. 그 이유는 이들 숫자들이 동일한 뜻을 가지고 있기 때문입니다. 왜냐하면 곱해진 숫자들이나, 나뉘어진 숫자들은, 그것들이 곱해진 숫자나 나뉘어진 숫자들과 동일한 뜻을 가지고 있기 때문입니다(≪천계비의≫ 5291 · 5335 · 5708 · 7973항 참조). 천사적인 언어들이 숫자들에게 빠져든다는 것은 나의 저서 ≪천계와 지옥≫(Heaven and Hell) 263항에서 볼 수 있습니다. 숫자 "넷"(4)이 선과 진리의 결합을 뜻한다는 것은 그것의 근원을 천계의 네 방위(方位)에서 취하기 때문인데, 그것의 두 방위, 즉 동쪽과 서쪽에는 사랑에 속한 선 안에 있는 자들이 살고 있고, 나머지 두 방위(=남쪽과 북쪽)에는 그것에서 비롯된 진리들 안에 있는 자들이 살고 있습니다(≪천계와 지옥≫ 141-153항 참조). 결과적으로 "네 방위들"이나 "네 바람들"(four winds)은 모든 선과 그것에서 비롯된 모든 진리를 뜻합니다. 그리고 "넷"(4)은 그것들의 결합을 뜻합니다. "사분의 일"(a fourth part)이 선과 진리의 모든 결합을 뜻한다는 것은, 여기서 "넷"(4)은 모든 것을 구성하기 때문이고, 그리고 "넷째"(a fourth)는 결합에 속한 뜻을 가리키기 때문입니다. 그러므로 "사분의 일을 죽인다"는 말은 결합의 전부를 뜻하고, 결과적으로는 모든 선과 모든 진리의 결합을 뜻합니다. 왜냐하면 거기에 선과 진리의 결합이 존재하지 않는다면, 거기에 그것들은 있지 않기 때문입니다. 왜냐하면 진리가 없으면 선이 있을 수 없기 때문이고, 역시 선이 없으면 진리가 있을 수 없기 때문입니다. 그것들은 그것들의 본질에서는 하나(one)입니다. 그 이유는 진리는 선에 속해 있고, 선은 진리에 속해 있기 때문입니다. 이러한 사실이나 내용은 이미 앞에서 언급된 것이며, 그리고 선과 진리에 관해서, ≪새 예루살렘의 교리≫(the Doctrine of the New Jerusalem)에서 인용된 성경말씀의 여러 장절들에게서 잘 볼 수 있습니다(같은 책 11-27항 참조).

385. 칼과 …….

이 말씀은 거짓을 뜻합니다. 이러한 내용은 거짓에 대항하여 싸우는 진리와 그리고 거짓을 파괴하는 것을 가리키는 "칼"(sword)의 뜻에서 잘 알 수 있습니다. 그리고 반대의 뜻으로는 "칼"은 진리에 대항하여 싸우는 거짓을 뜻하고, 그리고 그것을 파괴하는 거짓을 뜻합니다(이것에 관해서는 본서 131·367항을 참조하십시오).

386[A]. 기근과 …….

이 말씀은 진리와 선에 속한 지식들의 박탈, 결핍, 무지 따위를 뜻합니다. 이러한 사실은, 진리와 선에 속한 지식들의 박탈을 가리키는, 또는 그것들의 결핍이나 무지를 가리키는 "기근"(famine)의 뜻에서 말미암습니다. 성경말씀에서 "기근"(=배고픔)은 이런 내용들이나 뜻을 가리킵니다 "기근"의 뜻이 이런 것들을 가리킨다는 것은, "먹는 것이나 마시는 것"(=먹거리・마실거리・food and drink)은 영적인 생명을 살찌게 부양(扶養)하고, 유지시키는 모든 것들을 뜻하기 때문입니다. 그리고 일반적으로 이런 것들은 진리와 선에 속한 지식들을 가리킵니다. 영적인 생명 자체는, 마치 자연적인 생명과 아주 꼭같이, 영양분이나, 양육을 필요하기 때문에, 그러므로 사람이 이런 지식들을 빼앗겼을 때, 또는 그것들이 부족하고, 충족되지 못하였을 때 또는 그것들을 알지는 못하지만 그럼에도 불구하고 그것들을 열망할 때, 아사(餓死)상태에 있다, 또는 배고파 죽는다 라고 언급됩니다. 더욱이 자연적인 먹거리들은 영적인 먹거리들에 대응하는데, 그것은 마치 빵이 사랑에 속한 선에 대응하는 것이나, 포도주가 그것에서 비롯된 진리들에 대응하는 것과 같고, 그리고 다른 먹거리들이나 마실거리들이 개별적인 선들이나 진리들에 대응하는 것과 같습니다. 이러한 내용이 앞서 여러 곳에서 다루어졌고, 그리고 다음에 이어지는 것에서도 다루어질 것입니다. "기근"(famine)은 (1) 진리와 선에 속한 지식들의 박탈을 뜻한다는 것 (2) 그것들의 결핍 (3) 그것들의 무지 등을 뜻한다고 언급하였는데, 그 이유는 악들이나, 그것에서 비롯된 거짓들에 빠져 있는 자들에게는 이런 박탈(=탈취) 따위가 일어나기 때문입니다. 그리고 그것들을 알 수 없는 자들에게도 그것들의 결핍(=부족)이 있는데, 그 이유는 그들이 교회 안에 있지 않기 때문이고, 그리고 그 교회의 교리 안에 있지 않기 때문입니다. 거기에 있는 지식들을 알고 있는 사람들에게는 그것들의 무지(無知)가 있는데, 따라서 그것들을 열망합니다. 이런 세 가지 내용들이 성경말씀에서 "기근"이나 "배고픔"이 뜻하는데, 이러한 사실은 "기근"・"배고픔"(hungry)・

"목마름"(=기갈 · 飢渴 · thirst)이나 "목마른 사람"(the thirsty)이라는 낱말들이 언급된 성경장절에서 잘 알 수 있습니다.

386[B]. [2] (1) "기근"이 온갖 악들이나, 그것에서 비롯된 거짓들 안에 있는 자들에게 존재하는 진리나 선에 속한 지식들의 박탈을 뜻한다는 것은 아래의 장절들에게서 명확합니다. 이사야서의 말씀입니다.

> 만군의 주의 진노로 땅이 바싹 타버리니,
> 그 백성이 마치 불을 때는 땔감같이 되며,
> 아무도 그 형제자매를 아끼지 않을 것이다.
> 오른쪽에서 뜯어 먹어도 배가 고프고
> 왼쪽에서 삼켜도 배부르지 않아,
> 각각 제 팔뚝의 살점을 뜯어 먹을 것이다.
> 므낫세는 에브라임을 먹고,
> 에브라임은 므낫세를 먹고,
> 그들이 다 함께 유다에 대항할 것이다.
> (이사야 9 : 19-21)

여기서 영적인 뜻을 제외한다면 어느 누구도 이 말씀을 이해하지 못할 것이고, 또한 그것이 다루고 있는 것도 알 수 없을 것입니다. 이 장절은 거짓에 의한 선의 전멸이나, 악에 의한 진리의 전멸을 다루고 있습니다. 거짓을 통한 교회의 악용이나 왜곡은 "만군의 주의 진노로 땅이 바싹 타버린다"(=어두워진다)는 말씀이 뜻합니다. 그리고 악을 통한 그것의 악용이나 왜곡은 "그 백성이 마치 불을 때는 땔감같이 되었다"(=그 백성은 불의 연료같이 되었다)는 말씀이 뜻합니다. "어두워진 땅"은 진리가 전혀 없는 오직 거짓만 있는 교회를 뜻하고, "불의 연료"(=땔감)는 악에 속한 욕망에 의한 진리의 소멸(燒滅)을 뜻하고, 여기서 "불"(fire)은 악에 속한 사랑(=애욕)을 뜻합니다. 거짓이 선을 파괴한다는 것은

"아무도 자기 형제를 아끼지 않는다"(=아무도 형제자매를 아끼지 않는다)는 말씀이 뜻하고, "사람"(*vir*)이나 "형제"(brother)가 진리나 선을 뜻하기 때문에, 여기서 "사람"은 거짓을 뜻하고, "형제"는 선을 뜻합니다. 그 이유는 "그가 형제를 아끼지 않는다"(=불쌍히 여기지 않는다)라고 언급되었기 때문입니다. 결과적으로는 그것을 열심히 찾지만, 모든 선과 모든 진리의 박탈을 뜻한다는 것은 "오른쪽에서 뜯어 먹어도(=낚아 챌 것이지만) 배가 고프고, 왼쪽에서 삼켜도 배부르지 않을 것이다"는 말씀이 뜻합니다. 여기서 "오른쪽"(right hand)은 진리가 그것에서 비롯된 선을 뜻하고, "왼쪽"(left hand)은 선에서 비롯된 진리를 뜻하고, "뜯어 먹는다"(=낚아 챈다 · to cut down)는 것이나, "이것들을 먹는다"는 것은 추구(追究)하고 찾는 것을 뜻하고, "배고프고, 배부르지 못할 것이다"는 것은 빼앗기는 것(剝奪)을 뜻합니다. 악이 모든 진리를 소멸시키고, 거짓이 모든 선을 전멸시킨다는 것은 "그들이 각각 제 팔뚝의 살점을 뜯어 먹을 것이다"는 말씀이 뜻하는데, 여기서 "팔뚝의 살점"(=팔의 살)은 진리를 통한 선의 능력(=힘)을 뜻하기 때문입니다. 여기서 "사람"은 거짓을 뜻하고, "먹는다"(to eat)는 것은 소멸시키는 것을 뜻합니다. 그것으로 인하여 선에 속한 뜻(will)이나 진리에 속한 이해가 멸망한다는 것은 "무낫세는 에브라임을 먹고, 에브라임은 무낫세를 먹는다"는 말씀이 뜻합니다. 여기서 "무낫세"가 선의 의지를 뜻하고, "에브라임"은 진리의 이해를 뜻한다는 것은 ≪천계비의≫ 3969 · 5354 · 6222 · 6234 · 6238 · 6267 · 6296항을 참조하십시오. 이런 내용이 악들이나 거짓들 안에 있는 자들에게 있다는 것은 "그들이 다 함께 유다에게 대항할 것이다"는 말씀이 뜻합니다. 왜냐하면 의지가 선 안에 있고, 이해가 진리 안에 있을 때, 이들은 모두가 여호와와 함께 있는데, 그 이유는 그것들이 그분에게서 비롯되기 때문입니다. 그러나 의지가 악 안에 있고, 이해가 거짓 안에 있을 때, 그들은 여호와에게 거슬러 있기 때문입니다.
[3] 같은 책의 말씀입니다.

> 모든 블레셋 사람들아,
> 너를 치던 몽둥이가 부러졌다고
> 기뻐하지 말아라.
> 뱀이 죽은 자리에서 독사가 나오기도 하고,
> 그것이 낳은 알이,
> 날아다니는 불뱀이 되기도 한다.
> 너의 땅에서는
> 가난한 사람들이 배불리 먹고,
> 불쌍한 사람들이 평안히 누워 쉴 것이다.
> 그러나 내가
> 너희 블레셋 사람을 모조리
> 굶어 죽게 하고,
> 너희 가운데 남은 자는
> 내가 칼에 죽게 하겠다.
> (이사야 14 : 29, 30)

속뜻으로 이 장절이 뜻하는 것은 앞서와 거의 같습니다. 그러나 여기서는 믿음이 철저하게 자연적인 사람의 내면적인 시각(the interior sight)이라고 믿는 자들에 관해서 다루고 있고, 그리고 이런 시각이나 믿음에 의하여 그들이 의롭게 되고, 구원받는다고 믿는, 따라서 인애에 속한 선(the good of charity)은 어떤 효과를 가지고 있는 것을 부인하는 것을 믿는 자들에 관해서 다루고 있습니다. "블레셋 사람"은 이런 부류의 인물들을 뜻합니다. 그리고 "블레셋"은 그들의 집합(集合)을 뜻합니다(≪천계비의≫ 3412 · 3413 · 8093 · 8313항 참조). 오직 믿음만이나, 또는 인애에서 분리된 믿음을 가리키는 이런 거짓 원칙이 교회에 속한 선이나 진리를 파괴한다는 것은 "뱀의 뿌리에서 독사가 나온다"(=뱀이 죽은 자리에서 독사가 나온다)는 말씀이 뜻하는데, 여기서 "뱀의 뿌리"(=뱀이 죽은 자리)는 거짓 원칙을 뜻하기 때문이고, "독사"(basilisk)는 그것에 의한 교회의 선이나 진리의 파괴를 뜻하기 때문입니다. 온갖 거짓들로 말미암은 추론이 이런 것에서 솟아 난다는 것은 곧 "그것이 낳은 알이 날아다니는 불뱀이 되기도 한다"(=그의 열매는 나는 불뱀이 된다)는 말씀이 뜻하는데, 여기서 "날아다니는 불뱀"은 온갖 거짓들에게서 비롯된 추론을 뜻합니다. 모든 진리의 박탈이나, 그것으로 인한 모든 선의 탈취가, 그 원칙에서 알을 깨고 나온 모든 것들을 가리키는, "내가 기근으로 네 뿌리를 죽일 것이요, 그는 네 남은 자를 살해할 것이다"(=내가 너희 블레셋 사람을 모조리 굶어 죽게 하고, 너희 가운데서 남은 자는 내가 칼에 죽게 하겠다)는 말씀이 뜻합니다. 이런 내용은 경험 자체에 의하여 명료하게 합니다. 교리나 생활에서 오직 믿음만이라는 원칙으로 자기 자신을 확증한 자들은 영계에서 독사와 같이 보이고, 그리고 그들의 추론은 날아다니는 불뱀처럼 보입니다.

[4] 또한 같은 책의 말씀입니다

> 아무런 유익도 없는 신상(=우상들)을 만들고
> 무익한 우상을 부어 만드는 자가 누구냐? ……
> 철공은 그의 힘센 팔로 연장을 벼리고,
> 숯불에 달구어 메로 쳐서,
> 모양을 만든다.
> 이렇게 일을 하고 나면,
> 별 수 없이 시장하여 힘이 빠진다.
> 물을 마시지 않으면, 갈증으로 지친다(=누가 아무것도 유익하지 못한 신을 만들었으며, 새긴 형상을 부어 만들었느냐? …… 집게를 가진 대장장이는 숯불에 가공하여 망치로 그것을 치고, 그의 팔힘으로 그것을 만드니, 실로 그는 주리고 힘이 빠지며, 물도 마시지 못하여 기진하는도다)(이사야 44 : 10, 12).

이 장절들은 자기 고유속성의 이해와 자기 고유속성의 자아애로 말미암아 형성된 교리에 관해서 기술하고 있습니다. "신을 만든 다"(to form a god)는 것은 자기 교유속성의 이해(one's own understanding)에서 비롯된 교리를 뜻하고, "우상을 부어서 만든 다"(=새긴 형상을 부어 만든다)는 것은 자기 고유속성의 사랑(=자기 사랑)에서 비롯된 교리를 뜻합니다. "집게를 가진 대장장이는 쇠를 숯불에 가공한다"(=철공은 철을 숯불에 달구어 메로 쳐서 모양을 만든다)는 것은, 그가 진리라고 부르는 거짓을 뜻하고, 그가 선이라고 부르는 악을 뜻합니다. 여기서 "철"(iron)은 거짓을 뜻하고, "숯불"은 자기 고유속성의 사랑(=자기사랑)의 악을 뜻하고, "메로 쳐서 모양을 만든다"(=망치로 쳐서 그것을 만든다)는 것은 정교한 추론에 의한 것을 뜻하는데, 그러므로 그것들은 단결된 것처럼 보입니다. "철공은 그렇게 그의 힘센 팔로 그것을 만들었다"는 말씀은 그의 고유속성에서 비롯된 것을 뜻합니다. "실로 힘이 없을 때까지 일을 하니, 그는 배가 고프고, 그는 지칠 때까지 일을 하니, 그는 물도 마시지 못한다"(=갈증이 난다)는 말씀은 거기에는 선에 속한 것이나, 진리에 속한 것이 아무것도 없다는 것을 뜻하는데, "배가 고프다"는 것은 선의 박탈을 뜻하고, "물을 마시지 못한다"는 것은 진리의 박탈을 뜻하고, 그리고 "힘이 없을 때까지"나 "지칠 때까지"라는 이 양자는 남아 있는 선에 속한 것도 전혀 없고, 진리에 속한 것도 전혀 없을 때까지를 뜻합니다. 오직 문자적인 뜻으로 성경말씀을 살필 때 어느 누구가 여기서 주조된 형상(=주상 · 鑄像 · a molten image)을 만드는 것의 기술 이외에 무엇을 볼 수 있겠습니까? 그럼에도 불구하고 그는 주상을 만드는 기술에 포함된 영적인 것을 전혀 보지 못할 것이고, 그리고 또한 "그가 힘이 없을 때까지 일을 하여 배가 고프다. 그가 지칠 때까지 물을 마시지 못한다"는 언급이 필요 없다는 것만 볼 것입니다. 그럼에도 불구하고 여기는 물론 성경말씀의 수

많은 곳에 종교의 형성이나 거짓에 속한 교리의 형성이 "우상들"(idols)이나, "깎아서 만든 형상들"(=우상들 · graven images)이나, "부어서 만든 형상들"(=주상들 · graven images)에 의하여 기술되었습니다. 이런 것들이 종교의 거짓을 뜻하고, 자기 자신의 이해나 자기 자신의 사랑(=자기사랑)에서 시작, 생겨나는 교리의 거짓을 뜻한다는 것은 ≪천계비의≫ 8869 · 8932 · 8941 · 9424 · 10406 · 10503항을 참조하십시오.
[5] 역시 같은 책의 말씀입니다.

> 전쟁으로 땅은 황폐하고
> 백성은 굶주려 죽었다.
> 이 두 가지 재난이 너에게 닥쳤으니,
> 누가 너를 두고 슬퍼하겠느냐?
> 폐허와 파괴,
> 기근과 칼뿐이니,
> 누가 너를 위로하겠느냐?(=이 두 가지 일이 네게 임하였으니, 누가 너를 위로하여 슬퍼하랴? 황폐와 파괴와 기근과 칼이다. 내가 무엇으로 너를 위로하랴?)(이사야 51 : 19).

여기서도 역시 "기근"(famine)은, 거기에 더 이상 선이 전혀 없을 때까지의 선의 지식들의 박탈을 뜻하고, "칼"(sword)은 거기에 더 이상 진리가 없을 때까지의 진리의 지식들의 박탈을 뜻합니다. 그러므로 "폐허"(=황폐 · devastation) · "파괴"(breach)가 언급되었는데, 여기서 "폐허"(=황폐)는 더 이상 선이 전혀 없는 것을, "파괴"는 더 이상 진리가 전혀 없는 것을 뜻하기 때문입니다.
[6] 역시 같은 책의 말씀입니다.

> 그러므로 주 하나님께서 말씀하신다.
> 내 종들은 먹겠지만,

너희는 굶을 것이다.
내 종들은 마시겠지만,
너희는 목이 마를 것이다.
내 종들은 기뻐하겠지만,
너희는 수치를 당할 것이다(=부끄러움을 당할 것이다).
(이사야 65 : 13)

여기서도 역시 "굶주리고, 목이 마른다"는 것은 사랑에 속한 선이나, 믿음에 속한 진리들이 빼앗겨지는 것을 뜻합니다. "굶주린다"(=배고프다)는 것은 사랑에 속한 선이 빼앗기는 것을 뜻하고, "목이 마르다"는 것은 믿음에 속한 진리들의 빼앗김을 뜻합니다. "먹고 마신다"(to eat and to drink)는 것은 선들이나 진리들의 교류를 뜻하고, 그리고 그것들의 전유(專有)를 뜻합니다. "주 하나님의 종들"은 주님으로부터 선들을 영접한 자들이나, 주님으로부터 진리들을 영접, 수용한 자들을 뜻합니다. 이것은, 우리의 본문인 "내 종들은 먹겠지만 너희는 굶을 것이다. 내 종들은 마시겠지만 너희는 목이 마를 것이다"는 말씀이 뜻하는 것을 명료하게 만듭니다. 그리고 주님의 종들은 영원한 행복을 누릴 것이지만, 다른 자들은 불행을 누릴 것이라는 것은 "보라, 내 종들은 기뻐하겠지만, 너희는 수치(=부끄러움)를 당할 것이다"는 말씀이 뜻합니다.

[7] 예레미야서의 말씀입니다.

그들이 금식을 하여도, 나는 그들의 호소를 들어주지 않겠다. 또 그들이 번제물과 곡식제물을 바쳐도, 나는 그것을 받지 않겠다. 나는 오히려 칼과 기근과 염병으로 그들을 전멸시켜 버리겠다. 그래서 내가 이렇게 아뢰었다. "그렇지만 주 하나님, 저 예언자들이 이 백성에게 주님의 말씀이라고 하면서, '전쟁이 일어나지 않는다. 기근이 오지 않는다. 오히려 주께서 이 곳에서 너희에게 확실한 평화를 주신다' 합니다." …… 주께서 그 예언자들을 두고 이렇게 말씀하신다. "그들은 내가 보내지도 않았는데, 내 이름으로 거짓 예언을 하였다. '이 땅에는 전쟁과 기근이 없을 것이다' 하고 말한 예언자들은 전쟁과 기근으로 죽을 것이다. 그 예언을 들은 이 백성도, 기근과 전쟁에 시달리다가 죽어서, 예루살렘 거리에 내던져질 것이며, 그들을 묻어 줄 사람이 아무도 없을 것이다. 그들뿐만 아니라 그들의 아내들과 아들딸들도 그와 같이 될 것이니, 이것은 내가 그들 위에 재앙을 퍼부을 것이기 때문이다"(예레미야 14 : 12, 13, 15, 16).

여기서 "칼 · 기근 · 염병"(=전염병)은 진리와 선의 박탈을 뜻하고, 따라서 거짓들과 악들을 통한 영적인 생명의 박탈을 뜻합니다. 여기서 "칼"(sword)은 거짓들을 통한 진리의 박탈을 뜻하고, "기근"(=배고픔 · famine)은 악들을 통한 선의 박탈을 뜻하고, "염병"(=전염병 · pestilence)은 영적인 생명의 박탈을 뜻합니다. "예언자들"은 교리에 속한 진리들을 가르치는 자들을 뜻하고, 추상적인 뜻으로는 진리에 속한 교리적인 것들을 뜻합니다. 이러한 것은 이 모든 것이 뜻하는 것이 무엇인지를 아주 명확하게 합니다. 다시 말하면 거짓들이나 악들에 속한 교리를 가르치는 자들은 "칼이나 기근"이 뜻하는 그런 것들을 통하여 멸망할 것이라는 것을 뜻한다는 것은 아주 명확합니다. 그것들로 말미암아 교리를 영접, 수용한 자들이 교회에 속한 모든 진리에서 분리시킨다는 것, 그리고 영벌, 저주를 받는다는 것은 "기근과 전쟁에 시달리다가 죽어서, 예루살렘 거리에 던져질 것이며, 그들을 묻어 줄 사람이 아무도 없을 것이다"는 말씀이 뜻합니다. 여기서 "예루살렘의 거리"는 교회에 속한 진리들을 뜻하고, "거기에 던져질 것이다"는 것은 그런 진리들에게서 분리되는 것을 뜻하고, "묻혀지지 않는다"는 것은 저주나 영벌을 받는 것을 뜻합니다.

[8] "칼 · 기근 · 염병"은 아래의 장절에 있는 뜻과 동일한 뜻을 갖습니다. 여기서 "칼"은 거짓들을 통한 진리의 박탈을 뜻하고,

"기근"(=배고픔)은 온갖 악들을 통한 선의 박탈을 뜻하고, "염병"(=전염병)은 결론적으로 영적인 생명의 박탈을 뜻합니다. 같은 책의 말씀입니다.

> 전쟁에서(=칼에 의해) 죽거나, 굶주려서 죽은 사람들의 시체는, 공중의 새와 들짐승의 먹이가 될 것이다(예레미야 16 : 4).

"공중의 새의 먹이가 될 그들의 시체들"은 온갖 거짓들에 의한 저주(=영벌)를 뜻하고, "땅의 들짐승의 먹이가 될 그들의 시체들"은 온갖 악들에 의한 저주(=영벌)를 뜻합니다. 역시 같은 책의 말씀입니다.

> 이 백성이 주님을 부인하며 이르기를
> "그는 아무것도 아니다.
> 어떤 재앙도 우리를 덮치지 않을 것이다.
> 우리는 전란이나 기근을
> 당하지 않을 것이다"
> 하였습니다.
> (예레미야 5 : 12)

또 같은 책의 말씀입니다.

> 내가 그들을 벌할 것이니, 그들의 장정들(=젊은 사람들)은 칼에 찔려 죽고, 그들의 아들들과 딸들은 굶어 죽을 것이다(예레미야 11 : 22).

또 같은 책의 말씀입니다.

> 그들이 이렇게 배은망덕하니,
> 그들의 아들딸들이
> 굶어 죽거나 전쟁에서 죽게 하여 주십시오.

> 그들의 아내들이 아들딸들을 잃게 하시고,
> 남편들을 잃어
> 과부가 되게 하여 주십시오.
> 장정들은 전쟁터에서
> 칼에 찔려 죽게 하여 주십시오.
> (예레미야 18 : 21)

역시 같은 책의 말씀입니다.

> 내가 그들에게 전쟁과 기근과 염병을 보내어, 그들을 아무도 먹을 수 없는 썩은 무화과처럼 만들겠다. 내가 칼과 기근과 염병으로 그들을 뒤쫓아가서 칠 것이다(예레미야 29 : 17, 18).

또 같은 책의 말씀입니다.

> 내가 그들과 그들의 조상의 조상에게 준 땅에서 그들이 멸절될 때까지, 나는 계속 그들에게 전쟁과 기근과 염병을 보내겠다(예레미야 24 : 10).

역시 또 같은 책의 말씀입니다.

> 그러므로 나 주가 이렇게 말한다. 너희는 모두 너희의 친척, 너희의 동포에게 자유를 선언하라는 나의 명령을 듣지 않았다. 그러므로 보아라, 나도 너희에게 자유를 선언하여 너희가 전쟁과 기근과 염병으로 죽게 할 것이니, 세상의 모든 민족이 이것을 보고, 무서워 떨 것이다(예레미야 34 : 17).

복음서들의 말씀입니다.

> 민족이 민족을 거슬러 일어나고, 나라가 나라를 거슬러 일어날 것이

6장 1-8절

며, 곳곳에 기근과 지진이 있을 것이다(마태 24 : 7 ; 마가 13 : 8 ; 누가 21 : 11).

에스겔서의 말씀입니다.

진실로 너희가 온갖 보기 싫은 우상과 역겨운 일로 내 성소를 더럽혀 놓았기 때문에, 내가 너희를 넘어뜨리겠고, 너희를 아끼지 않겠으며, 너희를 불쌍히 여기지도 않겠다. 너희 가운데서 삼분의 일은 전염병에 걸려 죽거나 굶어 죽을 것이며, 또 삼분의 일은 성읍의 둘레에서 칼에 맞아 쓰러질 것이며, 나머지 삼분의 일은 내가 사방으로 흩어 버리고, 칼을 빼어 들고 그들의 뒤를 쫓아가겠다. …… 내가 너희에게 쏘는 기근의 화살과 재난의 화살, 곧 멸망시키는 화살은, 너희를 죽이려고 쏘는 것이다. 나는 너희에게 기근을 더 심하게 하여, 너희가 의지하는 빵을 끊어 버리겠다. 내가 너희에게 기근과 사나운 짐승들을 보내어, 너희 자식들을 앗아가도록 하겠다. 너희는 전염병과 유혈사태를 너희 한가운데서 겪을 것이다(에스겔 5 : 11, 12, 16, 17).

같은 책의 말씀입니다.

거리에는 전쟁이 있고,
집 안에는 전염병과 기근이 있다.
들녘에 있는 사람은 칼에 찔려 죽고,
성읍 안에 있는 사람은
기근과 염병으로 죽는다.
(에스겔 7 : 15)

역시 같은 책의 말씀입니다.

이스라엘 족속이 온갖 흉악한 일을 저질렀으니, 모두 전쟁과 기근과 전염병 때문에 쓰러질 것이다. 먼 곳에 있는 사람은 전염병에 걸려서 죽고, 가까운 곳에 있는 사람은 전쟁에서 쓰러지고, 아직도 살아 남아서 포위된 사람들은 굶어서 죽을 것이다(에스겔 6 : 11, 12).

예레미야서의 말씀입니다.

너희가 나 주 너희 하나님의 말에 순종하지 않고, 이 땅에 머물러 살지 않겠다는 것이냐? 그것만은 안 되겠다는 것이냐? 오직 이집트 땅으로 들어가야만 전쟁도 겪지 않고, 비상 나팔 소리도 듣지 않고, 먹을 것이 없어서 굶주리지 않아도 되니, 그리로 가서 거기에서 살겠다는 것이냐? 유다의 살아 남은 자들아, 너희는 이제 나 주의 말을 들어라. …… 너희가 이집트로 들어가려고 하고, 그 곳에서 살려고 내려가면, 너희가 두려워하는 전쟁이 거기 이집트 땅으로 너희를 쫓아갈 것이며, 너희가 무서워하는 기근이 거기 이집트에서 너희에게 붙어 다닐 것이다. 너희는 거기에서 죽을 것이다. 마침내 이집트 땅에서 머물려고 그 곳에 내려가기로 작정한 모든 사람은, 거기에서 전쟁과 기근과 염병으로 죽을 것이다. 내가 그들에게 내리는 재앙에서 아무도 벗어나거나 빠져 나가지 못할 것이다. …… 너희가 이집트로 들어갈 경우에는 내가 예루살렘 주민에게 큰 분노를 쏟아 부었던 것처럼, 너희에게도 나의 분노를 쏟아 붓겠다. 그러면 너희는 원망과 놀라움과 저주와 조소의 대상이 되고, 다시는 이 곳을 볼 수 없을 것이다. …… 가서 정착하기를 바라는 그 곳에서, 전쟁과 기근과 염병으로 죽는다는 것을 확실히 알아 두십시오(예레미야 42 : 13-18, 22 ; 44 : 12, 13, 27).

여기서 "이집트"는 자연적인 것을 뜻하고, "이집트에 들어가서, 거기에 머무르다"는 것은 자연적인 것이 되는 것을 뜻합니다. "이집트"가 자연적인 사람에게 속한 아는 능력(=과학지적인 능력 · the knowing faculty)을 뜻한다는 것, 따라서 자연적인 것을 뜻한다는 것, 그리고 "이집트 땅"이 자연적인 마음(the natural mind)

을 뜻한다는 것은 ≪천계비의≫ 4967 · 5079 · 5080 · 5095 · 5276 · 5278 · 5280 · 5288 · 5301 · 5160 · 5799 · 6015 · 6147 · 6252 · 7353 · 7648 · 9340 · 9391항을 참조하시고, "머문다"(=체류한다 · to sojourn)는 것이 가르침을 받고 사는 것을 뜻한다는 것은 같은 책 1463 · 2025 · 3672항을 참조하십시오. 이상에서 볼 때 영적인 뜻으로 "그들이 이집트에 가지 않는다. 그 때 칼 · 기근 · 염병에 의한 그들이 죽는다"는 말씀이 뜻하는 것이 무엇인지 잘 알 수 있겠습니다. 다시 말하면 만약에 그들이 전적으로 자연적인 것이 되면, 그들은 모든 진리나 선을 빼앗길 것이고, 따라서 영적인 생명도 박탈될 것이라는 것을 뜻합니다. 왜냐하면 영적인 사람에게서 분리된 자연적인 사람은 온갖 거짓들이나 악들 안에 빠져 있고, 따라서 지옥적인 삶(=생명) 안에 있기 때문입니다. 영적인 사람에게서 분리된 자연적인 사람이 이런 부류의 인물들이라는 것은 ≪새 예루살렘의 교리≫ (the Doctrine of the New Jerusalem) 47 · 48항을 참조하십시오. 그러므로 만약에 그들이 이집트로 간다면 "너희는 원망과 놀라움과 저주와 조소의 대상이 되고, 다시는 이 곳을 볼 수 없을 것이다"(=너희가 혐오와 놀람과 저주와 질책거리가 될 것이며, 너희가 다시는 이 곳을 보지 못할 것이다)는 말씀이 언급되었습니다. 여기서 "그들이 보지 못할 곳"은 영적인 사람의 상태를 뜻하고, 따라서 "가나안 땅"의 뜻과 동일한 것을 뜻합니다. 이스라엘 자손의 광야에서의 투덜대는 불평불만이 뜻하는 것과 동일한 것들입니다. 그 이유는 그들이 자주자주 이집트로 되돌아가기를 열망하였기 때문입니다. 그러므로 그들에게 만나(manna)가 주어졌는데, 그것은 영적인 영양분을 뜻합니다(출애굽 16 : 2, 3, 7-9, 22).

[9] 에스겔서의 말씀입니다.

사람아, 만약 어떤 나라가 가장 불성실하여 나에게 죄를 지음으로,

> 내가 그 나라 위에 손을 펴서 그들이 의지하는 양식을 끊어 버리고, 그 나라에 기근을 보내며, 그 나라에서 사람과 짐승을 사라지게 한다고 하자. …… 가령 내가 그 나라에 사나운 짐승들이 돌아다니게 하여, 아이들까지 없애 버리고, 또 그 짐승들이 무서워서 그 땅에 돌아다니는 사람이 없기 때문에 그 땅이 황무지가 된다고 하자. …… 내가 예루살렘에서 사람과 짐승이 사라지게 하려고 나의 네 가지 맹렬한 재앙들, 곧 전쟁과 기근과 사나운 짐승과 전염병을 거기에 보낼 때에, 그 해가 얼마나 크겠느냐!(에스겔 14 : 13, 15, 21).

이 말씀은 교회의 황폐한 상태를 기술하고 있습니다. "이스라엘의 집"이나 "예루살렘"은 교회를 뜻하기 때문입니다. "빵의 막대기(=식량봉·양식)를 꺾는다"는 것은, 그것에 의하여 교회가 살찌게 하는, 영적인 것들이나 천적인 것들을 파괴하는 것을 뜻합니다. 왜냐하면 "빵"(bread)은 천계나 교회에 속한 모든 것들을, 즉 모든 영적인 양분을 뜻하기 때문입니다. "사람과 짐승을 사라지게 한다"(=끊어 버린다)는 것은 모든 영적인 정동이나 자연적인 정동을 뜻하고, 그러므로 "칼·기근·사나운 짐승(=악한 야생짐승)·전염병"(=역병)은 거짓에 의한 진리의 파괴를, 그리고 악에 의한 선의 파괴를 뜻하고, 그리고 자기사랑들에게서 생긴 온갖 정욕(=탐욕)에 의한 진리의 정동이나 선의 정동의 파괴를 뜻합니다. 결과적으로는 영적인 생명(=삶)의 소멸을 뜻합니다. 이것들이 "네 가지 맹렬한 재앙들"(=네 가지 극심한 심판)이라고 불리웠고, 그리고 또한 묵시록서의 장절에서의 "칼·기근·사망·악한 들짐승"은 이런 것들을 뜻합니다. 명확한 것은 교회의 황폐가 이와 같이 기술되었다는 것입니다.

[10] "기근·칼·전염병"이 뜻하는 것이 세 가지 악들을 가리킨다는 것은 다윗 임금이 백성의 인구를 조사할 때 그의 선견자인 예언자 갓(Gad)이 꼭같은 것들을 선언하였습니다(사무엘 하 24 : 13). 만약에 누구가 이스라엘의 백성이 교회의 모든 진리들이

나 선들에 대한 교회를 표징하고, 그리고 그것으로 인한 교회를 뜻한다는 것을 알지 못한다면 그의 백성을 헤아리는 인구조사 때문에 다윗이 이런 것들로 곤경(困境)을 겪은 이유를 아무도 알 수 없습니다. "계수한다"(=인구조사를 한다 · to number)는 것이 그들의 성품을 헤아리고 안다는 것, 그리고 그 뒤에는 그것에 따라서 그들을 정돈하고, 배열한다는 것을 뜻한다는 것입니다. 주님 이외에는 어느 누구도 이것을 알 수 없고, 행할 수 없기 때문에, 그리고 그 일을 하는 사람은 스스로 모든 진리와 선을 빼앗고, 그리고 영적인 생명을 박탈하는 것이기 때문에, 그리고 다윗이 표징적으로 이 일을 하였기 때문에, 그러므로 이런 세 가지 악들(=재앙들)은 그에게 제시되었고, 그는 그것들 중에서 하나를 선택하여야 했습니다. 백성을 계수하는 것에 아무것도 없고 잘못된 것만 있다는 것을 그 누구가 알 수 있겠으며, 그리고 그 일 때문에 다윗과 그의 백성이 벌받은 악이 내면적으로 숨겨져 있다는 것을 누구가 알 수 있겠습니까? 다시 말하면 그 때 그 교회가 처해 있는 표징들 안에 숨겨져 있다는 것을 누구가 알겠습니까? 인용된 장절에는 있는 "기근"(=배고픔)은 진리와 선의 지식들의 박탈을 뜻하고, 결과적으로는 모든 진리와 선의 상실을 뜻합니다.
386[C]. (2) "기근"(famine)은, 그들이 교회 안에 있지 않고, 그리고 그 교회의 교리 안에 있지 않기 때문에, 그것들을 알 수 없는 자들에게 있는 지식들의 결핍(缺乏)이나 부족(不足) 따위를 뜻한다는 것은 아래의 장절들에서 명확합니다. 아모스서의 말씀입니다.

    그 날이 온다.
    나 주 하나님이 하는 말이다.
    내가 이 땅에 기근을 보내겠다.
    사람들이 배고파 하겠지만,
    그것은 밥이 없어서 겪는 배고픔이 아니다.

사람들이 목말라 하겠지만,
그것은 물이 없어서 겪는 목마름이 아니다.
주의 말씀을 듣지 못하여서,
사람들이 굶주리고 목말라 할 것이다.
그 때에 사람들이
주의 말씀을 찾으려고
이 바다에서 저 바다로 헤매고,
북쪽에서 동쪽으로 떠돌아다녀도,
그 말씀을 찾지 못할 것이다.
그 날에는
아름다운 처녀들과 총각들이
목이 말라서 지쳐 쓰러질 것이다.
(아모스 8 : 11-13)

이 장절들은 "기근"(=배고픔)이나 "기갈"(=목마름)이 뜻하는 것이 무엇인지를 설명하고 있습니다. 다시 말하면 빵(=밥)이 없어서 겪는 배고픔이 아니고, 물이 없어서 겪는 목마름이 아니라, 오히려 주의 말씀을 듣지 못하기 때문이라는 것, 따라서 그것이 뜻하는 것은 선과 진리의 지식의 결핍이나 부족이라는 것입니다. 그리고 이런 것들이 교회나 또는 그것의 교리에 없다는 것이 우리의 본문말씀인 "그들이 이 바다에서 저 바다로, 북쪽에서 동쪽(=해 돋는 곳)으로 주의 말씀을 찾으려고, 떠돌아다녀도 그 말씀을 찾지 못할 것이다"는 말씀이 뜻하고 있습니다. 여기서 "이 바다에서 저 바다로"라는 말씀은 모든 쪽(=방면)을 뜻하는데, 그 이유는 영계에서 극외의 변방(邊方)들에서 진리들이나 선들이 시작되고, 종결되는 곳은 바다들처럼 보이기 때문입니다. 결과적으로 성경말씀에서 "바다들"(sea)은 진리와 선의 앎(知識 · the cognitions)을 뜻하고, 역시 일반적으로는 과학지들(*scientifica*)을 뜻하기 때문입니다. "북쪽에서 해가 뜨는 쪽(=동쪽)으로"라는 말

쏨은 진리나 선이 있는 모든 방위를 뜻하고, "북쪽"은 불영명 상태에 있는 진리가 있는 곳을 뜻하고, "해가 돋는 쪽"(=동쪽)은 선이 있는 곳을 뜻합니다. "기근과 갈증"(=배고픔과 목마름)이 선과 진리의 지식의 결핍이나 부족을 뜻하기 때문에, 그러므로 또한 "그 날에는 아름다운 처녀들과 젊은 총각들이 목이 말라서 지쳐 쓰러질 것이다"라고 언급되고 있습니다. 여기서 "아름다운 처녀들"은 선에서 비롯된 진리의 정동을 뜻하고, "젊은 총각들"은 선에서 비롯된 진리들 자체를 뜻합니다. "목이 말라서 지쳐 쓰러질 것이다"(=갈증으로 인하여 기진하리라)는 말씀은 그런 것들의 부족이나 결핍을 뜻합니다(A.C. 2362 · 3963 · 6729 · 6775 · 6788항 참조). "젊은이들"(=젊은 총각들)은 진리들 자체들이나, 총명을 뜻합니다(같은 책 7668항 참조).
[12] 이사야서의 말씀입니다.

> 그러므로 나의 백성은
> 지식이 없어서 포로가 될 것이요,
> 귀족은 굶주리고
> 평민은 갈증으로 목이 탈 것이다.
> (이사야 5 : 13)

"나의 백성이 지식이 없음으로 사로잡혀갔다"(=포로가 될 것이다)는 말씀은 선과 진리의 지식들의 결핍이나 부족으로 인한 교회의 황폐나 파멸을 뜻합니다. "귀족"(=존귀한 자)은 교회를 구성하는 신령진리를 뜻하고, 그것이 없다는 것, 결과적으로 선이 없다는 것은 "귀족은 굶주린다"(=굶주림의 사람들이다)는 말씀이 뜻하는데, 여기서 "굶주린 사람들"은 선에 속한 지각 안에 있지 않는 자들을 하고, 그리고 진리의 지식이 전혀 없는 상태에 있는 자들을 뜻합니다. 결과적으로는 "그들의 무리는 갈증으로 목말랐다"(=평민은 갈증으로 목이 탈 것이다)는 것은 진리가 전혀 없는 것을 뜻합니다. "갈증으로 목말랐다"(=갈증으로 목이 탈 것이다)는 말씀은 진리의 결핍이나 부족을 뜻합니다. 성경말씀에서 "무리"(=군중 · multitude)는 진리들에 관해서 서술합니다.
[13] 같은 책의 말씀입니다.

> 어느 백성이든지 자기들의 신들에게 묻는 것은 당연하다고 한다. 산 자의 문제에 해답을 얻으려면, 죽은 자에게 물어 보아야 말한다. 그러나 너희는 그들에게 대답하여라. 오직 주께서 가르치신 말씀만 듣고, 그 말씀에 관한 증언만 들으라고 하여라. 이 말씀을 따르지 않으면, 동트는 것을 못 볼 것이라고 하여라. 그들은 괴로움과 굶주림으로 이 땅을 헤맬 것이다. 굶주리고 분노한 나머지, 위를 쳐다보며, 왕과 신들을 저주할 것이다. 그런 다음에, 땅을 내려다 보겠지만, 보이는 것은 다만 고통과 흑암, 무서운 절망뿐일 것이니, 마침내 그들은 짙은 흑암 속에 떨어져서, 빠져 나오지 못할 것이다(이사야 8 : 19-22).

이 장절들은, 진리나 선의 지식들의 결핍이나 부족에서 비롯된 거짓들 안에 빠진 자들을 다루고 있고, 그리고 그것 때문에 생긴 그들의 분노(忿怒)를 다루고 있습니다. 그것의 결핍이나 부족은 "그들은 위를 쳐다보고, 그런 다음에는 땅을 내려다 보겠지만, 보이는 것은 다만 고통과 흑암, 무서운 절망뿐일 것이다"는 말씀으로 기술되었습니다. "위를 쳐다보고, 땅을 내려다 본다"는 것은 선들이나 진리들 때문에 모든 곳을 살피는 것을 뜻합니다. "그러나 보이는 것은 다만 고통과 흑암뿐이다"는 것은 이런 것들이 발견되는 곳은 전혀 없고, 다만 철저한 거짓들 뿐이라는 것을 뜻합니다. 여기서 "짙은 흑암"(thick darkness)은 매우 짙은 거짓을 뜻합니다. 이런 것에서 생긴 그들의 분노는 "그들은 괴로움과 굶주림으로 이 땅을 헤맬 것이다. 굶주리고 분노한 나머지 왕과 신들을 저주할 것이다"(=그들이 이 땅을 지나리니, 곤고하고 주릴 것이요, 또 그들이 주릴 때가 오리니, 그들이 그들의 왕과 그들의 하나님을 저주할 것이다)는 말씀이 뜻하는데, 여기서 "주린다"(=굶주린다 · to hunger)는 것은 알기를 열망하는 것을 뜻하고, "왕"은 거짓을 뜻하고, "신들"(=하나님들 · gods)은 거기에서 비롯된 예배의 거짓들을 뜻하고, "저주한다"는 것은 혐오(嫌惡)하는 것을 뜻합니다.
[14] 애가서의 말씀입니다.

 거리 어귀어귀에서(=모든 길 입구에서),
 굶주려 쓰러진 네 아이들을 살려 달라고
 그분에게 손을 들어 빌어라(=주께 네 손을 들어 올려라).
 (애가 2 : 19)

그들이 그것에 의하여 영적인 생명을 얻는, 그들이 선과 진리의 지식들로 반드시 가르침을 받아야 하는 자들에 대한 애도나 슬픔이 "네 어린 자녀들의 생명을 위하여 주께 네 손을 들어 오려 빈다"는 말씀에 의하여 기술되었습니다. 이런 지식들의 결핍이나 부족은 "거리 어귀어귀에서 굶주려 쓰러진 네 아이들"에 의하여 기술되었습니다. 여기서 "굶주림"(=기근 · 배고픔)은 부족이나 결핍을 뜻하고, "길거리"는 교리에 속한 진리들을 뜻하고, "거리 어귀에서 쓰러졌다"(=길 어귀에서 실신하였다)는 것은 거기에 진리들이 전혀 없다는 것을 뜻합니다.
[15] 같은 책의 말씀입니다.

 종들이 우리의 통치자가 되었습니다.
 그들 손에서 우리를 구해 줄 이가 없습니다.
 먹을거리를 얻으려고,
 쫓는 자의 칼날에 목숨을 내겁니다.
 굶기를 밥먹듯 하다가,

살갗이 아궁이처럼 까맣게 탔습니다.
(애가 5 : 8-10)

"그들의 손에서 우리를 구해 줄 이가 없는 종들이 다스리는 것"은 삶에 속한 악들이나 교리의 거짓들을 뜻하고, 일반적으로는 악한 사랑들(=애욕들)이나 거짓 원칙들을 뜻합니다. "먹을거리를 얻으려고 쫓는 자의 칼날에 목숨을 내건다"(=우리는 광야의 칼 때문에 우리 생명의 위협을 무릅쓰고 우리의 빵을 얻었다)는 말씀은 영적인 생명 자체가 그것에서 비롯되는 선이 전혀 없다는 것을 뜻하는데, 그것은 어디서나 지배하는 거짓 때문이라는 것을 뜻합니다. 여기서 "먹을거리"(=빵·bread)는 영적인 생명이 그것에서 비롯되는 선을 뜻하고, "칼"은 파괴하는 거짓을 뜻하고, "광야"는 진리가 전혀 없기 때문에 선이 전혀 없는 곳을 뜻합니다. 왜냐하면 사람에게 있는 모든 선은 진리들에 의하여 형성되기 때문입니다. 그러므로 진리들이 없고 오직 거짓들만 있는 곳에는 역시 선도 전혀 없습니다. "우리의 살갗이, 굶기를 밥먹듯 하다가, 아궁이처럼 까맣게 탔다"(=우리의 피부는 무서운 가뭄으로 화덕처럼 새까맣다)는 말씀은 선과 진리의 지식들의 결핍이나 부족 때문에 자연적인 사람이 그것의 악한 사랑(=애욕) 안에 있다는 것을 뜻합니다. 여기서 "살갗"(=피부)은 최대인간(最大人間·the Greatest Man)이나 천계와의 대응으로 말미암아 자연적인 사람을 뜻하고, "화덕(=아궁이)처럼 까맣게 되었다"는 말씀은 온갖 거짓들에서 비롯된 자아적인 악 안에 있다는 것을 뜻하고, 그리고 "무서운 기근"(=무서운 가뭄)은 선과 진리의 지식들의 철저한 결핍을 뜻합니다.

[16] 누가복음서의 말씀입니다.

너희 지금 배부른 사람은 화가 있다.
너희가 굶주릴 것이기 때문이다.

(누가 6 : 25)

성경말씀에서 "배부른 사람"은, 그것 안에 선과 진리의 모든 지식들이 있는, 성언을 가지고 있는 자들을 뜻하고, "굶주린다"(=배고프다)는 것은 이런 것들의 부족이나 결핍을 뜻하고, 또한 그것들의 박탈을 뜻합니다. 욥기서의 말씀입니다.

> 하나님께 징계를 받은 사람은,
> 그래도 복된 사람이다.
> 그러니 전능하신 분(=샤다이)의 훈계를
> 거절하지 말아라. ……
> 기근 가운데서도
> 너를 굶어 죽지 않게 하시며(=기근 중에 그는 너를 죽음에서 구속하실 것이며),
> 전쟁이 벌어져도
> 너를 칼에서 구해 주실 것이다.
> (욥기 5 : 17, 20)

이 장절은 온갖 시험들에 빠져 있는 자들을 다루고 있습니다. 시험들은 "하나님께서 단련시키는 사람"이 뜻하고, 그리고 "전능하신 분(=샤다이)의 훈계"(=훈련)가 뜻합니다. "전능하신 분"(=Schaddai · the Almighty)은 온갖 시험들을 뜻하고, 그리고 그것들로부터의 구출을 뜻하고, 시험들 뒤의 위로(慰勞 · consolation)을 뜻합니다(《천계비의》 1992 · 3667 · 4572 · 5628 · 6229항 참조). 그가 거기서 구출 받을 "굶주림"(=기근)은 그가 악에서 구출될, 선의 수용에 관한 시험을 뜻합니다. "구속한다"(to redeem)는 것은 구출하는 것(to deliver)을 뜻하고, "전쟁에서 칼의 손"(=권세)은 진리의 이해에 속한 시험들을 뜻하고, 여기서 "전쟁"은 시험, 즉 거짓들에 거스르는 다툼을 뜻합니다.

386[D]. [17] (3) 성경말씀에서 "기근"(=굶주림 · 배고픔 · famine)이 진리나 선의 지식들의 무지(無知)를 뜻한다는 것, 그리고 이런 것들은 지식들이 있다는 것을 알고 있고, 따라서 그것들을 열망하는 자들에게 있다는 것은 아래의 장절들에게서 잘 알 수 있습니다. 마태복음서의 말씀입니다.

> 의에 주리고 목마른 사람은 복이 있다.
> 그들이 배부를 것이다.
> (마태 5 : 6)

"의에 굶주린다"는 것은 선을 열망하는 것을 뜻합니다. 왜냐하면 성경말씀에서 "의"(義 · righteousness)는 선에 관해서 서술하고 있기 때문입니다. 누가복음서의 말씀입니다.

> 주린 사람들을 좋은 것으로 배부르게 하시고,
> 부한 사람들을 빈손으로 떠나보내셨습니다.
> (누가 1 : 53)

"주린 사람"(=배고픈 사람 · the hungry)은 진리나 선의 지식들에 무지(無知)하지만, 그럼에도 불구하고 그것들을 열망하는 자들을 가리키고, "부한 사람"(=부자 · the rich)은 그런 것들을 넉넉하게 가지고 있지만, 그것들에 대한 열망이 전혀 없는 자들을 뜻합니다. 전자가 부유하게 되었다는 것은 "하나님이 좋은 것으로 그들을 배부르게 하셨다"는 말씀이 뜻하고, 그리고 후자가 그것들을 박탈당하였다는 것은 "부한 사람들은 빈손으로 떠나보내셨다"는 말씀이 뜻합니다.
[18] 시편서의 말씀입니다.

> 그렇다.

주의 눈은
주님을 경외하는 사람을 살펴보시며(=두려워하는 자들 위에 있으며),
한결같은 사랑을 사모하는 사람을
살펴보시고,
그들의 목숨을 죽은 자리에서 건져내시고,
굶주릴 때에 살려 주신다(=그들의 혼을 사망에서 구해 내시며, 기근 속에서도 그들을 살게 하신다).
(시편 33 : 18, 19)

"여호와를 두려워하는 자"(=주님을 경외하는 사람들)는 그분의 계명들을 실행하기를 사랑하는 자들을 뜻합니다. "죽음에서 그 영혼을 구한다"는 것은 악들이나 거짓들에게서 건지는 것을 뜻하고, 따라서 영벌이나 저주에서 구출하는 것을 뜻합니다. "기근 속에서도 그들을 살게 하신다"(=굶주릴 때에 살려 주신다)는 말씀은 열망에 일치하여 영적인 생명(=삶)을 받는 것을 뜻합니다. 진리나 선의 지식들에 대한 열망은 진리의 영적인 정동을 가리키는데, 이것은 삶에 속한 선 안에 있는 자들에게만 오직 주어지는데, 다시 말하면 주님의 계명들을 실천하는 자들에만 주어집니다. 그리고 위에서 언급한 것과 같이, 이런 자들은 "주님(=여호와)을 경외하는 자들"이 뜻합니다.
[19] 같은 책의 말씀입니다.

주의 인자하심을 감사하여라.
사람들에게 베푸신
주의 놀라운 구원을
감사하여라.
주께서는 목마른 사람에게 물을
실컷 마시게 하시고,
배고픈 사람에게 좋은 음식을
마음껏 먹게 해주셨다.

(시편 107 : 8, 9)

"그가 사모하는 영혼을 만족하게 하시며, 굶주린 영혼을 선하심으로 채워주신다"는 것은 진리들이나 선들을 사모하는 자들에게 적용하는 것을 뜻하고, "사모하는 영혼"(the longing soul)은 진리를 사모하는 사람들을 뜻하고, "굶주린 영혼"(the hungry soul)은 선들을 사모하는 자들을 뜻합니다. 같은 책의 말씀입니다.

주님을 믿는 성도들아, 그를 경외하여라.
그를 경외하는 사람에게는,
아무런 아쉬움이 없을 것이다.
젊은 사자들은
먹이를 잃고 굶주릴 수 있으나,
주님을 찾는 사람은 복이 있어
아무런 아쉬움이 없을 것이다.
(시편 34 : 9, 10)

여기서도 역시 "그에게 아무런 아쉬움(=부족함)이 없는 여호와(=주님)을 경외하는 자들"은 주님의 계명들을 실행하는 것을 애지중지하는 자들을 뜻하고, "아무런 아쉬움(=모든 좋은 것)이 없을 주님을 찾는 사람들"은 결과적으로 주님께서 사랑하는 자들을 뜻하고, 그리고 주님으로부터 진리들이나 선들을 영접, 수용한 자들을 뜻합니다. "궁핍하여 굶주리는 젊은 사자들"은 자신들에게서 비롯된 지식이나 지혜를 가지고 있는 자들을 뜻하고, "궁핍하여 굶주린다"(=먹이를 잃고, 굶주린다)는 것은 그들이 진리도 가지고 있지 않고, 선도 또한 가지지 못한 것을 뜻합니다. "사자들"이 양쪽의 뜻으로 뜻하는 것이 무엇인지는 본서 278[B] · [C]항을 참조하십시오.

[20] 역시 같은 책의 말씀입니다.

(주님은)
억눌린 사람을 위해 공의로 재판하시며,
굶주린 사람에게 먹을 것을 주시며,
감옥에 갇힌 죄수를 석방시켜 주신다.
(시편 146 : 7)

여기서 "억눌린 자"(=압제 받는 자 · the oppressed)는 무지에서 비롯된 거짓들 안에 있는 자들을 뜻합니다. 이런 부류의 작자들은 거짓들 안에 있는 영들에 의하여 억압을 받습니다. 그러므로 억압하는 자들에게서 그들을 구조, 보호하는 것에 의하여 "여호와(=주)께서 그들을 위하여 공의로 재판하신다"고 언급되었습니다. "굶주린 사람"(=배고픈 사람)은 선들을 열망하는 자들을 뜻하고, 그리고 이런 부류는 주님에 의하여 양육되기 때문에 여호와(=주)께서 굶주린 사람에 먹을 것(bread)을 주신다고 언급되었습니다. 여기서 "먹을 것을 준다"는 것은 양육(養育)하는 것을 뜻하고, 그리고 영적인 양분은 지식 · 총명 · 지혜를 가리킵니다. "감옥에 닫힌 자"(=죄수 · the bound)는 진리들을 열망하지만, 그러나 교리의 거짓들에 의하여, 그리고 무지에 의하여 그것들에게서 억제되는 자들을 뜻합니다. 그 이유는 그들이 성언을 가지고 있지 않기 때문입니다. 그러므로 "갇힌 자를 놓아 준다"는 것은 거짓들에게서 자유하게 되는 것을 뜻합니다. 이런 자들이 "갇힌 자"라고 불리운 것은 ≪천계비의≫ 5037 · 5086 · 5096항을 참조하십시오.

[21] 같은 책의 말씀입니다.

주께서는 사막을 연못으로 만드시며,
마른 땅을 물이 솟는 샘으로 만드시고,
굶주린 사람들로 거기에 살게 하시어,

그들이 거기에다
사람 사는 성읍을 세우게 하시고,
밭에 씨를 뿌리며 포도원을 일구어서,
풍성한 소출을 거두게 하신다.
(시편 107 : 35-37)

이 장절들의 뜻은 문자적인 뜻과는 아주 전혀 다릅니다. 다시 말하면 진리의 지식의 무지 가운데 있지만 그럼에도 불구하고 그것들을 알기를 열망하는 자들은 부유하게 되고, 그들에게는 아주 넉넉하게 공급되는 것을 뜻합니다. 왜냐하면 "여호와(=주)께서는 사막을 연못으로 만드신다"(=바꾸신다)는 말씀이 진리의 무지의 장소에 진리의 풍부함을 두실 것이라는 것을 뜻하기 때문입니다. 여기서 "사막"(=광야·wilderness)는 진리의 무지가 차지하고 있는 곳을 뜻하고, "연못"은 진리의 무지가 있는 곳에 진리의 풍부함이 있을 것이라는 것을 뜻합니다. "사막"(=광야)은 거기에 진리의 무지가 있는 곳을 뜻하고, "연못"은 진리의 풍부함을 뜻하기 때문입니다. "마른 땅을 물이 솟는 샘으로 만드신다"(=바꾸신다)는 것은 자연적인 사람 안에 있는 동일한 것을 뜻합니다. 왜냐하면 "마른 땅"(a land of drought)은 진리의 무지가 있는 곳을 뜻하고, "물이 솟는다"는 것은 진리가 풍부한 것을 가리키고, 자연적인 사람은 "솟는 것"이 돌출하는 것을 가리키고, 그리고 "물"(waters)은 진리들을 가리키기 때문입니다. "주께서 굶주린 사람을 거기에 살게 하신다"는 것은 진리를 열망하는 자를 뜻하고, "산다"(=거주한다·to dwell)는 것은 사는 것을 뜻합니다. "굶주린 자"는 열망하는 자들을 뜻합니다. "그들이 사람 사는 성읍을 세운다"(=그들로 사람이 사는 성읍을 예비하게 한다)는 것은 그들이 자신들을 위하여 삶의 교리를 만든다는 것을 뜻합니다. 여기서 "성읍"(city)은 교리를 뜻하고, "주민"은 삶을 뜻합니다. "그들이 밭에 씨를 뿌리며, 포도원을 일구어서, 풍성한 소출을 거두게 한다"는 것은 진리들을 영접, 수용하고, 그것들을 이해하고, 그것들을 삶에 실천하는 것을 뜻합니다. "밭에 씨를 뿌린다"는 것은 가르침을 받는 것을, 그리고 진리들을 수용하는 것을 뜻하고, "포도원을 일군다"는 것은 이해 안에, 다시 말하면 영(靈) 안에, 진리들을 영접, 수용하는 것을 뜻합니다. 왜냐하면 "포도원"은 영적인 진리들을 뜻하기 때문입니다. 그러므로 그것들을 "심는다"(=일군다)는 것은 영적으로 그것들을 영접, 수용하는 것, 다시 말하면 그것들을 이해하는 것을 뜻합니다. "풍성한 소출을 거둔다"는 것은 그것들을 행하고, 그리고 선들을 영접, 수용하는 것을 뜻합니다. 왜냐하면 "열매들"(=소출)은 행위들(the deeds)이나 인애의 선들을 가리키기 때문입니다.
[22] 같은 책의 말씀입니다.

> 흠 없는 사람(=완전한 사람)의 나날은
> 주께서 보살펴 주시니(=그 날들을 아시니),
> 그 유산은 대대로 이어지고,
> 재난을 당할 때에도
> 부끄러움을 당하지 않고(=수치를 당하지 않고),
> 기근이 들 때에도
> 굶주리지 않는다.
> (시편 37 : 18, 19)

"흠 없는 자의 나날들"(=날들)은 선 안에 있고, 그것에서 비롯된 진리들 안에 있는 자들의 상태들을 뜻하고, 또한 인애 안에 있고, 그것에서 비롯된 진리들 안에 있는 자들의 상태들을 뜻합니다. "그 유산은 대대로 이어진다"(=그들의 유업이 영원하다)는 말씀은 그것들이 주님의 것(His own)이고, 천계 안에 있다는 것을 뜻합니다. "그들이 재난을 당할 때에 부끄러움을 당하지 않는다"(=그들은 재앙의 때에 수치를 당하지 않을 것이다)는 말씀은 그들이 온갖 악들에 의하여 유혹을 받을 때 그 유혹들을 정복할 것이라는 것을 뜻하고, "그들이 기근이 들 때에도 굶주리지 않는다"(=그들은 배부를 것이다)는 말씀은, 그들이 온갖 거짓들에 의하여 유혹을 받고(=시험을 겪고), 공격을 받을 때 진리들에 의하여 지지를 받고, 들어올려질 것이라는 것을 뜻합니다. "재난을 당할 때"(=재앙의 때 · 악의 때)나 "기근이 들 때"(=기근의 날들)는 온갖 시험들의 상태를 뜻하고, 그리고 악들이나 거짓들에게서 비롯된 시험들을 뜻합니다.

[23] 사무엘 상서의 말씀입니다.

> 용사들의 활은 꺾이나,
> 약한 사람들은 강해진다(=넘어진 자는 힘으로 띠를 두른다).
> 한때 넉넉하게 살던 자들은
> 먹고 살려고 품을 팔지만(=빵을 위하여 품을 팔지만),
> 굶주리던 자들은 다시 굶주리지 않는다(=그쳤다).
> 자식을 못 낳던 여인은 일곱이나 낳지만,
> 아들을 많이 둔 여인은 홀로 남는다.
> (사무엘 상 2 : 4, 5)

"넉넉하게 살던 자들(=풍족하던 자들)은 빵을 위하여 품을 팔고, 굶주리던 자들은 굶주림이 그친다"는 말씀은 선들이나 진리들을 원하고, 간절히 바라는(熱望) 자들을 뜻합니다. 나머지에 관해서는 앞에서 언급된 내용을 참조하십시오(본서 257 · 357[D]항 참조).

[24] 이사야서의 말씀입니다.

> 어리석은 사람은 어리석은 말을 하며,
> 그 마음으로 악을 좋아하며
> 불경건한 일을 하며,

6장 1-8절

주께 함부로 말을 하고,
굶주린 사람에게 먹을거리를 주지 않고,
목마른 사람에게 마실 물을 주지 않습니다.
(이사야 32 : 6)

여기서 "어리석은 사람"이라고 불리운 자는 자기사랑에서 비롯된, 결과적으로는 자기총명에서 비롯된 거짓들이나 악들 안에 있는 사람입니다. 여기서 거짓들은 그가 말하는 "어리석음"이 뜻하고, 그리고 악들은 그의 마음이 행한 "죄악"(=악)이 뜻합니다. 그가 선들에 거슬러 말한 악들은 그가 실천한 "위선"(=불경건한 일 · 僞善 · hypocrisy)이 뜻합니다. 그가 진리에 거슬러 말한 거짓들은, 주를 거슬러 함부로 말한 "오류"가 뜻합니다. "굶주린 사람에게 먹을거리를 주지 않는다"(=주린 자의 영혼을 공허하게 한다) "목마른 사람에게 마실 물을 주지 않는다"(=그는 목마른 자가 마시는 것을 못하게 할 것이다)는 말씀은 선들이나 진리들을 열망하는 자들을 설득하고, 파멸시키는 것을 뜻합니다. "굶주린 사람"(=주린 자의 영혼)은 선들을 열망하는 자들을 뜻하고, "목마른 사람"(=물을 갈망하는 사람)은 진리들을 열망하는 자들을 뜻합니다.
[25] 같은 책의 말씀입니다.

네가 너의 정성을 굶주린 사람에게 쏟으며,
불쌍한 자의 소원을 충족시켜 주면,
너의 빛이 어둠 가운데서 나타나며,
캄캄한 밤이 오히려 대낮같이 될 것이다.
(이사야 58 : 10)

이 구절은 이웃을 향한 인애(仁愛 · charity)를, 여기서는 무지한 상태에 있는 자들에 대한 인애에 관해서 기술하고 있지만, 그러나 동시에 진리들을 알기를 열망하는 상태에 있는 자들에 대한 인애에 관해서 기술하고 있고, 그리고 이런 인애 안에 있는 자들이 가지고 있는 거짓들이 흩어져 없어지고, 그리고 진리들이 빛을 발하고, 찬란하게 되는 것을 뜻합니다. 무지의 상태에 있고, 동시에 진리들을 알기를 열망하는 상태에 있는 그들을 향한 인애는 "네가 너의 정성을 굶주린 사람에게 쏟는다"는 말씀이 뜻합니다. "굶주린 사람"(the hungry)은 열망하는 자들을 뜻하고, "불쌍한 자"(=사람 · the soul)는 가르치는 진리의 이해를 가리킵니다. 그들을 소유하고 있는 온갖 거짓들 때문에 고통의 상태에 있는 자들에게 행하는 이런 것은 "너의 빛이 어둠 가운데서 나타나며, 캄캄한 밤이 오히려 대낮같이 될 것이다"(=네 어둠이 정오와 같이 된다)는 말씀이 뜻합니다. 무지가 없어지고, 진리들이 빛을 발하고, 그리고 인애 안에 있는 자들이 찬란하게 된다는 것은 "너의 빛이 어둠 가운데서 나타나며, 캄캄한 밤이 오히려 대낮같이 된다"는 말씀이 뜻합니다. 여기서 "어둠"(darkness)은 영적인 마음의 무지(無知)를 뜻하고, "캄캄한 밤"(=짙은 흑암 · thick darkness)은 자연적인 마음의 무지를 뜻하고, "빛"(light)은 빛 가운데 있는 진리를 뜻하고, "대낮"(=정오 · moonday)도 동일한 것을 뜻합니다. 인애로 말미암아, 또는 영적인 정동으로부터 그들이 가지고 있는 이런 설명은 마치 무지에서 비롯된 거짓들 안에 있는 자들에 대한 가르침과 같습니다. 왜냐하면 이런 부류의 인애는 빛의 입류를 수용하는 그릇이고, 주님에게서 비롯되는 진리의 수용그릇이기 때문입니다.

[26] 또 같은 책의 말씀입니다.

"내가 기뻐하는 금식은,
부당한 결박을 풀어 주는 것,
멍에의 줄은 끌러 주는 것,
압제받는 사람들을 놓아 주는 것,

모든 멍에를 꺾어 버리는 것,
바로 이런 것들이 아니냐?"
또한 굶주린 사람에게
너의 양식을 나누어 주는 것,
떠도는 불쌍한 사람을
집에 맞아들이는 것이 아니겠느냐?
헐벗은 사람을 보았을 때에
그에게 옷을 입혀 주는 것,
너의 골육을 피하여
숨지 않는 것이 아니겠느냐?
(이사야 58 : 6, 7)

여기의 말씀들은 동일한 뜻을 가지고 있습니다. 왜냐하면 "굶주린 사람에 빵(=먹거리·양식)을 나누는 것"(=주는 것·to break)은 인애로 말미암아 무지상태에 있는 자들에게, 그리고 동시에 진리들을 알기를 열망하는 자들에게, 교류하고 가르치는 것을 뜻하기 때문입니다. 그리고 "떠도는 불쌍한 사람(=방랑하는 가난한 자)을 집에 맞아들인다"(=네 집에 데려온다)는 것은 온갖 거짓들 안에 있고, 그리고 그것에서 비롯된 고통의 상태에 있는 자들을 교정(敎正·to correct)하고, 바로잡아 주는 것(改革·to reform)을 뜻합니다. "떠도는 불쌍한 사람"(=부랑자·afflicted outcasts)은 거짓들에게서 비롯된 고통의 상태에 있는 자들을 뜻합니다. 왜냐하면 진리들 안에 있는 자들은 집안에 있는 것에 비하여 거짓들 안에 있는 자들은 밖에 서 있기 때문입니다. 여기서 "집"(house)은, 진리들이 그것에 허입(許入)되는 총명적인 마음을 뜻하기 때문이고, 그리고 그런 마음은 선에게서 비롯된 진리들에 의하여 열려지기 때문입니다. 이런 내용은 그 말씀이 뜻하는 것이기 때문에, "헐벗은 사람을 보았을 때에 그에게 옷을 입혀 준다"는 말씀이 부연되었습니다. 여기서 "헐벗은 사람"(the naked)은 진리들 밖에 있는 자들을 뜻하고, "입힌다"(=가린다 · to cover)는 것은 가르치는 것을 뜻합니다. 왜냐하면 성경말씀에서 "옷들"(=의상 · garments)은 입히고, 감싸는 진리들(truths investing)을 뜻하기 때문입니다(본서 195항 참조).
[27] 또 같은 책의 말씀입니다.

> 그들은 배고프거나 목마르지 않으며,
> 무더위나 햇볕도
> 그들을 해치지 못할 것이니,
> 이것은 긍휼히 여기시는 분께서
> 그들을 이끄시기 때문이며,
> 샘이 솟는 곳으로
> 그들을 인도하시기 때문이다.
> (이사야 49 : 10)

이 구절에서 "그들이 배고프거나, 목마르지 않는다"는 말씀은 그들이 자연적인 음식(=먹거리)이나 마실 것에 대한 배고프거나, 목마르지 않다는 것을 뜻하지 않고, "무더위나 햇볕(=더위와 햇볕)이 그들을 해치지 못한다"(=상하게 하지 못한다)는 말씀은 그들이 그런 것들에 의하여 뜨거워지지 않는다는 것을 뜻하지 않습니다. 샘이 솟는 못(=연못)으로 그들이 인도되는 것이 뜻하는 것과 동일한 내용을 뜻합니다. 그것에 관해서 생각하는 어느 누구가 지금 여기서 뜻하는 것이 어떤 것인지를 모르겠습니까? 그러므로 "배고프고 목마르다"는 것은, 영원한 생명에 속한, 또는 그 생명을 주는 그런 것들에 대한 배고픈 것이나 목마른 것을 뜻합니다. 그리고 일반적으로 이런 것들은 사랑에 속한 선이나 믿음에 속한 진리와 관계를 가지고 있습니다. 그리고 "배고픔"(=기근)은 사랑에 속한 선과 관계를 가지고 있고, "목마름"(=기갈)은 믿음에 속한 진리와 관계를 가지고 있습니다. "무더위"(=별 · heat)와

"해"(=태양 · sun)는 여기서는 거짓의 원칙들이나 악한 사랑(=애욕)에서 비롯된 열(=별 · heat)을 뜻합니다. 왜냐하면 이런 것들은 영적인 배고픔이나 목마름을 제거하기 때문입니다. "주님께서 그들을 인도해 가시는 샘이 솟는 곳"(=연못)은 모든 진리 안에 있는 해설이나 설명을 뜻하고, "샘"이나 "우물"은 성언(=성경말씀)을 뜻하고, 그리고 또한 성경말씀에서 비롯된 교리를 뜻합니다. "물"은 진리들을 뜻하고, 그리고 주님과 관련해서 "인도한다"는 것은 설명하고 예증(例證)하는 것을 뜻합니다. 이렇게 볼 때 설명된 그 뜻은 요한복음서의 주님의 말씀에서 잘 볼 수 있겠습니다. 요한복음서의 말씀입니다.

> 예수께서 그들에게 말씀하셨다. "나는 생명의 빵이다. 내게로 오는 사람은 결코 주리지 않을 것이요, 나를 믿는 사람은 다시는 목마르지 않을 것이다"(요한 6 : 35).

여기서 명확한 것은 "주린다"(=배고프다 · to hunger)는 것은 주님에게 나아가는 것이고, "목마르다"(to thirst)는 주님을 믿는 것입니다. 주님에게 나아가는 것은 곧 주님의 계명들을 행하는 것입니다.

[28] "배고픔(=기근)과 목마름"(=기갈)의 이런 뜻은 마태복음서의 주님말씀의 뜻을 명료하게 만듭니다. 마태복음서의 말씀입니다.

> "그 때에 임금은 자기 오른쪽에 있는 사람들에게 말하기를, 내 아버지께 복을 받을 사람들아, 와서, 창세 때로부터 너희를 위하여 준비한 이 나라를 찾지 하여라. 너희는 내가 주렸을 때에 내게 먹을 것을 주었고, 목말랐을 때에 마실 것을 주었고, 나그네 되었을 때에 영접하였고, …… 그 때에 의인들은 그에게 대답하여 말하기를 '주님, 우리가 언제 주께서 주린 것을 보고, 잡수실 것을 드리고, 목마르신 것을 보고 마실 것을 드리고'…… 그 때에 그는 또 왼쪽에 있는 사

람들에게도 말할 것이다. '저주받은 자들아, 내게서 떠나서 악마와 그 부하들을 가두려고 준비한 영원한 불 속으로 들어가거라. 너희는 내가 주렸을 때에 내게 먹을 것을 주지 않았고, 목말랐을 때에 마실 것을 주지 않았고, 나그네 되었을 때에 영접하지 않았고, 병들었을 때나 감옥에 갇혔을 때에 찾아 주지 않았다'"(마태 25 : 34, 35, 37, 41-43).

"굶주린다"(=배고프다) "목마르다"는 것은 무지의 상태에 있고, 영적인 결핍(缺乏 · spiritual want)에 있다는 것을 뜻하고, "먹을 것과 마실 것을 준다"는 것은 영적인 정동, 또는 인애에서 비롯된 가르치는 것이나 설명하고, 증명하는 것을 뜻합니다. 그러므로 우리의 본문은 "내가 나그네 되었을 때 영접하지 않았다"는 말씀이 언급되었는데, 여기서 "나그네"는 교회 밖에 있지만, 가르침 받기를 원하고, 교회의 가르침(=교리)을 수용하기 원하고, 그리고 그것들에 따라서 사는 것을 열망하는 자들을 뜻합니다(≪천계비의≫ 1463 · 4444 · 7908 · 8007 · 8013 · 9196항 참조).

386[E]. 더군다나 우리는 주님께서는 배고프시고, 목마르시다는 것을 성경말씀에서 읽는데, 그 말씀은 주님의 신령사랑으로 말미암아 우리 인류의 구원을 원하셨고, 열망하셨다는 것을 뜻합니다. [29] 주님께서 시장하셨다는 것을 우리는 마가복음에서 읽습니다. 마가복음서의 말씀입니다.

그들이 베다니를 떠나갈 때에, 예수께서는 시장하셨다. 멀리서 잎이 무성한 무화과나무를 보시고, 혹시 그 나무에 열매가 있을까하여 가까이 가서 보셨는데, 잎사귀 밖에는 아무것도 없었다. 무화과의 때가 아니었기 때문이다. 예수께서 그 나무에게 "이제부터 영원히, 네게서 열매를 따먹을 사람이 없을 것이다" 하고 말씀하셨다. ······ 이른 아침에 그들이 지나가다가, 그 무화과나무가 뿌리째 말라 버린 것을 보았다(마가 11 : 12-14, 20 ; 마태 21 : 19, 20).

성경말씀의 모든 것들이 영적인 뜻을 담고 있다는 것을 알지 못하는 사람은, 주님께서는 당신이 시장하셨기 때문에, 그 분노 때문에 무화과나무에게 이런 일을 행하셨다고 믿을 것입니다. 그러나 여기서 "무화과나무"는 무화과나무를 뜻하지 않고, 오히려 자연적인 선과 관계되는 교회를 뜻하고, 개별적으로는 유대 교회를 뜻합니다. 영적인 선이 전혀 없었기 때문에, 다만 그 교회 안에 자연적인 선이 전혀 있지 않고, 성언의 문자적인 뜻에서 비롯된 약간의 진리들이 있었다는 것은 "멀리서 잎이 무성한 무화과나무를 보시고, 혹시 그 나무에 열매가 있을까 하여 가까이 가서 보셨는데, 잎사귀 밖에는 아무것도 없었다"는 말씀이 뜻합니다. 여기서 "잎사귀"는 성경말씀의 문자적인 뜻에 속한 진리들을 뜻하기 때문입니다. 그들이 극심한 거짓들 안에 있고, 그리고 악한 정욕들에 빠져 있었기 때문에, 그 민족에는 교회에 속한 자연적인 선까지도 존재하지 않을 것이라는 것을 "예수께서 그 나무에게 이제부터 영원히, 네게서 열매를 따먹을 사람이 없을 것이다"고 말씀하신 것이나, "그 무화과나무가 뿌리째 말라버렸다"는 말씀이 뜻합니다. 그리고 또한 "무화과의 때가 아니었다"는 말씀이 언급되었습니다. 이 말씀은 그럼에도 불구하고 그 교회가 아직 시작되지 않았다는 것을 뜻합니다. 그리고 "무화과나무"가 뜻하는 새 교회의 시작을 뜻한다는 것은 복음서의 주님의 말씀에서 아주 명확합니다(마태 24 : 32, 33 ; 마가 13 : 28, 29 ; 누가 21 : 28-31). 이상에서 볼 때 여기서 "시장하다"(=배고프다)는 말이 무엇을 뜻하는지 잘 알 수 있겠습니다. "무화과나무"가 교회에 속한 자연적인 선을 뜻한다는 것은 ≪천계비의≫ 217 · 4231 · 5113항을 참조하시고, "잎사귀들"이 자연적인 사람의 진리들을 뜻한다는 것은 본서 109항을 참조하십시오.

[30] 주님께서 목마르셨다는 것을 우리는 요한복음서에서 읽습

니다. 요한복음서의 말씀입니다.

> 그 뒤에 예수께서는 모든 일이 이루어졌음을 아시고, 성경말씀을 이루시려고 "목마르다" 하고 말씀하셨다. 거기에 신 포도주가 가득 담긴 그릇이 있었는데, 사람들은 해면을 그 신 포도주에 듬뿍 적셔서, 히솝 풀 대에다가 꿰어 예수의 입에 대었다. 예수께서 신 포도주를 드시고 "다 이루었다" 하고 말씀하셨다(요한 19 : 28-30).

이런 것들에 대해서 영적으로 생각하지 않고, 자연적으로 생각하는 자들은 그것들이 주님께서 목마르셨다는 것 이외의 것은 뜻하지 않고, 그리고 그 때 주님에게 신 포도주(=식초 · vinegar)를 주었다는 것으로만 믿을 것입니다. 그러나 그것은 성경말씀이 주님에 관해서 말씀하신 모든 것들이 그 때 이루어졌기(=끝내셨다 · finished) 때문입니다. 그리고 주님께서 "목마르다"고 말씀하신 것은 주님께서 인류를 구원하시기 위하여 이 세상에 강림하셨기 때문입니다. 그것은 신령사랑으로 말미암아 주님께서는 인류의 구원을 원하셨고, 갈망하셨다는 것을 뜻합니다. 그리고 "주님께 드린 신 포도주"(=식초)는, 다가오는 교회(the coming church)에는 순수한 진리는 전혀 없고, 다만 거짓들과 뒤섞인 진리가 있을 것이라는 것을 뜻합니다. 이런 것들은 믿음을 인애에서 분리시킨, 또는 진리를 선에서 분리시킨 자들에게 있는 그런 것들을 가리킵니다. 이것이 "신 포도주"(=식초)가 뜻하는 내용이고, 뜻입니다. "그들이 신 포도주를 듬뿍 적신 해면을 히솝 풀 대(=우슬초 가지)에 꿰었다"는 것은 그것에 의한 일종의 정화(淨化 · purification)를 뜻합니다. 왜냐하면 여기서 "히솝"(=우슬초 · hyssop)은 정화의 외적인 방법을 뜻하기 때문입니다(≪천계비의≫ 7918항 참조). 성경에서 주님의 고난(the Lord's passion)에 관해서 언급된 모든 개별적인 것이 신령천적인 것이나 신령영적인 것을 내포하고, 뜻한다는 것은 본서 83항에서 잘 알 수 있습니다. 그것에 관해서는 위에 인용된 장절들에서 성경말씀에서 "기근"(=배고픔)이 뜻하는 것이 무엇인지 잘 알 수 있겠습니다. 그것들을 살펴보고, 깊이 생각한다면, 그리고 자연적인 기근·배고픔·목마름을 내면적인 생각으로 깊이 생각하는 자들은 그것들은 자연적인 것을 결코 뜻하지 않고, 오히려 영적인 기근·배고픔·목마름을 뜻한다는 것을 볼 것입니다.

387. 죽음과……

이 말씀이 결과적으로는 영적인 생명의 소멸(=말살·掃滅·抹殺·extinction)을 뜻합니다. 이러한 사실은 영적인 생명의 소멸(=말살)을 가리키는 "죽음"(死亡·death)의 뜻에서 명확합니다(본서 78·186항 참조). 이러한 내용이 여기서 "죽음"이 뜻하는 것이라는 것은 속뜻으로 연속적으로 다루어진 내용들에서 잘 알 수 있습니다. 왜냐하면 우리의 본문에는 "그들은 칼과 기근과 죽음으로 주민들을 멸하는(=죽이는) 권세를 받아 가졌다"(=주어졌다)고 언급되었기 때문입니다. 그리고 여기서 "칼"(sword)은 진리를 파괴하는 거짓을 뜻하고, "기근"(famine)은 진리와 선에 속한 지식들의 박탈(剝奪)을 뜻하고, 그리고 그것으로 말미암아 "죽음"(死亡·death)은 영적인 생명의 소멸이나 말살을 뜻합니다. 왜냐하면 거짓이 지배, 통치하는 곳이나, 진리나 선에 속한 지식들이 전혀 없는 곳에는 영적인 생명(=삶)이 있을 수 없기 때문입니다. 그 이유는 영적인 생명(=삶)은 삶의 선용(善用·the uses of life)에 적용된 진리나 선에 속한 지식들에 의하여 터득되고, 획득되기 때문입니다. 왜냐하면 모든 사람은 모든 악 가운데, 그리고 악에서 비롯된 거짓 가운데 태어나기 때문입니다. 그러므로 사람은 모든 영적인 지식들의 전적인 무지(無知) 가운데 태어납니다. 그러므로 사람이 그가 태어난 악들이나 거짓들에게서 끌어내지기 위해서는, 그리고 사람이 천계적인 생명(=삶)으로 인도되고, 구원 받기 위해서는, 사람은 반드시 진리나 선에 속한 지식들을 터득하여야 하는데, 사람은 그것에 의하여 영적인 생명에 인도되고, 그리고 영적인 사람이 될 수 있습니다. 속뜻으로 다루어진 것들의 시리즈로부터 여기서 "죽음"(death)이 영적인 생명(=삶)의 소멸이나 말살을 뜻한다는 것은 아주 명확합니다. 역시 이러한 내용이나 사실은 영적인 죽음(=영적인 사망 · spiritual death)이 뜻하는 것입니다.

388[A]. 땅의 들짐승들에 의하여……
이 말씀은 삶에 속한 악들을 뜻하는데, 그것은 곧 자기사랑이나 세상사랑에서 솟아나는 정욕들(=탐욕들 · lusts)이나 그것에서 비롯된 거짓들을 가리키고, 그리고 그것들은 사람에게 있는 교회에 속한 모든 것들을 황폐하게 합니다. 이러한 내용은 자기사랑(自我愛)이나 세상사랑(世間愛)에서 솟아나는 정욕들이나 거짓들을 가리키는 "들짐승들"(wild beasts)의 뜻에서 잘 알 수 있습니다. 그리고 이것들은 삶에 속한 악들 자체이기 때문에, 그리고 악한 삶은 정욕들이나 거짓들의 생명(=진수 · 眞髓 · life)이기 때문에, 그러므로 이런 것들은 여기서 "땅의 들짐승들"이 뜻하는 것들입니다. 그리고 이것이 "들짐승들"의 뜻이라는 것은 뒤에 이어지는 것에서 잘 알 수 있겠습니다. 그리고 교회를 가리키는 "땅"(the earth)의 뜻에서 잘 알 수 있는데, 그것에 관해서는 본서 29 · 304항을 참조하십시오. "들짐승들"이 삶에 속한 악들을 뜻하기 때문에, 그리고 이런 것들이 사람에게 있는 교회를 못쓰게 만들기 때문에, 그리고 "땅"이 교회를 뜻하기 때문에, 그러므로 "땅의 들짐승들"은 사람에게 있는 교회를 못쓰게 만들고, 황폐하게 만드는 삶에 속한 악들을 뜻합니다. 사람에게 있는 교회라고 언급하였는데, 그것은 교회가 사람 안에 존재하기 때문입니다. 왜냐하면 교회는 인애나 믿음에서 비롯된 것이 진정한 교회이기 때문입니다. 그리고 이런 것들은 사람 안에(in man) 있기 때문입니다. 만약에 이런 것들이 그 사람 안에 있지 않다면, 그 교회는 그 사람과 함께 있지 않습니다. 우리가 믿고 있고, 믿을 수 있는 것은 교회는 성언(聖言·the Word)이 있는 곳에 있다는 것이고, 그리고 주님을 아는 곳에 있다는 것입니다. 그러나 그럼에도 불구하고, 교회는 마음으로부터 주님의 신성(神性)을 시인하는 자들로, 그리고 주님에 의하여 성경말씀에서 진리를 배우고, 그리고 그것들을 실행하는 자들로 구성, 이루어집니다. 그 밖의 다른 것들은 교회를 구성, 이루지 못합니다. "땅의 들짐승들"이 여기서 개별적으로 뜻하는 것은 삶에 속한 악들이 속뜻으로 그런 일련의 것들에서 잘 알 수 있겠습니다. 그래서 우리의 본문에는 "그들은 칼과 기근과 죽음들"로써 땅의 들짐승들에 의하여 사분의 일에 이르는 땅의 주민을 멸하는 권세를 받아 가지고 있었다 (=권세가 주어졌다)라고 언급되었습니다. 여기서 "칼"은 진리를 파괴하는 거짓을 뜻하고, "기근"은 진리나 선에 속한 지식들의 박탈을 뜻하고, "죽음"은 영적인 생명의 소멸이나 말살을 뜻합니다. 그러므로 여기서 "땅의 들짐승들"은 삶에 속한 악들을 뜻하는데, 그 이유는 영적인 생명(=삶)이 소멸, 말살될 때에는 이런 것들이 지배, 통치하기 때문입니다. 왜냐하면 영적인 생명이 전혀 없는 곳에는 오직 자연적인 생명만 있기 때문이고, 영적인 것에서 멀리 떨어져 있는 자연적인 생명은 자기사랑이나 세상사랑에서 비롯된 온갖 탐욕들이나 정욕들로 가득 차 있고, 따라서 자연적인 생명도 지옥적인 것 가운데 빠져 있기 때문에, 그러므로 그 생명은 바로 "악한 들짐승"이 뜻합니다.

[2] 더욱이 악한 생명에 대해서 그것은 "악한 들짐승"(the evil wild beast)이 뜻하는데, 그러한 것은 만약에 그들이 영적인 생명을 가지고 있지 않다면, 선한 도덕적인 삶(a good moral life)을 영위하는 자들에게 있는 생명도 그와 꼭같습니다. 왜냐하면 이런 부류의 사람은, 만약에 위에 언급된 원인들이나 목적들을 위한 것이 없다면, 명예·명성·재물이나 법조항들을 제외하면,

따라서 오직 외현적인 목적(the sake of appearance)을 위해서 선을 행하고, 진리를 말하고, 진실이나 정의를 실천할 뿐입니다. 이에 반하여 그들은 내적으로는 선에 속한 뜻이나 진리에 속한 생각은 전혀 가지고 있지 않으며, 그리고 그들은 진실이나 정의 따위에 대해서는 비웃습니다. 결과적으로 그들은 지옥적인 것 안에 있습니다. 이러한 사실은 죽은 뒤에 즉시 일어나는 그런 인물들이 영적인 존재가 되었을 때 아주 명료하게 잘 드러납니다. 그 때 위에 언급된 외적인 구속들(the external bonds)은 그들에게서 제거됩니다. 그리고 그 때 그들은 어떤 구속이나 제약이 없이, 모든 종류의 악들 속으로 쏜살같이 돌진합니다. 그러나 영적인 근원에서 비롯된 선한 도덕적인 삶을 영위하는 자들에게는 전혀 다릅니다. 이런 주제에 관해서는 나의 저서 ≪천계와 지옥≫ 484 · 529-531 · 534항이나, 본서 182항에서 자세하게 볼 수 있습니다. 이런 것은 악한 삶(=생명 · an evil life)이 뜻하는 것이 무엇인지 밝히 알게 하기 위한 것입니다. 다시 말하면 그것은 육체에 속한 외적인 생명(=삶)이 아니다는 것, 그리고 자연적인 세상이라고 부르는 그것은, 사람들이 있는 이 세상과 관계를 가지고 있지만, 그러나 그것은 영(靈)에 속한 내적인 생명(the internal life)을 가리키고, 이른바 영계(靈界)라고 부르는 천사들이 있는 그 세계와 관계를 가지고 있습니다. 왜냐하면 그의 몸, 즉 몸의 행동이나 언어에 관해서 보면, 사람은 자연계(自然界)에 있지만, 그의 영에 관해서, 다시 말하면 생각(思想)이나 정동(情動)에 관해서 보면, 사람은 영계(靈界)에 있습니다. 사실 육신적인 시각은 자연계에까지의 확대나 범위를 가지고 있고, 그리고 그것의 주위를 둘러보기 때문에, 그러므로 정동에서 비롯된 생각을 가리키는 영의 시각(the sight of the spirit)은 영계에까지의 확대나 범위를 가지고 있고, 그리고 그것의 주위를 둘러 봅니다. 이것이 그러하다는 것은 거의 알려져 있지 않습니다. 그러므로 대부분은, 악을 생각하고 악을 원하는 것은, 만약에 어느 누구가 악을 행하지 않고, 악을 말하지 않는다면, 별로 대수로운 것이 아니라고 여깁니다. 그럼에도 불구하고 모든 생각이나, 결단력이나 의지적인 것(volition)은 사람의 영(靈)에 감동이나 영향을 주고, 사후(死後)의 그의 삶을 이루고 형성합니다.

388[B]. [3] "들짐승들"이 사람에게 있는 교회에 속한 모든 것들을 황폐하게 만드는, 자기사랑이나 세상사랑에서 솟아나는 정욕들(=탐욕들)이나 그것에서 비롯된 거짓들을 뜻한다는 것은, 그리고 반대의 뜻으로는 교회에 속한 것들을 생기발랄하게 하는 진리의 정동들을 뜻한다는 것 등은 성경말씀의 아래 장절들에게서 잘 알 수 있겠습니다. 예레미야서의 말씀입니다.

> 모든 들짐승아, 어서 모여라.
> 몰려와서, 이 새를 뜯어 먹어라.
> 이방 통치자들이(=많은 목자들이)
> 내 포도원을 망쳐 놓았고,
> 내 농장(=내 밭)을 짓밟아 버렸다.
> 그들은 내가 아끼는 밭을
> 사막으로 만들어 버렸다.
> (예레미야 12 : 9, 10)

이 장절들은 그것의 진리들이나 선들에 대한 그 교회의 황폐를 다루고 있습니다. 그 황폐는 "목자들이 주님의 포도원을 망쳐 놓았다"는 말씀과, 그리고 "그들이 내 밭을 발로 짓밟아 버렸다"는 말씀에 의하여 기술하였습니다. 여기서 "목자들"(=이방 통치자들)은 진리들을 가르치는 자들을 뜻하고, 그리고 그것들에 의하여 삶에 속한 선에게로 인도하는 자들을 뜻합니다. 여기서는 그것들에 의하여 삶에 속한 악에게로 인도하는 거짓들을 가르치는 자들을 뜻합니다. "포도원"은 진리들의 측면에서 교회를 뜻하고,

"밭"(field)은 선의 측면에서 교회를 뜻합니다. 그것의 황폐는 "망쳐진 것"이나 "짓밟힌 것"이 뜻하고, 그리고 또한 "그들이 내가 아끼는 밭을 황폐한 광야(=사막)로 만들었다"는 말씀이 뜻합니다. 자기사랑이나 세상사랑에서 솟아나는 정욕들(=탐욕들)이나 거짓들이 그것을 황폐하게 만들기 때문에, 모든 들짐승아, "어서 모여라. 몰려 와서 이 (새를) 뜯어 먹어라"라고 언급되었습니다. 여기서 "밭의 모든 들짐승"은 그런 사랑들─자기사랑이나 세상사랑─에서 솟아나는 거짓들이나 정욕들(=탐욕들)을 뜻하고, "뜯어 먹어라"는 말씀은 황폐하게 하고, 없애 버리는 것을 뜻합니다. 밭의 "들짐승"은 확실하게 밭의 들짐승을 뜻하지 않습니다. 왜냐하면 "목자들이 포도원을 망쳐 놓았다. 그리고 농장(=밭)을 짓밟아 버렸다"라고 언급되었기 때문입니다. 그리고 "목자들"은 교회에 속한 목사(=목자)를 뜻하지 양 떼의 목자들을 뜻하지 않습니다.

[4] 시편서의 말씀입니다.

> 멧돼지들이 숲에서 나와서 (포도나무를) 마구 먹고,
> 들짐승들이 그것을 먹어 치우게 하십니까?
> (시편 80 : 13)

여기서 "포도나무"는 위에서 언급한 것과 같이 "포도원"이 뜻하는 것과 동일한 것을 뜻합니다. 다시 말하면 영적인 교회라고 불리우는 진리의 측면에서의 교회를 뜻합니다. 그것의 황폐화는 "숲에서 나와 발로 짓밟은 멧돼지"가 뜻하는 영적인 것에서 분리된 자연적인 사람의 정욕들이나 거짓들이 뜻합니다. "숲에서 나온 멧돼지"는 자연적인 사람의 악한 정동들(=욕망들)을 뜻하고, "밭의 들짐승"은 거짓들을 뜻합니다.

[5] 호세아서의 말씀입니다.

정부들이 저에게 준 몸값이라고 자랑하던
포도나무와 무화과나무들을
내가 모조리 망쳐 놓을 것이다.
내가 그것들을 수풀로 만들어서,
들짐승들이 그 열매를 따먹도록 할 것이다.
(호세아 2 : 12)

여기서 "포도나무"나 "무화과나무"는 교회를 뜻하는데, "포도나무"는 영적인 사람의 내적인 교회를 뜻하고, "무화과나무"는 자연적인 사람의 외적인 교회를 뜻합니다. 그리고 양자의 황폐화는 "내가 모조리 망쳐 놓은 것이고, 내가 그것들을 수풀로 만들고, 들짐승들이 그 열매를 따먹도록 할 것이다"는 말씀이 뜻합니다. 여기서 "숲"(a forest)은, 철저한 오류들이나 거기에서 비롯된 거짓들 안에 있는 감관적인 사람(the sensual man)을 뜻하고, "밭의 들짐승"은 그것에서 비롯된 것들이나, 악한 정욕들(=탐욕들)을 뜻합니다. 왜냐하면 사람에게 있는 교회가 황폐한 상태에 놓이게 되면, 다시 말하면 그 교회의 진리가 더 이상 믿어지지 않게 되면, 그 때 사람은 그가 그의 눈으로 볼 수 있고, 그의 손으로 만지는 것을 제외하면 아무것도 믿지 않는, 이른바 감관적인 존재가 되기 때문입니다. 그리고 이런 부류의 사람은 자기사랑이나 세상사랑에 따라서 정욕들이나 탐욕들에게 자기 자신을 전적으로 넘겨줍니다. 여기서 "포도나무"나 "무화과나무"가 교회를 뜻한다는 것은 우리의 본문장의 둘째 절(호세아 2 : 2)에서 명확합니다. 거기에는 "고발하여라. 너희 어머니를 고발하여라"라고 언급하였는데, 그 이유는 "그녀가 나의 아내가 아니며, 나는 그녀의 남편이 아니다"라고 하였기 때문입니다. 성경말씀에서 "어머니"나 "아내"는 교회를 뜻하기 때문입니다.

[6] 모세의 글입니다.

> 나는, 땅이 황폐하여지고 들짐승이 많아질까 염려되므로, 한 해 안에 그들을 너희 앞에서 다 쫓아내지는 않겠다. 나는, 너희가 번성하여 그 땅을 너희의 소유로 차지할 때까지, 그들(=그 민족)을 너희 앞에서 조금씩 쫓아내겠다(출애굽기 23 : 29, 30 ; 신명기 7 : 22).

이 말씀이 뜻하는 것이 무엇인지는 ≪천계비의≫ 9333-9338항에서 잘 볼 수 있습니다. 다시 말하면 여기서 "민족들"은 사람이 가지고 있는 악들을 뜻하고, 심지어 그것은 상속(=유산)에서 비롯된 것을 가리킵니다. 그리고 사람에게 있는 그것들은 "조금씩 조금씩"(by little and little) 쫓겨나 졌는데, 그 이유는 만약에 진리들에 의하여 그 사람 안에 선이 형성되기 전에 그것들이 갑자기 제거된다면 그 사람을 멸망시키기 위하여 온갖 거짓들이 들어오기 때문입니다. "들짐승"은 자연적인 사랑들의 기쁨에서 솟아나는 거짓들을 뜻합니다.

[7] 레위기서의 말씀입니다.

> 너희가, 내가 세운 규례를 따르고, 내가 명한 계명을 그대로 받들어 지키면, …… 내가 땅을 평화롭게 하겠다. 너희는 두 다리를 쭉 뻗고 잘 것이며, 아무도 너희를 위협하지 못할 것이다. 나는 그 땅에서 사나운 짐승들을 없애고, 칼이 너희 땅에서 설치지 못하게 하겠다. …… 그러나 너희가 내가 하는 말을 듣지 않고, 이 모든 명령을 지키지 않거나, 내가 정하여 준 규례를 지키지 않고, 내가 세워 준 법도를 싫어하여, 나의 모든 계명을 그대로 실천하지 않고, 내가 세운 언약을 어기면 …… 들짐승을 보내서 너희에게 대들게 하겠다. 그 짐승들은 너희의 아이들을 움켜가고, 너희의 가축 떼를 죽일 것이며, 너희의 수가 줄어서 너희가 다니는 길도 한산할 것이다(레위기 26 : 3, 6, 14, 15, 22).

이 장절은 인애 안에 있는 자들의 삶의 상태와, 인애 안에 있지 않는 자들의 삶의 상태를 기술하고 있습니다. 인애의 삶은 "내가 세운 규례를 따르고, 내가 명한 계명을 그대로 받들어 지키고, 그것들을 행한다"라는 말씀이 가리킵니다. 왜냐하면 이것이 인애이기 때문입니다. 그들의 삶(=생명)의 상태는 "평화"에 의하여 너희는 두 다리를 쭉 뻗고 잘 것(=누울 것)이며, "아무도 너희를 위협하지 못할 것이다"는 말로 기술되었습니다. 이 말씀은 곧 마음의 축복(=지복)을 뜻하고, 그리고 선과 진리의 결합에서 일어나는 생기나 기백(soul)을 뜻합니다. 그것으로 말미암아 거기에는 선과 진리에 대항하는 악과 거짓의 싸움이나 다툼 따위는 더 이상 없을 것입니다. 이러한 상태는 "나는 그 땅에서 사나운 짐승들을 없애고, 칼이 너희의 땅에서 설치지 못하게 하겠다"는 말씀에 의하여 기술되었습니다. 이 말씀은 거기에 더 이상 자기사랑이나 세상사랑에서 일어나는 그 어떤 정욕들(=탐욕들)이나 거짓들이 있지 않을 것을 뜻하는데, 여기서 "사나운 들짐승"은 선한 정동들을 파괴하는 정욕들(=탐욕들·lusts)을 뜻하고, "칼"은 진리들을 파괴하는 거짓들을 뜻합니다. 인애 안에 있지 않는 자들이 그 반대의 상태에 있다는 것은 "그러나 너희가 내가 정하여 준 규례를 지키지 않고, 내가 세워 준 법도를 싫어하여 나의 모든 계명을 그대로 실천하지 않고, 내가 세운 언약을 어기면 들짐승을 보내서 너희에게 대들게 하겠다. 그 짐승들은 너희의 아이들을 움켜가고 너희의 가축 떼를 죽일 것이며, 너희의 수가 줄어서 너희가 다니는 길도 한산할 것이다"는 말씀에 의하여 기술되었는데, 그것은 그것들에게서 비롯된 정욕들이나 거짓들에 의하여 그들에게서 모든 선과 진리가 박탈될 것이라는 것을 뜻하고 있습니다. 그것들을 박탈할 정욕들이나 그것에서 비롯된 거짓들은 "들짐승들은 너희의 아이들을 움켜갈 것이다"는 말씀이 뜻하고, 그들이 박탈당할 정동들의 선은 "죽게 될 가축 떼"가 뜻합니다. 그리고 "한산하게 될 너희 길"은 진리들 자체를 뜻하는데, 그것은 "길"(ways)이 선에게로 인도하는 진리들을 뜻하기 때문입니다.
[8] 에스겔서의 말씀입니다.

> 내가 그들과 평화의 언약을 세우고, 그 땅에서 해로운 짐승들을 없애 버리겠다. 그래야 그들이 광야에서 평안히 살고, 숲 속에서도 안심하고 잠들 수 있을 것이다. …… 그들이 다시는 다른 나라에게 약탈을 당하지 않으며, 그 땅의 짐승들에게 잡아 먹히지도 않을 것이다. 그들이 평안히 살고, 놀랄 일이 전혀 없을 것이다(에스겔 34 : 25, 28).

이 말씀은 주님의 강림(the Lord's coming)과 그 때의 주님의 나라에 관해서 다루고 있는데, 이 말씀이 속뜻으로 뜻하는 것이 무엇인지는 동일한 낱말들이 나오는, 지금 설명된 장절에서 잘 알 수 있겠습니다. "그 땅의 해로운 짐승들"은 정욕들이나 탐욕들을 뜻하고, "그 땅(=밭)의 짐승들"은 거짓들을 뜻합니다.
[9] 호세아서의 말씀입니다.

> 새끼 빼앗긴 암곰처럼 그들에게 달려들어
> 염통을 갈기갈기 찢을 것이다.
> 암사자(=사나운 사자)처럼,
> 그 자리에서 그들을 뜯어 먹을 것이다.
> 들짐승들이 그들을
> 남김없이 찢어 먹을 것이다.
> (호세아 13 : 8)

이 장절은 거짓에 의한 선의 황폐화를 다루고 있습니다. "자기 새끼를 빼앗긴 암곰"은 거짓에서 비롯된 악의 능력(=힘 · power)을 뜻하고, "사나운 사자"(a fierce lion)는 악에서 비롯된 거짓의 능력(=힘)을 뜻하고, "들짐승들"은 정욕들이나 거짓들 따위를 뜻하고, 이런 것들에 의한 파괴가 "들짐승들이 그들을 남김없이 찢어 먹을 것이다"는 말씀이 뜻하고, 그리고 악이나 거짓에 의한 선으로부터의 진리의 분리는 "염통을 갈기갈기 찢는다"는 말씀이 뜻합니다.
[10] 이사야서의 말씀입니다.

>거기에는 사자도 없고,
>사나운 짐승도
>그리로 지나다니지 않을 것이다.
>(이사야 35 : 9)

이 장절은 주님의 강림과 그리고 주님의 나라에 있는 자들의 상태를 다루고 있습니다. "거기에는 사자도 없다"는 말씀은 거기에 진리를 파괴하는 거짓이 전혀 없을 것이라는 것을 뜻합니다. "사나운 짐승도 그리로 지나다니지 않을 것이다"는 말씀은 거기에 파괴하는 정욕들이나 탐욕들 따위가 전혀 없을 것이라는 것을 뜻합니다. 그래서 "그리로 지나다니지 않을 것이다"는 말씀이 언급되었습니다.
388[C]. [11] 스바냐서의 말씀입니다.

>주께서 북녘으로 손을 뻗으시어
>앗시리아를 멸하며,
>니느웨를 황무지로 만드실 것이니,
>사막처럼 메마른 곳이 될 것이다.
>골짜기에 사는 온갖 들짐승(=그 민족들의 모든 짐승 떼)이
>그 가운데 떼를 지어 누울 것이며,
>갈가마귀도 올빼미(=가마우지와 해오라기)도
>기둥 꼭대기에 깃들 것이며,

창문 턱에 앉아서 지저귈 것이다.
문간으로 이르는 길에는
돌조각이 너저분하고,
송백나무 들보는 삭아 버릴 것이다.
본래는 한껏 으스대던 성,
안전하게 살 수 있다던 성,
"세상에는 나밖에 없다" 하면서
속으로 뽐내던 성이다.
그러나 어찌하여
이처럼 황폐하게 되었느냐?
들짐승이나 깃드는 곳이 되었느냐?
지나가는 사람마다
비웃으며 손가락질을 할 것이다.
(스바냐 2 : 13-15)

이 장절들은 과학지(科學知)들에서 비롯된 추론들에 의하여 거짓들이나 악들 따위를 확증하는 자기총명(self-intelligence)에 관해서 다루고 있습니다. 그리고 성언의 문자적인 뜻에서 비롯된 것들을 그것들에게 적용하는 것에 의하여 거짓들이나 악들 따위를 확증하는 자기총명을 다루고 있습니다. 여기서 "북녘"(=북쪽)은 자연적인 사람이나 감관적인 사람을 뜻하고, 그리고 그것에 속해 있는 아는 능력(=지식의 역할)을 뜻합니다. 그리고 "앗시리아"는 거기에서 비롯된 추론을 뜻합니다. 속으로 "세상에는 나밖에 없다고 말한다"는 것은 자기총명을 뜻합니다. 이러한 것은 이런 개별적인 것들이나, 시리즈에 내포된 것이 무엇인지 명확하게 만듭니다. 다시 말하면 "주께서 북녘으로 손을 뻗으시어 앗시리아를 멸하실 것이다"는 말씀은 그분께서 이런 자연적인 사람을 파문(破門)하고, 그리고 그것에서 기인한 이해하거나 추론하는 그것의 능력을 박탈하고, 그리고 선의 모든 지각하는 능력이나 진리의 모든 이해 능력을 박탈하는 것을 뜻합니다. "짐승의 떼거지들이 그 골짜기에 누울 것이고, 민족들의 모든 짐승 떼들이, 길 가마귀나 올빼미(=가마우지와 해오라기)는 기둥 꼭대기에 깃들 것이다"는 말씀은 거기에는 악에 속한 거짓들이 있을 것이고, 거기의 어느 곳에는 성경말씀에서 비롯된 지식들 안에 있는 생각이나 지각에 속한 거짓들이 있을 것이라는 것을 뜻합니다. 그리고 "그 민족의 들짐승"은 악에 속한 거짓을 뜻하고, "갈가마귀와 올빼미"(=가마우지와 해오라기)는 생각이나 지각에 속한 거짓을 뜻하고, "기둥 꼭대기"(=상인방 · 주두 · 柱枓 · chapiter)는 성경말씀에서 비롯된 지식들을 뜻합니다. "본래는 한껏 으스대던 성, 안전하게 살 수 있다던 성, '세상에는 나밖에 없다' 하면서 속으로 뽐내던 성이다"는 말씀은 이런 부류의 총명은 자신만을 신뢰하고, 그리고 자기자아에서만 이런 저런 것을 흡수하였다는 것을 뜻합니다. 여기서 "성"(=성읍 · city)은 그런 총명에서 비롯된 교리를 뜻하고, "어찌하여 그 성이 황폐하게 되었나? 들짐승이나 깃드는 곳이 되었느냐?"는 말씀은 거짓으로 채워진 것을 제외하면 그것 안에는 진리에 속한 것은 아무것도 가지지 못하였다는 것을 뜻합니다.
[12] 에스겔서의 말씀입니다.

"사람아, 너는 이집트 왕 바로와 그의 무리에게 이렇게 전하여라.
'너의 위엄찬 모습을
누구와 비할 수 있겠느냐?
앗시리아는 한 때
레바논의 백향목이었다.
그 가지가 아름답고,
그 그늘도 숲의 그늘과 같았다.
그 나무의 키가 크고,
그 꼭대기는 구름 속으로 뻗어 있었다. ……
너는 들의 모든 나무보다 더 높게 자랐다.

> 흐르는 물이 넉넉하여
> 굵은 가지도 무수하게 많아지고,
> 가는 가지도 길게 뻗어 나갔다. ……
> 그 나무의 키가 커지고, 그 꼭대기가 구름 속으로 뻗치면서, 키가 커졌다고 해서 그 나무의 마음이 교만해졌다. …… 그래서 뭇 민족 가운데서 잔인한 다른 백성들이 그 나무를 베어서 버렸다. …… 세상의 모든 백성이 그 나무의 그늘에서 도망쳐 버렸다. 사람들이 이렇게 그 나무를 떠나버렸다.
> 그 쓰러진 나무 위에
> 공중의 모든 새가 살고,
> 그 나무의 가지 사이에서는
> 들의 모든 짐승이 산다.
> (에스겔 31 : 2, 3, 5, 10, 12, 13)

이 장절의 것들은 위에 언급된 것과 비슷한 뜻을 가지고 있습니다. "이집트 왕 바로"는 "북녘"의 뜻과 같은 것, 다시 말하면 자연적인 사람과 그 사람에게 속한 아는 능력(the knowing faculty)을 뜻하고, "앗시리아"는 그것에서 비롯된 추론을 뜻합니다. "너는 들의 모든 나무보다 더 높게 자랐고, 굵은 가지도 무수하게 많아지고, 가는 가지도 길게 뻗어 나갔다"는 말씀은 추론에서 비롯된 총명 안에 있는, 따라서 자기총명 안에 있는 광영을 뜻합니다. 이런 내용들에 속한 일반적인 개념에서 볼 때 여기의 개별적인 것들이 담고 있는 개별적인 것이 무엇인지 잘 알 수 있겠습니다. 다시 말하면 "이집트 왕 바로와 그의 무리에게 말한다"는 것은 자연적인 사람에게 속한 것을, 그리고 그것의 과학지들(=기억지들)을 뜻합니다. 여기서 "이집트 왕 바로"는 자연적인 사람을 뜻하고, "그의 무리"는 거기에 있는 아는 능력이나 기능을 뜻합니다. "레바논의 백향목이었던 앗시리아가 들의 모든 나무보다 더 높게 자랐다"는 말씀은 과학지들에 의하여 증대한 합리적인 것을 뜻합니다. 여기서 "앗시리아"는 합리적인 것을, "백향목"(cedar)은 총명적인 것을, 그리고 "들의 모든 나무보다 더 높게 자란 그것의 성장"(=자람)은 진리와 선의 지식들에게서 비롯된 끝없는 증대를 뜻합니다. "그러나 그 나무의 키가 커지고, 그 꼭대기가 구름 속으로 뻗치었기 때문이다"(=그가 그의 끝을 빽빽한 큰 가지들 사이에서 내밀었기 때문이다)는 말씀은 그 나무가 그의 총명에서 자랑으로 여겼고, 그리고 자연적인 사람에 속한 지식(=과학지)에서 자랑으로 여겼다는 것을 뜻하고, 그리고 자기 사랑에서 비롯된 마음의 의기양양(=교만 · 意氣揚揚 · 驕慢 · elation)을 가리키는 이 자랑은 자아(自我)나 이기심(利己心)에서 비롯되었기 때문이라는 것을 뜻합니다. 왜냐하면 영적인 사람에게서 분리된 자연적인 사람은 자신을 칭찬, 찬양하기 때문입니다. 그 이유는 영적인 것에서 분리되었을 때, 그것은 자기자아(=고유 속성)에 빠져 있기 때문이고, 모든 공로를 자기 자신에게 돌릴 뿐, 결코 하나님에게 공로를 돌리지 않기 때문입니다. "그 꼭대기가 구름 속으로 뻗쳤다"는 것은 자기 자신을 높이고, 찬양하는 것을 뜻하고, "빽빽한 큰 가지들"은 자연적인 사람에 속한 지식들(=과학지들)을 가리킵니다(≪천계비의≫ 2831 · 8133항 참조). "타국인들, 곧 민족들의 무서운 자들(=뭇 민족 가운데서 잔인한 다른 백성)이 그 나무를 베어 버리고, 그리고 그들이 그를 버려두었다"는 말씀은 거짓들이나, 그것에서 비롯된 악들이 합리적인 것을 파괴, 멸망시킨다는 것을 뜻합니다. 여기서 "이방 사람들"(=타국인들 · strangers)은 거짓들을 뜻하고, "민족들의 무서운 자"(=잔인한 다른 백성)는 그것에서 비롯된 악들을 뜻합니다. "공중의 모든 새가 그 쓰러진 나무(=그의 파멸 위에 산다)에 산다, 그리고 그들의 모든 짐승이 그 나무의 가지 사이에서 산다"(=큰 가지들 위에 산다)는 말씀은 그 때 거기에는 생각에 속한 거짓들이 있을 것이고, 정동에 속한 악들이 있을 것이라는 것을 뜻합니다. 여기서 "새"(=가름 · 家禽 · fowl)는 진리나 거짓의 지식들을 뜻합니다. "들짐승"(wild beast)은 그것에서 비롯된 정동에 속한 악들을 뜻하고, "들"(field)은 교회를 뜻합니다. 왜냐하면 교회 안에 있는 것들을 뜻하는 것은 이것 이외의 다른 거짓들이나 악들이 없기 때문입니다. "새들"은 그들의 종(種)이나 유(類)에 따라서 차이는 있지만, 양자의 뜻에서 생각들(思想) · 개념들(ideas) · 추론들(reasonings)을 뜻한다는 것은 ≪천계비의≫ 776 · 778 · 866 · 988 · 991 · 3219 · 5147 · 7441항을 참조하십시오.

[13] 같은 책의 말씀입니다.

> 너와 물고기를 다 함께
> 멀리 사막에다 던져 버릴 것이니,
> 너는 허허벌판에 나뒹굴어질 것이다.
> 내가 너를 들짐승과 공중의 새에게
> 먹이로 주었으니,
> 다시는 너를 주워 오거나
> 거두어 오는 사람이 없을 것이다.
> (에스겔 29 : 5 ; 32 : 4)

이 말씀은 역시 영적인 사람에게서 분리시키는 자연적인 사람을 뜻하는 바로나 이집트 사람에 대해서 언급하고 있습니다. 분리되었을 때, 자연적인 사람은 전적으로 거짓들이나 악들에 빠져 있습니다. 왜냐하면 그 때 그 사람은 모든 총명을 주는 천계 밖에 있기 때문입니다. 그러므로 "나는 너를 멀리 사막에다 던져 버릴 것이다"라고 하였는데, 이 말씀은 진리들이나 선들 밖에 있다는 것을 뜻하고, "네 강의 물고기"는 감관적인 아는 능력(the sensual knowing faculty)을 뜻합니다(본서 342[B · C]항 참조). "너는 허허벌판에 나뒹굴어질 것이다"(=너는 들판에 떨어질 것이다)는 말씀은 그것 때문에 교회의 모든 것들이 멸망하는 것을 뜻합니다. "다시는 너를 주워 오거나, 거두어 오는 사람이 없을 것이다"(=네가 거둬지거나 모아지지 아니 할 것이다)는 말씀은 선이나 진리가 보이지 않다는 것을 뜻합니다. 왜냐하면 영적인 사람은 자연적인 사람 안에 있는 이런 것들을 보기 때문이고, 그리고 자연적인 사람은 지식들을 모으고, 거두어들이고, 그리고 결론들을 짓기 때문입니다. "내가 너를 땅의 들짐승과 공중의 새에게 먹이로 주었다"는 말씀은, 여기서는 앞에서와 같이 생각에 속한 거짓들이나, 그것에서 비롯된 정동에 속한 악들에 의하여 멸망할 것이라는 것을 뜻합니다. 그 이유는 영적인 사람에게서 분리된 자연적인 사람은 온갖 종류의 거짓들에게 옮겨지기 때문이고, 그리고 유해한 것이 되기 때문입니다. 그러므로 "이집트"는 이런 존재입니다. 시편서의 말씀입니다.

갈대 숲에 사는 사나운 짐승들(시편 68 : 30).

[14] 에스겔서의 말씀입니다.

너는 네 전군과, 너와 함께 한 연합군과 함께 이스라엘 산야 위에서 쓰러져 죽을 것이다. 나는 날개 돋친 온갖 종류의 사나운 새들과 들짐승들에게 너를 넘겨 주어서 뜯어 먹게 하겠다(에스겔 39 : 4).

이 장절은 곡(Gog)에 관한 말씀인데, 여기서 곡은 내적인 예배에서 분리된 외적인 예배를 뜻하는데, 본질적으로 그 예배는 결코 예배가 아닙니다. 왜냐하면 그것은 영적인 사람에게서 분리된 자연적인 사람의 예배이기 때문입니다. "너는 이스라엘의 산야 위에서 쓰러져 죽을 것이다"는 말씀은, 그들은 인애에 속한 선은 아무것도 가지고 있지 않다는 것을 뜻합니다. 여기서 "이스라엘의 산야"(=산들)는 인애에 속한 선들을 뜻하고, 그리고 "쓰러진다"(=쓰러져 죽을 것이다 · to fall)는 것은 거기에서 멸망할 것을 뜻합니다. "너는 네 전군(=무리)과 너와 함께 한 연합군"(=백성)는 그것의 교리적인 것들이나 거짓들과 더불어 그런 예배는 멸망할 것을 뜻합니다. "나는 너를 날개 돋친 온갖 종류의 사나운 새들과 들짐승들에게 먹거리로 넘겨주어서 뜯어 먹게 하겠다"는 말씀은 모든 종류의 거짓들이나 악들에 의하여 진리나 선의 전멸(=절멸 · 全滅)을 뜻하는데, 여기서 온갖 종류의 악들은, 자기사랑이나 세상사랑에서 솟아나는 온갖 정욕들(=탐욕들)을 가리키는 삶에 속한 악들로 "들짐승들"이 뜻합니다.

[15] 시편서의 말씀입니다.

> 하나님,
> 이방인들이 주의 땅으로 들어와서,
> 주의 성전을 더럽히고,
> 예루살렘을 돌무더기로 만들었습니다.
> 그들이 주의 종들의 주검을
> 하늘을 나는 새들에게 먹이로 내주고,
> 주의 성도들의 살을
> 들짐승에게 먹이로 내주었습니다.
> (시편 79 : 1, 2)

여기서 "이방인들"(=이방나라들)은 그런 것들은 뜻하지 않고, 오히려 삶에 속한 악들이나, 교리에 속한 거짓들을 뜻합니다. 왜냐하면 하나님의 "유업"(=주의 땅)은 주님께서 계시는 교회는 모든 선이나 진리를 뜻하는데, 그 이유는 이런 것들이 주님에게서 비롯되었기 때문입니다. "거룩한 주의 성전을 더럽히고, 예루살렘을 돌무더기로 만들었다"는 말씀은 예배를 모독, 더럽히고, 그 교회의 교리를 타락, 왜곡시켰다는 것을 뜻합니다. 여기서 "거룩한 성전"은 거기에 예배가 있기 때문에 예배를 뜻하고, 그리고 "예루살렘"은 교리의 측면에서 교회를 뜻하고, 따라서 그 교회의 교리를 뜻합니다. "주의 종들의 주검을 하늘을 나는 새들에게 먹이도 내주고, 주의 성도들의 살을 땅의 들짐승에게 먹이로 내준다"는 것은 온갖 거짓들에 의하여 모든 진리들을 파괴하는 것을 뜻하고, 그리고 악들에 의하여 모든 선들을 파괴하는 것을 뜻합니다. 여기서도 역시 "하늘을 나는 새들"은 거짓에 속한 생각들을 뜻하고, "땅의 들짐승"은 그것에서 비롯된 악에 속한 정동들을 뜻합니다.

[16] 같은 책의 말씀입니다.

> 주께서
> 멧비둘기 같은 주의 백성의 목숨(=혼)을
> 들짐승에게 내주지 마시고,
> 가련한 백성의 생명을
> 영원히 잊어버리지 마십시오.
> (시편 74 : 19)

여기서 "멧비둘기"(turtle dove)는 영적인 선을 뜻하고, 그러므로 또한 영적인 선 안에 있는 자들을 뜻합니다. 그리고 "들짐승"은 파괴하기를 열망하는 악에 속한 거짓을 뜻하고, 그러므로 역시 악에 속한 거짓 안에 빠져 있는 자들이나, 파괴하기를 간절히 바라는 자들을 뜻합니다. 이러한 뜻은 "멧비둘기 같은 주의 백성의 목숨을 들짐승에게 내주지 마시고, 가련한 백성의 생명을 영원히 잊어버리지 마십시오"라는 말씀이 뜻하는 것이 무엇인지 아주 명확하게 합니다. "가련한 백성"(=불쌍한 무리)은 온갖 거짓들에 의하여 공격을 받고, 괴롭힘을 겪는 자들을 뜻하고, 그리고 그것으로 인하여 불안(不安)에 빠져 있고, 그리고 구출을 기다리는 자들을 뜻합니다.

388[D]. [17] 에스겔서의 말씀입니다.

> 목자가 없기 때문에 양 떼가 흩어져서 온갖 들짐승의 먹이가 되었다. …… 내 양 떼가 온갖 들짐승들의 먹이가 된 것은, 목자가 없기 때문이다(에스겔 34 : 5, 8).

이 구절은 거짓들에 의하여 인애에 속한 선들이 파괴되었다는 것, 그리고 그것에서 비롯된 온갖 종류의 악들에 의하여 인애에 속한 선들이 전적으로 소멸되었다는 것을 뜻합니다. 여기서 "들의 들짐승"은 교리에 속한 거짓들에게서 솟아나는 삶의 악들을 뜻하고, 그리고 성경말씀에서 "양"(sheep)은 인애에 속한 선 안에 있는 자들을 뜻하지만, 그러나 인물들에게 떠난 추상적인 뜻을 가리키는 순수한 본연의 영적인 뜻으로 "양"은 인애에 속한 선들을 뜻합니다. 그리고 "목자들"은 진리들에 의하여 선에게로 인도하는 자들을 뜻하고, 그리고 추상적인 뜻으로는 그것을 통해서 선이 존재하는 진리들 자체를 뜻합니다. 그러므로 "목자가 없다"는 것은 그것을 통해서 선이 비롯되는 진리가 전혀 없다는 것을 뜻하고, 그러므로 거짓만 있다는 것을 뜻합니다. "먹이가 된다"는 것은 소멸하는 것을 뜻하고, 그리고 들짐승에 관해서 언급될 때 "먹힌다"(=먹혔다)는 것도 전자와 꼭같은 뜻을 뜻합니다. "들의 들짐승"은 거짓들에게서 비롯된 악들을 뜻하기 때문입니다.

[18] 욥기서의 말씀입니다.

> 하나님께 징계를 받는 사람은,
> 그래도 복된 사람이다.
> 그러니 전능하신 분의 훈계를
> 거절하지 말아라…….
> 기근 가운데서
> 너를 굶어 죽지 않게 하시며
> 전쟁이 벌어져도

6장 1-8절

> 너를 칼에서 구해 주실 것이다…….
> 약탈과 굶주림쯤은 비웃어 넘길 수 있고,
> 들짐승을 두려워하지도 않을 것이다.
> (욥기 5 : 17, 20, 22)

이 장절들은 시험들에 관해서 다루고 있습니다. "하나님께 징계를 받은 사람은 복이 있다"는 말씀은 시험을 겪은 자를 뜻합니다. "기근 가운데서 너를 굶어 죽지 않게 하신다"(=죽음에서 구출하실 것이다)는 것은 선의 결핍이나, 선의 미지각(未知覺)을 통해서 시험을 당할 때 악에서의 구출을 뜻합니다. "전쟁에서 칼의 권세로부터 구속할 것이다"(=전쟁이 벌어져도 칼에서 구해 주실 것이다)는 말씀은 진리의 이해의 부족이나 진리의 몰이해(沒理解)를 통해서 시험을 겪을 때 온갖 거짓들로부터의 구출(=구원)을 뜻합니다. 여기서 "전쟁"은 시험을 뜻하고, "멸망과 기근(=약탈과 굶주림)을 비웃을 것이다"는 말씀은, 그에게는 결코 선의 결핍이나 부족 따위는 없을 것이라는 것을 뜻하고, "땅의 들짐승을 무서워하지 않을 것이다"(=들짐승을 두려워하지도 않을 것이다)는 말씀은 그 사람 안에는 결코 아무런 거짓도 없을 것이라는 것을 뜻합니다.

[19] 에스겔서의 말씀입니다.

> 나 주 하나님이 말한다. …… 폐허 더미 속에 있는 사람들은 칼에 쓰러질 것이요, 들판에 있는 사람들은 내가 들짐승들에게 잡혀 먹도록 하겠으며, 산성과 동굴에 있는 사람들은 전염병에 걸려서 죽게 하겠다. 내가 그 땅을 황무지와 폐허로 만들어 놓겠다(에스겔 33 : 27, 28).

이 장절은 교회 안에 있는 모든 진리의 황폐(=황무지 · desolation)와 모든 선의 폐허(the vastation)를 다루고 있습니다.

그것은 이렇게 언급되었습니다. 즉 "나는 그 땅을 황무지와 폐허로 만들 것이다"라고 언급하였습니다. 여기서 "땅"(land)은 교회를 뜻하기 때문입니다. "폐허 더미 속에 있는 사람들은 칼에 쓰러질 것이다"는 말씀은 과학지(科學知)들 안에 있는 자들은 멸망할 것이라는 것을 뜻합니다. 왜냐하면 영적인 것에서 비롯된 빛 밖에 있는 자연적인 사람의 지식(=과학지)들은 여기서는 폐허 더미(=폐허의 장소)가 뜻하기 때문입니다. "들판에 있는 사람들은, 내가 들짐승들에 잡혀 먹도록 하겠다"는 말씀은 성경말씀에서 비롯된 지식들 가운데 있는 자들은 거짓에 속한 악들에 의하여 멸망할 것이라는 것을 뜻하고, 여기서 "들판"은 교회에 속한 것들을, 여기서는 성경말씀에서 비롯된 지식들을 뜻하고, 그리고 "들짐승"은 거짓에 속한 악을 뜻합니다. "산성이나 동굴에 있는 사람들은 전염병에 걸려서 죽게 하겠다"는 말씀은 성경말씀에 의하여, 그리고 과학지들에 의하여 자신들이 거짓들이나 악들에 빠져 있다는 것을 확증하는 자들을 뜻하고, 그리고 그런 부류는 악들이나 거짓들에 의하여 전적으로 멸망할 것이라는 것을 뜻합니다. 여기서 "산성"(fortresses)은 성언에서 비롯된 확증을 뜻하고, "동굴"(caves)은 지식들에게서 비롯된 확증을 뜻합니다. 이런 내용이 이런 낱말들의 뜻이라는 것은 속뜻으로 그 시리즈에서만 알 수 있겠습니다. 왜냐하면 속뜻(the internal sense)은, 위에서 언급한 것과 같이, 교회의 전적인 황폐에 관해서 다루고 있기 때문입니다.

[20] 또 같은 책의 말씀입니다.

> 내가 너희에게 기근과 사나운 짐승들을 보내어, 너희 자식들을 앗아가도록 하겠다. 너희는 전염병과 유혈사태를 너희 가운데서 겪을 것이다. 내가 너희에게 전쟁이 들이닥치게 하겠다(에스겔 5 : 17).

6장 1-8절

역시 같은 책의 말씀입니다.

> 사람아, 만약 어떤 나라가 가장 불성실하여 나에게 죄를 지으므로, 내가 그 나라 위에 손을 펴서 그들이 의지하는 양식을 끊어 버리고, 그 나라에 기근을 보내며, 그 나라에서 사람과 짐승을 사라지게 한다고 하자. …… 가령 내가 그 나라에 사나운 짐승들이 돌아다니게 하여, 아이들까지 없애 버리고, 또 그 짐승들이 무서워서 그 땅에 돌아다니는 사람이 없기 때문에 그 땅이 황무지가 된다고 하자. …… 가령 내가 그 나라에 전쟁의 칼이 들이닥치게 하고, 명령을 내려 "칼아, 이 땅을 돌아다니며 휘둘러라" 하여, 내가 그 땅에서 사람과 짐승을 사라지게 한다고 하자. …… 가령 내가 그 땅에 전염병을 퍼뜨리고, 내 분노를 그 땅에 쏟아 부어 거기에서 사람과 짐승이 피투성이가 되어 사라진다고 하자. …… 내가 예루살렘에서 사람과 짐승이 사라지게 하려고 나의 네 가지 맹렬한, 곧 전쟁과 기근과 사나운 짐승과 전염병을 거기에 보낼 때에, 그 해가 얼마나 크겠느냐!(에스겔 14 : 13, 15, 17, 19, 21).

속뜻으로 "사람과 짐승을 끊어지게 한다"(=사람과 짐승을 사라지게 한다)는 말씀은 내적 또는 영적인 것과 외적 또는 자연적인 것 양쪽의 선과 진리의 모든 정동을 박탈한다는 것을 뜻합니다. 성경말씀에서 "사람과 짐승"(man and beast)이 이런 내용을 뜻한다는 것은 ≪천계비의≫ 7424・7523・7872항을 참조하십시오. "기근"(famine)은 사랑에 속한 선의 박탈을 뜻하고, "칼"(sword)은 믿음에 속한 진리의 박탈을 뜻하는데, 이것들은 모두가 거짓을 통한 것입니다. "사나운 들짐승"은 자기사랑이나 세상사랑에 속한 악들에 의한 양자, 즉 사랑에 속한 선과 믿음에 속한 진리의 박탈을 뜻하고, 그리고 "전염병"(=염병・pestilence)은 결과적으로 영적 생명의 상실을 뜻합니다. 이런 것들이 여기서 "네 가지 맹렬한 재앙들"(=네 가지 극심한 심판)이라고 불리웠습니다. 그 이유는 사람이 그것들에 의하여 심판되기 때문입니다다.

[21] 이런 것들의 설명이나 앞서의 장절들의 설명에서 여기 시리즈의 각각의 개별적인 것의 뜻을 잘 볼 수 있겠습니다. "사나운 들짐승"은 모든 몹시 굶주린 짐승들을 뜻하는데, 예를 들면, 사자들 · 곰들 · 호랑이들 · 표범들 · 멧돼지들 · 이리들 · 용들 · 뱀들이나 그 밖의 다른 많은 것들이 있는데, 이런 것들은 순한 동물들을 공격, 사로잡고, 둘로 찢는데, 순한 동물들은 어린 양들 · 양들 · 불깐소들 · 황소들이나 그 밖의 순한 동물들이 되겠습니다. 이런 부류의 들짐승들이나, 일반적으로 "사나운 들짐승"(the evil wild beast)은 자기사랑이나 세상사랑에서 솟아나는 탐욕들이나 정욕들을 뜻하고, 그리고 그것의 근원은 모든 삶에 속한 악들이나 교리에 속한 거짓들이라는 것은 대응에서 비롯된 것으로, 이러한 것은 영계에 있는 외현들에게서 잘 볼 수 있습니다. 거기에서 악들이나 거짓들에 속한 모든 탐욕들이나 정욕들은 다양한 종류의 들짐승의 모습으로 나타납니다. 더욱이 그런 것들에게서 솟아나는 외현들은 마치 들짐승들과 같습니다. 왜냐하면 그것들의 최고의 기쁨(=쾌락)은 선한 것을 공격하고, 파괴하는 것이기 때문입니다. 이 기쁨이 지옥적인 쾌락이고, 그리고 이 쾌락은 그것 안에 지옥이 존재하는, 자기사랑이나 세상사랑 안에 있는 본래의 선천적인 것입니다. 이상에서 볼 때 일반적으로 "사나운 들짐승"이 삶에 속한 악들이나 또는 사람에게 있는 교회에 속한 모든 것들을 황폐하게 만드는, 자기사랑이나 세상사랑에서 솟아나는 탐욕이나 정욕들이나, 그것에서 비롯된 거짓들을 뜻합니다.

388[E]. [22] 지금까지는 "들짐승들"이 악한 탐욕이나 정욕들, 그리고 거짓들을 뜻한다는 것, 그리고 개별적으로는 선들이나 진리들을 약탈하고, 파괴하는 정욕들이나 탐욕들을 뜻하고, 따라서 온갖 거짓들에 의하여 사람의 영적인 생명을 파괴하고 약탈하는

정욕들이나 탐욕들을 뜻한다는 것을 성경말씀으로 입증, 설명하였습니다. 지금은 성경말씀에서 "들짐승들"이 탐욕들이나 정욕들이라고 하는, 악에서 비롯된 거짓에 속한 정동들에 정반대가 되는, 진리나 선의 정동을 뜻한다는 것을 입증, 설명하고자 합니다. 성경말씀에서 "들짐승들"(wild beasts)은 진리나 선의 정동들을 뜻합니다. 그 이유는 어원에서 그 낱말은 그것들에 의하여 명시하고, 부르려는 것은 생명을 뜻하기 때문입니다. 왜냐하면 그 말에서 "들짐승"은 '하야'(chayah)라 불리웠는데 이 낱말은 생명을 뜻하기 때문입니다. 그리고 영적인 사랑의 생명 자체는 진리의 정동이나 선의 정동 안에 존재하기 때문입니다. 그러므로 성경말씀에서 "들짐승"이 거명되었을 때, 좋은 뜻으로 그것은 반드시 동물이 되어야 하고, 동물이라 불리워져야 하는 것인데, 그 동물을 살아 있는 영혼(a living soul)을 뜻합니다. 그러나 이 뜻으로 "들짐승"이 언급되었을 때, 라틴어의 낱말 '맹수'(fara)에 부가된 개념은 반드시 내버려야 합니다. 왜냐하면 그 말에서 몹시 사납다(fierce)는 낱말의 개념이나 지독하다(ferocious)는 낱말의 개념이 라틴어 "맹수"(=야수 · fera)에 부가하기 때문입니다. 따라서 나쁘다(bad) 또는 악하다(evil)의 개념이 맹수에 부가되기 때문입니다. 그것은 히브리말에서는 다릅니다. 그 말에서 "맹수"(fera)는 생명을 뜻하고, 일반적으로는 살아 있는 영혼(a living soul), 또는 생물(生物 · animal)을 뜻합니다. 이런 뜻에서 하야(chayah)나 맹수(fera)는 "짐승"(bestia)이라고 불리울 수 없습니다. 성경말씀에는 맹수(fera)와 짐승(bestia)이 자주 함께 언급되는데 그 때 맹수(fera)는 진리의 정동을 뜻하고, 짐승(bestia)은 선의 정동을 뜻합니다. 이 반대의 뜻에서 fera 또는 chayah는 진리의 정동이나 선의 정동을 뜻하기 때문에, 아담의 아내 이브(Eve)는 그 낱말로 말미암아 chayah라고 불리웠는데, 이러한 사실은 모세의 글에서 명확합니다. 창세기서의 말씀입니다.

> 아담은 자기 아내의 이름을 이브(Eve · *chayah*)라고 하였다. 그가 생명이 있는 모든 것(=모든 산 자)의 어머니이기 때문이다(창세기 3 : 20).

"그룹"(cherubim)을 가리키는 "네 생물들"(the four animals)은 복수이지만 동일한 낱말 chayah에서 불리워졌습니다. 이미 언급한 것과 같이, "사납고"(fierce), 지독한(ferocious) 개념이 라틴어의 낱말 fera에 부가되었기 때문에, 그러므로 번역자들은 애니마리아(*animalia*), 즉 살아 있는 피조물(=생물 · living creatures)을 사용하였습니다. 왜냐하면 나타난 그룹(=케루빔 · *the cherubim*)은 생물들(animals)처럼 보였기 때문입니다(에스겔 1 : 5, 13-15, 22 ; 10 : 15 그 밖의 여러 곳 참조).
[23] 마찬가지로 먹을 수 있는 동물들, 즉 어린 양 · 양 · 암염소 · 숫양 · 새끼염소 · 숫염소 · 어린 암소 · 수소 · 암소 등이 있고, 먹을 수 없는 동물은 일반적인 낱말에 의하여 들짐승들(wild beasts · 맹수 · feraes)이라고 불리웠습니다. 그럼에도 불구하고, 그것들은 유순하고, 유용하여 결과적으로는 야생적이 아니고, 사납지도 않았습니다. 레위기서 말씀입니다.

> 땅에 사는 모든 짐승 가운데서 너희가 먹을 수 있는 동물은 다음과 같다. …… 네 발로 걷는 모든 짐승 가운데서 발바닥으로 다니는 것은 모두 너희에게 부정한 것이다. …… 이것은 부정한 것과 정한 것을 구별하고, 먹을 수 있는 동물과 먹을 수 없는 동물을 구별하려고 만든 규례다(레위기 11 : 2, 27, 47).

다른 곳의 말씀입니다.

> 먹어도 좋은 어떤 짐승이나 새를 잡았을 때에는 그 피를 땅에 쏟고,

6장 1-8절

흙으로 덮어야 한다(레위기 17 : 13).

희생제물의 동물들이나 위에 명명된 동물들도 들짐승들도 역시 들짐승들이라고 제한하고 있습니다. 따라서 이사야서의 말씀입니다.

> 레바논의 삼림이
> 제단의 장작으로 충분하지 않고,
> 그 곳의 짐승들도
> 번제물로 드리기에 충분하지 않다.
> (이사야 40 : 16)

시편서의 말씀입니다.

> 나는 너희의 집에서
> 수소를 가져 가지 않는다.
> 너희의 우리에서
> 숫염소를 가져 가지도 않는다.
> 숲 속의 뭇 짐승이 다 나의 것이요,
> 수많은 산짐승이
> 모두 나의 것이 아니더냐?
> 산에 있는 저 모든 새도 내가 다 알고 있고,
> 들에 있는 저 모든 생물도
> 다 내 품 안에 있다.
> 내가 배고프다고 한들,
> 너희에게 달라고 하겠느냐?
> 온누리와 거기 가득한 것이
> 모두 나의 것이 아니더냐? ……
> 너희가 하나님에게 가져 올 참 제사는
> 감사하는 마음이요,

> 너희가 '가장 높으신 분'에게 가져올
> 참 서원제는
> 너희가 맹세한 것을 지키는 바로 그것이다.
> (시편 50 : 9-12, 14)

[24] "들짐승"(wild beast)이 진리의 정동이나 선의 정동을 뜻한다는 것은 아래의 장절들에게서 더 많은 것을 볼 수 있겠습니다. 출애굽기서의 말씀입니다.

> 일곱째 해에는, 땅을 놀리고, 묵혀서 거기서 자라는 것은 무엇이나 가난한 사라들이 먹게 하고, 그렇게 하고도 남은 것은 들짐승이 먹게 하여야 한다(출애굽 23 : 11).

다른 곳 레위기서의 말씀입니다.

> (안식년에는) 너의 가축도, 너의 땅에서 사는 짐승까지도, 땅에서 나는 모든 것을 먹이로 얻게 될 것이다(레위기 25 : 7).

여기서 "짐승이나 들짐승"은 어린 양들 · 양들 · 암염소들 · 새끼 염소들 · 숫양들 · 숫염소들 · 불깐소들 · 황소들 · 암소들 · 말들 · 당나귀들 등등을 뜻하고, 그러나 사자들 · 곰들 · 수퇘지들 · 늑대들이나 게걸스러운 들짐승들은 아닙니다. 그러므로 여기서 "들짐승들"은 유용하게 쓰이는 가정적인 들짐승들을 뜻하는데, 그것은 진리의 정동이나 선의 정동을 뜻합니다.
[25] 시편서의 말씀입니다.

> 땅에서도 주님을 찬양하여라.
> 바다의 괴물들(=고래들)과 바다의 심연아, ……
> 모든 들짐승과 가축들,

기어 다니는 것과 날아다니는 새들아,
세상의 모든 임금과 백성들,
세상의 모든 고관과 재판관들아,
모두 주의 이름을 찬양하여라.
(시편 148 : 7, 10, 11)

여기의 것들은 사람에게 있는 모든 종류의 선들이나 진리들을 뜻하는데, 그것으로 말미암아 사람은 하나님을 예배합니다. 사람이 이런 것들로 말미암아 하나님을 예배하기 때문에, 그리고 이런 것들은 사람의 것이 아니고, 그 사람에게 있는 주님의 것이기 때문에, 이런 것들이 하나님을 예배한다고 하였습니다. 왜냐하면 어느 누구도 하나님으로 말미암은 것을 제외하면, 자기 자신으로 말미암아서는 바르고 옳게 하나님을 예배할 수 없기 때문입니다. 다시 말하면 사람은 누구나 자기에게 있는 하나님에게 속한 선들이나 진리들로 말미암아 하나님을 예배합니다. 주님에게서 비롯된 것을 제외하고, 자기 자신에 속한 것은 아무것도 예수 이름을 부를 수 없다는 것은 교회 안에 있는 몇몇에게는 주지의 사실이고, 그리고 천계에서는 충분하게 알려져 있습니다. "여호와를 찬양한다"는 것은 그분을 예배하는 것을 뜻합니다. "괴물들(=고래들)이나 심연들"(=깊음들)은 일반적으로 또는 복합적으로는 지식들이나 앎들(cognitions)을 뜻합니다. "들짐승이나 모든 가축"은 진리의 정동이나 선의 정동을 뜻하고, "기어다니는 것과 날아다니는 새들"은 자연적인 사람이나 영적인 사람의 선의 기쁨이나 진리의 희열을 뜻합니다. 결과적으로 "여호와를 찬양하여라. 세상의 모든 임금과 백성들아"라고 언급되었는데, 이런 것들은 모든 종류의 선에 속한 진리들을 뜻하기 때문입니다. 여기의 이런저런 낱말들이 그런 내용들을 뜻한다는 것은 성경말씀의 속뜻 가운데 있는 그것들의 뜻에서, 그리고 천계에 있는 성언으로 말미암아 확실합니다. 그리고 성언이 있는 곳은 영적입니다.

그 이유는 그것이 영적인 존재를 가리키는 천사들을 위한 것이기 때문입니다. 성언이 역시 천계에 있다는 것, 그리고 거기에 그것이 그것의 속뜻 가운데 있다는 것은 나의 저서 ≪천계와 지옥≫ 259-261항에서 볼 수 있습니다.
[26] 같은 책의 말씀입니다.

> 하나님,
> 주께서 주신 땅 위에
> 주께서 흡족한 비를 내리셔서,
> 그 땅이 메마르지 않게 지켜 주셨고,
> 주의 식구들을 거기에서 살게 하셨습니다.
> 하나님,
> 주께서 가난한 사람을 생각하셔서,
> 좋은 것을 예비해 두셨습니다.
> (시편 68 : 9, 10)

여기서도 역시 "들짐승" 또는 "동물"(animal)은 진리의 정동이나 선의 정동들 안에 있는 자들을 뜻합니다. 그리고 또한 추상적인 뜻으로는 그런 정동들 자체를 뜻합니다. 왜냐하면 "주께서 흡족하게 내려주시는 비"는 신령선에서 비롯된 신령진리를 뜻하기 때문입니다. "주의 유업(=유산)이 곤비할 때(=지치고, 짜증날 때) 견고하게 하신 유업"은, 교리나 삶에 관해 신령진리 안에 있는 교회를 뜻하는데, 여기서 "유업"(=유산 · 遺産 · inheritance)은 이런 것들이 존재해 있는 교회를 뜻하기 때문입니다. 그리고 그것이 "곤비하다"(=지치고 짜증난다 · to be weary)고 언급된 것은 선을 행하려는 성실한 애씀에서 비롯되었습니다. "거기에 살 들짐승들"(=거기에 살게 할 주의 식구들)은 그것이 유업(=유산), 즉 교회 안에 있다는 것은 진리의 정동이나 선의 정동을 뜻합니다. 여기서 "들짐승"이 뜻하는 것이 그렇지 않다면 아무것도 아니라는 것을 뜻한다는 것은 아주 명확합니다. 왜냐하면 육식하고, 탐욕스러운 들짐승은, 다시 말하면 거짓이나 악의 탐욕이나 정욕은, 그 어떤 것도 하나님께서 흡족한 비를 내리시는 유업(=유산)에 살 수 없기 때문입니다.

[27] 호세아서의 말씀입니다.

> 그날에는
> 내가 이스라엘 백성을 생각하고,
> 들짐승과 공중의 새와
> 땅의 벌레와 언약을 맺고,
> 활과 칼을 꺾어버리면
> 땅에서 전쟁을 없애어
> 이스라엘 백성이
> 마음 놓고 살 수 있게 하겠다.
> 그 때에
> 내가 너를 영원히 아내로 맞아들이고, ……
> 너를 아내로 삼겠다.
> (호세아 2 : 18, 19)

여기서 언급된 내용은 주님에게서 비롯되는 새로운 교회(a new church)에 관해서 언급하고 있습니다. 그리고 "들짐승과 공중의 새와 땅의 벌레"는 시편서 148편 7, 10, 11절에서 설명한 것과 꼭같은 뜻을 가지고 있습니다. 여기서 "언약"(covenant)은 결합을 뜻합니다. 그러므로 "언약을 맺는다"는 것은 결합시키는 것을 뜻합니다(≪천계비의≫ 665 · 666 · 1023 · 1038 · 1864 · 1996 · 2003 · 2021 · 6804 · 8767 · 8778 · 9396 · 10632항 참조). 왜냐하면 여호와(=주)께서는 "언약을 맺을 수 없기" 때문이고, 그리고 또한 악이나 거짓에 속한 정동들과 결합할 수 없기 때문이고, 또한 첫 번째 뜻으로 주어진 "들짐승"이 뜻하는 욕망이나 정욕과 결합할 수 없기 때문이고, 그리고 또한 여호와께서는 들짐승·새·일반적으로 땅에 기는 것과 언약을 맺으실 수 없고, 오히려 이런 것들이 뜻하는 그런 것들과 언약을 맺으실 수 있기 때문입니다. 그러나 위에서 아주 충분하게 설명된 이런 내용들은 거기에서 잘 볼 수 있겠습니다.

388[F]. [28] 에스겔서의 말씀입니다.

> 사람아, 너는 이집트 왕 바로와 그의 무리에게 이렇게 전하여라.
> 너의 위엄찬 모습을
> 누구와 비할 수 있겠느냐?
> 앗시리아는 한 때
> 레바논의 백향목이었다.
> 그 가지가 아름답고,
> 그 그늘도 숲의 그늘과 같았다.
> 그 나무의 키가 크고,
> 그 꼭대기는 구름 속으로 뻗어 있었다.
> 너는 물을 넉넉히 먹고 큰 나무가 되었다.
> 깊은 물줄기에서 물을 빨며 크게 자랐다.
> 네가 서 있는 사방으로는
> 강물이 흐르고, 개울물이 흘러,
> 들의 모든 나무가 물을 마셨다.
> 너는 들의 모든 나무보다 더 높게 자랐다.
> 흐르는 물이 넉넉하여
> 굵은 가지가 무수하게 많아지고,
> 가는 가지도 길게 뻗어 나갔다.
> 너의 큰 가지 속에서는
> 공중의 모든 새가 보금자리를 만들고,
> 가는 가지 밑에서는
> 들의 모든 짐승이 새끼를 낳고,
> 그 나무의 그늘 밑에
> 모든 큰 민족이 자리잡았다.

> 네가 크게 자라서 아름다워지고,
> 그 가지들이 길게 자라 뻗친 것은,
> 네가 물 많은 곳에 뿌리를 내렸기 때문이다.
> 하나님의 동산에 있는 백향목들도
> 너에 비하면 아무것도 아니다. ······
> 내가 네 가지들을 많게 하고,
> 너를 아름답게 키웠더니,
> 하나님의 동산에 있는 에덴의 나무들이
> 모두 너를 부러워하였다.
> (에스겔 31 : 2-9)

여기서 "바로와 이집트"는 자연적인 사람에게 속한 아는 능력(the knowing faculty)을 뜻하고, "앗시리아"는 아는 능력이 섬기는 합리적인 것을 뜻하고, 이것 역시 합리적인 것을 뜻하기 때문에, 지식들이나 앎(cognition)을 통한 이것의 성장은 "레바논에 있는 백향목"(=삼목 · cedar)에 의하여 기술되었습니다. "그것이 크게 자라게 하는 물"은 진리들을 뜻하고, 그리고 "가지들"은 확장이나 늘임을 뜻하는데, 이런 것은 합리적인 사람의 생각에 속한 것들을 뜻합니다. 이렇게 볼 때 "너의 큰 가지 속에서는 공중의 모든 새가 보금자리(=둥지)를 만든다"는 말이나 "가는 가지 밑에서는 들의 모든 짐승(=들짐승)이 새끼를 낳고, 그 나무의 그늘 밑에 모든 큰 민족이 자리잡았다"(=그 그늘 안에서 모든 큰 민족이 살았다)는 말씀 등이 뜻하는 것이 무엇인지 잘 알 수 있겠습니다. 다시 말하면 모든 종류의 합리적인 진리들이나 영적인 진리들은, 진리에 속한 정동이나 선들에 속한 정동을 뜻한다는 것입니다. 여기서 "공중의 새들"은 모든 종류의 합리적인 진리들이나, 영적인 진리들을 뜻하고, "들짐승"은 진리의 정동들을 뜻하고, "새끼를 낳는다"는 것은 증식하는(to multiply) 것을 뜻하는데, 모든 영적인 출생이나 증식(增殖)은 진리의 정동들에 의하여 이루어지기 때문입니다. "모든 큰 민족"은 선들을 뜻합니다. "새들"(birds)이 생각(思想)들을 뜻한다는 것, 그리고 합리적인 것들이나 총명적인 것들, 영적인 것들, 따라서 진리들을 뜻한다는 것, 그 이유는 생각에 속한 모든 것들을 진리들이나, 또는 거짓들을 뜻한다는 것은 ≪천계비의≫ 745 · 776 · 866 · 988 · 991 · 3219 · 5149 · 7441항을 참조하시고, "새끼를 낳는다"는 것이 진리들이나 선들을 증식시키는 것을 뜻하고, 그리고 이것이 곧 영적인 출생(spiritual birth)을 뜻한다는 것은 같은 책 3860 · 3868 · 9325항을 참조하시고, 그리고 "민족들"(nations)이 선들 안에 있는 자들을 뜻한다는 것, 그리고 추상적인 뜻으로는 선들을 뜻한다는 것은 같은 책 1059 · 1115 · 1258 · 1260 · 1416 · 1849 · 6005항과 본서 175[A] · 331항을 참조하십시오. "바로"와 "이집트"가 좋은 뜻이나 나쁜 뜻에서 아는 능력(=기능 · the knowing faculty)을 뜻한다는 것은 같은 책 1164 · 1165 · 1186 · 1462 · 5700 · 5702 · 6015 · 6651 · 6679 · 6683 · 7296 · 9340 · 9391항을 참조하시고, "앗수루"가 양쪽의 뜻으로 합리적인 것을 뜻한다는 것은 같은 책 119 · 1186항을 참조하십시오.
[29] "이집트"가 참된 아는 능력(=기능)을 뜻한다는 것, 그리고 "앗시리아"가 합리적인 것을 뜻한다는 것, 그리고 사람의 합리적인 것의 전부는 지식들(=과학지들)에 의하여 그것의 출생을 갖는다는 것, 또는 앞에서 언급한 것과 같이, 과학지는 합리적인 것을 섬긴다는 것은 이사야서의 이런 말씀에서 잘 알 수 있겠습니다. 이사야서의 말씀입니다.

그날이 오면,
이집트에서 앗시리아로 통하는 큰길이 생겨,
앗시리아 사람은 이집트로 가고,
이집트 사람은 앗시리아로 갈 것이며,
이집트 사람이 앗시리아 사람과 함께

6장 1-8절

주님을 경배할 것이다.
그날이 오면,
이스라엘과 이집트와 앗시리아,
이 세 나라가 이 세상 모든 나라에
복을 주게 될 것이다.
만군의 주께서
이 세 나라에 복을 주며 이르시기를
"나의 백성 이집트야,
나의 손으로 지은 앗시리아야,
나의 소유(=유업) 이스라엘아,
복을 받아라" 하실 것이다.
(이사야 19 : 23-25)

여기서 "이집트"는 아는 기능(=능력)을 뜻하고, "앗시리아"는 합리적인 것을, 그리고 "이스라엘"은 영적인 것을 뜻합니다.

[30] 이미 인용된 장절들에게서 "새"나 "들짐승"이 뜻하는 것이 무엇인지 에스겔서에서 뜻하고 있습니다. 에스겔서의 말씀입니다.

나 주 하나님이 말한다. "너 사람아, 날개 돋친 온갖 종류의 새들과 들의 모든 짐승에게 전하여라. '너희는 모두 모여 오너라. 내가, 너희들이 먹을 수 있도록 이스라엘 산 위에서 희생제물을 잡아서, 큰 잔치를 준비할 터이니, 너희가 사방에서 몰려와서, 고기도 먹고, 피도 마셔라. 너희는 용사들의 살을 먹고, 세상 왕들의 피를 마셔라. 바산에서 살찌게 기른 가축들, 곧 숫양과 어린 양과 염소와 수송아지들을 먹듯이 하여라. 너희는 내가 너희에게 주려고 준비한 잔치의 제물 가운데서 기름진 것을 배부르도록 먹고, 피도 취하도록 마셔라. 또 너희는 내가 마련한 잔칫상에서 군마와 기병과 용사와 모든 군인을 배부르게 뜯어 먹어라. 나 주 하나님의 말이다.'" "내가 이와 같이 여러 민족 가운데 내 영광을 드러낼 것이니, 내가 어떻게 심판을 집행하며, 내가 어떻게 그들에게 내 권능을 나타내는지, 여러 민족이 직접 볼 것이다"(에스겔 39 : 17-21).

이 장절의 개별적인 것들에서 주님께서 여러 민족들 가운데 세워질 교회에 관해서 언급한 것이라는 것은 명확합니다. 그러므로 모이고, 희생제물에 초대된 "날개 돋친 새나, 들의 짐승"은 진리의 정동이나 선의 정동 안에 있는 자들을 뜻합니다. 왜냐하면 "그들이 먹을 고기"는 사랑에 속한 선을 뜻하고, "그들이 마실 피"는 그 선에게서 비롯된 진리를 뜻하고, "희생제물"은 이것들에게서 비롯된 예배 자체를 뜻하기 때문입니다. 그러나 이러한 내용은 위에서 매우 충분하게 설명된 것들에서 잘 볼 수 있습니다(본서 329[D]항 참조).

[31] 성경말씀에서는 자주 "들짐승"(wild beast)과 "짐승"(beast)이 함께 거론되고 있습니다. 때로는 "들짐승"(wild beast) 홀로, 때로는 "짐승"(beast) 홀로 거론되기도 하고, 때로는 "땅의 들짐승"(wild beast of the earth)이나 또는 "들의 들짐승"(wild beast of the field)이 거론됩니다. 그리고 "들짐승"과 "짐승"이 함께 거론되었을 경우, 그 때는 정동, 또는 거짓의 사랑이나, 악의 사랑을 뜻합니다. 여기서 "들짐승"은 정동, 또는 거짓의 사랑을 뜻하고, "짐승"은 정동 또는 악의 사랑을 뜻합니다. 반대의 뜻으로 "들짐승"은 정동 또는 진리의 사랑을 뜻하고, "짐승"은 정동 또는 선의 사랑을 뜻합니다. 그러나 "들짐승"이 홀로, "짐승"이 홀로 거명되었을 때에는 그 때 "들짐승"은 악과 거짓 양자의 정동을 뜻하고, 반대의 뜻으로는 진리와 선 양자의 정동을 뜻합니다. 이에 반하여 "짐승"은 악의 정동이나 그것에서 비롯된 거짓의 정동을 뜻하고, 그리고 반대의 뜻으로는 선의 정동과 그것에서 비롯된 진리의 정동을 뜻합니다. 그러나 "짐승"이 뜻하는 것이 무엇인지는 설명된 아래에서 잘 볼 수 있겠습니다. 어쨌든 "땅의 들짐승"이 거명되었을 때에는 그것은 짐승들이나 사람들을

게걸스럽게 먹어 치우는 들짐승을 뜻합니다. 그러나 "들의 들짐승"이 거명되었을 경우, 그것은 낟알들을 먹어 치우는 들짐승을 뜻합니다. 그러므로 "땅의 들짐승"은 교회에 속한 선들을 파괴시키는 그런 것들을 뜻하고, "들(=밭)의 들짐승"은 교회에 속한 진리들을 파괴하는 그런 것들을 뜻합니다. 왜냐하면 "땅"(earth)이나 "밭"(=들·field) 양자는 교회를 뜻하고, 여기서 "땅"(earth)은 거기에 있는 나라나 백성에게서 비롯된 교회를 뜻하고, 그리고 "밭"(=들·field)은 파종(播種)된 것에서 비롯된 교회를, 또는 종자들의 수용에서 비롯된 교회를 뜻하기 때문입니다.

≪묵시록 해설≫ 4권 끝.

□ **옮긴이 약력**

이 영 근 서강대학교 경상대학 경제학과, 중앙대학교 사회개발 대학원 사회복지학과, 한국 새교회 신학원에서 공부하였으며, 예수교회 목사로 임직한 이후 예수교회 공의회 의장을 역임하였고, 월간「비지네스」편집장, 월간「산업훈련」편집장, 한국 IBM(주) 업무관리부장을 역임하였다. 현재 예수+교회 제일예배당 담임목사이고,「예수+교회」발행인 겸 편집인, 도서출판〈예수인〉대표이다. 역서로는 스베덴보리 지음 〈창세기1·2·3장 영해〉(1993), 〈순정기독교 상·하〉(공역·1995), 〈최후심판과 말세〉(1995), 우스터 지음〈마태복음 영해〉(1994), 스베덴보리 지음〈천계비의1권〉 아담교회·2권 노아교회[1]·3권 노아교회[2]·4권 표징적 교회[1]·5권 표징적 교회[2]·6권 표징적 교회[3]·7권 표징적 교회[4]·8권 표징적 교회[5]·9권 표징적 교회[6]·10권 표징적 교회[7]·11권 표징적 교회[8]·12권 표징적 교회[9]와 13권 표징적 교회[10]·14권 표징적 교회[11]·15권 표징적 교회[12]·16권 표징적 교회[13]·17권 표징적 교회[14]·18권 표징적 교회[15]·19권 표징적 교회[16]·20권 표징적 교회[17]·〈천계와 지옥(上·下)〉(공역·1998), 〈신령사랑과 신령지혜〉(공역·1999), 〈혼인애〉(2000)·〈새로운 교회·새로운 말씀〉(공역·2001), 〈스베덴보리 신학 총서(上·下)〉(2002), 〈영계일기[1]〉(공역·2003)·〈영계일기[2]〉공역·2006)·〈영계일기[3]〉(공역·2008), 〈묵시록해설1〉(공역·2007), 〈묵시록해설2〉(공역·2008) 〈새로운 교회의 사대교리〉(2003)와 저서로는 〈이대로 가면 기독교 또 망한다〉(2001), 성서영해에 기초한 설교집 〈와서 보아라〉[1]·[2](2004)와 [3](2005)과 편찬으로는 〈천계비의 색인·용어 해설집〉이 있다.

묵시록 해설 [4]
―묵시록 6장 1―8절 해설―

2014년 11월 26일 인쇄
2014년 11월 30일 발행
지은이 임마누엘 스베덴보리
옮긴이 이 영 근
펴낸이 이 영 근
펴낸곳 예 수 인

   1994년 12월 28일 등록 제 11-101호
   (우) 157-014
   연락처 . 예수교회 제일예배당 . 서울 강서구 화곡 4동 488-49
   전 화 . 0505-516-8771 . 2649-8771 . 2644-2188
   대금송금 . 국민은행 848-21-0070-108 (이영근)
             우리은행 143-095057-12-008 (이영근)
             우 체 국 012427-02-016134 (이영근)

ISBN 97889-88992-64-7 04230(set)   값 18,000 원

◇ 예수인의 책들 ◇

순정기독교 (상·하) 스베덴보리 지음·이모세·이영근 옮김 각권 값 20,000원
혼인애 스베덴보리 지음·이영근 옮김 값 35,000원
천계와 지옥 (상·하) 스베덴보리 지음·번역위원회 옮김 각권 값 11,000원
신령사랑과 신령지혜 스베덴보리 지음·이모세·이영근 옮김 값 11,000원
최후심판과 말세 스베덴보리 지음·이영근 옮김 값 9,000원
천계비의 ① **아담교회** －창세기 1-5장 영해－ 스베덴보리 지음·이영근 옮김 값 11,000원
천계비의 ②③ **노아교회** [1].[2] －창세기 6-8장 / 9-11장 영해－ 스베덴보리 지음·이영근 옮김 각권 값 11,000원
천계비의 ④-⑱ **표징적 교회** [1][2][3][4][5][6][7][8][9][10][11][12][13][14][15] －창세기 12-14/15-17/8-19/20-21/22-23/24-25/26-27/2 8-29/30-31/32-34/35-37/38-40장/41-42장/43-46장/47-50장 영해－ 스베덴보리 지음·이영근 옮김 각권 값 14,000원
천계비의 ⑲-29 **표징적 교회** －출애굽기 1-40장 영해－ 스베덴보리 지음·이영근 옮김 각권 값 17,000원
묵시록 해설 [1] 스베덴보리 지음·이영근·박예숙 옮김 값 15,000원
스베덴보리 신학총서 개요 (상.하) 스베덴보리 지음·M. 왈렌 엮음·이영근 옮김 각권 값 45,000원
새로운 교회의 사대교리 스베덴보리 지음·이영근 옮김 값 40,000원
이대로 가면 기독교 또 망한다 이영근 지음 값 12,000원
성서영해에 기초한 설교집 ≪와서 보아라≫[1].[2].[3] 이영근 지음 각권 값 9,000원
천계비의 색인·용어 해설집 이영근 편찬 값 57,000원

* 이 책들은 교보문고·영풍문고에서 구입할 수 있습니다.